Michael Göhlich · Susanne Maria Weber · Stephan Wolff (Hrsg.)

Organisation und Erfahrung

Organisation und Pädagogik
Band 7

Herausgegeben von

Michael Göhlich

Michael Göhlich
Susanne Maria Weber
Stephan Wolff (Hrsg.)

Organisation und Erfahrung

Beiträge der
AG Organisationspädagogik

VS VERLAG FÜR SOZIALWISSENSCHAFTEN

Bibliografische Information der Deutschen Nationalbibliothek
Die Deutsche Nationalbibliothek verzeichnet diese Publikation in der
Deutschen Nationalbibliografie; detaillierte bibliografische Daten sind im Internet über
<http://dnb.d-nb.de> abrufbar.

1. Auflage 2009

Alle Rechte vorbehalten
© VS Verlag für Sozialwissenschaften | GWV Fachverlage GmbH, Wiesbaden 2009

Lektorat: Stefanie Laux

VS Verlag für Sozialwissenschaften ist Teil der Unternehmensgruppe
Springer Science+Business Media.
www.vs-verlag.de

Umschlaggestaltung: KünkelLopka Medienentwicklung, Heidelberg
Druck und buchbinderische Verarbeitung: Krips b.v., Meppel
Gedruckt auf säurefreiem und chlorfrei gebleichtem Papier
Printed in the Netherlands

ISBN 978-3-531-16872-2

Inhalt

III. Empirie

IV. Organisations*pädagogik* und *Organisations*pädagogik

Was macht die Erfahrung mit der Organisation, was die Organisation mit der Erfahrung? Eine Einleitung

Michael Göhlich, Susanne Maria Weber, Stephan Wolff

Die organisationspädagogische Forschung und Praxis konzentriert sich auf die Analyse und Gestaltung organisationaler Lernprozesse und Lernarrangements. Dabei hat sie zu vergegenwärtigen, dass Lernen erfahrungsbezogen erfolgt. Organisationen sind Erfahrungsräume. Dem Management von Entscheidungen, Informationen und Wissen korrespondiert ein Management von Erfahrungsmöglichkeiten, Wahrnehmungen, Erwartungen und Kompetenzen. Gerade weil heute nicht mehr nur die Aufnahme und Vermehrung von Wissen, sondern ein intelligenter und kompetenter Umgang mit Wissen, Können, organisationskulturellen Lebensformen und schließlich mit dem Lernen selbst zur Debatte steht, muss das bislang als unproblematisch unterstellte Verhältnis von Lernen und Erfahrung in Organisationen neu austariert werden.

Der vorliegende Band unternimmt dies in theoretischer, methodologischer und empirischer Hinsicht. Er geht auf die erste Jahrestagung der nach mehrjährigem Vorlauf 2007 offiziell konstituierten Arbeitsgemeinschaft „Organisationspädagogik" der Deutschen Gesellschaft für Erziehungswissenschaft (Sektion Erwachsenenbildung) zurück, die im Frühjahr 2008 am Institut für Sozial- und Organisationspädagogik der Universität Hildesheim stattfand (für weitere Informationen s. Homepage der AG: www.dgfe.de/ueber/sektionen/folder.2004-09-09.5045997312/AGOrganisation).

Sofern im pädagogischen Alltag versucht wird, Vermittlung und Aneignung von Wissen kurzzuschließen, wird Erfahrung primär als Resultat von Lernprozessen angesehen. Die wachsende Einsicht in die grundsätzlich lose Kopplung von Vermittlung, Aneignung und Umsetzung erlaubt jedoch auch anders geartete Relationierungen von Lernen und Erfahrung in den Blick zu nehmen. Einerseits ist Erfahrungslernen ein fundamentaler Mechanismus für die Erleichterung organisationalen Lernens. Andererseits sind beim Lernen aus Erfahrung Kompetenzfallen, Kapazitätsgrenzen und lokale Engführungen zu gewärtigen. Gerade erfolgreiches organisationales Lernen kann in der Konsequenz neue Erfahrung erschweren. Eingespielte organisationale Arrangements kanalisieren zudem Erfahrungsmöglichkeiten für Einzelne wie für Kollektive.

Die Organisationspädagogik steht dementsprechend vor der Aufgabe, sich ihres Erfahrungsbegriffs zu vergewissern, eine für die Frage nach dem Verhältnis zwischen Organisation und Erfahrung passende Forschungsmethodologie zu finden und vorliegende Studien auf empirische Hinweise zu diesem Verhältnis zu befragen.

In der organisationswissenschaftlichen Literatur wird der Erfahrungsbegriff eher unreflektiert verwendet: Wer sich in einer bestimmten Markt- oder Lernsituation befinde, der mache Erfahrungen, der habe Erfahrung mit der betreffenden Konstellation, in dessen kognitiver Struktur manifestiere sich einschlägige Erfahrung. Schon Dewey hat aber auf die Komplexität von „experience", auf die aktive und passive Seite der Erfahrung u.a. hingewiesen. Insofern Dewey im pädagogischen Diskurs tradiert wird, verfügt dieser über konzeptuelle Bezugspunkte, die dem interdisziplinären organisationstheoretischen Diskurs dienlich sein können. Folgt man der Ausdifferenzierung des Erfahrungsbegriffs, so gibt es verschiedene Qualitäten von Auslösefaktoren für und soziale Muster der Herstellung von Erfahrung. Über die Frage, was eine eigene, was eine Fremd- oder was gar eine Kollektiverfahrung ausmacht, entscheiden bislang wenig geklärte Prozesse der Aufmerksamkeit, der Kategorisierung und der Zurechnung.

Ein weiteres Problem organisationspädagogischer Forschung ist die Erfahrbarkeit von Organisationen als Organisation. Weick spricht von Organisation als einem Mythos. Würde man nach einer Organisation suchen, so würde man sie ihm zufolge nicht finden. Leichter scheine es zu sein, Organisationen (im Sinne eines Wir-Gefühls bzw. einer Communitas) zu erfühlen. Aber selbst wenn „pathos" oder „ethos" einer Organisation ihren Mitgliedern und Klienten intuitiv bekannt sind, erweist es sich als schwierig, Organisation, Organisieren und Organisiertheit als Erfahrungen in methodisch angemessener Weise zu fassen. Eine diesbezügliche organisationspädagogische Perspektive könnte sich z.B. aus einer Neubewertung der Handlungsforschung als einer Form der Organisationsentwicklung für Einzelorganisationen und Netzwerke ergeben. Ebenso ließe sich an Adaptionen aus der Organisationskulturforschung und weiter aus der Ethnographie denken. Das Problem der Mitteilbarkeit von Erfahrung könnte unter historischen (Benjamin), diskursanalytischen (Potter) oder textstrukturellen Gesichtspunkten (van Maanen, Geertz) thematisiert werden. Dies würde bedeuten, Erfahrungsgenerierung nicht nur als feldspezifisches, sondern ebenso als wissenschaftliches Darstellungsproblem zu behandeln.

Mit Blick auf den Anwendungsbezug pädagogischer Forschung stellt sich die Frage, wie sich Erfahrungsprozesse und entsprechende Sensibilitäten professionell gestalten lassen. Als organisationspädagogische Maxime bietet sich Deweys Diktum „Handle so, dass du den Sinn deines gegenwärtigen Erlebens mehrst" an. In Erwachsenenbildung, Weiterbildung und Organisationspädagogik hat man – angelehnt an Erlebnispädagogik oder ästhetische Bildung – schon vielfältige Versuche unternommen, eine entsprechende Praxeologie für Beratung, Coaching, Organisationsentwicklung etc. zu entwickeln. Ein anspruchsvoller Erfahrungsbegriff könnte hier neue und weitere Perspektiven bieten: etwa, indem die Zusammenhänge von Erfahrung und Unterbrechung, Irritation, Improvisation, Spiel schärfer in den Blick genommen und organisationspädagogisch ausbuchstabiert werden.

Zu fragen ist auch, wie Kollektive ihre Erfahrungen machen und nutzen. Dies ist insofern von Bedeutung, als das Kollektiv, sei es ein Team in einer sozialen Einrichtung, eine Abteilung eines Betriebs, eine Arbeitsgruppe, die in einer Organisation und in ihrem Namen deren Entwicklung betreibt o.a., ein wichtiges Bindeglied zwischen Individuum und Einrichtung, zwischen Organisationsmitglied und Organisation darstellt. Insoweit sich Erfahrung zugleich auf das erfahrende (individuelle und kollektive) Subjekt wie auf den erfahrenen Gegenstand bezieht, sind Erfahrungen in und von Organisationen Ergebnisse komplexer Sinnstiftungsprozesse. Rückgegriffen werden kann hier auf von der Sensemaking-Perspektive nahe stehenden Autoren (Weick, Wenger) vorgelegte Rekonstruktionen, wie geteilte und kollektiv reproduzierte Erfahrungen, z.B. in Form von Geschichten, Kollektive und letztlich Organisationen zusammenhalten und diesen erlauben, auch unter schwierigen Bedingungen eine gemeinsame Orientierung aufrecht zu erhalten.

Nicht alle, aber doch einige dieser Fragen werden im vorliegenden Band bearbeitet. Wie weit die Antworten tragen, bleibt offen und ist nicht zuletzt eine Frage an den Leser. Als HerausgeberInnen sind wir optimistisch, als ForscherInnen interessiert, skeptisch und gespannt zugleich, da mit den Antworten neue Fragen entstehen. Im Folgenden deuten wir die Argumente der Beiträge in der für eine Einleitung gebotenen Kürze an.

Im ersten Teil sind Beiträge versammelt, die das Thema des Bandes theoretisch behandeln. *Stephan Wolff* zeigt, inwiefern sich Organisationen und Organisationstheorien mit Erfahrung schwer tun, und skizziert einen sozialwissenschaftlichen, ausdrücklich nicht-psychologischen Erfahrungsbegriff und dessen Bedeutung für das Verständnis des Funktionierens von Organisationen. Ausgehend von einer Kritik der so genannten erfahrungsorientierten Theorie organisationalen Lernens sucht *Michael Göhlich* unter Rückgriff auf den pädagogischen Diskurs einen angemesseneren Begriff des Erfahrungslernens zu erarbeiten und setzt diesen exemplarisch zum Verständnis organisationaler Praxis ein. *Susanne Maria Weber* untersucht das Verhältnis von Erfahrung und Organisation aus diskursanalytischer Perspektive und kennzeichnet Erfahrung vor diesem Hintergrund als funktionales Wissen und heute auffindbaren Modus erfahrungsbasierten Organisierens. *Claudia Fahrenwald* analysiert den Erfahrungsbegriff im

11

Wissensmanagement-Diskurs und stellt das Modell der Communities of Practice als innovative Form organisationalen Lernens vor, bei der die Weitergabe von Erfahrungswissen eine zentrale Rolle spielt. Wie es kommt, dass Organisationen Erfahrungen erinnern bzw. vergessen, fragt *Oliver Dimbath* unter Rückgriff auf Schütz und Luhmann und arbeitet die nicht nur theoretisch, sondern auch im lebensweltlichen Alltag von Organisationen erkennbare Unterscheidung intentionaler und strukturbezogener Vergessensformen heraus. *Rudolf Tippelt* fokussiert die durch Vernetzung von Organisationen entstehenden Erfahrungspotentiale und macht die Stärken dezentraler Beziehungen, aber auch die in Netzwerken gegebenen Erwartungen und die erforderlichen Voraussetzungen erfolgreichen interorganisationalen Erfahrungsaustauschs deutlich.

Der zweite Teil enthält Beiträge, die nach methodologischen Zugängen zum Verhältnis von Organisation und Erfahrung fragen. Ausgehend von einem Verständnis von Evaluation als methodisierter Erfahrung und von Organisation als entscheidungsförmiger Verarbeitung von Erfahrung erörtert *Harm Kuper* Erkenntnisse über die Erfahrungen von Organisationen mit Evaluation und zeigt als notwendig an, Evaluation in Organisationen mit anderen Quellen von Erfahrung zu verbinden. *Ortfried Schäffter* und *Hildegard Schicke* schlagen vor, Erfahrung in pädagogischer Organisation als narrativen Prozess der Bedeutungsbildung zu verstehen, an dem der/die Forscher/in durch seine/ihre sozialwissenschaftliche Übersetzungsfunktion mitwirkt, und die organisationsspezifische Semantik als mehrstufige Strukturbildung aus organisationalem Selbstausdruck, Selbstbeobachtung und Selbstbeschreibung anzusehen. Biographie und Institution im Ansatz einer biographischen Institutionenanalyse zu verbinden, ist der forschungsmethodische Vorschlag von *Ingrid Miethe* und *Martina Schiebel*, in dem die Vier-Ebenen-Analyse biographischen Materials ausgeführt, aber auch auf Grenzen des biographischen Zugangs zu Institutionen respektive Organisationen hingewiesen wird. Ausgehend von der These, dass eine Organisation als Institution „auf die Welt kommt" und daran gegebenenfalls mehrere soziale Welten mitwirken, stellt *Dieter Nittel* am Beispiel der Institutionalisierung eines „Hauses des Lebenslangen Lernens" das von Anselm Strauss entwickelte Konzept der sozialen Welt als analytisches Werkzeug vor, um die Erfahrungen der Personen zur Sprache zu bringen, die in einen solchen Prozess der Institutionalisierung involviert sind. *Wolfgang Seitter* und *Jochen Kade* zeigen anhand empirischer Befunde, wie durch die Lernform Selbstbeobachtung Erfahrungen strukturiert und an Organisationsimperative angeschlossen werden können, ohne die individuelle Selbstverantwortung für das Lernen sichtbar einzuschränken.

Ihr Beitrag leitet implizit zum empirischen Teil über, dessen Beiträge aus verschiedenen, zumeist abgeschlossenen Forschungsprojekten berichten. *Detlef Behrmann* stellt Ergebnisse der Begleitforschung zu einem aus MitarbeiterInnen bzw. LeiterInnen von Erwachsenenbildungseinrichtungen und Studierenden der ortsansässigen Universität zusammengesetzten regionalen Lernforum vor. Das Thema der Employability mit Bezug auf betriebliche Erfahrungskontexte auszudifferenzieren, ist Ziel des Beitrags von *Nils Bernhardsson*, in dem ein pädagogischer Ansatz zur Initiierung von Erfahrungsprozessen in Organisationen sowie erste Ergebnisse zu entsprechender Praxis in zwei Unternehmen vorgestellt werden. Auf der Grundlage einer Befragung von EinrichtungsleiterInnen und einschlägigen Experten zur organisationalen Lernfähigkeit von Weiterbildungseinrichtungen zeigt *Timm Feld* Differenzen zwischen der inner- und der außerorganisationalen Perspektive, die auf unterschiedliche Erfahrungsgrundlagen zurückgeführt werden können. Basierend auf einer ethnographischen Studie zum professionellen Habitus in der Kinder- und Jugendhilfe geht *Peter Cloos* der Frage nach, wie und durch welche Praktiken Erfahrungen in der Kinder- und Jugendhilfe gesammelt und in Wissen überführt werden. *Chokri Guellali* stellt Ergebnisse aus McCalls Untersuchungen zum Lernen aus Erfahrung bei Führungskräften amerikanischer Großunternehmen vor und erörtert sie. Der Beitrag von *Charlotte Heidsiek* zielt auf eine kritische, anerkennungs- und bildungstheoretisch begründete Analyse der bisherigen Diskussion von Reflexion in der Organisationsberatung und rekonstruiert die Kultur der Anerkennung im Beratungssystem an einem Fall. *Viola Hartung-Beck* und *Tobias Diemer* fragen, ob und wie den durch Lernstandserhebungen bereit gestellten Informationen in der Schule individuell und kollektiv Sinn verliehen wird, und präsentieren eine anhand problemzentrierter Interviews in zwei nordrhein-westfälischen Gesamtschulen gewonnene Typologie der organisationalen Nutzung von Lernstandserhebungen. Aus der Begleitforschung des BMBF-Programms „Lernende Regionen – Förderung von Netzwerken" berichten *Claudia Strobel* und *Andrea Reupold* Erkenntnisse zur Funktion und Steuerung des Netzwerks als Erfahrungsraum.

Der letzte Teil geht über die Frage nach dem Verhältnis zwischen Organisation und Erfahrung hinaus, setzt zwei verschiedene Auffassungen von Organisationspädagogik in Nachbarschaft und spielt so bewusst mit einer terminologischen Spannung. *Harald Geissler* kennzeichnet das Organisationslernen als zentralen Gegenstand der Organisationspädagogik, kritisiert das bildungstheoretische Reflexionsdefizit organisationspsychologischer Arbeiten und weist auf das Zusammenspiel von operativem Anpassungslernen, strategischem Erschließungslernen und normativem Identitätslernen hin. *Burkhard Müller* weist an Material aus einem DFG-Projekt zur Offenen Kinder- und Jugendarbeit darauf hin, welche Bedeutung Tätigkeiten und Metaphern des Organisierens in deren Praxis haben, und plädiert mit Blick auf die für Erfahrung relevanten vorreflexiven Momente dafür, von der kindlichen Praxis des Organisierens zu lernen.

Zusammenfassend bleibt festzuhalten: Organisationen sind Erfahrungsräume und lernen selbst mittels Erfahrungen ihrer individuellen und kollektiven Mitglieder, deren Reflexion sie mehr oder weniger fördern. Mit Blick auf die Erfahrungsfundierung von Lernprozessen und auf den Übergang von bloßer Wissensvermehrung zu einem kompetenten Umgang mit Wissen, Können, Leben und Lernen muss das Verhältnis von Lernen und Erfahrung in und von Organisationen neu austariert werden. Der vorliegende Band versucht dies in theoretischer, methodologischer und empirischer Hinsicht zu leisten und dabei einen Überblick über die deutschsprachige Forschung in diesem Bereich zu bieten.

Literatur

Göhlich, M. (2007a): Lernen aus Erfahrung. In: Göhlich, M./Wulf, Ch./Zirfas, J. (Hrsg.): Pädagogische Theorien des Lernens. Weinheim & Basel, S. 178-189.

Göhlich, M. (2007b): Organisationales Lernen. In: Göhlich, M./Wulf, Ch./Zirfas, J. (Hrsg.): Pädagogische Theorien des Lernens. Weinheim & Basel, S. 222-232.

Weber, S. M. (mit Besley, T./Maurer, S./Olssen, M./Peters, M.) (2009): Governmentality and Educational Science. Rotterdam.

Weber, S. M./Maurer, S. (Hrsg.) (2006): Gouvernementalität und Erziehungswissenschaft. Wiesbaden.

Wolff, St. (2008): Wie kommt die Praxis zu ihrer Theorie? Über einige Merkmale praxissensibler Sozialforschung. In: Kalthoff, H./Hirschauer, S./Lindemann, G. (Hrsg.): Theoretische Empirie. Zur Relevanz qualitativer Forschung. Frankfurt/M., S. 234-259.

I. Theorie

Organisationstheorie und Erfahrung

Stephan Wolff

> *„Experience is not what happens to a man; it is what a man does with what happens to him. "*
> *- Aldous Huxley*

Das Ziel meines Beitrags besteht darin, Umrisse eines sozialwissenschaftlichen, d.h. nicht-psychologischen Erfahrungsbegriffs zu skizzieren und dessen Bedeutung für das Verständnis der Funktionsweise von Organisationen anzudeuten. Ich werde exemplarisch demonstrieren, dass und wie man aus dieser Perspektive bestimmte organisatorische Phänomene in neuer und aufschlussreicher Weise konzeptionell rekonstruieren und empirisch erfassen kann. Zuvor möchte ich kurz vier Beobachtungen schildern, die zeigen, dass sich Organisationen und Organisationstheorien mit Erfahrung schwer tun – und umgekehrt.

1 Warum sich Organisationen mit Erfahrung schwer tun – und umgekehrt

Beobachtung 1: Wer Erfahrungen sucht, meidet Organisationen.

Wer Erfahrungen sucht, der begibt sich typischerweise *outdoor*, ist jedenfalls *outward bound*; der sucht gerade einen Gegenentwurf zum organisierten Leben, weil er, wenn überhaupt, nur dort die Erfahrung des Uneigentlichen und Unnatürlichen vermutet. Erlebnisse, aber auch Erfahrungen macht man vorzugsweise in der Natur, in der Freizeit oder zumindest im Tagungshotel möglichst mit entsprechendem Ambiente, jedenfalls weit weg vom Getöse des alltäglichen Betriebs.

Beobachtung 2: Wer seine Erfahrungen behalten will, scheut Organisationen.

Organisationen und institutionelle Verfahren fungieren vielfach als *Erfahrungs-Verhinderer*, ja *Erfahrungs-Vernichter*; und das scheint sogar wesentlich für ihre Funktion und Leistungsfähigkeit zu sein. Gerade an Bildungs- und sozialen

Dienstleistungsorganisationen, aber auch an Verfahren im juristischen, politischen oder Verwaltungsbereich fällt auf, dass ihr Geschäft zu einem Gutteil in der Reduktion der situationsbezogenen Erfahrungen ihrer Adressaten, Klienten oder Empfänger auf Kategorien, Diagnosen, Noten oder andere Typisierungen besteht sowie darin, Klienten in Verfahrensprozesse einzuspeisen, in denen deren Erfahrungen nicht selten be- und entwertet, in jedem Fall aber transformiert werden. Andere Organisationen werden genau aus dem umgekehrten Grund gemieden: weil sie sich nämlich als *Erfahrungsimperialisten* gerieren. „Totale" Institutionen tendieren bekanntlich dazu, Erfahrungshorizonte zu okkupieren und einzuschränken. Manche sind sogar als Orte „negativer Erfahrung" berüchtigt, insoweit sie die Abgrenzung gegenüber der Umwelt mit der Verunmöglichung von autonomer Erfahrung kombinieren. Man denke nur an Peter Hoegs beklemmenden Roman *Der Plan von der Abschaffung des Dunkels* (1995).

Beobachtung 3: Wer Organisationen erfahren will, vermag sie nicht zu finden.

Nicht zufällig wird die Frage „Um was geht es hier eigentlich?" in der Organisationstheorie so vielfältig beantwortet, dass man, wie Morgan (1997) dies getan hat, ein ganzes Buch mit den dabei verwendeten Metaphern füllen kann. Obwohl sich bestimmte Konventionen für die Selbst- und Fremdrepräsentation von Organisationen eingespielt haben (u.a. Logos, Uniformen, Portale, Organigramme, Bilanzen, Kennziffern), wächst die Einsicht, dass hinter dem Substantiv „Organisation" zunächst einmal nichts steht, was sich direkt erfahren ließe. Das Konzept Organisation fungiert eher als eine Ressource, mit der in sozialen Situationen sinnstiftend gearbeitet werden kann – um etwa die Geordnetheit von Abläufen zu begründen oder diesbezügliche Abweichungen zu markieren. Wie andere gesellschaftliche Tatbestände auch erhalten Organisationen ihren Wirklichkeitscharakter als *Ergebnis von Prozessen ihres Vollzugs*, d.h. von Prozessen des Organisierens. Erst in diesbezüglichen sozialen Interaktionen stellt sich die Objektivität von als „objektiv" wahrgenommenen Ereignissen, die Faktizität von als „faktisch" geltenden Sachverhalten her. Die Konsequenz dieser ursprünglich ethnomethodologischen Einsicht für die (Un-)-Erfahrbarkeit der Organisation fasst Karl Weick (1985, 129) ernüchternd so zusammen:

> „Das Wort *Organisation* ist ein Substantiv, und es ist außerdem ein Mythos. Wenn Sie nach einer Organisation suchen, werden Sie sie nicht finden. Was Sie finden werden, ist, dass miteinander verbundene Ereignisse vorliegen, die durch Betonwände hindurchsickern; und diese Sequenzen, ihre Pfade und ihre zeitliche Ordnung sind die Formen, die wir fälschlich in Inhalte verwandeln, wenn wir von Organisationen reden."

Beobachtung 4: Wer in Organisationstheorien nach Erfahrung sucht, sucht meist vergebens.

In den Verzeichnissen der meisten Organisationstheoriebücher wird man das Stichwort „Erfahrung" nicht finden. Selbst die kognitive Organisationstheorie traut sich mit wenigen Ausnahmen nicht an diesen Begriff heran. Die verhaltenstheoretischen Ansätze erweisen sich zwar als für Erfahrung offener, reduzieren dafür aber Erfahrung auf Wahrnehmung in einem Stimulus-Response-Modell. Der Erfahrung wird organisationstheoretisch per Saldo bislang zumindest bestenfalls ein Platz in den Ritzen des Formalen zugewiesen. Sie findet sich – zusammen mit den informellen Erwartungen, der Gefühlsarbeit, der ästhetischen Seite, dem Organisationsklima, der Mitarbeiterzufriedenheit und der Organisationskultur – einer weitgehend der (Sozial-)Psychologie überantworteten *Residualkategorie* zugeordnet, die dem eigentlichen Betrieb äußerlich bleibt, ihn gegebenenfalls sogar stört, bestenfalls erleichtert, ihm in jedem Falle aber etwas schwer Fass- und Kontrollierbares hinzufügt.

2 Auf dem Weg zu einem sozialwissenschaftlichen Erfahrungsbegriff

Gadamer (1960, 329) rechnete den Erfahrungsbegriff mit Recht zu den „unaufgeklärtesten Begriffen", die wir besitzen. Im philosophischen Sprachgebrauch versteht man unter Erfahrung spätestens seit Kant fast ausschließlich empirisches Erfahrungswissen, das seinerseits meist mit den wissenschaftlich-induktiven Methoden der (Natur-)Wissenschaften assoziiert wird. Die pädagogische Tradition sieht demgegenüber Erfahrung als Verarbeitung bzw. als Verarbeitungsprozess von Erlebtem, betont also den Unterschied zwischen Erlebnis und Erfahrung. Während beim Erleben, so Gieseke (1995, 439), „das Subjekt mit seinen momentanen emotionsgesteuerten Eindrücken im Vordergrund" stehe, sei das Erfahrene objektiver, sachgebundener. Während „erfahren" ein Grundbegriff des nüchternen Denkens wäre, sei „erleben" stärker gefühlsbetont. Auch für Bollnow (1968, 239f.) stellt ein einzelnes beobachtbares Ereignis noch keine Erfahrung dar. Erst wenn allgemeine Zusammenhänge erkannt würden, konstelliere sich eine Erfahrung. Erfahrungen seien daran zu messen, ob sie als Erkenntnisse des Subjekts fungieren und inwieweit diese dann Orientierung, biographischen Sinn und zukunftsbezogene Handlungssicherheit stiften.

Mit den hier betonten Unterscheidungen (Erleben – Erfahren, Gefühl – Verstand, subjektiv – objektiv) und ihren methodologischen Implikationen können sozialwissenschaftlich orientierte Organisationsforscher wenig anfangen. Wenn sie sich bei ihrer Beschäftigung mit Erfahrung auf die philosophische

Tradition beziehen, dann orientieren sie sich eher am transaktionistischen Modell von John Dewey (vgl. Cohen 2007; Buer 2004). Dieser hatte in seiner berühmten Kritik am Stimulus-Response-Modell auf die Einheit zwischen dem, was erfahren wird, und der Art und Weise, wie es erfahren wird, hingewiesen (vgl. Dewey 1896). Die Reaktion auf den Stimulus sei ein Geschehen, das selbst aktiv auf den Reiz zurück, ja in ihn hinein wirke. Stimulus und Response befänden sich von daher nicht in einem zeitlichen Verhältnis des Nacheinander (oder in einem der Ursächlichkeit), sondern in einem der Gleichzeitigkeit. Zwischen beiden herrsche eine Art Arbeitsteilung innerhalb eines einzigen konkreten Ganzen: Der Stimulus etabliert das Problem und die Antwortreaktion markiert eine versuchsweise Lösung, die ihrerseits den Stimulus dann wieder in einem anderen Licht erscheinen lässt usw. Angesichts der Flüchtigkeit und Rückbezüglichkeit des Erfahrungsprozesses sowie angesichts der notorischen Ablenkbarkeit seiner Träger betonen die Pragmatisten (und die Phänomenologen gleichermaßen) die grundsätzliche Schwierigkeit, Erfahrung zu erfahren. Erfahrbarkeit von Erfahrung sei erst dann für kurze Momente gegeben, wenn sich eine Irritation, also eine Unterbrechung des unmittelbaren Erlebens einstellt, wenn wir gleichsam aus dem Heideggerschen Modus der Zuhandenheit aufgestört werden oder wenn wir einen solchen Zustand der Achtsamkeit und des Gewahrseins methodisch auf dem Wege der Verfremdung, der Meditation, der ästhetischen Erfahrung oder auch der „Epoché der natürlichen Einstellung" zu provozieren versuchen (vgl. Jett/George 2003). In solchen vergänglichen Momenten wird die zunächst unmittelbare Einheit des Erlebens aufgetrennt, was wiederum gegebenenfalls Anlass zu Korrekturen bisheriger Annahmen über die Wirklichkeit gibt. Das Leben, so Dewey (1922, 178f.), bestehe aus „interruptions and recoveries". Für die Handelnden steht ja ständig die Antwort auf die Frage an: *What to do next?* Die richtige Antwort ist bekanntlich nicht so einfach aus hehren Zielen oder lediglich zu exekutierenden Plänen abzuleiten. „It can be derived only from study of the deficiencies, irregularities and possibilities of the actual situation." (ebd., 288f.)

Damit wäre Erfahrung vorläufig bestimmt als ein aktiver, unabgeschlossener und reflexiver Prozess der Ordnungsbildung. Es gibt kein solches Ding wie Erfahrung, bevor und ohne dass man etwas tut.

> „Passive Aufnahme des Schauers von Inputs ist nicht gleichbedeutend mit dem Machen von Erfahrung. Erfahrung ist die Folge von Aktivität. Der Manager stapft buchstäblich in den Schwarm der Ereignisse hinein und versucht aktiv, sie dem Zufall zu entreißen und ihnen eine Ordnung aufzuzwingen." (Weick 1985, 213)

Mit Verweis auf Garfinkels Ethnomethodologie (1967) und Weicks Theorie der Sinnstiftung (1995) in Organisationen lassen sich diesem Modell von Erfahrung noch einige weitere Facetten hinzufügen: Erfahrung hat auch etwas mit der *aktu-*

ellen Identität der Beteiligten zu tun, sie erfolgt *nach dem bzw. als Rückschau auf das betreffende Ereignis*; sie *integriert verstreute Hinweise* zu einem vorläufigen Ganzen; sie ist immer Teil in einem *unabgeschlossenen Projekt*; sie ermöglicht und orientiert sich an *Plausibilitäten*, um so ein *für die jeweiligen praktischen Zwecke ausreichend kohärentes und glaubwürdiges Bild der sozialen Wirklichkeit* zu erzeugen und sie ergibt sich als Folge und im Zuge von Prozessen der *aktiven Gestaltung einer Praxis*. Ein solches Verständnis von Erfahrung macht diese zu einem *beobachtbaren sozialen Phänomen*. Wir können den Gesellschaftsmitgliedern dabei zuschauen, wie sie gemeinsam in und durch ihr Handeln *Erfahrung „machen"*, wir können rekonstruieren, welche *strukturellen Schwierigkeiten* sie bei diesem Herstellungsprozess zu überwinden haben und wir können analysieren, welche *Kompetenzen* es ihnen ermöglichen, mit diesen Schwierigkeiten erfolgreich, d.h. in sozial anerkannter Weise umzugehen.

Ich möchte im Folgenden an drei exemplarischen Feldern illustrieren, was man sehen kann, wenn man aus einer derartigen Perspektive auf organisatorische Phänomene blickt, in denen Erfahrung in der einen oder anderen Weise relevant ist. Ich werde mich mit dem „Erfahrung-machen" in der *institutionellen Kommunikation*, mit Erfahrung und Erfahrbarkeit von *Führung* und schließlich mit der Erfahrung und Erfahrbarkeit von *Organisiertheit* beschäftigen.

2.1 Erfahrung in der institutionellen Kommunikation

In drei klassischen Aufsätzen schildern Joan Emerson (1974), Harvey Sacks (1984) und Erving Goffman (1981), jeweils aus unterschiedlichen Perspektiven, wie schwierig es sein kann, anderen eine bestimmte Erfahrung zu vermitteln bzw. deren Eintreten bei anderen zu vermeiden. Emerson bezieht sich auf einen missglückten Überfall zweier jugendlicher Gangster, die eine Gesellschaft älterer Damen berauben wollten, von diesen aber für eine überraschende Attraktion der Gastgeberin gehalten werden. Sacks beschreibt die methodischen Anstrengungen, die jemand unternehmen muss, um sich – etwa auf der Straße – als ganz normaler Mensch („being ordinary") beobachtbar zu machen. Und Goffman schildert, wie Personen, denen ein kleines Malheur passiert (etwa ein Stolpern auf dem Trottoire), dies durch eine kleine dramaturgische Aufführung („response cries") so zu rahmen versuchen, dass bei anderen Passanten der Eindruck entsteht, hier sei nichts Besonderes passiert, auf jeden Fall nichts, was Argwohn oder Zweifel am Zustand des betreffenden Akteurs rechtfertigen würde.

Kompetente Mitglieder legen eine derartig unwillkürliche Raffinesse nicht nur dann an den Tag, wenn es gilt, ihre und die Erfahrbarkeit ihres Handelns in den Augen anderer zu beeinflussen. Ähnlich elaboriert gehen sie vor, wenn sie *über ihre Erfahrungen berichten.* Schauen wir uns an, wie man in der institutionellen Kommunikation auf kompetente Weise „Erfahrung macht" – sei es als Berichterstatter und Zeuge, sei es als Berichtsempfänger bzw. als jemand, der Berichte von Amts wegen zu bezweifeln hat (wie dies von Richtern, Lehrern oder Sozialarbeitern erwartet wird). Betrachten wir zunächst die *Rezipienten* von Erfahrungsberichten. Ein entscheidendes Instrument für das Eine-Erfahrung-machen *im Alltag* ist ein schlichtes „Oh" – oder andere so genannte *change of state-tokens* (wie „wirklich", „das hätte ich nicht gedacht" oder „wow") –, geäußert unmittelbar nach dem betreffenden Bericht oder Ereignis. In der *institutionellen Kommunikation* fehlen solche *tokens* typischerweise. „Erfahrungen" im Sinne einer Zustandsveränderung findet man in institutionellen Gesprächen höchstens auf Seiten der Klienten, nicht aber bei den Vertretern der Institution. Dies ließ sich für Interviews, Explorationen, Verhöre und Prüfungsgespräche gleichermaßen zeigen. Wenn in diesen Zusammenhängen ein *deviant case* eintritt, wenn also ein Interviewer, Therapeut oder Prüfer auf eine Schilderung mit einem „Oh" oder Ähnlichem reagiert, verändert dies schlagartig den Charakter der Szene und den Status der Beteiligten. Selbst bei ganz außerordentlichen Informationen demonstrativ *keine* „Erfahrung zu machen" (d.h. konkret, sich entsprechender „dritter Züge" zu enthalten), ist nicht nur Bestandteil vieler professioneller Mitgliedschaftsrollen, sondern auch wesentliche Bedingung für das „Glücken" institutioneller Situationen.

Wechseln wir vom Adressaten zum *Berichterstatter,* von der Rezeption zur Vermittlung von Erfahrung, und betrachten als Beispiel Zeugenaussagen vor Gericht. In modernen Gerichtsverfahren müssen Zeugen ihre Glaubwürdigkeit wie die Glaubhaftigkeit ihrer Aussagen *im* Verfahren, d.h. im Vollzug ihres dortigen Redens und Tuns belegen. „Ein-glaubwürdiger-Zeuge-sein" ist somit keine Persönlichkeitseigenschaft oder ein psychologisch bestimmbarer Zustand, sondern eine voraussetzungsvolle situative Leistung der betreffenden Person, wobei die Anforderungen an die Konsistenz der Darstellungen vor Gericht höher sind als im alltäglichen Leben. Erfahrungen mitzuteilen verlangt u.a. für deren Objektivität zu sorgen. Das ist schon deshalb schwierig, weil ja von selbst gemachten Erfahrungen berichtet wird. Für dieses grundsätzliche Problem der Kommunikation hat die soziale Evolution eine universelle Lösung gefunden, das *Ich-machte-gerade-X-als-Y-Format,* dessen man sich bei aller Art von Informierungen, seien es Feuerwehrnotrufe, Zeugenaussagen, Bekehrungserlebnisse, Gutachten, bis hin zur Schilderung okkulter Phänomene in unterschiedlichsten Kultur- und Sprachgemeinschaften gleichermaßen bedient: *Ich machte gerade X* (etwas, was ich immer tue, was ganz normal ist, was gar nichts mit der Sache zu tun hatte, was meine Aufgabe war), *als Y passierte* (plötzlich, von außen, unvermeidlich, unvorhersehbar) (vgl. Wooffitt 1992).[1] Konversationsanalytische Studien zeigen darüber hinaus bemerkenswerte Varianten der Erfahrungsmodellierung. Durch präzise gesetzte Markierungen (etwa durch die Platzierung von Lachpartikeln) können z.b. die Teilnehmer an Gruppendiskussionen eine Differenzierung von *Erfahrung und Erlebnis* vornehmen, d.h. in ihrer Schilderung zwischen nursubjektiven und verallgemeinerbar subjektiven Erfahrungen unterscheiden (vgl. Wolff/Puchta 2007).

In institutionellen Settings beobachten wir auf der anderen Seite auch eine komplexe Organisation von *Bezweiflungsaktivitäten*. Als zielführend erweisen sich diesbezüglich u.a. Kontrastierungen der geschilderten Erfahrungen mit „normalem" Erinnern und „normalem" Vergessen. Erfahrungen unterliegen offensichtlich konventionellen Erwartungen, die bei ihrer Schilderung erkennbar in Rechnung gestellt werden müssen. Auch eine Bezweiflung kann niemals nur mit Verweis auf Erfahrung oder Erleben bewerkstelligt, sondern muss methodisch unter aktiver Beteiligung des Bezweifelten abgewickelt werden, soll sie erfolgreich sein; gleiches gilt für deren argumentative Abwehr (vgl. Wolff/Müller 1997). Man sieht jetzt übrigens, dass es in institutionellen Settings tatsächlich nicht um bloße Erfahrungsvernichtung, sondern um die interaktive Konstruktion und die Herstellung von sozial „möglicher" und der eigenen Mitgliedschaftsrolle angemessener Erfahrung geht!

---

[1] In einer noch unveröffentlichten Studie habe ich 120 Erfahrungsschilderungen textanalytisch untersucht. Die Aufforderung an die studentischen Probanden lautete: „Schildern Sie an drei Beispielen, wie Sie selbst eine Erfahrung gemacht haben!" (zur Methode vgl. Wolff 2006) Folgende vorläufige Verallgemeinerungen lassen sich formulieren: Erfahrungen sind grundsätzlich in Geschichten eingebaut bzw. als Geschichten strukturiert. Eine Erfahrung wird immer wieder aktualisiert, genutzt, überprüft und „poliert". Eindeutig vorherrschend sind zunächst negativ erlebte Situationen, die irgendwie gut ausgehen. Emotional überwiegt dann die Erleichterung, nicht die Begeisterung über das Ergebnis. Erfahrungen bestehen aus einem Erlebnis und (der) diesbezüglichen Einsicht(en). Die betreffenden Erlebnisse brechen plötzlich und unerwartet in eine normal laufende Welt ein. Sie gewinnen aber erst nachträglich ihren Sinn. Erfahrungen werden als eine besondere, gleichsam reflexive Form von Einsichten geschildert. Sie stellen nämlich genau genommen Einsichten über Einsichten über Ereignisse dar. Selbst bei eindrücklichen Erfahrungen können die angeführten Erlebnisse vergleichsweise trivial sein. Es gibt keine eindeutig positive Korrelation der „Größe" des Ereignisses und der Bedeutung der daraus resultierenden Erfahrung. Als These ließe sich formulieren: Eine Erfahrung ist eine besondere, kompakte Form der Informationsverarbeitung (durchaus im Sinne einer „rekonstruktiven Gattung"). Erfahrung ist gleichsam eine Form des Lernens aus N=1 (vgl. March et al. 1991). Das macht verständlich, warum Erzählungen von gemachten Erfahrungen für die kommunikative Herstellung von sozialer Gemeinsamkeit, Verständigung und Wissensvermittlung eine so wichtige Rolle spielen (vgl. Orr 1996).

2.2 Erfahrung aus dem Nichts – Die Romanze der Führung

Die Führungsforschung ist ein Sorgenkind der Organisationswissenschaft, oft schon tot gesagt, gelegentlich gehätschelt, aber immer mit ein wenig Argwohn betrachtet. Dies hängt nicht zuletzt damit zusammen, dass notorisch unklar ist, wer und was denn bei der Führung führt. Klassischerweise werden dafür Eigenschaften oder Stile von Führungspersonen oder Passungen von Führern, Führungsstil, Geführten und Situation in ihren diversen Varianten in Anschlag gebracht. *Eine* Relativierung der Führungsforschung ergibt sich aus der Einsicht in die Substituierbarkeit von Führung (z.B. durch klare Regeln, Selbstverantwortung, Zielvereinbarungen, kollegiale Abstimmungen). Dies sind Arrangements, die wie Führung wirken, also die Erfahrung des Geführtseins vermitteln, ohne aber die Erfahrung unmittelbarer personaler Führung zu benötigen. Eine *andere* Relativierung ist für unser Thema noch interessanter. Es gibt eine Erfahrung von Führung (und entsprechendes Handeln bei den „Geführten"), auch *ohne* dass die betreffenden Führungspersonen wahrnehmbar, aktiv oder überhaupt faktisch vorhanden sind. Meindl spricht in solchen Fällen treffend von der „romance of leadership" (vgl. Shamir et al. 2007). Gerade bei Führungswechseln sind, egal ob in Ministerien, Bildungsorganisationen, Bundesliga-Mannschaften, Haftanstalten oder Industrieunternehmen, derartige Romantisierungsphänomene zu beobachten, die ihrerseits dann recht drastische Verhaltens-, Klima- und Output-Veränderungen zur Folge haben können. Die Romanze der Führung funktioniert wie eine sich selbst erfüllende Prophezeiung. Geführte gestalten gleichsam die Führung, die sie führt, und erleben sich eben dadurch als Geführte. Dies ermöglicht es ihnen wie den vermeintlichen Führungspersonen, unübersichtliche Situationen zu ordnen und diffuse Entwicklungen als folgerichtig zu erleben; dies erleichtert Identifikation und Internalisierung; dies strukturiert Aufmerksamkeit und Wahrnehmung; dies vermittelt Sicherheit und lässt ein Gefühl von Handlungsfähigkeit entstehen: „Leadership is a simplified, biased and attractive way to understand organizational performance." (Meindl 1993, 94).

„Führung" ist nicht nur ein Weg (genauer: eine Metapher), um organisatorische Phänomene zu verstehen, sondern zugleich eine Quelle von Definitionen, Kriterien und Rationalisierungen im Hinblick auf die Evaluation von Führern. Die formale Anstellung von Führungspersonen bildet also nur den Kontext dafür, dass die Erfahrung von Führung entsteht (oder eben nicht). Karl Weick (1978) hat darauf hingewiesen, dass die Erfahrung von Führung und Geführtsein in Folge dessen natürlich auch eine Funktion der „Medienqualität" der Untergebenen sei (im Sinne der Medium-Form-Unterscheidung von Heider). Wir haben demzufolge – auch und gerade in Bildungsorganisationen – mit einer losen Kopplung von Führern, Geführten und der Erfahrung des Geführtseins zu rechnen. Die Bereitschaft, organisatorische Sachverhalte mit Hilfe von Führungskonzepten zu erfahren, steigt in Situationen, die als Krise, Unsicherheit und Unterbrechung erlebt werden, unter Bedingungen von Geworfenheit, Ahnungslosigkeit und Unvorhersehbarkeit, gerade dann also, wenn unklar ist, was angemessene organisatorische Erfahrung bedeutet. Analoge Phänomene der „Erfahrung aus dem Nichts" sind in der Forschung über *nominal groups* (Gruppenerfahrung ohne Gruppe) oder über *swift trust* in temporären Organisationen (Erfahrung von Vertrauenswürdigkeit anderer Teammitglieder ohne vorgängige Gruppenerfahrung) beschrieben worden (vgl. Meyerson et al. 1996).

2.3 Die Erfahrung von Organisiertheit

Üblicherweise wird Erfahrung als etwas behandelt, was sich *in Köpfen* von Individuen abspielt. Aus dieser Perspektive wäre die Gemeinsamkeit von Erfahrung zwischen den Organisationsmitgliedern eine Frage der erfolgreichen Sozialisation bzw. eine Frage der Überschneidungen zwischen kognitiven Beständen von Personen. Überkommene Begriffe wie „Kollektivbewusstsein", „soziale Ansteckung", „group mind", z.T. auch das Konzept der *distributed cognition* heben in diesem Sinne auf die Ähnlichkeit bzw. auf die Überschneidung von Einstellungen, sprachlichen Kategorien, Werten und Wissensbeständen ab. Auch den meisten Theorien zur Organisationskultur liegt der Grundgedanke geteilter Werte und Kognitionen zugrunde.

Aus sozialwissenschaftlicher Sicht ist das Wort „geteilt" problematisch. Es verdeckt nämlich jene sozialen Prozesse, dessen Ergebnis es ist. Schon Garfinkel beharrte gegenüber Parsons darauf, dass *shared agreement* nicht einfach mit einem überlappenden Set von Einstellungen, Kognitionen und Werten gleich gesetzt werden kann (sozusagen als subjektive Kognition großgeschrieben!), sondern als eine *Operation*, als ein interaktives Tun unter Verwendung diverser *social methods* verstanden und untersucht werden sollte (vgl. Heritage 1984). Man kann sich durchaus verständigen, ohne einer Meinung sein oder sich gar verstehen zu müssen; und man kann sich analog durchaus als Gruppe oder als integrativer Teil einer Organisation erfahren, selbst wenn die Schnittmenge der beteiligten individuellen *minds* aus der Sicht eines Beobachters eher bescheiden ausfällt. Die Erfahrung von Organisation, bzw. genauer: von Organisiertheit, stellt sich erst dann ein, wenn Organisationsmitglieder sich so verhalten und sich in ihrem Handeln so aufeinander beziehen, *als ob* sie eine Gruppe bzw. als ob sie genuiner Bestandteil eines organisatorischen Arbeitszusammenhangs wären. Erst in und durch ein solches umsichtiges und respektvoll aufeinander ausgerichtetes Handeln konstituieren und reproduzieren sich die Beteiligten als Mitglieder der

Gruppe, eines Teams oder einer Organisation bzw. konstituieren und reproduzieren diese als erfahrbare soziale Sachverhalte.

Wohl auch deshalb haben Weick und Roberts in ihrem klassischen Aufsatz (1993) die Bezeichnungen „group mind" oder „organizational mind" konsequent vermieden und stattdessen von *collective mind* gesprochen. Der Fokus der Analyse liegt beim *collective mind* auf beiden Ebenen: auf jener von Individuen *und* auf jener des Kollektivs. Zwar können nur Individuen zum *collective mind* beitragen und müssen dafür bestimmte kognitive und motivationale Voraussetzungen erfüllen (die es zu untersuchen oder auszubilden gilt). Der *collective mind* selbst entsteht aber erst *als Resultante* von systematisch und respektvoll aufeinander bezogenen Aktivitäten einer Vielzahl von Organisationsmitgliedern. Diese kontinuierlichen und erkennbar wechselseitigen Bezugnahmen im Modus des Als-ob verkörpern den *collective mind* und machen die Organisation als geordneten Zusammenhang erfahrbar. Der Ort der Erfahrung des *collective mind* sollte deshalb nicht (nur) in den Köpfen der Beteiligten gesucht werden. Er ist in ihren Aktivitäten, also im kommunikativen Austausch zwischen ihnen zu finden. Bei der Entwicklung und Aufrechterhaltung eines *collective mind* spielen übrigens *rekonstruktive Gattungen*, also institutionalisierte Formen der Wissensweitergabe wie Erzählung, Biographie, Witz, Lästern, Klatsch, Zeugnis oder Bericht aufgrund ihrer integrativen, Kohärenz steigernden, sinnstiftenden und kairotische Erfahrungen ermöglichenden Kapazitäten eine wichtige Rolle (vgl. Bergmann 1989; Orr 1996).

Die Ausbildung und Aufrechterhaltung eines *collective mind* versetzt selbst solche Organisationen, bei denen es angesichts der beträchtlichen mit ihrem Betrieb verbundenen Risiken auf extreme Zuverlässigkeit ankommt, in die Lage, sich auf überraschende Entwicklungen einzustellen und mit Unerwartetem selbst nach dessen Eintreten erfolgreich umzugehen (vgl. Weick et al. 1999; Weick/Sutcliffe 2001, 2007). Wenn es schwierig wird, eine solche Erfahrung zu reproduzieren, etwa weil der Kommunikationsfluss gestört ist, die eigene Rolle unklar wird, wichtige Mitspieler ausfallen, der Takt bzw. der Rhythmus der wechselseitigen Aufeinanderbezugnahme verloren geht oder das gegenseitige Vertrauen schwindet, verliert der *collective mind* an Komplexität und Kohärenz und ist dann kaum mehr von der bloßen Vielheit der *individual minds* zu unterscheiden. Die Erfahrung von „Organisiertheit" löst sich auf und damit sinkt zugleich die Intelligenz der Organisation.

3   Resümee

Indem man aus einer sozialwissenschaftlichen Perspektive auf Erfahrung blickt, kann man diesen Begriff für die Organisationswissenschaft konzeptuell wie empirisch in neuer Weise nutzbar machen. Man sieht dann u.a., dass Erfahrung (machen) eine soziale Herstellungsleistung mit eigener Methodizität und Geordnetheit ist (also nichts – nur – Natürlich-Subjektives ist); dass Erfahrung (machen) ein interaktives bzw. kollektives Phänomen darstellt, das sich zwischen Akteuren abspielt (also sich nicht – nur – auf Psychologisch-Kognitives reduzieren lässt); und dass Erfahrung (machen) sich als bedeutsam für die Funktionsfähigkeit komplexer organisatorischer Prozesse erweist (also nicht – nur – als etwas Nebensächliches, Informelles oder Störendes abgetan werden darf). In jedem Fall hat das Konzept der Erfahrung bei Organisationswissenschaftlern und gerade auch bei Organisationspädagogen größere Beachtung verdient als ihm bislang zuteil wurde.

Literatur

Bergmann, J. R. (1989): Klatsch. Zur Sozialform der diskreten Indiskretion. Berlin & New York.

Bollnow, O. F. (1968): Der Erfahrungsbegriff in der Pädagogik. In: Zeitschrift für Pädagogik, H. 14, S. 221-252.

Buer, F. (2004): Unsicherheiten im Beratungsdiskurs. Wozu Berater and Beraterinnen Philosophie brauchen – Pragmatismus zum Beispiel. In: Organisationsberatung – Supervision – Coaching, H. 11, S. 127-150.

Cohen, M. D. (2007): Reading Dewey: Reflections and the Study of Routine. In: Organization Studies, Vol. 28, S. 773-786.

Dewey, J. (1896): The Reflex Arc Concept in Psychology. In: Psychological Review, Vol. 3, S. 357-370.

Dewey, J. (1922): Human Nature and Conduct: An Introduction to Social Psychology. New York.

Emerson, J. P. (1974): Was hier geschieht, ist wirklich nichts Besonderes. In: Gruppendynamik, H. 5, S. 83-97.

Gadamer, H.-G. (1960): Wahrheit und Methode. Grundzüge einer philosophischen Hermeneutik. Tübingen.

Garfinkel, H. (1967): Studies in Ethnomethodology. Eaglewood Cliffs.

Gieseke, W. (1995): Erfahrungen als behindernde und fördernde Momente im Lernprozess. In: Jagenlauf, M./Schulz, M./Wolgast, G. (Hrsg.): Weiterbildung als quartärer Bereich. Neuwied, S. 434-450.

Goffman, E. (1981): Response Cries. In: Ders.: Forms of Talk. Oxford, S. 78-123.

Heritage, J. (1984): Garfinkel and Ethnomethodology. Cambridge.

Hoeg, P. (1995): Der Plan von der Abschaffung des Dunkels. München.

Jett, Q. R./George, J. M. (2003): Work Interrupted: A Closer Look at the Role of Interruption in Organizational Life. In: Academy of Management Review, Vol. 28, S. 494-507.

March, J. G./Sproull, L. S./Tamuz, M. (1991): Learning from Samples of One or Fewer. In: Organization Science, Vol. 2, S. 1-13.

Meindl, J. R. (1993): Reinventing Leadership: A Radical, Social Psychological Approach. In: Murnighan, J. K. (ed.): Social Psychology in Organizations. Advances in Theory and Research. Prentice Hall, S. 89-118.

Meyerson, D./Weick, K. E./Kramer, R. M. (1996): Swift Trust and Temporary Groups. In: Kramer, R. M./Tyler, T. R. (eds.): Trust in Organizations: Frontiers of Theory and Research. Thousand Oaks, S. 166-195.

Morgan, G. (1997): Bilder der Organisation. Stuttgart.

Orr, J. E. (1996): Talking about Machines. An Ethnography of a Modern Job. Ithaca.

Sacks, H. (1984): Doing Being Ordinary. In: Atkinson, J. M./Heritage, J. C. (eds.): Structures of Social Action: Studies in Conversation Analysis. Cambridge, S. 413-429.

Shamir, B./Pillai, R./Bligh, M. C. (eds.) (2007): Follower-Centered Perspectives on Leadership: A Tribute to the Memory of James R. Meindl. Greenwich.

Weick, K. E. (1978): The Spines of Leaders. In: McCall, M. W. jr./Lombardo, M. M. (eds.): Leadership: Where Else Can We Go? Durkham, S. 37-61.

Weick, K. E. (1985): Der Prozess des Organisierens. Frankfurt/M.

Weick, K. E. (1995): Sensemaking in Organizations. Thousands Oaks u.a.

Weick, K. E./Roberts, K. (1993): Collective Mind in Organizations: Heedful Interrelating on Flight Decks. In: Administrative Science Quarterly, Vol. 38, S. 357-381.

Weick, K. E./Sutcliffe, K. M. (2001): Managing the Unexpected. San Francisco.

Weick, K. E./Sutcliffe, K. M. (2007): Managing the Unexpected. Second rev. edition. San Francisco.

Weick K. E./Sutcliffe K. M./Obstfeld, D. (1999): Organizing for High Reliability: Processes of Collective Mindfulness. In: Research in Organizational Behavior, Vol. 21, S. 81-123.

Wolff, St. (2006): Textanalyse. In: Ayaß, R./Bergmann, J. R. (Hrsg.): Qualitative Methoden in der Medienforschung. Reinbek, S. 245-273.

Wolff, St./Müller, H. (1997): Kompetente Skepsis. Opladen.

Wolff, St./Puchta, C. (2007): Realitäten zur Ansicht. Die Gruppendiskussion als Ort der Datenproduktion. Stuttgart.

Wooffitt, R. (1992): Telling Tales of the Unexpected: The Organization of Factual Discourse. Hempel Hempstead.

Erfahrung als Grund und Problem organisationalen Lernens

Michael Göhlich

Eine zentrale Frage im Diskurs um organisationales Lernen ist, wie dieses Lernen stattfindet. Die Antworten bleiben zumeist an der Oberfläche. So ist verschiedentlich die Rede davon, dass auch organisationales Lernen ein Lernen von Individuen sei, das Individuum also der Träger organisationalen Lernens sei, was – abgesehen davon, dass noch zu prüfen wäre, ob nicht auch ein Kollektiv oder eine Organisation als Mitgliedschaftsverbund lernen kann – ja noch nichts über den Modus des organisationalen Lernens aussagt. Der vorliegende Beitrag versucht zumindest einen Teil des Modus zu klären und greift hierfür auf den Begriff der Erfahrung zurück.

Der Beitrag besteht aus drei Teilen. Der erste Teil ist eine Auseinandersetzung mit der so genannten erfahrungsorientierten Theorie organisationalen Lernens, die in einer Kritik ihres Erfahrungsbegriffs mündet. Im zweiten Teil geht es darum, unter Rückgriff auf den pädagogischen Diskurs zu Erfahrung und Lernen einen angemesseneren Begriff des Erfahrungslernens zu erarbeiten. Im dritten Teil wird schließlich versucht, diesen Begriff zum Verständnis organisationaler Praxis zu nutzen und dies an Beispielen aus Untersuchungen in zwei verschiedenen Organisationen zu veranschaulichen.

1 Die gängigen Theorien organisationalen Lernens vernachlässigen das Phänomen der Erfahrung. Sofern sie den Erfahrungsbegriff verwenden, wird dieser nicht elaboriert.

Die im Diskurs um organisationales Lernen verbreiteten organisationspsychologischen Theorien von Argyris/Schön (1978; 1999) und Duncan/Weiss (1979) und ihnen folgende neuere Ansätze verzichten weitgehend auf den Erfahrungsbegriff und konzentrieren sich auf Kognition, Wissen und Interpretation. Die Ausblendung der Erfahrung ist insbesondere bei Argyris und Schön überraschend, sehen sie sich selbst doch ausdrücklich in der Tradition John Deweys, zu dessen zentralen Begriffen ja gerade der Begriff „experience" gehört. Ihr Verzicht auf den Erfahrungsbegriff mag eine kritische Reaktion auf die vorausgegangenen behavioristischen Anfänge der Theorie organisationalen Lernens bei March/Olsen (1975) sein, die den Erfahrungsbegriff reichlich einsetzen. Gerade deshalb und weil der Ansatz March/Olsens in der Sekundärliteratur in Abgrenzung zu interpretations- und wissensorientierten Ansätzen ausdrücklich als erfahrungsorientierte Theorie organisationalen Lernens bezeichnet wird, ist jedoch ein genauer Blick auf diese Theorie geboten.

March/Olsen setzen sich mit der Annahme auseinander, dass organisationale wie individuelle Intelligenz einerseits auf rationaler Kalkulation erwarteter Handlungskonsequenzen und andererseits auf Erfahrungslernen gründet. Während sich die Möglichkeit rationaler Kalkulation erwarteter Handlungskonsequenzen – nennen wir es der Kürze halber das A-priori-Lernen – damals bereits als äußerst begrenzt erwiesen hatte (March spricht im Anschluss an Simon von „bounded rationality"), wird dem – a-posteriori-gedachten – Erfahrungslernen aus Sicht der beiden Autoren noch viel zu selbstverständlich vertraut. Die Vorstellung, dass im Lernen die Rückmeldung aus vorausgegangener Erfahrung genutzt wird, um unter gegenwärtigen Alternativen die Beste zu wählen, kritisieren March/Olsen als naiv. Ziel ihrer Theorie ist, Begrenzungen des Lernens aus Erfahrung aufzuzeigen. Hierzu setzen sie der Idee eines kompletten Wahlzyklus (aus individuellen Kognitionen, daraus resultierenden individuellen Handlungen in Entscheidungssituationen, daraus resultierenden organisationalen Entscheidungen und Ergebnissen, daraus resultierenden Umweltreaktionen und schließlich daraus wiederum resultierenden individuellen Kognitionen) verschiedene unvollständige Lernzyklen entgegen, die – jeweils an einer anderen Stelle des gedachten Kreislaufs – unterbrochen bzw. durch Unklarheit geprägt sind. Im Einzelnen unterscheiden sie „role-constrained experiential learning", „audience experiential learning", „superstitious experiential learning" und „experiential learning under ambiguity". Im ersten Fall kommt der in der Abfolge von individueller Handlung, organisationaler Handlung, Umweltreaktion und deren individueller Wahrnehmung ablaufende Lernvorgang vor der Rückwirkung auf die individuelle Handlung zum Erliegen, weil diese durch die Rolle des Handelnden eingegrenzt ist. Im zweiten Fall wird das Erfahrungslernen zwischen individueller und organisationaler Handlung unterbrochen, das Individuum sucht zwar handelnd an der organisationalen Entscheidungssituation teilzunehmen, seine Handlungen werden jedoch von der Organisation lediglich gehört, nicht aber zueigen gemacht und organisational realisiert. Im dritten Fall, von March/Olsen als abergläubisches Lernen bezeichnet, wird der Lernkreislauf dadurch gestoppt, dass das Umweltverhalten gar keine Folge der organisationalen Handlung ist, sondern nur fälschlicherweise dafür gehalten wird. Im vierten Fall schließlich, dem Lernen „under ambiguity", ist weder klar zu erkennen, was geschah, noch wie es geschah.

In allen vier Fällen unvollständiger Lernzyklen sprechen March/Olsen von „experiential learning", von Erfahrungslernen. Aber sie klären nicht, was sie unter „experiential" verstehen. Angesichts dessen, dass sie offenbar einen zur Entstehungszeit ihres Textes gängigen, nicht eigens zu klärenden Erfahrungsbegriff voraussetzen sowie angesichts des ihrem Ansatz zugrunde liegenden, wenngleich in einen Kreislauf überführten Stimulus-Response-Gedankens ist anzunehmen, dass March/Olsen unter Erfahrung nichts anderes als einen Input, einen Reiz bzw. eine Reizwahrnehmung im behavioristischen Sinne verstehen.

Der weitere Fortgang ihrer Arbeit zeigt aber vor allem, dass sie weniger an der als Reizwahrnehmung vorgestellten Erfahrung selbst als vielmehr an den Bedingungen der Interpretation dieser Wahrnehmung interessiert sind. „Our focus", so schreiben sie (March/Olsen 1975, 162), „is on the process by which conceptions of reality are affected by experience in an organizational setting." Insofern geht die Kennzeichnung der March/Olsenschen Theorie organisationalen Lernens als erfahrungsorientiert, die in der Literatur so oft zu finden ist (prominent etwa bei Klimecki/Thomae 1997), am Fokus des Ansatzes vorbei. Nicht die als bloße Reizwahrnehmung vorgestellte Erfahrung, sondern deren Interpretation und die Bedingungen ihrer Interpretation werden von March/Olsen näher beleuchtet.

Organisationsmitglieder versuchen March/Olsen zufolge aus dem laufenden Geschehen Sinn herzustellen. Da die Wahrnehmung der organisationalen Realität jedoch mehrdeutig ist, wird die Interpretation zu einer Frage des Vertrauens und abhängig vom Zusammenhang zwischen Wahrnehmen und Mögen. Je integrierter ein Organisationsmitglied ist, desto eher wird es das an der Organisation wahrnehmen, was es mag. Zugleich wird ein Mitglied, je integrierter es ist, das, was es an der Organisation wahrnimmt, auch eher mögen. Umgekehrt wird ein der Organisation entfremdetes Mitglied das an der Organisation wahrnehmen, was es nicht mag, und das, was es wahrnimmt, nicht mögen.

Auch wenn March/Olsens Theorie unvollständiger und deshalb auf Vertrauen angewiesener Lernzyklen interessante Forschungsfragen eröffnet, lässt sich zwischenbilanzieren, dass sie uns bei der Suche nach einem Verständnis des Zusammenhangs von Erfahrung und organisationalem Lernen nicht weiter hilft, weil sie zum einen Erfahrung auf Reizwahrnehmung verkürzt und sich zum anderen gar nicht auf diese Reizwahrnehmung, sondern auf die Analyse der Bedingungen der Wahrnehmungsinterpretationen der Organisationsmitglieder konzentriert.

2 Der pädagogische Diskurs bietet einen elaborierten Begriff der Erfahrung als Grund des Lernens, wenngleich zunächst nur auf individueller Ebene. Erfahrungslernen erscheint als aktiv-passiv-Dual, das die im Proteroncharakter der Erfahrung liegende Spannung mustermimetisch bearbeitet.

Da uns die so genannte erfahrungsorientierte Theorie organisationalen Lernens keinen ausgearbeiteten Erfahrungsbegriff liefert, müssen wir an anderer Stelle weiter suchen. Aus pädagogischer Sicht liegt nahe, die in der pädagogischen Tradition – im englischsprachigen Raum etwa bei Dewey (1986; 2000), im deutschsprachigen Raum zuvorderst bei Buck (1967) – vorliegenden Hinweise zu nutzen, wenngleich damit die organisationale Ebene zunächst verlassen wird und es um Erfahrung und Lernen auf individueller Ebene geht.

In Deweys Begriff „experience" rücken Erfahrung und Lernen eng aneinander, wenn nicht in eins. Erfahrung wird hier zweiseitig, als aktiver und passiver Vorgang begriffen. Die aktive Seite der Erfahrung besteht nach Dewey im Ausprobieren, im Versuchen, im Erfahrungen machen, die passive Seite im Erleiden und Hinnehmen. Die Trennung der aktiven von der passiven Seite zerstört die Bedeutung der Erfahrung. Allerdings neigt Dewey selbst dazu, die aktive und zudem rationale Seite vorzuziehen. Dewey unterscheidet zwei Arten der Erfahrung, das Probieren auf gut Glück (*trial and error*) und die denkende Erfahrung, und er präferiert eindeutig letztere. Als Stufen denkender Erfahrung gelten ihm 1. Befremdung und Zweifel, 2. versuchsweise Vorausberechnung und probeweise Deutung, 3. sorgfältige Erkundung und Zergliederung, 4. die versuchsweise Ausgestaltung der vorläufigen Annahme, 5. die Entwicklung eines Handlungsplans, 6. die Anwendung und Prüfung dieses Plans. Den entscheidenden Unterschied zum Probieren auf gut Glück sieht Dewey im dritten und vierten Schritt (vgl. Dewey 2000, 202). In diesem Mehr an Reflexion sieht Dewey offenbar die Differenz von bloßer Differenz- bzw. Fehlererfahrung zum Erfahrungslernen im engeren Sinne. Die Leistung des Lernenden im Unterschied zu der des bloß Erfahrenden liegt dann in der reflexiven, simulativ antizipierenden In-Beziehung-Setzung von Tun und Erleiden, von aktiven und passiven Momenten der Erfahrung. Damit erscheint Erfahrungslernen allerdings als ein durch und durch rationaler, kognitiv steuerbarer, in Diagnose-Plan-Umsetzung-Effekt-Ketten zerlegbarer Prozess.

Diese Auffassung ist zu problematisieren, ähnelt sie doch allzu sehr jenem idealen Lernzyklus, den uns bereits March/Olsen als naive Illusion enttarnt haben. Weiter kommen wir, wenn wir die pädagogische Anthropologie des Lernens und hier vor allem die phänomenologische Lerntheorie Bucks zu Rate ziehen. Erfahrung erscheint dann in erster Linie nicht als Aktion und Konstruktion, sondern als ein verstehend-bei-den-Dingen-Sein. Zur zentralen Frage wird somit, wie Erfahrungslernen Vorwissen nicht nur als Konstruktion, sondern auch als Sein aktiviert.

Die Antwort findet sich im Postulat des doppelten Proteron-Charakters der Erfahrung (vgl. Buck 1967, 36). Schon Aristoteles unterscheidet ein für uns Früheres (*proteron pros emas*) von dem der Sache nach Früheren (*proteron physei*), in heutigen Worten gesagt: das lebensweltliche, unmittelbar praktisch mit dem besonderen Erfahrungsgegenstand und der besonderen Erfahrungssituation verbundene Vorwissen und das wissenschaftliche bzw. systematische allgemeine Vorwissen. Dieser Doppeldeutigkeit des Vorwissens entsprechend lassen sich zwei Lernmodi unterscheiden: Epagoge bzw. Induktion, die vom für uns Früheren zum von der Sache her Früheren führt, und Apodeixis bzw. Deduktion, die vom sachlich Früheren ausgeht. Da allerdings der zweite Modus doch auf Wissen zurückgreifen muss, welches auf erstere Weise erworben worden ist, gilt Epagoge als der eigentliche Weg des Lernens.

Wie im der Sache nach Früheren, im systematischen (in Lehrplänen, Formelsammlungen, Programmen, Ablaufplänen etc. externalisierten) Wissen das für uns Frühere in geronnener Form enthalten (jedoch erst in wieder verflüssigter Form lernbar) ist, so ist im für uns Früheren, in unserem lebensweltlichen Vorwissen, das sachlich Frühere, das systematische Wissen als noch-nicht-bewusste Option enthalten. Die Erfahrung ist also, mit den Worten Bucks gesprochen, Grund des Lernens, „weil in ihr als dem für uns früheren Wissen dasjenige Wissen, dem das Lernen zustrebt (das Wissen des schlechthin Früheren) implizit schon enthalten ist" (Buck 1967, 40). Lernen kann aus dieser Perspektive als „die verschwindende Differenz zwischen dem für uns und dem schlechthin früheren Wissen" (ebd.) bestimmt werden. Lernen geht damit insofern über Erfahrung hinaus, als Erfahrung zwar beide Arten des Vorwissens und damit eine virulente Spannung beinhaltet, aber nicht selbst für die Bearbeitung dieser Spannung sorgt. Die mit der Doppeldeutigkeit des Proteron-Charakters der Erfahrung einhergehende Spannung als Option menschlicher Entwicklung zu bearbeiten, ist Aufgabe und Funktion des Lernens.

Dies geschieht allerdings umso weniger, je stabiler, vertrauter, selbstverständlicher und mit unserem Sein verbundener das für uns Frühere geworden ist. So können Erfahrungen zu Gewohnheiten führen, welche in ihrer Rigidität Lernwege verstellen und Lernen behindern. Das Lernen führt dann zwar auch von Erfahrung(srahmen) zu Erfahrung(srahmen). Es kann jedoch nicht als sicher gelten oder gar intentional sichergestellt werden, dass letztere(r) eine Weiter- bzw. Höherentwicklung der/des ersteren ist.

Diese Ungewissheit des Erfahrungslernens geht darauf zurück, dass Erfahrung ein existentieller Prozess ist. Sie stellt nicht nur irgendein isolierbares Vorwissen in Frage, sondern – da dieses als für uns Früheres mit uns als Ganzem, d.h. mit unserer Identität verbunden ist – uns selbst. Adorno (1980, 49) hat hierfür den treffenden Begriff des Nicht-Identischen gefunden und für das Ringen um eine lebendige Erfahrung plädiert, die dieses Nicht-Identische virulent hält. Benjamin (2006) hat beschrieben, wie das für Erfahrungslernen erforderliche mimetische Einlassen auf die fremde Eigenart des Erfahrenen eine für den Erfahrenden schmerzliche oder beglückende, jedenfalls immer riskante Entfremdung von der eigenen (hier auch körperlichen) Identität erfordert und mit sich bringt. Im pädagogisch-anthropologischen Diskurs wird diese Körperlichkeit des Erfahrungslernens im Anschluss an Benjamin etwa von Wulf (2004, 158) und im Anschluss an Buck etwa von Meyer-Drawe (2003) betont. Im mimetischen, d.h. nicht schlicht duplizierenden, sondern in der Wiederholung nuancierenden, produktiven Umgang mit uns fremden Mustern kultureller Praxis lernen wir (wenn wir uns auf das fremde Muster einlassen) nicht nur etwas Neues, sondern werden wir uns selbst neu. Im Lernen werden wir zu Anderen.

3 Die Differenzerfahrung zwischen vertrauten und fremden Mustern organisationaler Praxis wird zum Grund organisationalen Lernens. Der dabei in Gang gesetzte mustermimetische Prozess neigt zur Angleichung an das gewohnte Praxismuster, an das für die Organisation Frühere.

Der Rückgriff auf Dewey, Buck und Benjamin hat die Bedeutung des aktiv-passiv-Duals, des doppelten Proteron-Charakters der Erfahrung, der verkörperlichten Identität des Erfahrenden und des mimetischen Umgangs mit vertrauten und fremden Praxismustern sichtbar gemacht. Allerdings beziehen sich diese Hinweise auf die Erfahrung und das Lernen von Individuen. Wie können wir sie für das Verständnis des Verhältnisses von Erfahrung und organisationalem Lernen nutzen?

Hierzu erscheint sinnvoll, *organisationales Lernen als einen Prozess anzusehen, der von überindividuellen, kollektiven Körpern vollzogen wird und im mimetischen Spiel mit der Differenz zwischen dem für die Organisation lebensweltlich Früheren und dem von einzelnen Mitgliedern oder externen Vorbildern eingebrachten systematisch Früheren die bestehende organisationale Identität riskiert.*

Ein solcher organisationspädagogischer Lernbegriff gesteht der Erfahrung nicht nur die Funktion eines Reizes oder einer Reizwahrnehmung zu (wie March/Olsen) und blendet sie auch nicht vor lauter kognitivistischer Konzentration auf die Explikation mentaler Modelle aus (wie Argyris/Schön), sondern sieht die Erfahrung als den das Lernbare optional enthaltenden, jedoch identitätsbezogenen, bindungs- und spannungsgeladenen Grund organisationalen Lernens an.

Organisationales Lernen erscheint damit nicht als bloße, wenngleich interpretationsbedingungsabhängige Reaktion, und nicht nur als Reflexion und Änderung mentaler Modelle, sondern auch und vorrangig als *mustermimetischer Prozess*. Die Praxis einer Organisation (sei es ein Betrieb, ein Krankenhaus, eine Schule oder eine ihrer Abteilungen, ein Team, ein Kollegium) formiert sich zu (praktischen, wiederholt aufgeführten) Mustern, die bei neuen Erfahrungen im Sinne des *proteron pros emas*, des für uns (z.b. für ein Kollegium, eine Abteilung) Früheren wirken. Da dies nicht in Form duplizierender Wiederholung, sondern mimetisch (s. o.) geschieht, ist ein gewisser Spielraum gegeben, der die Hinwendung der Erfahrung auf das fremde Gegenüber und das in ihm möglicherweise verborgene systematisch Frühere ermöglicht und sich ausgehend vom eigenen Muster an dessen Muster abarbeitet. Dabei handelt es sich nicht um kognitive oder normative, sondern um *praktische, soziokorporale Muster*. Der Zusammenhang zwischen Erfahrung und organisationalem Lernen besteht dann nicht in erster Linie in der Reflexion mentaler Modelle bzw. kognitiver oder normativer Muster, sondern in der Bekräftigung und Modifikation verkörperlichter Gewohnheiten.

Ich will versuchen, dies an zwei Beispielen zu veranschaulichen. Das erste entstammt der Untersuchung eines Organisationsentwicklungsprojektes eines bayerischen Gymnasiums, das zweite der Untersuchung des Erfahrungsaustauschs in einem Forschungsunternehmen.

Beispiel: Organisationsentwicklung eines Gymnasiums

Im Schuljahr 2003/2004 standen aufgrund neuer Lehrpläne in den fünften Klassen bayerischer Gymnasien vier zusätzliche Wahlpflichtfachstunden zur Verfügung, von denen zwei für Sport verwendet werden sollten und zwei von der Schule selbst gestaltet werden konnten. In einem zur Planung der Gestaltung dieser Stunden vor Beginn des Schuljahres durchgeführten pädagogischen Tag einigte sich das Kollegium darauf, die Stunden zum Lernen-Lernen und Methodentraining zu nutzen.

Es ist kein Zufall, dass sich das Kollegium gerade diese Neuerung vornimmt. Es greift dabei auf kollektive Erfahrungen zurück, etwa darauf, dass lerntechnische Elemente seit Jahren einen Schwerpunkt in der Schulkonzeption, im vom Kollegium formulierten Anspruch der Schule, bilden. Die Entscheidung für die Neuerung wird dadurch gestützt, dass diejenigen Lehrer der fünften Klassen, die bereits bisher Lernstrategien zu vermitteln suchten und dafür ihre Unterrichtsstunden nach eigenen Worten „geopfert" haben, nun die Möglichkeit sehen, hierfür eigene Stunden zusätzlich zu ihren Fachstunden zu erhalten. In dieser kollektiv geäußerten „Opfer"-Erfahrung ist eine starke, schmerzliche Identifizierung der Lehrerschaft mit dem Muster von Schulpraxis als Fachvermittlungspraxis zu erkennen, die mit dazu beiträgt, dass die Neuerung im zweiten Halbjahr, in dem Lernstrategievermittlung und Fachunterricht eng miteinander verzahnt werden sollen, immer undeutlicher wird und schließlich im alten Fachunterrichtsmuster versandet.

Zudem ist das Versanden selbst ein Praxismuster dieser Schule, das eng mit (früheren) Projekten der Organisationsentwicklung verknüpft ist. So erinnert sich das Kollegium einerseits daran, dass einige Kollegen bereits vor einigen Jahren eine andere Schule besucht haben, die ein vergleichbares Projekt durchführte, und dass sie dort eine Art theoretische Einführung mit praktischen Beispielen erhielten. Andererseits wird diese Erinnerung mit dem Vermerk versehen, dass es dann an ihrer Schule „immer widder mal a wen'g eingeschlaf'n" ist (Geisendorfer 2005, 59). Diesem Muster des „Immer-Wieder-Einschlafens", das übrigens sprachlich wie schon der Begriff des „Opfers" auf den Körper des Kollektivs verweist, folgt auch das untersuchte Schulentwicklungsprojekt.

Erschwerend hinzu kommt das nicht nur an diesem Gymnasium zu beobachtende Muster, Schulentwicklung ohne spezifische Fortbildung und Begleitung zu beginnen und sich stattdessen mit der sporadischen Weitergabe von Tipps von einzelnem Lehrer zu einzelnem Lehrer zu begnügen. Die Fortbildungsangebote des Landesinstituts für Lehrerfortbildung zum fraglichen Thema werden nicht nur nicht genutzt, sondern sind gänzlich unbekannt. Stattdessen wird einer schulinternen Kollegin ein „reichhaltiger Erfahrungsschatz" (ebd., 60) zuerkannt, von dem andere gelegentlich profitieren. Dies bleibt situativ und einzelfallbezogen und vor allem bleibt es eine Interaktion zwischen Zweien. Die zur Etablierung des Neuen erforderliche Begleitung wenn nicht durch Fortbildung, so doch zumindest durch regelmäßige Teambesprechungen gelingt offenbar auch deshalb nicht, weil dies dem zellulären Praxismuster der Organisation Schule widerspricht. Um es mit den Worten der im Laufe der Untersuchung interviewten stellvertretenden Schulleiterin zu sagen: „Es gibt kleinere Inseln, die schon immer zusammen gearbeitet haben und die des auch weiterhin tun werden [...], aber, ähm, der Lehrerberuf is' nun mal ein individueller Beruf." (ebd., 98).

Die Schwierigkeiten organisationalen Lernens liegen, so können wir dieses erste Beispiel zusammenfassen, weder in bloßen Fehlerwahrnehmungen oder den Bedingungen der Interpretation dieser Wahrnehmungsreize noch nur in mentalen Modellen und kognitiven Routinen, sondern in verkörperlichten kollektiven Praxismustern, deren Gewöhnungsgrad so stark ist, dass Neuerungen schmerzliche Opfer mit sich bringen und neu begonnene Praxen immer wieder zum alten Muster drängen, körperlich gesagt: „einschlafen". Das *proteron pros emas*, das der Organisation Frühere, triumphiert über das *proteron physei*, das der Sache nach Frühere.

Beispiel: Erfahrungsaustausch in einem Forschungsunternehmen

Das zweite Beispiel entstammt der Untersuchung des Erfahrungsaustauschs in einem mittelständischen Forschungsunternehmen im Bereich Luft- und Kältetechnik mit ca. 120 Mitarbeitern. Die Bedeutung von Erfahrungswissen wird von den Mitarbeitern einerseits durchweg hoch eingeschätzt. In Interviews von ihnen betont werden vor allem drei Funktionen des Erfahrungswissens, nämlich dass es ihnen ermöglicht, bestimmte Arbeitsabläufe schneller auszuführen, dass es ihnen ermöglicht, „aus dem, was man gedächtnismäßig abgespeichert hat, immer Verbindung her[zu]stellen bei bestimmten Phänomenen" (Schottmann 2007, 58), und dass es ihnen ermöglicht, das, was in einem vorgängigen Projekt erarbeitet worden ist, in einem neuen Projekt weiter zu führen. Erfahrungswissen birgt Innovationspotential, dessen sind sich die Mitglieder dieser Organisation bewusst. Bewusst sind sie sich andererseits auch, dass der Einzelne mit seiner Erfahrung jeweils „zu sehr im eigenen Saft schmort" (ebd., 110) und der Gefahr verfällt, sein einmal als passend erfahrenes praktisches Vorgehen bloß noch zu wiederholen. Angesichts der den Organisationsmitgliedern bewussten Dringlichkeit des Erfahrungsaustauschs wäre nun zu erwarten, dass die Organisation Mechanismen vorhält, diesen Erfahrungsaustausch zu fördern, oder dass sie solche gerade entwickelt, also organisational lernt. Die Untersuchung zeigt jedoch, dass letzteres nicht und ersteres nur rudimentär und latent geschieht.

Was die Organisation an Erfahrungsaustausch-Förderlichem, ohne dies zu intendieren, vorhält, sind vor allem die von Mehreren zugleich genutzten Büroräume. Hier bilden sich im alltäglichen Geschehen *communities of practice* (vgl. Wenger 1999), hier werden entstehende Probleme und dazu passende Erfahrungen ausgetauscht. Diese Bürogemeinschaft und der in ihr praktizierte inhaltliche Erfahrungsaustausch ist ein Praxismuster dieser Organisation, das in der Regel positiv besetzt ist und in Interviews immer wieder als hilfreich hervorgehoben wird. Wer der Geschichte der Organisationsentwicklung in räumlicher Hinsicht nachgeht, kann feststellen, dass die kommunikationsfördernde Bedeutung räumlicher Nähe und Offenheit schon früh erkannt wurde und ab den 1960ern zur Einrichtung von Großraumbüros geführt hat, mit denen allerdings eine überdimensionierte Offenheit erzielt wurde, die sich schließlich als für den Erfahrungsaustausch kontraproduktiv erwies. Dieser organisationstheoriehistorische Hintergrund ist den Mitgliedern der untersuchten Organisation allerdings nicht bekannt. Die in dem Forschungsunternehmen üblichen Zwei- bis Vier-Personen-Büroräume sind aus Sicht der Beteiligten nicht eigens zur Förderung des Erfahrungsaustausches erstellt, sondern wirken einfach nur so.

Ein zweites Praxismuster scheint hingegen bewusst zur Förderung des Erfahrungsaustauschs eingerichtet worden zu sein, nämlich die regelmäßig stattfindenden Projektberatungen. In diesen Projektberatungen sollen bei dem betreffenden Projekt entstandene Probleme und mögliche Problemlösungen diskutiert werden. Bei näherer Betrachtung zeigt sich jedoch ein anderes Muster. Der fachliche Inhalt wird vielfach nur am Rand besprochen. Beteiligte Mitarbeiter empfinden die Projektberatungen eher als „Kontrollgespräche" (ebd., 76). Im Zentrum der Projektberatung steht die Frage, ob die Zeitplanung des Projekts eingehalten und wirtschaftlich das Optimale herausgeholt wird. Viele der interviewten Beteiligten beklagen ausdrücklich, dass sie kaum etwas über Probleme und Lösungen anderer, möglicherweise verwandter Projektgruppen erfahren. Es ist den Beteiligten bewusst, dass der derzeitige Charakter der Projektberatungen den Erfahrungsaustausch und Wissenstransfer hemmt, aber dennoch werden weder Mitarbeiter noch Leitung aktiv, dies zu ändern und eine neue Form organisationaler Praxis zu entwickeln.

Auch dies ist vor dem Hintergrund des Proteroncharakters der Erfahrung und des mimetischen Spiels mit vertrauten und fremden Praxismustern zu verstehen, wenn wir das untersuchte Forschungsunternehmen in erster Linie nicht als auf Innovation zielende Forschungseinrichtung, sondern als auf Gewinn zielendes Unternehmen begreifen. Der für die organisationale Identität primär relevante Erfahrungsaustausch ist damit nicht der unter den Forschern, sondern der zwischen jenen Mitarbeitern des Unternehmens, die die Forschungsaufträge akquirieren, und den Mitarbeitern potentieller Auftraggeber. Tatsächlich finden diese in einem eigenen Praxismuster (der Akquise) an der Grenze der Organisation zusammen, das durch großzügigeren Umgang mit Zeit und eine sorgfältigere Erkundung der Rahmen- und Randbedingungen des Projektes sowie verwandter Projekte gekennzeichnet ist. Die Teilnehmer der unternehmensinternen Projektberatungen fungieren somit nur noch als Exegeten und Abarbeiter eines Auftrages, nicht als Innovatoren. Interessanterweise finden dabei dennoch immer wieder technologische Erfindungen statt. Diese sind jedoch nicht Resultat einer organisational intendierten Forschergemeinschaft, sondern Resultat einer gewinnorientierten Auftragsbearbeitung. Deshalb fällt die Projektberatung, auch wenn die beteiligten Forscher versuchen, sie zum Erfahrungsaustausch über Forschungsprobleme und -problemlösungen zu nutzen, immer wieder in das Muster einer ökonomisch orientierten Prüfung des Auftragsbearbeitungsstandes zurück.

Auch die in diesem zweiten Fall fokussierten Bürogemeinschaften und Projekt-beratungen sind keineswegs nur mentale Modelle, sondern verkörperlichte Ge-wohnheiten des Miteinander-Sitzens, -Sprechens und -Handelns, kurz: Muster kollektiver Praxis.

4 Fazit

Abschließend lässt sich festhalten: Das Verhältnis von Erfahrung und organisati-onalem Lernen ist weniger ein kognitives als ein praktisches. Organisationales Lernen ist selten und mühsam, weil die organisationale Praxis das ihr begegnen-de Neue im mimetischen Spiel an ihre vergleichsweise stabilen und trägen Mus-ter (in dem Gymnasium: die Gewohnheit zellulärer Praxis von Unterricht, die traditionale Hegemonie des Fachlichen, die Erfahrung des Einschlafens von Neuerungen; in dem Forschungsunternehmen: die Gewohnheit der Auftragsöko-nomisierung) angleicht. Die absichtslos im Alltag der Organisationen entstehen-den *communities of practice* (in dem Gymnasium: das in der Pause im Lehrer-zimmer oder am Kopierer praktizierte situative einzelfallbezogene am-Erfahrungsschatz-Teilnehmen; in dem Forschungsunternehmen: der ad-hoc-Austausch in Bürogemeinschaften) federn die zuvor genannten, dem organisati-onalen Lernen entgegen stehenden Muster auf der Ebene kleinerer Kollektive innerhalb der jeweiligen Organisation ab und wirken so in der Regel letztlich ebenfalls stabilisierend.

Literatur

Adorno, Th. W. (1980): Eingriffe. Neun kritische Modelle. Frankfurt/M.
Argyris, C./ Schön, D. (1978): What Is an Organization that it May Learn? In: Dies.: Organizational Learning: A Theory of Practice Perspective. Reading, S. 8-29.
Argyris, C./ Schön, D. (1999): Die lernende Organisation. Grundlagen, Methode, Praxis. Stuttgart.
Benjamin, W. (2006): Berliner Kindheit um Neunzehnhundert. Frankfurt/M.
Buck, G. (1967): Lernen und Erfahrung. Zum Begriff der didaktischen Induktion. Stuttgart.
Dewey, J. (1986): Erziehung durch und für Erfahrung. Stuttgart.
Dewey, J. (2000): Demokratie und Erziehung. Eine Einleitung in die philosophische Pädagogik. Weinheim.
Duncan, R./Weiss, A. (1979): Organizational Learning. Implications for Organizational Design. In: Research in Organizational Behavior, Vol. 1, S. 75-123.
Geisendorfer, K. (2005): Methodenlernen – Empirische Untersuchung eines Schulentwicklungspro-zesses. Magisterarbeit Universität Erlangen-Nürnberg.
Göhlich, M. (2007a): Lernen aus Erfahrung. In: Göhlich, M./Wulf, Ch./Zirfas, J. (Hrsg.): Pädagogi-sche Theorien des Lernens. Weinheim, S. 178-189.
Göhlich, M. (2007b): Organisationales Lernen. In: Göhlich, M./Wulf, Ch./Zirfas, J. (Hrsg.): Pädago-gische Theorien des Lernens. Weinheim, S. 222-232.

Klimecki, R. G./Thomae, M. (1997): Organisationales Lernen. Eine Bestandsaufnahme der Forschung. Universität Konstanz.

March, J. G./Olsen, J. P. (1975): The Uncertainty of the Past: Organizational Learning under Ambiguity. In: European Journal of Political Research, Vol. 3, S. 147-171.

Meyer-Drawe, K. (2003): Lernen als Erfahrung. In: Zeitschrift für Erziehungswissenschaft. H. 4, S. 505-514.

Schottmann, K. (2007): Wissenstransfer zwischen Mitarbeitern unterschiedlicher Generationen. Magisterarbeit Universität Erlangen-Nürnberg.

Wenger, E. (1999): Communities of Practice. Learning, Meaning and Identity. Cambridge.

Wulf, Ch. (2004): Anthropologie. Reinbek.

Erfahrung und Organisation. Verhältnisbestimmungen aus diskursanalytischer Perspektive

Susanne Maria Weber

Anfang der 90er Jahre riefen Oelkers/Tenorth (1991, 29) dazu auf, auch disziplinär ein reflexives Verhältnis zu den pädagogischen Wissensbeständen zu entwickeln und das pädagogische Wissen zu untersuchen als

> „jene nach Themen und Focus von anderem Wissen unterscheidbaren, symbolisch repräsen-
> tierbaren Sinnstrukturen, die Erziehungs- und Bildungsverhältnisse jeder Art implizit oder ex-
> plizit organisieren, dabei eine zeitliche, sachliche und soziale Schematisierung einer Praxis er-
> zeugen, die als ‚pädagogisch' selbst bezeichnet wird und so auch durch Beobachter beschreib-
> bar ist. Über pädagogisches Wissen läßt sich der Sinn dieser Praxis gemäß der ihr eigenen Ra-
> tionalität verstehen und auch im Blick auf Funktionen und Effekte analysieren."

Mit dieser Aufforderung wird bereits ein Denkraum aufgespannt, der das Verhältnis von Organisation und Erfahrung nicht aus einer pädagogisch-normativen,
sondern einer kritisch-reflexiven Denkbewegung heraus in den Blick nimmt. Im
Unterschied zu Zugängen, die das pädagogische Wissen in modernisierungstheo-
retische Perspektiven eingebettet rekonstruieren und mit dem Interesse der Klas-
sifikation seiner Formen und der Kontextualisierung seines Auftauchens den
institutionellen Umgang mit Wissen untersuchen (vgl. Kade/Seitter 2007), sind
diskursanalytisch orientierte Verhältnisbestimmungen von Organisation und
Erfahrung allerdings an epistemologischen Fragen interessiert (vgl. Foucault
1992a; 1992b). Hier geht es im Sinne materialer Analysen um die Architektur
eines Diskurses und seiner regulierenden Kraft. Organisation erscheint zunächst
als „nebensächliche Einheit" und als institutionelle Äußerungsmodalität von
Rationalisierungen. Eine solche historisierende, macht- und wissenskritische,
philosophierende Perspektive, die allerdings durchaus auch für die Organisationsforschung fruchtbar gemacht werden kann, wendet die Frage nach dem Verhältnis von Organisation und Erfahrung selbstreflexiv in die Frage nach den
„Oberflächen des Auftauchens" pädagogischer Wissensbestände und untersucht
das auftauchende Wissen im epistemologischen Sinne als Objekt. Dabei geht es
auch um seine systematische Funktion als Modus im MachtWissens-Apparat, der
sich um ein Dispositiv, ein platzanweisendes Wissen, herum organisiert (vgl.

Weber 1998; Weber/Maurer 2006; Peters et al. 2009). Ein solcher Zugang ermöglicht es, die Frage der regelbildenden Struktur des Verhältnisses von Organisation und Erfahrung aufzuwerfen und sich dieser forschend zu nähern (vgl. Weber 2007a).

Die Verhältnisbestimmung von Organisation und Erfahrung erfolgt im vorliegenden Beitrag also, indem die „Oberflächen des Auftauchens" eines Wissens in den Blick genommen werden, um so der Frage nach der Funktionsweise von Wissen und Rationalitäten innerhalb des gesellschaftlichen Diskursraumes näher zu kommen. Im Rahmen dieses kurzen Textes kann dies zwar nicht umfassend geleistet werden, immerhin aber die Frageperspektive aufgeworfen werden, die einen spezifischen Beitrag leisten kann.

Diskursanalytische Perspektiven arbeiten immer mit einer historisierenden Perspektive auf Wissen als Objekt. Das Verhältnis von Organisation und Erfahrung wird hier als Erfolgsgeschichte erfahrungsbezogenen Wissens im Organisieren in den Blick kommen. In einem zweiten Bestimmungsaspekt ist die Frage nach dem Verhältnis von Wissensarten und auch disziplinären Wissensbeständen von Interesse, insofern Wissen in diskursanalytischen Perspektiven immer als im Widerstreit der Wissensbestände stehend und nie als neutrales Wissen, sondern als MachtWissen und als eingespannt in Kämpfe um Wahrheitsgeltungen verstanden wird, aus denen sich instabile Dominanz- und Marginalitätspositionen ergeben, die sich in ihrer Positionierung auf bestimmte Weise in Diskursverläufen reproduzieren und verändern. Drittens wirft die Frage nach den Möglichkeitsbedingungen des „erfolgreichen" Wissens die zeitgeschichtlichen Begründungslinien auf. Als vierte Untersuchungsperspektive wird eine funktionale Verhältnissetzung rekonstruiert und der Stellenwert des Erfahrungswissens in der Gestaltung von Übergängen des Organisierens bestimmt. Die Gestaltungsdimension erfahrungsbasierten Organisationshandelns betrifft dann fünftens die Frage der Aufmerksamkeitsrichtungen und zeitlichen Orientierungen, also die Konstruktionsdimension im Intervenieren.

Auf dieser Grundlage der fünf Annäherungsperspektiven kann abschließend die Frage des Funktionierens des Erfahrungswissens im MachtWissens-Apparat lediglich knapp auf seinen Modus des Organisierens hin befragt werden. Aus dieser Perspektive erfolgt Erfahrungsbe- und -verarbeitung kasuistisch und methodisiert und lässt sich als verallgemeinerter gesellschaftlicher Modus der Wissensproduktion kennzeichnen, in dem der erfahrungsbasierte „zivilisatorische Prozess" auf der Organisationsebene angekommen ist und das pädagogische Wissen in spezifischer Weise wirksam wird.

1 Die historisierende Dimension: Das Verhältnis von Erfahrung und Organisation als Entwicklungs- (und Erfolgs-)geschichte

Eine historisierende Perspektive auf das Verhältnis von Organisation und Erfahrung kann im Rahmen eines knappen Beitrags nur skizzenhaft geleistet werden und bedarf ohne Frage weiter gehender Ausführungen, die hier im Interesse der Akzentuierung diskursanalytischer Frageperspektiven jedoch zurückgestellt werden müssen. Allerdings wird bereits auf den ersten Blick deutlich, dass erfahrungsbezogene Vorstellungen sozialer Prozesse in verschiedenen – auch internationalen – Wissenstraditionen als früh verankertes Wissen gelten können. Im amerikanischen Pragmatismus, der Chicago School, den Arbeiten Lewins, in den frühen soziologischen Rekonstruktionen der Gesellschaft bei Simmel oder auch in den Rekonstruktionen des Selbst als symbolischer sozialer Kreation (Mead, Dewey, Simmel, Vygotsky, Buber) treten Wissensbestände auf, die von Erfahrung ausgehen und so frühe Wurzeln für erfahrungsbezogene Vorstellungen eines komplexen Organisierens darstellen. Auch in der sozialpsychologischen, gestaltpsychologischen und psychoanalytisch orientierten Gruppendynamik (Lewin, Lippitt, Bion) sowie in systemischen Ansätzen (von Bertalanffy) kommt die ganzheitliche Konfiguration sozialer Dynamiken in interdisziplinären Theoriebezügen und als Anschlussstellen erfahrungsbasierten Organisierens in den Blick.

Ohne hier eine umfassende historische Rekonstruktion leisten zu können, wird insbesondere in den 1980er Jahren die quantitative und interdisziplinäre Ausweitung qualitativen, kulturalisierenden, psychologisierenden und systemorientierten Denkens deutlich. Auch und gerade Postmodernismus, Feminismus und Postkolonialismusstudien tragen zum *cultural turn* der Sozialwissenschaften bei. Erfahrung wird zur zentralen Kategorie in den Prozessen der Bedeutungsbildung und Herstellung von Sinn in sozialer Handlungspraxis, die nun auch systematisch in der Organisationsforschung ankommt (vgl. Weick 1985, 1995; Terhart 1986). Rationalitäts- und repräsentationskritische Perspektiven sowie die Problematisierung von sozialer Wirklichkeit als performative Praxis werden zunehmend auch auf das Organisieren bezogen (vgl. Cooperrider/Whitney 1999; 2000).

Dass qualitative und kulturalistische Perspektiven seit den 1980er Jahren mehr und mehr in den Mainstream der Organisationsforschung eingehen und auch das Theorie- und Praxisfeld der Organisationsberatung prägen, wird anhand der in den 1980er Jahren prominent geführten Diskussion um die Kulturalisierung der Organisation und um Organisationskultur deutlich (vgl. Neuberger/Kompa 1987). Die Perspektive auf Organisation und das Organisieren als komplexes Gebilde im Prozess von hergestellter und im Alltag gelebter Normalität erfreut sich also zunehmender Akzeptanz und Aufmerksamkeit. Insbesondere systemische Perspektiven, auf die das von Senge (1990) vorgestellte Konzept der „lernenden Organisation" zurück greift, rekonstruieren das Organisieren in Bezug auf die subjektiven und kollektiven mentalen Modelle des Organisierens und didaktisieren die Bearbeitung erfahrungsbezogener Aspekte im Organisieren, die als dem Alltags- und Entscheidungshandeln in Organisationen zugrunde liegende Metaphern (vgl. Morgan 1997; 1998) untersucht und erschlossen werden.

Die Expansion des Erfahrungswissens im Organisieren scheint dabei ebenso in disziplinär eher fernere, rationalistisch geprägte Wissensregionen vorzudringen. Auch für die klassischerweise nicht gerade kulturalistisch orientierte Managementforschung wird die Ausweitung der Rezeption erfahrungsbezogenen Wissens festgestellt. So sieht Boje (2008, 213) über die letzten 30 Jahre hinweg einen „storytelling turn in management and organization research", innerhalb dessen sich sowohl die Ausweitung als auch die Vertiefung des Erfahrungsbezuges und des Narratologischen zeigen. Erfahrungsgebundene Phänomene im Organisieren und insbesondere der Status des Narrativen und der *stories* werden demnach ab den 1980er Jahren wichtiger. Geschichten, verstanden als mündliche oder schriftliche Darbietungen, in denen zwei oder mehr Personen involviert sind und in denen vergangene oder antizipierte Erfahrungen verarbeitet und interpretiert werden (vgl. Boje 1991, 111), werden zu dieser Zeit in der Managementforschung zunächst eher als statische und singuläre Texte verstanden und genutzt, das Verhältnis von Organisation und Erfahrung wird inhaltlich gebunden an einzelne Geschichten und in einem eher additiven Sinne gefasst.

Dagegen zeichnet sich in den 1990er Jahren eine Entwicklung der Aufmerksamkeit auf das Element der Koproduktion von Geschichten in kollektiven organisationalen Settings ab. Man bezieht sich ab diesem Zeitpunkt stärker auf den Herstellungscharakter erfahrungsgebundenen Wissens und narratologischer und selbsterforschender Praxen im Prozess des Organisierens als Gemeinschaft, wie dies auch Argyris/Schön (1994, 47f.) in der Rekonstruktion von Organisationen als „communities of inquiry" zum Gegenstand gemacht haben. In den 2000er Jahren sieht man die Begriffe „Erfahrung" und „Organisation" sich weiter ineinander schieben im Sinne eines „erfahrungsgebundenen Organisierens". Von einer additiven Konzeptualisierung des „Habens" integriert sich die Perspektive hin zum „Sein" und damit hin zur systemischen Komplexität der *storytelling organization* (vgl. Boje 2005). In dieser Verhältnisbestimmung verfügt eine Organisation nicht nur über Erfahrung und Geschichten, sondern besteht aus diesen. Die Vorstellung der *storytelling organization* wirft eine narratologische Perspektive auf das Organisieren insgesamt (vgl. Czarniawska 1997; 1998).

Mit der historisierenden Perspektive wird das Wissen temporal strukturiert und als Entwicklungs- und Erfolgsgeschichte rekonstruierbar. Aus dieser Perspektive gehen früh vorhandene qualitative sozial- und kulturwissenschaftliche sowie auch erziehungsphilosophische Wissensbestände mehr und mehr in die Organisationsforschung ein. Dabei wird die Managementforschung ebenso wie das Praxisfeld der Organisationsgestaltung und -beratung von diesen Wissensbeständen erreicht (vgl. Gagliardi/Czarniawska 2006; Czarniawska/Sevon 2005).

2 Die politische Dimension: MachtWissen und Verhältnisbestimmungen zwischen Managerialismus und Macht

Die historisierende Perspektive auf das Verhältnis von Erfahrung und Organisation als Erfolgsgeschichte verweist auf die Frage des Wissensraumes, innerhalb dessen sich Wissen aus einer vergleichsweise marginalen oder auch disziplinär begrenzten Position im gesellschaftlichen Diskursraum verallgemeinern kann und breite Akzeptabilität zu erringen vermag. Wie hier nur grob skizziert werden kann, erreicht die sich inter- und transdisziplinär ausweitende Entwicklungs- und Erfolgsgeschichte auch disziplinäre Bastionen und drängt rationalistische Vorstellungen des Organisierens zurück. Sie globalisiert sich auch insofern, als hier nun die Dimensionen von Globalisierung und globalen Wissensbeständen in globalen Ökonomien adressiert werden (vgl. Weick 1999; Czarniawska/Sevon 2005; Cooperrider/Dutton 1999). Die Verhältnissetzungen von Organisation und Erfahrung lassen sich neben Vorstellungen einer quantitativen Ausweitung auch als qualitative Verhältnisbestimmungen der Rezeptionsebenen und Relevanzsetzungen von „Erfahrungsbasierung" fassen und in der hier mitgeführten Bedeutungsebene, also in der Tiefendimension, rekonstruieren. Czarniawska (1997, 26) sieht Narrative in und über Organisationen einerseits als Organisationsforschung, die selbst geschichtenartig geschrieben ist („tales from the field"). Zweitens nennt sie Organisationsforschung, die Organisationsgeschichten sammelt („tales of the field"), und drittens Organisationsforschung, die das Organisieren selbst als „story making" und die Organisationstheorie als „story reading" (*interpretative approaches*) fasst. Das im interpretativen Paradigma angelegte wissenschaftliche „Lesen" der erfahrungsbasierten Organisation bleibt dabei in dieser Rekonstruktion dem Narrativen vorgängig.

Dass Forschungsperspektiven nicht neutral oder additiv auswechselbar sind, sondern spezifische Arten der Reflexion und Ausgestaltung von Argumentationen implizieren (vgl. Schäffter 2001a; 2001b) wird damit nicht ausreichend reflexiv mitgeführt. Kieser (1997, 251) sieht z.B. WissenschaftlerInnen als Geschichtenerzähler, die mit ihren Forschungen Metaphern generieren und eingängige Geschichten produzieren. So lässt sich die Produktionslogik der Entstehung wissenschaftlicher Perspektiven und Rezeptionslinien als eingebunden in Narrative rekonstruieren, etwa ihre zugrunde liegenden Werte, ihre Unterworfenheit unter Marktgesetze, die Eingebundenheit in sich als Wissenschaftsmoden entfaltende Rezeptionslinien etc. (vgl. Kühl 2000; Neuberger 1995; Weber 2005a, 2005b). Srivastva et al. (1999, 9) machen auf die impliziten und expliziten Wertsetzungen und die politische Relevanz auch wissenschaftlichen Fragens und forscherischer Selbstverständnisse aufmerksam und vertreten hier eine ethische Position des Forschens und Intervenierens mittels einer Kultur und Sprache der Wertschätzung, die Vorurteile auflösen, kulturelle Blindheit überwinden und das „kollektive Gute" hervorbringen könne. Damit ist mit der politischen Dimension das Verhältnis von Organisation und Erfahrung auch als eines der Wertsetzungen zu markieren.

Wissen als MachtWissen untersucht die diskursproduzierende Dimension der Organisationstheorie und Organisationsforschung selbst und damit auch die Frage der Privilegierung und Marginalisierung von Wissensbeständen. So wird auch die politische Dimension des Organisierens und des Denkens des Organisierens mitgeführt. Mit der Frage „Wer spricht?" wird die Frage des Verhältnisses intentionaler Wissenspraxen aufgeworfen. Im Feld der Organisations- und Managementforschung wird hier die Diskussion um Affirmation und Kritik diskutiert. So wird nach Boje (2005) in der managerial-funktionalistischen Forschungstradition die funktionale Dimension des *storytelling* genutzt, um Wissen von Individuen zum System bzw. zur Institution gelangen zu lassen. Kritische Theorietraditionen dagegen zielen im Sinne der Demokratisierung von Organisationen und im Sinne einer deliberativen Politik auf emanzipative und befreiende Momente ab. Eine solche an Analyse, Repräsentationskritik und Emanzipation orientierte, macht- und herrschaftskritische Denkperspektive kann z.B. Dimensionen sozialer Ungleichheit entlang von Strukturkategorien wie Klasse oder Geschlecht mitführen und wird insbesondere in postmodernen, poststrukturalistischen, feministischen und intertextuellen Denkperspektiven repräsentiert. In Bezug auf die Verhältnissetzungen von Organisation und Erfahrung werden damit auch die Wissensbestände in ihrer Differenz zwischen affirmativen und kritischen Positionen markierbar. An diesen Positionierungen wird deutlich, dass eine an MachtWissen und Widerstreit orientierte Verhältnisbestimmung weiter führende Erkenntnisse zu erschließen vermag.

3 Die Begründungsdimension: Zeitgeschichte als Erklärungs- und Begründungslinie

Die Erfolgsgeschichte der Erfahrung und des Narrativen im Organisieren wird durch zeitgeschichtliche Perspektiven begründet. Makro-Perspektiven wie die

Wissens- (vgl. Willke 1998) oder Lerngesellschaft, die Risiko-, Erlebnis-, die Arbeits- oder die reflexive Gesellschaft werden als Zuspitzungen gesellschaftlicher Rahmenbedingungen eingebracht (vgl. Wittpoth 2001), in denen Unbestimmtheit und Transformation zu Generalschlüsseln erziehungswissenschaftlicher Reflexion werden. Wissen erscheint als in Wissensordnungen und seinen Bezugssystemen, also kontextualisiert, rekonstruierbar (vgl. Kade/Seitter 2007). Generell wird die Wissensgesellschaft jedoch als ambivalent und Wissen als permanent revidierbar beschrieben (vgl. Nolda 2001). Auch der wissenschaftliche Diskurs wird rekonstruiert als offen für differente theoretische Positionen, Uneindeutigkeit gilt als Theorieimpuls (vgl. Kade 2001, 35; Helsper et al. 2003).

In der Zeitdiagnose der Transformationsgesellschaft (vgl. Schäffter 2001a; 2001b) wird die Bewältigung struktureller Veränderungsprozesse von der Fähigkeit abhängig gemacht, ambivalente und offene Situationen auszuhalten. Es geht darum, ein neues Verhältnis zum problematisch gewordenen und problemverstärkenden Sicherheits- und Kontrollbedürfnis aufzubauen (vgl. Schäffter 2001a, 8). Unter der Bedingung reflexiver Transformation wird Intransparenz zum Begleitzustand und damit ein anderer Modus von Planung und Kontrolle in Organisationen erforderlich (vgl. ebd., 29). Im Gegensatz zu linearen Modellen der Transformation sind im reflexiven Transformationsmodell Veränderung und Lernen im Prozess zu organisieren. Da sowohl Ausgangs- als auch Zielpunkt des Lernens unbekannt sind, muss Lernen von Subjekten und Organisationen als permanente und auf Dauer gestellte Selbstvergewisserung stattfinden, die nie an einem Endpunkt eintrifft, sondern unabschließbar bleibt.

Auch Srivastva et al. (1999) identifizieren übergreifende zeitgeschichtliche Dynamiken, denen sie eine große Bedeutung für organisationales Handeln und erfahrungsorientiertes Lernen zuschreiben: Globalisierung und *interconnection* sowie die Multiplizität der Perspektiven im Postmodernismus, in dem sich Arbeitsplätze zu einem „virtual kaleidoscope array of cultural grouping" (Srivastva et al. 1999, 4) hin entwickeln, was die Glaubensbekenntnisse des Organisierens in Frage stellt. Das Organisieren erfolgt nicht mehr nach dem Muster der Maschine, sondern erhält eine Bedeutung als „living value system" (ebd.). Zukunft ist daher nicht als Schicksal, sondern als Möglichkeit für positive Gestaltung zu sehen. Die Autoren kommen zu dem Schluss, dass Postmodernismus kein „business as usual" mehr erlaube. Damit werden zeitgeschichtliche Dimensionen zur Begründungslinie für einen anderen Umgang mit Ungewissheit und Unsicherheit – und verweisen auf einen erfahrungsbasierten Modus der Wissensgenerierung im Prozess. Mit solchen Begründungslinien öffnet sich der Raum für funktionsorientierte Perspektiven auf das Verhältnis von Erfahrung und Organisation.

4 Die pädagogische Dimension: Das Verhältnis zwischen Organisation und Erfahrung als Verhältnis der Wegbahnungen und des Übergangs

Ausgehend von der Vorstellung einer Vielfalt des (Erfahrungs-)Wissens, der gegebenen Multiperspektivität in komplexen Beteiligtensettings und der ebenfalls gegebenen Dimension unterschiedlicher Machtressourcen wird die Frage nach der emergenten Komplexität in narratologischen Rekonstruktionen als Gestaltungsfrage aufgeworfen. Sowohl in der Diskurslinie „Lernen" als auch im Schlüsselbegriff „Wissen" fließen Vorstellungen von Nicht-Wissen, Ungewissheit und die Erfahrungsdimension mit ein (vgl. Polanyi 1985; Röhl 2000, 2). Wissensbasierte Organisationen werden als Orte qualitativ neuer Formen von Arbeit gesehen, in der relevantes – auch und gerade erfahrungsbasiertes – Wissen als Ressource zu fassen ist. In der stark rezipierten Rede von der lernenden Organisation (vgl. Senge 1990) sind der subjektive ebenso wie der kollektive Erfahrungsbezug und seine Bearbeitung als Ressource angelegt. Hierbei wird vom Sozialen als Basis des Organisierens ausgegangen und die Selbstverwirklichung des Einzelnen in eine kollektivistische Vision eingebunden. Im Zuge der Privilegierung von Ungewissheit und Nicht-Wissen wird damit die systematische Auswertung von Erfahrung – als Ergebnis von Lernen und spezifischen Formen des subjektiven und organisationalen Wissens – als funktionale Größe für Wegbahnungen im Prozess des Organisierens angesehen. Die Auswertung von Erfahrung und die erfahrungsbasierte Entwicklung von Perspektiven und Zielbestimmungen werden zu Kernpraxen „lernender Organisationen". Erfahrungsgenerierung wird damit zum intentionalen Projekt des Organisierens und zur funktionalen Gestaltung von Übergängen (vgl. Weber 2005a; 2005b).

Aus der Sicht von Boje (2005) kann auch die zukünftige Managementforschung hier profitieren. Geschichten und Gegengeschichten, ordentliche und unordentliche, richtige und falsche, koproduzierte, kokonsumierte, kodistribuierte Geschichten könnten demnach die komplexe Erfahrungswelt der Organisation erschließen. Auch die Frage hegemonialer Sinnproduktion in narrativen Systemen könnte hier für organisationale Entwicklung und Wandel produktiv gemacht werden. Dabei stellt sich die Gestaltungsfrage in transformationsorientierten Organisationsperspektiven auch als Frage der Aufmerksamkeitsrichtungen.

5 Die Konstruktionsdimension: Das Verhältnis von Organisation und Erfahrung als Ausrichtung der Aufmerksamkeit und zeitlicher Orientierungen

Aus einer transformationsorientierten Perspektive werden organisationale Handlungsmuster (vgl. Cooperrider 1999) nicht als fixiert, sondern als täglich neu geschriebene, auf mentalen Modellen beruhende Produkte kollektiver Überzeugungen und sozialer Akzeptanz rekonstruiert, die damit auch grundsätzlich revidierbar sind. Da jede soziale Handlung Antizipationen der Zukunft impliziert, ist die zeitliche Dimension einer antizipierenden Realität im Organisationshandeln besonders wichtig. Sie beinhaltet ein reflexives Nach-Vorne- und Nach-Hinten-Schauen. Im Anschluss an Heideggers Konzepte der Geworfenheit und des Entwurfs rekonstruiert Cooperrider Organisation als „projekthafte" Existenz (vgl. ebd., 97). Wertschätzendes und erfahrungsgebundenes Wissen wird damit zur mentalen Kraft, die in der Textur der Gegenwart die Zukunft eingewoben findet. Vergangenheits- und Problemorientierung entspricht dagegen einem zynischen Sozialcharakter, welcher dem System Vitalität entzieht und in seiner Problemverhaftetheit zu Melancholie und Handlungsunfähigkeit führt (vgl. ebd., 110). Im Sinne einer kognitiven Ökologie kann Metakognition die bewusste Entwicklung positiver Bilder fördern. Positives *self-monitoring* unterstützt Lernen in besonderer Weise (vgl. ebd., 114). Die Komplexität des Organisierens im Modus komplexer Sinnproduktion und damit auch das Verhältnis von Organisation und Erfahrung wird hier als biozentrisches Verhältnis erkennbar, in dem das plural verfasste Kollektivsubjekt Organisation in der inneren Dialektik erfahrungsgebundener positiver und negativer Statements einen inneren Dialog, ein „Selbstgespräch" führt. Zwar bezieht sich der innere Dialog auf die Subjektebene, er ist aber für jedes Sozialsystem fruchtbar zu machen. Erfahrung wird damit zum funktionalen Wissen und zum systemkonstruierenden Modus des Organisierens.

6 Erfahrung als funktionales Wissen und Modus des Organisierens

Eine Untersuchung des Transformationswissens widmet sich insbesondere den Funktionen, die hier geleistet werden und die Aufschluss über sich verschiebende Rationalitäten des Organisierens und den Modus des Wissens geben. Methodisierte erfahrungsbasierte Praxen wie z.B. partizipative (Großgruppen-)Formate verfolgen erstens die systematische Erfahrungsauswertung zur systemischen Selbstbeobachtung. Sie verweisen zweitens auf die generative Funktion in der Zukunft und erfüllen drittens konjunktive und kommunikative Funktionen als Praxen und generative Rituale des Übergangs (vgl. Weber 2005a; 2005b;

2007b). Insgesamt ermöglichen solche erfahrungsbasierten Formate die kollektive Rekonstruktion von Sinn in komplexen organisationalen Settings. Solche erfahrungsbasierten Praxen der Generierung des Neuen, der Gemeinschaftsbildung und der entgrenzten Zukunftsgestaltung stellen Übergänge zu neuen organisationalen Selbstbeschreibungen her. Sie betten sich methodisch in die Allgegenwart des Pädagogischen im lebenslang lernenden Subjekt und der lernenden Organisation (vgl. Senge 1990; 1996) ein, sie eröffnen eine narratologische Perspektive auf das Organisieren selbst. Das Verhältnis von Organisation und Erfahrung wird damit zu einem Steuerungs- oder Regulierungsmodus. Methodisierte Prozesse der Erfahrungsbearbeitung wirken als Lernlaboratorium (vgl. Weber 2005b) zur Transformation von Sinn in definierten zeitlichen, sachlichen und sozialen Abläufen. Die Funktion der Verfahren liegt primär auf der Ebene von Handlungs- und Deutungsmustern, die durch das „Durchgehen durch Bedeutungen" im Dialog inszeniert, dramatisiert, reflektiert und reorganisiert werden. Erfahrungsbasiertes Organisieren erfolgt im Modus des zivilisatorischen Prozesses (vgl. Dewey 1949), indem hier soziale Situationen systematisch analysiert werden, um sie lernend zu verändern. Mittels eines forschenden und entdeckenden Zugangs zur Welt und zum Selbst sowie einer systematisch fragenden Haltung werden kooperativ-experimentelle Praxis, kollektive Reflexion und demokratisierte Expertise in „lokalen Gemeinschaften" praktiziert. Das „mäeutische Verfahren" dialogischer Hebammenkunst wirkt dabei von erfahrungsbasierten, verworrenen Ausgangslagen hin zu einer Klärung im Prozess erkenntnisbildend. Das sokratische Vier-Stufen-Schema des Dialogs findet sich als methodisierte Praxis eines *pattern of inquiry* wieder (vgl. Weber 2005a; 2006). Diese Vorgehensweise zur Problemlösung folgt insofern einer kasuistischen Rationalität, als sie sich an Fällen entlang entfaltet (vgl. Hörster/Müller 1996; Hörster 2003, 319). Das erfahrungsbezogene Transformationswissen solcher Formate universalisiert sich und verbreitet sich institutionell in eine ins Gesellschaftliche hinein verallgemeinerte pädagogische Sphäre. Damit generalisiert sich ein experimenteller, lernender Umgang mit Informationen und Wissen zum allgemeinen Handlungsmodus (vgl. Weingart 2001, 337).

Lediglich umrissen werden kann, dass mittels erfahrungsbasierter selbstevaluativer und experimenteller Praxen Gesellschaft zu einer Labor-Gesellschaft wird (vgl. Weber 2005b), in der das Prinzip der Wissenschaft, der erfahrungsgesteuerten Produktion und Revision von Wissen, auf andere Wissensformen und Organisationen ausgedehnt wird (vgl. Weingart 2001, 334). Befragt auf das Funktionieren des Wissens innerhalb eines MachtWissens-Apparates (vgl. Weber 1998), kommen Formen der Selbstführung wie Techniken der Fremdführung (vgl. Bröckling et al. 2000) in den Blick. Dabei untersucht eine diskursanalytische und gouvernementalitätstheoretische Perspektive das Verhältnis von Regierungspraktiken, Normalisierung und Subjektivierung (vgl. Weber/Maurer 2006; Peters et al. 2009). Das pädagogische Wissen am Markt ist dann rekonstruierbar im verinnerlichten Imperativ der Steigerung der Leistungsfähigkeit (vgl. Weber 1998; 2000). Erfahrungsbasierung geht ein in Techniken der Qualitätsentwicklung (vgl. Bröckling 2000) und mündet in pädagogische Praxen der Subjektivierung und der Selbstoptimierung. Erfahrungsbasierte Techniken und selbstevaluative Praxen finden ihren Anschluss an das Steigerungsmoment von Bildung (vgl. Kuper 2002). Mittels des mäeutischen Prozesses der *social inquiry* holt das pädagogische Wissen in methodisierter Weise den von Dewey (1949) propagierten erfahrungsbasierten zivilisatorischen Prozess auf die Organisationsebene und wird so in seinem Funktionsmodus als funktionales Wissen zur Steigerung der Leistungsfähigkeit rekonstruierbar.

Literatur

Argyris, Ch./Schön, D. A. (1994): Die lernende Organisation. Grundlagen, Methode, Praxis. Stuttgart.

Boje, D. M. (1991). The Storytelling Organization: A Study of Storytelling Performance in an Office Supply Firm. In: Administrative Science Quarterly, Vol. 36, S. 106-126.

Boje, D. M. (2005): Storytelling in Management Research. In: Sage Dictionary. New Mexico State University, S. 37-42.

Boje, D. M. (2008): Storytelling in Management Research. In: Thorpe, R./Holt, R. (eds.): The Sage Dictionary of Qualitative Management Research. London, S. 213-215.

Bröckling, U. (2000): Menschenführung im Qualitäts- und Selbstmanagement. In: Bröckling, U./Krasmann, S./Lemke, Th. (Hrsg.) (2000): Gouvernementalität der Gegenwart. Studien zur Ökonomisierung des Sozialen. Frankfurt/M., S. 131-167.

Bröckling, U./Krasmann, S./Lemke, Th. (Hrsg.) (2000): Gouvernementalität der Gegenwart. Studien zur Ökonomisierung des Sozialen. Frankfurt/M.

Cooperrider, D. L. (1999): Positive Image, Positive Action: The Affirmative Basis of Organizing. In: Srivastva, S./Cooperrider, D. L. (eds.): Appreciative Management and Leadership. The Power of Positive Thought and Action in Organizations. Revised Edition. Ohio, S. 91-125.

Cooperrider, D. L./Dutton, J. (eds.) (1999): Organizational Dimensions of Global Change. No Limits to Cooperation. Thousand Oaks & New Delhi.

Cooperrider, D. L./Whitney, D. (1999): Appreciative Inquiry. San Francisco.

Cooperrider, D. L./Whitney, D. (2000): A Positive Revolution in Change. The Affirmative Basis of Organizing. In: Cooperrider, D. L./Sorensen, P. F. Jr./Whitney, D./Yaeger, Th. F. (eds.): Appreciative Inquiry. Rethinking Human Organization Towards a Positive Theory of Change. Champaign, S. 3-28.

Czarniawska, B. (1997): Narrating the Organization. Dramas of Institutional Identity. Chicago & London.

Czarniawska, B. (1998): A Narrative Approach to Organization Studies. London.

Czarniawska, B./Sevon, G. (2005) (eds.): Global Ideas. How Ideas, Objects and Practices Travel in the Global Economy. Kopenhagen.

Dewey, J. (1949): Demokratie und Erziehung. Eine Einleitung in die Philosophische Pädagogik. Braunschweig u.a.

Foucault, M. (1992a): Was ist Kritik. Berlin.

Foucault, M. (1992b): Archäologie des Wissens. 5. Aufl. Frankfurt/M.

Gagliardi, P./Czarniawska, B. (2006) (eds.): Management Education and Humanities. Northhampton.

Helsper, W./Hörster, R./Kade, J. (Hrsg.) (2003): Ungewissheit. Pädagogische Felder im Modernisierungsprozess. Weilerswist.

Hörster, R. (2003): Fallverstehen. Zur Entwicklung kasuistischer Produktivität in der Sozialpädagogik. In: Helsper, W./Hörster, R./Kade, J. (2003): Ungewissheit. Weilerswist, S. 318-344.

Hörster, R./Müller, B. (1996): Zur Struktur sozialpädagogischer Kompetenz. Oder: Wo bleibt das Pädagogische der Sozialpädagogik? In: Combe, A./Helsper, W. (Hrsg.): Pädagogische Professionalität. Untersuchungen zum Typus pädagogischen Handelns. Frankfurt/M., S. 614-648.

Kade, J. (2001): Risikogesellschaft und riskante Biographien. In: Wittpoth, J. (Hrsg.): Erwachsenenbildung und Zeitdiagnose. Bielefeld, S. 9-38.

Kade, J./Seitter, W. (Hrsg.) (2007): Umgang mit Wissen. Recherchen zur Empirie des Pädagogischen. 2 Bde. Bd. 1: Pädagogische Kommunikation. Bd. 2: Pädagogisches Wissen. Opladen & Farmington Hills.

Kieser, A. (1997): Moden und Mythen des Theoretisierens über die Organisation. In: Scholz, Ch. (Hrsg.): Individualisierung als Paradigma. Stuttgart, S. 235-259.

Kühl, St. (2000): Das Regenmacher-Phänomen. Widersprüche und Aberglaube im Konzept der lernenden Organisation. Frankfurt/M. & New York.

Kuper, H. (2002): Stichwort: Qualität im Bildungssystem. In: Zeitschrift für Erziehungswissenschaft. Jg. 5, H. 4, S. 533-551.

Morgan, G. (1997): Bilder der Organisation. Stuttgart.

Morgan, G. (1998): Löwe, Qualle, Pinguin. Imaginieren als Kunst der Veränderung. Stuttgart.

Neuberger, O. (1995): Moden und Mythen der Führung. In: Kieser, A./Reber, G./Wunderer, A. (Hrsg.): Handwörterbuch der Führung. Stuttgart, S. 1495-1510.

Neuberger, O./Kompa, A. (1987): Wir, die Firma. Weinheim.

Nolda, S. (2001): Das Konzept der Wissensgesellschaft und seine (mögliche) Bedeutung für die Erwachsenenbildung. In: Wittpoth, J. (Hrsg.): Erwachsenenbildung und Zeitdiagnose. Bielefeld, S. 91-117.

Oelkers, J./Tenorth, H.-E. (1991): Pädagogisches Wissen als Orientierung und Problem. In: Dies. (Hrsg.): Pädagogisches Wissen. Sonderheft der Zeitschrift für Pädagogik, H. 27, Beiheft, S. 13-35.

Peters, M./Besley, T./Olson, M./Maurer, S./Weber, S. M. (ed.) (2009): International Handbook on Governmentality Studies and Educational Science. Im Erscheinen.

Polanyi, M. (1985): Implizites Wissen. Frankfurt/M.

Röhl, H. (2000): Instrumente der Wissensorganisation. Wiesbaden.

Schäffter, O. (2001a): Weiterbildung in der Transformationsgesellschaft. Zur Grundlegung einer Theorie der Institutionalisierung. Hohengehren.

Schäffter, O. (2001b): Transformationsgesellschaft. In: Wittpoth, J. (Hrsg.): Erwachsenenbildung und Zeitdiagnose. Bielefeld, S. 39-68.

Senge, P. (1990): The fifth discipline. New York.

Senge, P. M. (1996): Die fünfte Disziplin. Kunst und Praxis der lernenden Organisation. Stuttgart.

Srivastva, S./Fry, R. E./Cooperrider, D. L. (1999): Introduction. The Call for Executive Appreciation. In: Srivastva, S./Cooperrider, D. L. (eds.): Appreciative Management and Leadership. The Power of Positive Thought and Action in Organizations. Revised Edition. Ohio, S. 1-33.

Terhart, E. (1986): Organisation und Erziehung. Neue Zugangsweisen zu einem alten Dilemma. In: Zeitschrift für Pädagogik, Jg. 32., S. 206-223.

Weber, S. M. (1998): Organisationsentwicklung und Frauenförderung. Eine empirische Analyse in drei Organisationstypen der privaten Wirtschaft. Königstein.

Weber, S. M. (2000): Power to the People!? Selbstorganisation, Systemlernen und Strategiebildung mit großen Gruppen. In: Sozialwissenschaftliche Literaturrundschau, H. 2, S. 63-89.

Weber, S. M. (2005a): Rituale der Transformation. Großgruppenverfahren als pädagogisches Wissen am Markt. Wiesbaden.

Weber, S. M. (2005b): Selbstoptimierende Subjekte, Labor-Gesellschaft, Markt-Universität. Ein Essay aus gouvernementalitätstheoretischer Perspektive. In: Dzierzbicka, A./Kubac, R./Sattler, E. (Hrsg.): Bildung riskiert. Erziehungswissenschaftliche Markierungen. Wien, S. 237-244.

Weber, S. M. (2006): Gouvernementalität der Schulgemeinde. Zwischen experimenteller Demokratie und Improvisationstechnologie. In: Weber, S. M./Maurer, S. (Hrsg.): Gouvernementalität und Erziehungswissenschaft. Wiesbaden, S. 77-100.

Weber, S. M. (2007a): Mythos, Mode, Machtmodell. Konzepte der Organisationsberatung als pädagogisches Wissen am Markt. In: Göhlich, M./König, E. (Hrsg.): Beratung, Macht und organisationales Lernen. Wiesbaden, S. 69-81.

Weber, S. M. (2007b): Machtfreie Räume? Großgruppenverfahren als Rituale der Transformation. In: Zeitschrift Weiterbildung. Schwerpunkt Konferenzmanagement, H. 4, S. 9-13.

Weber, S. M./Maurer, S. (Hrsg.) (2006): Gouvernementalität und Erziehungswissenschaft. Wiesbaden.

Weick, K. E. (1985): Der Prozess des Organisierens. Frankfurt/M.

Weick, K. E. (1995): Sensemaking in Organizations. London.

Weick, K. E. (1999): Sensemaking as an Organizational Dimension of Global Change. In: Cooperrider, D. L./Dutton, J. (eds.): Organizational Dimensions of Global Change. No Limits to Cooperation. Thousand Oaks & New Delhi, S. 39-56.

Weingart, P. (2001): Die Stunde der Wahrheit? Zum Verhältnis der Wissenschaft zu Politik, Wirtschaft und Medien in der Wissensgesellschaft. Weilerswist.

Willke, H. (1998): Systemisches Wissensmanagement. Stuttgart.

Wittpoth, J. (2001) (Hrsg.): Erwachsenenbildung und Zeitdiagnose. Bielefeld.

Organisation und Erfahrung –
Die Perspektive des modernen Wissensmanagements

Claudia Fahrenwald

Organisation und Erfahrung – der Titel dieses Bandes verweist auf einen grundlegenden Perspektivenwechsel innerhalb der organisationstheoretischen Diskussion: Während Organisationen in der Geschichte der modernen Organisationstheorie über lange Zeit nahezu ausschließlich unter der Kategorie der Zweckrationalität gefasst (vgl. Ortmann 2004, 91) und damit als rational planbare und steuerbare Systeme betrachtet wurden, hat sich hier der Blick in den vergangenen Jahren deutlich verändert und die Aufmerksamkeit zunehmend auf die kulturellen, symbolischen und irrationalen Faktoren organisationalen Handelns gelenkt (vgl. Göhlich 2007, 223). In diesen Zusammenhang ist auch das neu erwachte Interesse am Thema Erfahrung einzuordnen. Erfahrungen gelten mittlerweile sowohl auf individueller als auch auf organisationaler Ebene als eine wichtige Grundlage für organisationale Handlungsabläufe. Im Rahmen traditioneller Lernsettings sind Erfahrungen jedoch nur schwer operationalisierbar und stellen daher für die Organisationspädagogik eine Herausforderung dar. Der folgende Beitrag beschäftigt sich mit dem Thema Organisation und Erfahrung aus der Perspektive des modernen Wissensmanagements. Wissensmanagement wird in diesem Zusammenhang als eine Form organisationalen Lernens verstanden, bei der die Weitergabe von Erfahrungswissen seit einigen Jahren eine zentrale Rolle spielt (vgl. z.B. Reinmann 2005). Es wird zunächst in die Diskussion des Erfahrungsbegriffs im modernen Wissensmanagement eingeführt und anschließend das Modell der *Communities* als eine innovative Form organisationalen Lernens präsentiert, bei der die Weitergabe von Erfahrungswissen eine zentrale Rolle spielt. Ziel des Beitrags ist es, auf diese Weise den organisationalen Erfahrungsbegriff weiter auszudifferenzieren und für die Gestaltung neuer organisationaler Lernkulturen fruchtbar zu machen.

1   Erfahrungen als zentrale organisationale Handlungsressource

Der Alltag in Organisationen zeichnet sich heute durch immer komplexere Aufgabenstellungen aus. Dies gilt sowohl für den Umgang mit Technik und Maschinen (vgl. Böhle et al. 2002) als auch für den Umgang mit Menschen aus unterschiedlichen Ländern und Kulturen (vgl. Adler 2002). Theoretisches Faktenwissen ist hier in der Regel immer weniger ausreichend und muss durch ein praktisches Erfahrungswissen ergänzt werden. Unter Erfahrungswissen ist dabei ein Wissen zu verstehen, das in der Regel im praktischen Handeln erworben und angewandt wird, und das daher in einem hohen Maße personengebunden und situativ verankert ist (vgl. Böhle et al. 2004, 95). Auf den Umgang mit dieser Wissensform ist das gegenwärtige Lernmodell jedoch nur unzulänglich vorbereitet, da das westliche Denken über Jahrhunderte von einer Vorherrschaft des theoretischen Wissens und einer daraus resultierenden Abwertung des Erfahrungswissens gekennzeichnet war (vgl. ebd., 97). Wissen wurde daher in erster Linie als ein *Objekt* und nicht als ein *Prozess* betrachtet, d.h. als eine mentale Substanz, die in den Köpfen der Individuen verankert ist und in Texten und anderen Symbolsystemen festgehalten werden kann (vgl. Nicolini et al. 2003, 6). Die sozialen, zeitlichen und praktischen Aspekte des Wissens gerieten auf diese Weise immer mehr aus dem Blick (vgl. ebd., 25).

Die veränderten kulturellen und gesellschaftlichen Rahmenbedingungen, die gegenwärtig mit dem Übergang von einer industriellen zu einer postindustriellen Wissens-, Informations- und Netzwerkgesellschaft verbunden sind (vgl. Bell 1985; Stehr 1994; Castells 2001, 2002, 2003), stellen dieses traditionelle Wissensverständnis jedoch zunehmend in Frage. Während es in den Anfängen der Diskussion um die Wissensgesellschaft noch in erster Linie um das wissenschaftliche Wissen ging (vgl. Bell 1985), wurde Wissen schon bald als eine *soziale* Handlungsressource betrachtet (vgl. Stehr 1994), die sowohl wissenschaftliches Wissen als auch Alltagswissen umfasst. Diese Entwicklung ist auch mit weit reichenden Konsequenzen für die Gestaltung von Lernprozessen verbunden.

2 Die Diskussion des Erfahrungsbegriffs im modernen Wissensmanagement

Mit der Veränderung des traditionellen Wissensbegriffs und den daraus resultierenden lerntheoretischen Konsequenzen im Umkreis von Organisationen beschäftigt sich insbesondere das moderne Wissensmanagement. Wissensmanagement kann somit in einem engen Zusammenhang mit organisationalem Lernen gesehen werden (vgl. Geißler 2000, 16). Das moderne Wissensmanagement entstand Mitte der 1990er Jahre als eine Querschnittsdisziplin aus Betriebswirtschaft, Informatik, Soziologie und Psychologie (vgl. Nonaka/Takeuchi 1997; Probst et al. 1997; Davenport/Prusak 1998) und stößt mittlerweile auch in der Pädagogik zunehmend auf Interesse (vgl. Wiater 2007).

2.1 Die Revision des traditionellen Wissensbegriffs

Die Entstehung des Wissensmanagements ist zunächst in einem unmittelbaren Zusammenhang mit dem Ausbau der neuen Informations- und Kommunikationstechnologien zu sehen, durch die es möglich wurde, immer größere Mengen an Daten und Informationen zu speichern und zu verarbeiten. In den Anfängen des Wissensmanagements standen daher die technischen Aspekte der Wissensvermittlung sowie der Ausbau und die Verbesserung der Speichermedien im Zentrum. Vorherrschend war ein *theoretischer* Wissensbegriff, der unter Wissen in erster Linie Zahlen, Wörter oder andere abstrakte Symbolsysteme verstand (vgl. Wyssusek 2004). Die Hoffnungen und Erwartungen, die mit dieser ersten Phase des Wissensmanagements verbunden waren, haben sich jedoch nicht in dem erwarteten Ausmaß erfüllt. Die Speicherung und der Transfer von Wissen mit Hilfe von Datenbanken führten vielmehr zu Umsetzungs- und Akzeptanzproblemen auf Seiten der Benutzer (vgl. Schreyögg/Geiger 2003) sowie zu einem *information overload* (vgl. Eppler 2003), wodurch wertvolle Wissensressourcen verloren gingen. In der Folge ist im modernen Wissensmanagement eine grundlegende Revision des traditionellen Wissensbegriffs zu verzeichnen, und mit ihr auch eine Neubewertung des *Erfahrungs*wissens.

2.2 Die Neubewertung des Erfahrungswissens

Die Neubewertung des Erfahrungswissens geht mit einer grundlegenden Neuinterpretation des Erfahrungs*begriffs* einher, die mit der Tradition des westlichen Denkens bricht. Seit dem Aufkommen der wissenschaftlichen Denkweise wurden Erfahrungen hier in erster Linie als ein Zugang zur Allgemeinheit des Begriffs verstanden und im Rahmen empirischer Verfahren als Grundlage für die Produktion von wissenschaftlichem Wissen genutzt. Auf diese Weise wurde das eigenständige Erkenntnispotential von Erfahrungen in unzulässiger Weise verkürzt (vgl. Prechtl/Burkard 1996, 132). Diese wissenschaftstheoretisch verkürzte Interpretation des Erfahrungsbegriffs deckt sich jedoch nicht mit seiner alltagssprachlichen Verwendung. Hier betrachten wir Erfahrungen als individuelle Ereignisse bzw. Erlebnisse, die Menschen ganz persönlich widerfahren und die daher in der Regel auch nicht zur Produktion von allgemein gültigen Erkenntnissen gedacht sind. Erfahrungen stellen vielmehr ein Grundphänomen des menschlichen Lebens dar, das der Gewinnung von *subjektivem* und *lebenspraktischem* Wissen dient. Die gegenwärtige Neubewertung des Erfahrungswissens im modernen Wissensmanagement knüpft an dieses alltagssprachliche Verständnis von Erfahrungen an.

2.3 Explizites, implizites und narratives Wissen

Eine zentrale Unterscheidung stellt in diesem Zusammenhang die Unterscheidung zwischen *explizitem* und *implizitem* Wissen dar (vgl. Polanyi 1985): Mit *explizitem* Wissen ist theoretisches Faktenwissen gemeint, das sich aufschreiben, speichern und im Prinzip jederzeit wieder abrufen lässt. Explizites Wissen stellt somit eine objektive und prinzipiell reproduzierbare Form des Wissens dar. *Implizites* Wissen kann dagegen nicht so einfach festgehalten und weitergegeben werden. Im Unterschied zum expliziten Wissen gilt es als wenig strukturiert, schwer fassbar und liegt unserem Alltagshandeln oftmals unbewusst und unausgesprochen zu Grunde. Implizites Wissen kann daher auch nicht einfach über Speichermedien weitergegeben werden, sondern entsteht erst im Laufe der Zeit auf der Grundlage von *Erfahrungen*.

Diese Ausdifferenzierung des Wissensbegriffs hat seit Mitte der 1990er Jahre zu zahlreichen Diskussionen im modernen Wissensmanagement geführt (vgl. z.B. Wyssusek 2004; Reinmann 2005). Das implizite Wissen gilt mittlerweile als ein entscheidender Erfolgsfaktor in Organisationen. Implizites Wissen zeichnet sich durch Kontextbezug, Prozesscharakter und intuitive Komponenten aus und ist unmittelbar an die Lebenspraxis gebunden. Es stellt somit kein kognitives Wissen dar, sondern ein erfahrungsbasiertes Wissen, das sowohl *mimetische* als auch *performative* Anteile enthält. Die Herausforderung an das moderne Wissensmanagement hat sich auf diese Weise von der *Repräsentation* zur *Kommunikation* von Wissen verlagert. Insgesamt hat sich in diesem Zusammenhang das Interesse für die praktischen und sozialen Aspekte des Wissens im modernen Wissensmanagement deutlich erhöht (vgl. Nicolini et al. 2003). Zudem wurde der organisationale Wissensbegriff in jüngster Zeit noch um eine weitere Form des Wissens erweitert: das *narrative* Wissen (vgl. Schreyögg/Geiger 2004). Das narrative Wissen wurde im Umkreis der Postmoderne-Debatte der 1990er Jahre (wieder) entdeckt. In seiner Schrift *Das postmoderne Wissen* (1986) macht der französische Philosoph Jean-François Lyotard auf das narrative Wissen als eigenständige Form des Wissens aufmerksam. Nach Lyotard stellte das narrative Wissen eine wichtige kulturelle und soziale Ressource in vormodernen Gesellschaften dar, die auch in postmodernen Gesellschaften zunehmend wieder an Bedeutung gewinnt. In Anbetracht von Pluralität und Heterogenität ist hier das wissenschaftliche Wissen allein immer weniger ausreichend, sondern muss durch ein *Orientierungswissen* ergänzt werden. Dieses wird häufig in Erzählungen weitergegeben und beruht in erster Linie auf der *verbalen* Artikulation von Erfahrungen. Erzählungen beinhalten dabei ganz unterschiedliche Wissensinhalte, wie z.B. Ideen vom Machen-Können (*savoir-faire*), Leben-Können (*savoir-vivre*) oder Hören-Können (*savoir-écouter*). So werden durch Erzählungen ganz unterschiedliche Kompetenzen angesprochen, wie z.b. erkennen, entscheiden, bewerten und verändern (vgl. Lyotard 1986, 64f.). Auf diese Weise erfolgt die „Einübung in eine gewachsene Verstehensgemeinschaft" (Schreyögg/Geiger 2004, 50), z.b. im Rahmen einer Organisationskultur.

Bevor es nun im Weiteren um die *lerntheoretischen* Konsequenzen dieses veränderten Wissensbegriffs geht, werden die bisher dargestellten Veränderungstendenzen in folgender Tabelle zusammengefasst:

Traditioneller Wissensbegriff	(Post-)Moderner Wissensbegriff
• (theoretisches) Faktenwissen	• (praktisches) Erfahrungswissen
• objektives Wissen	• (inter-)subjektives Wissen
• explizites Wissen	• implizites Wissen, narratives Wissen
• Repräsentation	• Kommunikation

Tab. 1: Die Ausdifferenzierung des Wissensbegriffs im modernen Wissensmanagement

Diese Veränderung des Wissensbegriffs erfordert neue Formen des Wissenstransfers und damit auch neue Formen des Lernens. Der bislang in Organisationen vorherrschende Lernbegriff entstammt jedoch einer behavioristischen und kognitivistischen Tradition (vgl. Göhlich 2007) und ist auf den Transfer von Erfahrungswissen wenig vorbereitet. In diesem Zusammenhang wird im modernen Wissensmanagement seit einigen Jahren ein neues Modell organisationalen Lernens diskutiert, das Lernen nicht primär als eine Aneignung von theoretischem Faktenwissen versteht, sondern als einen Austausch von Erfahrungen. Es handelt sich um das Modell der *Communities*, das im Folgenden in seinen Grundzügen dargestellt werden soll.

3   Erfahrungsorientiertes Lernen in *Communities*

Das Modell der *Communities* stammt ursprünglich aus der Anthropologie und wurde dort im Zusammenhang mit ethnographischen Studien über den Wissenstransfer innerhalb praktisch tätiger Gemeinschaften entwickelt. Als theoretisches Konzept taucht es zum ersten Mal in dem Buch *Situated Learning* von Jean Lave und Etienne Wenger (1991) auf. Ausgangspunkt für dieses Lernmodell stellt die Beobachtung dar, dass wir alle in der Regel Mitglieder in ganz unterschiedlichen *Communities* sind und auf diese Weise für uns wichtiges Handlungswissen erwerben. Der Wissenstransfer erfolgt dabei nicht in erster Linie als ein kognitiver Prozess, sondern als eine soziale Handlungspraxis des Alltags, die vom Erfahrungsaustausch und von den Beziehungen zwischen den Teilnehmern lebt. *Communities* im Sinn von Lern- und Wissensgemeinschaften finden sich daher überall dort, wo Menschen zusammen leben und arbeiten und dabei soziale Beziehungen aufbauen. Es handelt sich bei diesem Modell im Prinzip um eine bekannte und bewährte Form des Lernens, die gegenwärtig im Kontext des modernen Wissensmanagements neu operationalisiert wird (vgl. Wenger 1998).

3.1 Die Grundprinzipien von Communities

Das moderne Wissensmanagement versteht unter *Communities* den freiwilligen Zusammenschluss von Personen zum Zweck der gegenseitigen Unterstützung und des Erfahrungsaustauschs. Was die Mitglieder einer *Community* verbindet, ist eine gemeinsame Handlungspraxis und ein gemeinsames Ziel. *Communities* entstehen in der Regel spontan, besitzen einen informellen Status und leben von der unmittelbaren Interaktion und Kommununikation aller Beteiligten. Die Mitglieder einer *Community* können dabei ganz verschiedenen hierarchischen Ebenen und funktionalen Bereichen entstammen und finden in der Regel auf Grund von Selbstidentifikation zusammen (vgl. Wenger 1998). Im Mittelpunkt einer *Community* steht der Austausch von Erfahrungswissen. Dabei gelten folgende Grundprinzipien:

- Das kollektive Wissen der *Community* soll vermehrt werden (= *shared knowledge*).
- Die individuelle Wissensentwicklung soll gefördert werden (= *distributed knowledge*).
- Am Ende profitieren alle Beteiligten (= *win-win-situation*).

Insbesondere der letzte Punkt hat sich in den vergangenen Jahren als zentral erwiesen, um eine Organisationskultur zu verändern. Mitten in einer Welt der Wirtschaftlichkeitsorientierung unterliegen *Communities* somit einer „Logik der Gabe" im Sinne Derridas (vgl. dazu Ortmann 2004, 159ff.), die mit der wirtschaftlichen Logik kompatibel und ihr sogar förderlich ist. Als die drei Kernelemente einer *Community* gelten folgende Bereiche (vgl. Wenger et al. 2002):

- Der Bereich des Wissens (*domain*), d.h. die gemeinsamen Fragestellungen und Themen

- Der Bereich der Gemeinschaft (*community*), d.h. die persönlichen und institutionellen Beziehungen zwischen den Mitgliedern
- Der Bereich der Praxis (*practice*), d.h. der gemeinsame Erfahrungsaustausch, die Erarbeitung von gemeinsamen Handlungsstrategien und die gegenseitige Unterstützung

Durch das Zusammenwirken dieser drei Kernbereiche unterscheiden sich *Communities* von traditionellen Lern- und Wissensgemeinschaften wie z.b. Arbeitsgruppen oder Teams, die sich von Anfang an durch eine von außen vorgegebene Aufgabenstellung definieren, oder von virtuellen Informations- und Wissensbörsen, die nur zu einem eng begrenzten Thema miteinander kommunizieren (vgl. Bettoni et al. 2004). Im Gegensatz zu traditionellen Lernsettings, wo das Wissen (im Sinne von theoretischem Faktenwissen) in der Regel eine zentrale Rolle spielt, stellt der Bereich des Wissens in *Communities* nur einen Teilaspekt des Lernens dar, der gleichberechtigt neben dem Aspekt der „Gemeinschaft" und dem Aspekt der „Praxis" steht. Der Lernprozess wird auf diese Weise zu einer neuen und „ganzheitlichen" Erfahrung, die sich an „Lebenspraxis" und „Geschichtlichkeit" orientiert (vgl. Göhlich 2007, 225).

3.2 Communities als komplexe Praxiskulturen des Lernens

Die Inhalte dieses Lernens sind prinzipiell verhandelbar, dynamisch und provisorisch und entstehen im Rahmen einer komplexen *Praxiskultur*. Diese beinhaltet unterschiedliche Komponenten (vgl. Wenger 1998; Wenger et al. 2002; Fahrenwald 2005a, 2005b, 2007):

- *Gemeinsames Ziel*: Ausgangspunkte einer *Community* sind ein geteiltes Interesse und ein gemeinsames Ziel. Durch den gemeinsamen Erfahrungsaustausch wird die Erreichung dieses Ziels erleichtert. Auf diese Weise entsteht ein positives soziales Lernklima.
- *Gemeinsame Identität*: In einer *Community* bildet sich im Laufe der Zeit eine Gruppenidentität heraus. Diese setzt sich aus Ritualen, gemeinsamen Werten und bestimmten Verhaltens- und Kommunikationsregeln zusammen. Auf diese Weise entsteht Vertrauen, das als zentrale Voraussetzung für einen offenen Erfahrungsaustausch gilt.
- *Soziale Struktur*: Die soziale Struktur einer *Community* wird durch die Häufigkeit und Dauer der Treffen sowie durch die persönlichen Beziehungen zwischen den Mitgliedern geprägt. Regelmäßige Treffen und gemeinsame soziale Aktivitäten (z.B. gemeinsame Mittagessen) unterstützen dabei die

Intensität des Erfahrungsaustauschs und stellen die Basis für eine auf Langfristigkeit angelegte Lern- und Wissensgemeinschaft dar.

- *Formen der Teilnahme*: Die Zugehörigkeit zu einer *Community* wird durch eine gemeinsame Interessenlage bestimmt. Grundsätzlich besteht die Möglichkeit zu verschiedenen Formen der Teilnahme, die von einer eher randständigen Beteiligung (*legitimate peripheral participation*) bis hin zu einer zentralen Position innerhalb des Gruppengeschehens (*full participation*) reichen kann. Diese verschiedenen Formen der Teilnahme sind wichtig, da sie einen organischen Entwicklungsprozess innerhalb der *Community* ermöglichen. Jedes Mitglied kann sich entsprechend seines aktuellen Wissensstands oder Wissensbedarfs immer wieder neu und flexibel positionieren.
- *Merkmale der Zugehörigkeit*: Notwendig für das Funktionieren einer *Community* ist ein prinzipielles Engagement (*engagement*) ihrer Mitglieder, d.h. eine aktive Teilnahme am Gruppengeschehen. Dazu gehören die gemeinsame Formulierung von Fragestellungen und die gemeinsame Suche nach Lösungsmöglichkeiten. Notwendig ist darüber hinaus auch ein gewisses Maß an Fantasie (*imagination*), um altbekannte Wege zu verlassen und nach neuen Handlungsstrategien zu suchen. Daraus entwickelt sich letztlich eine Zielorientierung (*alignment*), die erst gesellschaftlich relevantes Handeln ermöglicht.
- *Langfristigkeit*: Eine *Community* ist prinzipiell auf Langfristigkeit angelegt. Die genaue Lebensdauer sollte sich dabei jeweils nach den Bedürfnissen der Mitglieder richten. In der Regel besteht der *Lebenszyklus* einer *Community* aus einer Phase der Gründung, der Gemeinschaftsbildung, der Aktivität, der Auflösung und der Erinnerung. Auf diese Weise gehen wertvolle Wissensinhalte auch nach dem Ende der *Community* nicht ganz verloren.

Die Wissensgenerierung in einer *Community* erfolgt prinzipiell auf *dialogische* Weise und zeichnet sich durch eine Sensibilität gegenüber dem Lokalen (*local*), dem Zeitlichen (*temporal*) und dem nur teilweise Verbundenen (*partially connected*) aus (vgl. Nicolini et al. 2003, 27). Das Lernen in *Communities* erweist sich somit als anschlussfähig an einen organisationspädagogischen Lernbegriff, der von einer Vielschichtigkeit organisationalen Lernens ausgeht, die neben dem Aspekt des „Wissen-Lernens" auch den Aspekt des „Können-Lernens" und des „Leben-Lernens" impliziert (vgl. Göhlich 2007, 225). *Communities* verweisen somit auf eine *erfahrungsorientierte, partizipative* Kultur organisationalen Lernens, die neben den *kognitiven* auch die *performativen* (= Weitergabe von Erfahrungen über Handlungen) und *narrativen* Formen des Wissens (= Weitergabe von Erfahrungen über Erzählungen) integriert. Diese Struktur wird in der folgenden Abbildung nochmals verdeutlicht:

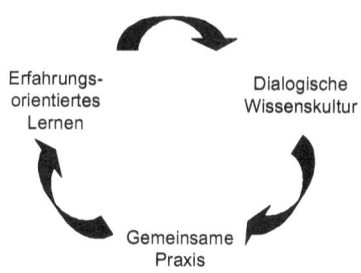

Erfahrungs-
orientiertes
Lernen

Dialogische
Wissenskultur

Gemeinsame
Praxis

Abb. 1: Erfahrungsorientierte, partizipative Kultur organisationalen Lernens

4 Fazit

Das Thema Organisation und Erfahrung stellt sich aus der Perspektive des modernen Wissensmanagements als eine Aufforderung zur Gestaltung neuer organisationaler Lernkulturen dar. Organisationales Lernen darf dabei nicht länger auf die Aufnahme und Vermehrung von Wissen (im traditionellen Sinn) reduziert werden. Die Ausdifferenzierung des Wissensbegriffs im modernen Wissensmanagement hat vielmehr deutlich gemacht, dass Organisationen und ihr Wissen nicht allein technisch plan- und steuerbar sind, sondern ganz unterschiedliche Formen des Wissens beinhalten. Organisationen stellen somit komplexe *Praxiskulturen* dar, die sich aus *objektiven* Vorgaben, *subjektiven* Erfahrungen und *intersubjektiven* Kommunikationsprozessen zusammensetzen. Diese Komplexität des modernen Organisationsbegriffs legt die Gestaltung erfahrungsorientierter, partizipativer Kulturen organisationalen Lernens nahe, wie sie in dem Modell der *Communities* angelegt sind. Erfahrungen sind dabei nicht lediglich als das Ergebnis, sondern als die Grundlage organisationalen Lernens anzusehen.

Literatur

Adler, N. J. (2002): International Dimensions of Organizational Behavior. Cincinnati, Ohio.

Bell, D. (1985): Die nachindustrielle Gesellschaft. Frankfurt/M. & New York.

Bettoni, M./Clases, Ch./Wehner, Th. (2004): Communities of Practice im Wissensmanagement. Charakteristika, Initiierung und Gestaltung. In: Reinmann, G./ Mandl, H. (Hrsg.): Psychologie des Wissensmanagements. Göttingen, S. 319-326.

Böhle, F./Bolte, A./Drexel, I./Dunkel, W./Pfeiffer, S./Porschen, St. (2002): Umbrüche im gesellschaftlichen Umgang mit Erfahrungswissen. Theoretische Konzepte, empirische Befunde, Perspektiven der Forschung. München.

Böhle, F./Bolte, A./Dunkel, W./Pfeiffer, S./Porschen, St./Sevsay-Tegethoff, N. (2004): Der gesellschaftliche Umgang mit Erfahrungswissen. Von der Ausgrenzung zu neuen Grenzziehungen. In: Beck, U./Lau, Ch. (Hrsg.): Entgrenzung und Entscheidung: Was ist neu an der Theorie reflexiver Modernisierung? Frankfurt/M., S. 95-121.

Castells, M. (2001): Der Aufstieg der Netzwerkgesellschaft. Das Informationszeitalter: Wirtschaft, Gesellschaft, Kultur. Bd. 1. Opladen.

Castells, M. (2002): Die Macht der Identität. Das Informationszeitalter: Wirtschaft, Gesellschaft, Kultur. Bd. 2. Opladen.

Castells, M. (2003): Jahrtausendwende. Das Informationszeitalter: Wirtschaft, Gesellschaft, Kultur. Bd. 3. Opladen.

Davenport T. H./Prusak, L. (1998): Working Knowledge. How Organizations Manage what they Know. Boston.

Eppler, M. J. (2003): Managing Information Quality: Increasing the Value of Information in Knowledge-Intensive Products and Processes. New York & Berlin.

Fahrenwald, C. (2005a): Erzählen zwischen individueller Erfahrung und sozialer Repräsentation. In: Reinmann, G. (Hrsg.): Erfahrungswissen erzählbar machen. Lengerich, S. 36-51.

Fahrenwald, C. (2005b): Informelle Lernprozesse in biographischer Perspektive. In: Ecarius, J./Friebertshäuser, B. (Hrsg.): Literalität, Bildung und Biographie. Perspektiven der erziehungswissenschaftlichen Biographieforschung. Opladen, S. 237-252.

Fahrenwald, C. (2007): Wissensmanagement in Communities – Die Wiederentdeckung der sozialen Dimension des Wissens. In: Klaus, J./Vogt, H. (Hrsg.): Wissensmanagement und wissenschaftliche Weiterbildung. Dokumentation der Jahrestagung der Deutschen Gesellschaft für wissenschaftliche Weiterbildung und Fernstudium an der Universität Karlsruhe (TH) 13.-15. September 2006. Hamburg, S. 283-291.

Geißler, H. (2000): Organisationspädagogik. München.

Göhlich, M. (2007): Organisationales Lernen. In: Göhlich, M./Wulf, Ch./Zirfas, J.: Pädagogische Theorien des Lernens. Weinheim & Basel, S. 222-232.

Lave, J./Wenger, E. (1991): Situated Learning. Legitimate Peripheral Participation. Cambridge.

Lyotard, J.-F. (1986): Das postmoderne Wissen. Ein Bericht. Wien.

Nicolini, D./Gherardi, S./Yanow, D. (Hrsg.) (2003): Knowing in Organizations. A Practice-Based Approach. New York & London.

Nonaka, I. I./Takeuchi, H. (1997): Die Organisation des Wissens. Wie japanische Unternehmen eine brachliegende Ressource nutzbar machen. Frankfurt/M. & New York.

Ortmann, G. (2004): Als Ob. Fiktionen und Organisationen. Wiesbaden.

Polanyi, M. (1985): Implizites Wissen. Frankfurt/M.

Prechtl, P./Burkard, F.-P. (Hrsg.) (1996): Metzler Philosophie-Lexikon. Stuttgart.

Probst, G./Raub, St./Romhardt, K. (1997): Wissen managen. Wie Unternehmen ihre wertvolle Ressource optimal nutzen. Frankfurt/M. & Wiesbaden.

Reinmann, G. (Hrsg.) (2005): Erfahrungswissen erzählbar machen. Narrative Ansätze für Wirtschaft und Schule. Lengerich.

Schreyögg, G./Geiger, D. (2003): Warum sich die Wissensspirale nicht dreht – Vorschläge zu einer Neuorientierung im Wissensmanagement. In: Hoffmann, W. (Hrsg.): Die Gestaltung der Organisationsdynamik. Konfiguration und Evolution. Stuttgart, S. 383-412.

Schreyögg, G./Geiger, D. (2004): Kann implizites Wissen Wissen sein? Vorschläge zu einer Neuorientierung im Wissensmanagement. In: Wyssusek, B. (Hrsg.): Wissensmanagement komplex. Perspektiven und soziale Praxis. Berlin, S. 43-54.

Stehr, N. (1994): Arbeit, Eigentum und Wissen. Zur Theorie der Wissensgesellschaften. Frankfurt/M.

Wenger, E. (1998): Communities of Practice. Learning, Meaning and Identity. Cambridge.

Wenger, E./McDermott, R./Snyder, W. M. (2002): Cultivating Communities of Practice. Boston.

Wiater, W. (2007): Wissensmanagement. Eine Einführung für Pädagogen. Wiesbaden.

Wyssusek, B. (2004): Wissensmanagement komplex. Perspektiven und soziale Praxis. Berlin.

Theoretische Perspektiven des organisationalen Vergessens bei Alfred Schütz und Niklas Luhmann

Oliver Dimbath

1 Ambivalenz des Vergessens

In der organisationalen Praxis scheint Vergessen ein alltägliches, wenn auch grundlegendes Problem zu sein. Wenn eine Organisation merkt, dass etwas vergessen wurde, ist dies meist mit einem vermeintlich vermeidbaren Schaden verbunden. Offensichtlich bemüht sich die Verwaltung durch Dokumentation und Archivierung das Vergessen zu bändigen. Denn eine vergessliche Organisation gerät in Gefahr, sich nicht adäquat an die sich ständig wandelnden Umweltbedingungen anzupassen. Andererseits müssen Organisationen vergessen, da sie sonst bald operational völlig überlastet wären: Eine Organisation, die sich nur noch mit ihrer Vergangenheit beschäftigt, ist ebenso wenig in der Lage, auf ihre Umwelt angemessen zu reagieren, wie eine Organisation ohne Gedächtnis.

Ziel dieses Beitrags ist es, der Frage nachzugehen, wie Organisationen mit ihren Erfahrungen umgehen, wie es kommt, dass sie die einen erinnern und andere vergessen. Theoretisch eingeleitet werden diese Überlegungen mit Hilfe zweier Theorieperspektiven, die sowohl Organisationen als Phänomene der sozialen Meso-Ebene in den Blick zu nehmen vermögen als auch über einen aussagekräftigen Gedächtnisbegriff verfügen: die akteurstheoretischen Arbeiten des frühen Alfred Schütz und die Theorie sozialer Systeme nach Niklas Luhmann. Beide Zugänge eröffnen trotz einiger Konvergenzen in der theoretischen Fundierung unterschiedliche Perspektiven auf Formen und Funktion des Erinnerns wie des Vergessens. So wird eine grundlegende Unterscheidung von intentionalen und strukturbezogenen Vergessensformen nahe gelegt, die nicht nur auf dem Reißbrett der theoretischen Konstruktion, sondern auch im lebensweltlichen Alltag – wie eben in Organisationen – nachgezeichnet werden können. Aus diesen theoretisch-konzeptionellen Überlegungen zum organisationalen Vergessen leiten sich Konsequenzen für die weitere Forschung im Bereich der Organisationskultur oder des organisationalen Lernens ab.[1]

---

1   Hilfreiche Hinweise im Entstehungsprozess dieses Textes verdanke ich meinen Augsburger Kollegen Saša Bosančić, Harald Hofer und Peter Wehling.

2 Theorieperspektiven des organisationalen Gedächtnisses

Der Frage nach dem organisationalen Gedächtnis kann aus unterschiedlichen Perspektiven nachgegangen werden. Neben Forschungsarbeiten, die sich empirisch mit Fragen des Gedächtnisses in Organisationen auseinander setzen (vgl. z.B. Engeström et al. 1990), kann auch nach Gedächtniskonzepten in Organisationstheorien gesucht werden (vgl. im Überblick Walsh/Ungson 1991). Der hier entfaltete Zugang adressiert eine höhere Abstraktionsstufe, indem er auf der Ebene der Sozial- oder Sozialitätstheorie ansetzt und von dort aus die Möglichkeit des organisationalen Gedächtnisses untersucht.

2.1 Eine akteurszentrierte Theorie organisationalen Erinnerns und Vergessens

Akteurstheoretische Positionen behandeln das Soziale aus der Sicht von Individuen, deren wechselseitige Beziehungen dadurch gekennzeichnet sind, dass sie ihr Handeln an einem Gegenüber orientieren. Im Verständnis der hier präferierten sozialkonstruktivistischen Handlungstheorie werden die Einzelnen als sozial geprägte und biographische Subjekte begriffen, die gesellschaftliche Wirklichkeit in Interaktionen erzeugen und reproduzieren. Organisationen werden demgemäß von den in ihrem Kontext tätigen Individuen als gegebene Struktur vorgefunden, die durch reziprok-individuelles Handeln fortlaufend wieder hergestellt, aber auch verändert wird.

Einer der Vordenker dieses Ansatzes ist Alfred Schütz. In seinen erst posthum veröffentlichten und fragmentarisch gebliebenen Überlegungen zu unterschiedlichen Bewusstseinsformen (Lebensformen) des Individuums geht er vor die alle wissenschaftliche Erkenntnis begründende Erfahrung zurück und fordert, die Welt als verstehbares Erlebnis des Ich zu begreifen (vgl. Schütz 1981). Im Anschluss an Henri Bergson nimmt Schütz das Werden und Entwerden[2] des Ich im Ablauf der inneren Dauer zum Ausgang seiner egologischen Theorie von Sozialität. Grundlegendste Lebensform ist die reine Dauer, in der alle Erlebnisse gleichwertig aneinander gereiht und durch nichts weiter verbunden sind als durch das erlebende Ich. In der zweiten Schicht des Bewusstseins führt Schütz

---

2 Der Begriff „Entwerden" – Schütz entlehnt ihn vermutlich bei Bergson – kann nicht mit dem alltagssprachlich naheliegenden „Vergehen" gleichgesetzt werden. Die innere Dauer kennt keine voneinander abgegrenzten Erlebnisse, wie dies beim Vergangenen unterstellt wird. „Jetzt schließt sich an Jetzt, ein Erlebnis wird und entwird, indessen ein Neues aus einem Früher hervorwächst und einem Später weicht, ohne dass ich anzugeben vermöchte, was das Jetzt vom Früher und das spätere Jetzt vom soeben gewesenen Jetzt scheidet, es sei denn die Gewissheit, dass Vergangenes, soeben Gewesenes, jetzt Werdend-entwerdendes je andersartig ist als das jeweilige Jetzt und So." (Schütz 1974, 66)

das Gedächtnis ein, dem die Funktion des Ordnens, Bewahrens und Umformens von Erlebnisinhalten zukommt. War die reine Dauer zuvor nur als Kontinuität erlebbar, so kann sie dank des Gedächtnisses als mannigfaltig erlebt werden. Das Gedächtnis speichert allerdings nicht die Erlebnisse selbst, sondern lediglich Gedächtnisbilder dieser Erlebnisse. Den Bildern ist zudem eine durch das Ich dem Erlebnis beigemessene Qualitätsinformation zugeordnet. Damit bewahrt das Gedächtnis lediglich Symbole, die fortlaufend mit aktuellen Erlebnissen abgeglichen und gegebenenfalls durch Neues aktualisiert werden. Durch einen permanenten Ähnlichkeits- und Zugehörigkeitsabgleich entstehen Sinnzusammenhänge, die ihrerseits wieder symbolisiert werden. Erfahrung oder Wissen entsteht, wenn die Gedächtnisbilder in einen Sinnzusammenhang eingestellt werden. Da das Erleben des Ich nie allein auf den Geist beschränkt ist, ergänzt Schütz die bislang ausschließlich kognitiven Prozesse durch das körperliche Bewusstsein des somatischen Lebensgefühls. Erst in der dritten Lebensform, der des handelnden Ich, wird es durch eine zweite Symbolisierung möglich, Gegenstände der Umwelt zu erfassen. Das Ich begreift jetzt die ablaufenden Leibesbewegungen als etwas Äußerliches, das zu den Dingen in Beziehung tritt. Ein Spezialfall im Zuge dieser Verdinglichungen ergibt sich aus der Interaktion mit anderen Menschen: Das Ich erlebt das Du so, als ob es selbst eine Dauer hätte, die der des Ich ähnlich ist. War das Ich bisher damit beschäftigt, aus der Differenz zwischen Werdendem und Entwerdendem mit Hilfe seines Gedächtnisses Sinnbilder zu produzieren oder, mit anderen Worten, seine einsamen Erlebnisse vor dem Hintergrund seiner eigenen Dauer zu deuten, so sieht es sich nun mit einer komplizierten Wechselseitigkeit konfrontiert. Das Erlebnis des Ich vom Du setzt das Ich beim Du voraus. Daher kann das Ich Handlungen ins Werk setzen, denen die Chance innewohnt, vom Du gedeutet zu werden. Außerdem kann das Ich alle Bewegungen des Du als Handlungen auffassen. Im Unterschied zu Max Webers Konzept des sozialen Handelns schlägt Schütz eine maßgeblich auf die Gedächtnisleistung des Einzelnen gestützte Heuristik vor, mit deren Hilfe den Problemen des Erinnerns und Vergessens in sozialen Zusammenhängen Rechnung getragen werden kann. So legt seine egologische Annäherung an die Konstitution des Sozialen nahe, dass jedwede Form kollektiven Gedächtnisses lediglich metaphorisch gemeint sein kann.[3] Träger des gesellschaftlichen Wissensvorrats sind Indi-

---

3   Den Ausführungen von Schütz zum Problem des Musizierens ist zu entnehmen, dass die Erinnerung nicht allein auf soziale Rahmen wie etwa die musikalische Notation im Sinne eines kollektiven Gedächtnisses rekurrieren kann – das wäre nicht hinreichend. Vielmehr wird der Musiker beim Spielen eines notierten und ihm unbekannten Stückes auf sein Vorwissen zurückgreifen, das ihm in seiner Typizität ein Bezugsschema der Interpretation zur Verfügung stellt. Sein Spiel und auch seine Erinnerung an die Art und Weise, wie dieses Stück zu spielen ist, erwachsen damit eher der autobiographisch bestimmten Situation als sozialen Rahmen eines kollektiven Gedächtnisses (vgl. Schütz 1972).

viduen, die handelnd in die Welt eingreifen und sie dadurch permanent verändern. Was aber in den Köpfen der Individuen wie bewahrt und was vergessen – oder, so sollte man besser sagen: in seinem Sinn verändert – wird, ist nicht zuletzt auch gezielten Handlungen ausgesetzt. Das Gedächtnis speichert nicht einfach Erlebnisse und stellt sie als Sinnbilder dem erinnernden Abruf zur Verfügung. Es verändert mit jedem als ähnlich zuordenbaren Erlebnis das Erinnerungsbild. Erinnern wie auch Vergessen erhalten damit eine intuitive ebenso wie eine intentionale Ausprägung. Das Gedächtnis entspricht der Intuition, wenn es ohne jedwede Absicht Erlebniseindrücke symbolisierend ordnet, bewahrt und umformt. Es arbeitet gemäß der Intention, wenn es – etwa auf der Ebene von Erfahrung – selbst- oder fremdgesteuert Erlebnisse registriert, ordnet, bewahrt usw., die als Handlungen auf eine bewusste Formung von Erinnerungsbildern, von Sinn oder kognitiven Schemata abzielen.

Auch im Hinblick auf Organisationen könnte sich der Schützsche Vorschlag, die Analyse beim Erleben und nicht erst bei der Erfahrung anzusetzen, als weiterführend erweisen. Organisationen konstituieren sich als eine bestimmte Form von Sozialität aus spezifischen Erinnerungsbildern – oder, wie Schütz später sagen würde: typischen Schemata (vgl. Schütz 1974) –, die sich teils auf Interaktionserwartungen, teils auf raumzeitliche Gegebenheiten in einem organisationalen Sinnzusammenhang beziehen. Der auf Schütz rekurrierende Organisationssoziologe Karl E. Weick (1985) spricht von gespeicherten Geschichten, die neben der je aktuellen Situation die Grundlage dafür bilden, dass organisationsbezogene Handlungen im Entwurf als bereits vollzogen gedanklich vorweggenommen werden. Solche Geschichten spiegeln sich auch in Routinen oder Erwartungsstrukturen, die von den am Organisationsgeschehen beteiligten Individuen „geteilt" werden, wider. Das in Organisationen angesiedelte Gedächtnis bleibt allerdings im Wissen oder auch Nichtwissen der Teilnehmer an die die Organisation betreffenden Interaktionen gebunden. Das Agieren von Organisationen beruht demnach auf den thematisch zuordenbaren Erfahrungen der Organisationsmitglieder. Diese Erfahrungen bestehen teilweise aus erinnerten Erlebnissen individueller Gestaltungsakte und teilweise aus erinnerten Erlebnissen der Wissensvermittlung durch andere. Die Organisation als handlungsermöglichender Rahmen,[4] der durch Prozesse wechselseitiger Sinnstiftung konstituiert, reproduziert und perpetuiert wird, determiniert in gewissem Umfang das, was für die Organisationsmitglieder thematisch relevant wird (vgl. Schütz 1971). Mit anderen Worten wird das, was die in den organisationalen Alltag verstrickten Mitglieder typischerweise in den Blick nehmen, mitunter durch die Sinnstruktur

---

4   Ein ähnliches Konzept findet sich bei Alfred Schütz und Thomas Luckmann (1979) im Begriffspaar Thema und Horizont.

der Organisation beeinflusst. Bemerkenswert ist dabei, dass hier eine thematische Vorselektion von Handlungsoptionen stattfindet, die in der alltäglichen Praxis kaum reflektiert wird.

2.2 Organisationen als Systeme mit einem sozialen Gedächtnis

Die Systemtheorie Niklas Luhmanns entwirft demgegenüber ein Konzept von Sozialität in funktional differenzierten Gesellschaften im Sinne eines Gefüges aus Kommunikationssystemen. Diese stehen, sich selbst aus sich selbst (autopoietisch) erzeugend und fortsetzend, zueinander in einem System-Umwelt-Verhältnis. Systeme setzen sich nicht aus festen Körpern zusammen, sondern aus Ereignissen, die geschehen und wieder verschwinden. Eine Theorie des Gedächtnisses ist hier insofern notwendig, als Antworten auf die Frage, wie sich Systeme in der Zeit verhalten oder wie sie mit Zeit umgehen, gegeben werden müssen (vgl. Luhmann 1996). Luhmann führt daher das Systemgedächtnis in Abgrenzung zum psychisch-personalen Gedächtnis als Selektionsmechanismus ein, der erinnerungsrelevante von zu vergessenden Informationen unterscheidet. Dabei regelt die Kommunikation, was aus den Individualgedächtnissen aktualisiert werden soll. Das Systemgedächtnis ist somit nicht als Summe der irgendwie beteiligten Individualgedächtnisse zu verstehen. Vielmehr adressieren die unterschiedlichen Systemzusammenhänge nur bestimmte relevante Aspekte des Individualgedächtnisses, um das System nicht mit Informationen zu überlasten und den ungehinderten Fortgang der systemspezifischen Kommunikation zu gewährleisten (vgl. Luhmann 2002). Mit anderen Worten bewertet das Gedächtnis in einem Vergleichsvorgang jedes neu hinzugetretene Ereignis hinsichtlich seiner systembezogenen Relevanz. Nur diejenigen Ereignisse werden für speicherungswürdig befunden, die sich vom vorliegenden systemrelevanten Wissen insofern unterscheiden, als sie die systemeigenen Schemata zu ergänzen vermögen. Das von Luhmann als „sozial" bezeichnete Gedächtnis ist demnach maßgeblich mit systemspezifischen Vergessensoperationen beschäftigt. Auch soziale Systeme entwickeln Schemata, mit deren Hilfe sie allerdings nicht etwas Vergangenes erinnern, sondern die dazu dienen, in neuen Situationen Vertrautheit herzustellen. Schemata mobilisieren das Systemgedächtnis, indem sie den Eindruck von Bekanntheit erzeugen. Sie sind als Form oder als Ereignis zu verstehen, mit der oder dem sich das System sein Gedächtnis zugänglich macht (vgl. ebd.) und damit eine selektive Wiederherstellung des unwiederbringlich Vergangenen ermöglicht.

Auch Organisationen können als soziale Systeme begriffen werden. Ihre Autopoiesis besteht in aneinander anschließenden Entscheidungen. Das organisationale Gedächtnis hält nicht fest, warum so oder so entschieden wurde; es speichert einerseits die durch Entscheidungen geschaffenen Situationen, um bei neuen Entscheidungsproblemen eine Wiederverwendbarkeit zu prüfen. Andererseits erinnert es an Stellen oder Personen, die etwas entschieden haben. Das Gedächtnis überbrückt eine Zeitdifferenz zwischen Vergangenheit und Zukunft, indem es aktuelle Situationen mit bereits Bekanntem abgleicht. Auch in der Organisation sorgt Vergessen für das Freimachen operativer Kapazitäten, während im Erinnern die Konstruktion von Identitäten zum wiederholten Gebrauch – im Rahmen von Entscheidungsprogrammen – besteht. Vergessen ist dabei der Regelfall; Erinnern kommt nur durch die Verhinderung des Vergessens zustande (vgl. Luhmann 2000). Die für Organisationen hoch relevante Schriftlichkeit darf nicht mit Gedächtnis gleich gesetzt werden. Schrift ist vielmehr ein physisches Substrat des Gedächtnisses, das wiederum selbst selegiert, was erinnert und was vergessen wird. Akten zum Beispiel organisieren nicht nur das Erinnern, sondern auch das Vergessen. Wieder gelesen können sie zu Konformität ebenso motivieren wie zu Abweichung (vgl. ebd.). Das Gedächtnis der Organisation wirkt an allen Operationen des Systems mit, indem es die grundlegende Unsicherheit, die vor jeder Entscheidung liegt, ebenso vergisst wie die vielen Zuträger- oder Unterentscheidungen. Erinnert wird, was als Entscheidungsprämisse für weitere Entscheidungen bedeutsam ist. Damit erklärt sich, dass sich viele Routinen, die in Organisationen ablaufen, dem reflexiven Zugriff entziehen und scheinbar intuitiv oder automatisch ablaufen. Als Prämissen bewahrt werden nur bestimmte Entscheidungen, die oft mit Hierarchien zusammen hängen, weshalb das, was als maßgebliche Steuerung erinnert werden kann, in der Regel mit einem Herrschaftsindex versehen ist. Festgehalten werden kann damit, dass Organisationen als Sozialsysteme ein von den an ihnen beteiligten Individuen völlig und von den beteiligten Personen weitgehend unabhängiges soziales Gedächtnis entwickeln, das in Bezug auf Entscheidungen zwischen Erinnern und Vergessen hin und her „schaltet". Auch wenn es durch Kommunikation zwischen Teilnehmenden – mitunter auf der Basis von Texten, die allerdings auch auf Wahrnehmung und Wiedererkennen angewiesen sind – perpetuiert wird und so eine über die Zeit sich weiter entwickelnde Struktur aus Entscheidungsprämissen etabliert, greift es nur ausnahmsweise auf die Gedächtnisse von Personen zurück.

2.3 Konvergenzen und Divergenzen

Nebeneinander betrachtet scheinen die Gedächtnistheorien nach Schütz und Luhmann eigentümlich divergent und zugleich komplementär zu sein. Unvereinbar sind die jeweils unterschiedlichen Ausgangspunkte: Der eine Ansatz gründet jedwede Form von Sozialität auf das Wissen des einzelnen Subjekts im Hinblick auf sein Gegenüber, während der andere Sozialität aus thematisch typisierten Kommunikationssystemen konstituiert. Ein weiterer grundlegender Unterschied besteht in einem Aspekt der Gedächtnisfunktion. Bei Schütz speichert das Gedächtnis Symbole des Erlebten und ermöglicht dadurch eine in der reinen Dauer des Bewusstseinsstroms nicht angelegte Mannigfaltigkeit: Erst in der gedächtnisbegabten Dauer kann man Unterschiedliches und Ähnliches als solches erinnern. Luhmann dagegen sieht die Hauptaufgabe des Gedächtnisses im Vergessen beziehungsweise in der Bestimmung des zu Erinnernden und seiner Bewahrung vor dem sonst obligatorischen Vergessen.

Übereinstimmungen finden sich demgegenüber im den Überlegungen jeweils zugrunde liegenden Verständnis von Zeit und Dauer beziehungsweise in der Auseinandersetzung mit dem Problem der Bewältigung von Flüchtigkeit im Werden und Entwerden der Ereignisse. Darüber hinaus ist beiden Gedächtniskonzeptionen eine fortlaufende Transformation des Gedächtnisses in der Zeit ebenso eingeschrieben wie beide den Begriff der Schemata verwenden, die ebenfalls permanent den aktuellen Wahrnehmungen angepasst werden. In beiden Modellen gibt es keine verräumlichte Vorstellung der Aufbewahrung von Vergangenem im Sinne eines Speichers.

Was Organisationen angeht, steht der Organisationssoziologie Luhmanns eine auf Schütz zurückgehende interpretative Sozialitätstheorie gegenüber, deren organisationssoziologische Konsequenzen lediglich in der Eröffnung eines Analyserahmens bestehen. Die Leistung der Systemtheorie ist es in diesem Zusammenhang, das Typische am sozialen Phänomen „Organisation" abstrahierend und dadurch verallgemeinerungsfähig zu (re-)konstruieren.[5] Der akteurstheoretische Ansatz nach Schütz ermöglicht dagegen auf dem Weg der Untersuchung kollektiver, aber gleichwohl spezifischer Sinnzumessungsprozesse das Typische einer bestimmten Organisation oder sogar einer bestimmten organisationalen Einheit (z.B. Abteilung) zu rekonstruieren – verbunden mit der Chance, bei anderen Organisationen ähnliche Strukturen aufzufinden. Beide Perspektiven gründen in einer Gedächtnistheorie, mit deren Hilfe jeweils auf unterschiedlichen Wegen geklärt wird, wie es dem sozialen Gebilde Organisation gelingt, zeitbeständige Strukturen auszubauen, zu modifizieren und zu erhalten.

---

5   Problematisch ist hier sicherlich die Rückbindung an die organisationale Praxis, da dann die Gefahr entsteht, deren Vielgestalt und Mannigfaltigkeit über Gebühr zu homogenisieren.

3   Vergessensprozesse in Organisationen

Im Folgenden soll nun mit Blick auf Organisationen an den gedächtnistheoreti-
schen Aspekten beider Perspektiven angesetzt werden. Im Vordergrund stehen
dabei die Prozesse des Erinnerns und des Vergessens. Während bei Schütz das
Erinnern im Mittelpunkt steht, werden Probleme des Vergessens vergleichsweise
selten aufgegriffen. Luhmann geht im Gegensatz dazu vom Vergessen aus und
konzipiert Erinnerung als Ausnahme. Durch eine solche „Normalisierung" des
Vergessens erscheint gerade dieser Aspekt von Gedächtnis allzu selbstverständlich und kaum differenziert.

Daher soll im Folgenden der Versuch unternommen werden, Formen organisationaler Oblivionismen zu unterscheiden, um zu einem differenzierteren
Verständnis des Vergessens in Organisationen zu gelangen. Unter Oblivionismen[6] werden dabei differenzierbare Vergessensmechanismen verstanden, die in
Kollektiven wirken. Die hier vorgelegte Suchheuristik strukturaler und zweck-
orientierter Oblivionismen inspiriert sich an den unterschiedlichen Gedächtniskonzeptionen bei Schütz und Luhmann. Sie bezieht sich in erster Linie auf Organisationen – eingedenk der Tatsache, dass auf anderen Ebenen des Sozialen auch
noch andere Formen des Vergessens anzutreffen sein dürften.[7]

3.1 Strukturale Oblivionismen

Das soziale Gedächtnis oder Systemgedächtnis bei Luhmann operiert in einer
fortdauernden Konvergenzprüfung neuer Informationen mit den für das System
relevanten und deshalb gespeicherten Schemata. Alles, was nicht neu ist, wird
gelöscht. Zudem ist das System nicht in der Lage, andere Dinge zu sehen als die,
die in seiner Kommunikationsstruktur relevant sind. Wachstum oder Differenzierung findet da statt, wo der Ähnlichkeitsabgleich erfolgen und trotzdem eine
Abweichung bewahrt werden kann: Die Information ist dann anschlussfähig.
Vergessen wird dabei – und das gilt auch für die akteurszentrierte Gedächtnistheorie bei Schütz – zwar nicht das thematische Schema oder Gedächtnisbild,
wohl aber der Entwicklungsprozess, der bis zum aktuellen Zeitpunkt durchlaufen

---

6   Der Begriff Oblivionismus findet sich im Kapitel „Oblivionismus der Wissenschaften" in der
     kulturwissenschaftlichen Vergessensstudie von Harald Weinrich (2005), wird allerdings dort
     nicht weiter systematisiert und differenziert. Gleichwohl bietet „Oblivionismus" die Chance,
     Vergessen nicht naturalisierend zu verstehen, sondern bestimmte Formen als gewollt und damit
     intendiert anzunehmen.
7   Zu denken ist hier an Vergessens- oder Verdrängungsphänomene im Gefolge kollektiver
     Traumatisierungen oder an die psychoanalytische Konzeption eines kollektiven Unbewussten.

wurde. Freilich kann im Rückblick die Geschichte eines Lern- oder Bildungspro-
zesses zu einem bestimmten Gegenstand erzählt werden – diese Geschichte ist
allerdings eine retrospektive Konstruktion auf der Grundlage des aktuellen Wissensstands und kein Nachspüren in der Vergangenheit.

Im Fall der Organisation bedeutet dies, dass ehemals bedeutsame Sinnstrukturen im Fortgang ihrer praktischen Routinisierung oder Veralltäglichung in
Vergessenheit geraten. Nicht für alle organisationalen Entscheidungen werden
Mythen bereit gestellt, die Auskunft über mögliche Gründe von Handlungsroutinen geben – dies mag erstrangig bei Handlungszusammenhängen notwendig
sein, deren Entscheidbarkeit immer wieder thematisch wird. Viele Routinen
werden allerdings vollzogen, ohne dass detailliert Rechenschaft über die Vorgehensweise abgelegt werden könnte – zumindest die genaue Rekonstruktion ihrer
Gewachsenheit wird kaum möglich sein. Wird die Routine etwa aufgrund von
Reformbestrebungen problematisch, erscheint sie insbesondere dann angreif-
und deshalb austauschbar, weil die ehemals triftigen Gründe ihres gegenwärtigen
Soseins dem strukturalen Vergessen anheim gefallen sind.[8]

3.2 Zweckoblivionismen

In ihren Arbeiten zur Konzeption des kulturellen Gedächtnisses zieht Aleida
Assmann (2002) eine scharfe Grenze zum Halbwachsschen Begriff des kollektiven Gedächtnisses (vgl. Halbwachs 2006), das zu stark dem politischen Gestal-
tungswillen ausgesetzt sei. Verglichen mit dem kulturellen Gedächtnis sei das
kollektive Gedächtnis weitaus weniger beständig oder „objektiv". Im Schatten
der von ihr weiter entwickelten Konzeption des kulturellen Gedächtnisses erzeugt sie mit dieser Abgrenzung eine spezifische Lesart des kollektiven Gedächtnisses. Das kollektive Gedächtnis wird nicht nur als interessenabhängig und
manipulativ verstanden, sondern kann auch als sozial formbar begriffen werden.
Damit wird ein sozialkonstruktivistisches Motiv gestärkt, das nicht nur die lan-
gen Wellen institutionellen Wandels erfasst, sondern auch dem reflektierenden
Zugriff des Individuums in seinem Wirken in der Lebenswelt Rechnung trägt.
Übertragen auf das Phänomen des Vergessens kann somit von voluntativem oder
(mikro-)politischem Zweckoblivionismus gesprochen werden. „Gemachtes"
Vergessen ist damit auf der einen Seite intentional, wobei freilich angemerkt sei,

---

8 Reform wird freilich immer anders gedacht: Die Routine soll auf den Verdacht hin überprüft
   werden, dass sie aufgrund der gewandelten Umweltbedingungen weniger Anpassungspotenzial
   aufweist als zu entwerfende Alternativen. Das Risiko von Reformen besteht darin, dass gute
   Gründe aus der Geschichte der zu reformierenden Handlungszusammenhänge nicht mehr erinnert werden und das gute Alte gegen ein schlechtes Neues ersetzt wird.

dass seitens des Intendierenden das zu Vergessende auch nicht vergessen wird. Adressaten der sozialen Vergessenshandlung sind demgegenüber alle Interaktionspartner, deren Wahrnehmung nun ein selektiver Ausschnitt einer Wirklichkeit präsentiert wird. Wie bei einem Zauberkünstler lenkt der Initiator intendierten Vergessens die Aufmerksamkeit, indem er bestimmten Gegenständen das Erlebnispotential und damit die Aufmerksamkeit entzieht. Die Redensart „Gras über die Sache wachsen lassen" entspricht einer solchen Vergessenshandlung. Durch gezieltes Beschweigen oder durch Tabuisierung werden weitere Kommunikationen über einen Gegenstand – und damit seine weitere Aktualisierung als Gedächtnisbild oder Schema – unterbunden. Wenn es gelingt, den zu vergessenden Gegenstand nachhaltig nicht zum Thema werden zu lassen – und dies geschieht durch die systematische Beseitigung oder Umdeutung der auf ihn verweisenden Anzeichen –, kann nichts mehr angeschlossen werden und die Kommunikationsstrukturen „wachsen" in einer anderen Richtung weiter. Zweckoblivionismus meint damit also nicht die Zweckvergessenheit, sondern ein bezwecktes Vergessen.[9]

Intentionales Vergessen ist nicht das auf sich selbst gerichtete Vergessenshandeln eines Individuums, sondern ein auf andere bezogenes und damit soziales Handeln im Sinne Max Webers (1980). Aus einer erfolgreichen Vergessenshandlung kann sich eine Handlungsroutine oder Praxis entwickeln, bei der bestimmte ursprünglich erinnerungsrelevante Aspekte systematisch ausgeblendet bleiben und so als irrelevant vergessen werden.

4   Perspektiven organisationalen Vergessens

Auf der Grundlage sozialtheoretischer Überlegungen bei Alfred Schütz und Niklas Luhmann konnte die Möglichkeit organisationalen Vergessens als Aspekt des Organisationsgedächtnisses in zwei Formen unterschieden werden. Dem „automatischen" oder quasi-natürlichen Vergessen im Ablauf der organisationalen Dauer steht ein durch Organisationsmitglieder steuerbares Vergessen gegenüber. Als Zweckoblivionismus lassen sich dann wiederum Formen dieses gesteuerten Vergessens im Sinne von Vergessensstrategien begreifen. Mit ihrer Hilfe sind einzelne Organisationsmitglieder in der Lage, die Wahrnehmung an-

---

9   Walsh und Ungson (1991) weisen darauf hin, dass manche Erfahrungen aus Lernprozessen in Organisationen hartnäckig erinnert werden. Bisweilen kann es nötig sein, sich auf neue Probleme einzustellen, deren Bewältigung durch kollektive Erinnerungen blockiert wird. In diesem Fall wird empfohlen, die kulturellen, strukturellen und ökologischen Rahmen im Licht der neuen Verhaltensregeln erscheinen zu lassen. So könne durch eine gezielte Überlagerung dem Vergessen alter Lerninhalte Vorschub geleistet werden.

derer Organisationsmitglieder zu steuern und sie bestimmte Dinge vergessen zu machen. Gelungene Vorgänge eines solchen Vergessenmachens als sedimentierte, mitunter wertförmig institutionalisierte Praktiken des Vergessens entfalten ihrerseits strukturierende Wirkung. Vergessensprozesse des sozialen Gedächtnisses in einer Organisation sind damit mitunter intentional erzeugt, indem das für die Organisation Relevante und damit ihre „Wahrnehmung" planvoll und interessengeleitet gestaltet wird. Diejenigen, die lediglich mit den Ergebnissen solcher Gestaltungsprozesse konfrontiert werden, mögen sie als strukturell gegeben erfahren. Neben „evolutionären" Vergessensprozessen lassen sich in Organisationen Formen der aktiven Nutzung des Vergessens oder Vergesslichkeit als bislang wenig erschlossene Seite des „sensemaking" identifizieren. Walsh und Ungson (1991) schlagen mit Blick auf das organisationale Gedächtnis Strategien und Techniken vor, mit deren Hilfe Managementhandlungen erfolgreicher sein können. Demgegenüber lässt sich im Zuge einer wissenssoziologisch inspirierten Aufklärung über organisationales Vergessen sowohl das Problem unhinterfragter Handlungsroutinen in neuer Weise beleuchten als auch danach fragen, wer in welcher Weise den organisationalen Umgang mit kollektiver Erfahrung beeinflusst.

Literatur

Assmann, A. (2002): Vier Formen des Gedächtnisses. In: Erwägen Wissen Ethik (EWE), 13:2, S. 183-190.
Engeström, Y./Brown, K./Engeström, R./Koistinen, K. (1990): Organizational Forgetting: An Activity-Theoretical Perspective. In: Middleton, D./Edwards, D. (eds.): Collective Remembering. London u.a., S. 139-168.
Halbwachs, M. (2006): Das Gedächtnis und seine sozialen Bedingungen, Frankfurt/M.
Luhmann, N. (1996): Zeit und Gedächtnis. In: Soziale Systeme, 2:2, S. 307-330.
Luhmann, N. (2000): Organisation und Entscheidung. Opladen/Wiesbaden.
Luhmann, N. (2002): Das Erziehungssystem der Gesellschaft. Frankfurt/M.
Schütz, A. (1971): Das Problem der Relevanz. Frankfurt/M.
Schütz, A. (1972): Gemeinsam musizieren. In: Brodersen, A. (Hrsg.): Gesammelte Aufsätze. Band 2: Studien zur soziologischen Theorie. Den Haag, S. 129-150.
Schütz, A. (1974): Der sinnhafte Aufbau der sozialen Welt. Eine Einleitung in die verstehende Soziologie. Frankfurt/M.
Schütz, A. (1981): Theorie der Lebensformen. Frankfurt/M.
Schütz, A./Luckmann, Th. (1979): Strukturen der Lebenswelt. Band 1. Frankfurt/M.
Walsh, J. P./Ungson, G. R. (1991): Organizational Memory. In: The Academy of Management Review, 16:1, S. 57-91.
Weber, M. (1980): Wirtschaft und Gesellschaft. Tübingen.
Weick, K. E. (1985): Der Prozess des Organisierens. Frankfurt/M.
Weinrich, H. (2005): Lethe. Kunst und Kritik des Vergessens. München.

Erfahrungspotentiale durch vernetzte Organisationen. Zur Stärke dezentraler Beziehungen

Rudolf Tippelt

1   Was sind vernetzte Organisationen?

Vernetzte Organisationen und „soziale Netzwerke" sind Formen der Koordination von Interaktionen, deren Kern die vertrauensvolle Kooperation autonomer, aber interdependenter Akteure ist. Diese arbeiten in einem begrenzten Zeitraum zusammen und nehmen dabei auf die Interessen der jeweiligen Partner Rücksicht, weil sie auf diese Weise große Leistungsfähigkeit bei der Generierung von Problemlösungen entwickeln und weil sich kooperierende Partner wechselseitig auf die Erfahrungsbasis des jeweils Anderen beziehen. Epistemologisch gesehen bildet sich die menschliche Vernunft auf der Grundlage von Erfahrungen, in vernetzten Organisationen sind *Erfahrungen* immer mit Interpretationsprozessen verbunden und der wechselseitige Bezug auf die Erfahrungen der Anderen steuert die handlungsleitenden Erwartungen in Organisationen. Dies ist die *optimistische Ausgangsthese* meines Beitrags.

2   Warum schließen sich Organisationen zu sozialen Netzwerken zusammen? Welche Rolle spielt dabei das Erfahrungspotential aller Organisationen?

Man kann vor dem Hintergrund umfangreicher Evaluationen von Netzwerken sagen, dass die Risiken innovativen Handelns kalkulierbarer sowie soziale Handlungen transparenter werden.

Meine Ausgangsthese formuliere ich vor dem Hintergrund einer wachsenden Ausdifferenzierung und Pluralisierung von Bildungseinrichtungen und speziell des Weiterbildungsmarktes (vgl. Tippelt et al. 1996): In dieser Situation der Neu- und teilweise Entstrukturierung des Weiterbildungsmarktes wird es zunehmend wichtig, die mikro- und makrodidaktischen Erfahrungen der sich teilweise ergänzenden, aber auch konkurrierenden Akteure – der Schulen, Betriebe, Berufsschulen, Einrichtungen der Erwachsenen- und Weiterbildung, Hochschulen, aber auch der Sozialpartner, Jugendämter, Arbeitsagenturen und soziokulturellen Einrichtungen einer Region – zu koordinieren und aufeinander zu beziehen. Dabei sind „vertikale" Vernetzung (also Schule, Berufliche Bildung und Weiterbildung) und „horizontal" vernetzte Organisationen (z.b. verschiedene Träger der Weiterbildung) zu unterscheiden. In jedem Fall aber können die Erfahrungspotentiale von Akteuren gebündelt werden, so dass nicht nur selbstorganisierte und selbstverantwortliche Prozesse initiiert, stabilisiert und später auch institutionalisiert werden, sondern darüber hinaus ungeahnte Synergien entwickelt und Innovationen möglich werden. Unter Synergieeffekten werden dabei positive Wirkungen verstanden, die sich aus dem Zusammenschluss oder der Zusammenarbeit von Organisationen bzw. im Weiterbildungskontext aus einem Zusammenwirken der didaktischen Felder (von der Programmplanung bis zum Marketing) ergeben (vgl. Brödel 2004; Reich/Tippelt 2004, 34).

Die Idee der sozialen Netzwerkarbeit ist in dem großen europäischen und deutschen Projekt der „Lernenden Regionen" sehr klar verwirklicht. Zu den umfangreichen Zielen der sozialen Netzwerkarbeit in Lernenden Regionen (vgl. BMBF 2004; Tippelt et al. 2005; Matthiesen/Reutter 2003) gehören u.a. die gezielte Ansprache von bildungsfernen und benachteiligten Personen und Milieus, die Förderung der Durchlässigkeit zwischen den verschiedenen Bildungsbereichen und die bessere Verzahnung von allgemeiner, politischer, kultureller und beruflicher Bildung. Die Stärkung der Zusammenarbeit zwischen Bildungs-, Beschäftigungs-, und Arbeitsmarktpolitik sowie Wirtschaftsförderung und die Erhöhung der Transparenz der Bildungsangebote in einer Region durch neue Formen der Beratung sind hierbei von besonderer Relevanz. Die Aktivitäten richten sich auch auf die Verbesserung der Qualität der Bildungsangebote, die gemeinsame Zertifizierung von Lernerfolgen und die Erprobung neuer Lernkulturen und neuer Lernarrangements. Genauso wichtig ist allerdings die nachhaltige Entwicklung von „regionaler Identität". Es ist offensichtlich, dass diese ehrgeizigen Ziele nicht von einem einzelnen Träger oder einer isolierten Organisation zu verwirklichen sind, sondern dass nur das Zusammenwirken der diversen Erfahrungen von Organisationen – bei Zielgruppen oder Lernkontexten – weiter führend sein kann. Organisationales Lernen muss also durch *interorganisationale Kooperation* ergänzt werden.

Die Evaluation der Netzwerkarbeit in Lernenden Regionen ist im Folgenden nicht mein Thema. Es liegen empirische Analysen der Ergebnisse der vom BMBF und dem EU-Sozialfond geförderten Lernenden Regionen in Deutschland aktuell in Form eines Zwischenberichts vor (vgl. Nuissl et al. 2006), weitere Publikationen über den Fortgang dieses steuerungs- und bildungspolitisch interessanten Projekts befinden sich in Vorbereitung (vgl. Tippelt et al. 2009). Mich interessieren zunächst folgende Fragen:

3   Welche Kooperationen und Beziehungen zwischen vernetzten Organisationen bestehen? Entfalten dezentrale (schwache) Beziehungen zwischen vernetzten Organisationen tatsächlich deutliche Stärken beim Austausch von Erfahrungen?

Ein Grundgedanke Lernender Regionen liegt – dem Modell der lernenden Organisationen analog (vgl. Stadler 2002) – in der Bündelung des Erfahrungs- und Handlungspotentials vieler Akteure, so dass sich sowohl in der Konstellation der starken als auch unter den Bedingungen der schwachen Beziehungen eine produktive Regionalentwicklung entfalten kann (vgl. Sydow/Windeler 1999; Geldermann 2000).

In Lernenden Regionen gibt es kein einheitliches Konzept und keinen dominanten Ansatz, um die Ziele des Lebenslangen Lernens zu realisieren. Die einzelnen Netzwerke gehen heterogene innovative Wege, die im Idealfall optimal auf die jeweils besonderen regionalen Bedarfslagen zugeschnitten sind. Mit Blick auf die Nachhaltigkeit und die Transferstrategien besteht bei der wissenschaftlichen Begleitung ein starkes Erkenntnisinteresse, Gelingens- und Misslingensbedingungen von sozialen Netzwerken in Lernenden Regionen heraus zu arbeiten. In diesem Zusammenhang wurde eine Typologie formuliert, die in Anlehnung an Max Webers Typenlehre (1904) versucht, Idealtypen zu identifizieren. Nach Weber werden Idealtypen

„gewonnen durch einseitige Steigerung eines oder einiger Gesichtspunkte und durch Zusammenschluss einer Fülle von diffus und diskret, hier mehr, dort weniger, stellenweise gar nicht, vorhandener Einzelerscheinungen, die sich jenen einseitig herausgehobenen Gesichtspunkten fügen, zu einem in sich einheitlichen Gedankenbilde." (Weber 1904, 19)

Auch wenn eine Typologie nie – so auch in den Lernenden Regionen – in Reinform vorzufinden ist, lassen sich unter Berücksichtigung einer Organisations- und einer Innovationsdimension mehrere Netzwerktypen beschreiben. Bereits Granovetter (1982) hat unter Berücksichtigung der unterschiedlichen Beziehungs- und Organisationsdichte von locker gebundenen (*weak ties*) und von sehr engen Kooperationen (*strong ties*) gesprochen. Von *strong ties* erwartet man sich große Nachhaltigkeit, denn es geht um Bindungen von relativ langer Dauer, die eine starke Belastbarkeit aufweisen (vgl. Durchblick 2004), die aber auch von einem organisatorischen Zentralismus geprägt sein können (vgl. Strauss 2002). In jedem Fall sind auch *weak ties*, systemtheoretisch gesprochen die so genannten *loosely coupled systems* (vgl. Bojanowski et al. 1991; Tippelt et al. 1996), die dezentrale Kooperationsstrukturen aufweisen und nicht immer reziprok angelegt sind, von erheblicher Bedeutung. Von dezentralen Netzwerken wird gesprochen, wenn ein geringes Maß formaler Organisation und kein oder nur ein schwach ausgeprägter zentraler Knotenpunkt (z.B. ein herausragender Netzwerkmanager in einer Organisation) existieren. Typisch sind dagegen gut entwickelte, themenbezogene Subnetze (etwa Beratung, Lernzentren, Übergänge, Regionale Entwicklung, Marketing, Klein- und Mittelbetriebe) in einem Gesamtnetzwerk, die Selbstbestimmung und Unabhängigkeit der einzelnen Akteure ist jedenfalls sehr hoch.

Bei meinem Thema interessieren im Augenblick vor allem diese dezentralen Netzwerke, die deutlich informelle Grundlagen der Zusammenarbeit pflegen (aber auch vertragliche Bindungen eingegangen haben können). Es lässt sich sagen, dass es empirisch häufig realistisch ist, dass Akteure ihr Profil und ihre institutionelle Identität in Kooperationen wahren wollen. Dennoch bieten dezentrale Beziehungen erhebliche Vorteile beim Austausch von Erfahrungen und sie wirken in jedem Fall arbeitserleichternd.

4 Was zeichnet dezentrale Beziehungs- und Kooperationsformen in sozialen Netzwerken aus? Entwickeln sich Erfahrungspotentiale in Netzwerken kumulativ?

Netzwerke mit dezentralen Organisationsstrukturen arbeiten bewusst nur für einen begrenzten (durchaus auch längeren) Zeitraum zusammen und nehmen dabei auf die Interessen des jeweiligen Partners Rücksicht (vgl. Strauss 2002), auch weil sie auf diese Weise ihre eigenen partikularen Ziele besser realisieren können: Dezentrale Netzwerke eröffnen Zugänge zu Adressaten, Räumen, neuen Bildungsprogrammen, zu finanziellen Mitteln und auch zu politischen Entscheidungsträgern (vgl. Tippelt et al. 2005).

Auch dezentrale Netzwerke lassen die bereits erwähnten horizontalen wie vertikalen Kooperationen von Akteuren (insbesondere Bildungsinstitutionen) zu, fördern damit also Bildungsbiographien und den individuellen Aufbau von Kompetenz, koordinieren individuelle Lernerfahrungen und den sukzessiven Aufbau von Wissen. Es lässt sich empirisch belegen, dass auch die relativ lose Verzahnung von Institutionen die hohen Anforderungen des Lebenslangen Lernens unterstützt (vgl. Tippelt et al. 2003, 349f.).

Organisational steht sicher die Veränderung von potentiellen Konkurrenzbeziehungen in erfahrungserweiternde Kooperationsbeziehungen im Mittelpunkt, wobei dezentrale Kooperation gerade nicht zu zentraler Steuerung mutiert: Bei dezentralen Organisationsbeziehungen kommt es beispielsweise nicht zu einer Aufteilung des Marktes, aber es kommt dazu, dass insbesondere Weiterbildungsanbieter erkennen, dass sie aufgrund ihres tradierten Erfahrungspotentials und des damit verbundenen besonderen Profils bei bestimmten Zielgruppen klare

Stärken entfalten, bei anderen Zielgruppen (z.b. sozialen Milieus, Altersgruppen, Berufs- und Bildungsgruppen, bei ethnischen Gruppen und Migranten) aber der kooperierende Partner stark ist. Man kann hier von *komplementärer Kooperation* sprechen. *Supportive Kooperation* meint die gezielte Zusammenarbeit bei der Einwerbung von finanziellen Mitteln und beim Sponsoring und empirisch zeigt sich, dass Akteure durchaus verschiedene Zugänge zu finanziellen Mitteln entwickelt haben. *Integrative Kooperation* schließlich ist die emphatische, wechselseitige Zusammenarbeit bei Projekten und Programmen – ohne allerdings die eigene institutionelle Identität aufzugeben (vgl. Brödel 2004). Diese verschiedenen Formen der Kooperation sind im Kern als Aspekte interorganisationalen Kompetenzmanagements zu sehen (vgl. Probst et al. 2000), wobei in *learning regions* oder *learning cities* die Erfahrungspotentiale und die Kompetenzen von Organisationen so gebündelt werden, dass Prozesse reibungsloser ablaufen und die gesetzten Ziele möglichst effizient erreicht werden (vgl. Endres 2001; Schaffer/Thieme 1999).

Die Herstellung entsprechender Kooperationsbeziehungen und dezentraler Vernetzungen ist eine sehr sensible und hoch komplexe Angelegenheit. Es entstehen neue Herausforderungen und auch zahlreiche Gefährdungen, denn beispielsweise werden durch die intensiven Außenbeziehungen von den Mitarbeitern wesentlich offenere Arbeitsstile erwartet, was auch zu Verunsicherungen führen kann. Selbstverständlich können zwischen den Organisationen trotz der kooperativen Programmatik immer wieder Konkurrenzsituationen aufkommen, die dann die lose Vernetzung gefährden können. Beispielsweise kann es zur Verknappung der finanziellen Ressourcen bei gemeinsamen Initiativen kommen, wobei Ressourcenknappheit aber gleichzeitig immer auch einen wichtigen Grund für die Bereitschaft zur weiteren Vernetzung darstellt.

Im Grunde ist Netzwerkbildung den Prozessen des Changemanagements in Organisationen ähnlich: Eine stabile Vertrauensbasis zwischen den Beteiligten ist zu schaffen, klare und begrenzte Veränderungsziele sind zu benennen und ein gemeinsames Informationsniveau über die Projektentwicklung und den Projektverlauf zwischen allen Beteiligten ist herzustellen (vgl. Krüger/Homp 1997). Die jeweils eigenen Erfahrungen eines Akteurs müssen glaubwürdig und offen kommuniziert werden, um Konkurrenzbeziehungen und Misstrauen zu verhindern (vgl. Doppler/Lauterburg 2002).

Formalisiert man diese konkreten Aussagen, sind für die Implementierung von Veränderungsprozessen in Netzwerken also Diagnose-, Kommunikations-, Qualifikations-, Motivations- und Organisationsinstrumente und -strategien erforderlich (vgl. Reiß 1997, 102 ff.).

In einer *Zwischenbilanz* lässt sich also sagen, dass gerade bei dezentralen Organisations- und Vernetzungsprozessen (vgl. Senge 2000) eine gemeinsame

Kommunikationsbasis zwischen Institutionen, eine Vertrauensbasis zwischen den Initiatoren, sogar ein gemeinsames integrierendes Wertesystem für die Regionalentwicklung zu schaffen sind. Aufkommende Verunsicherungen innerhalb der Mitarbeiterschaft sind zu bewältigen, ein gemeinsames, über die einzelne Organisation hinaus gehendes, regionenbezogenes Problembewusstsein ist zu erarbeiten und selbstverständlich sind ein klares Zeitmanagement und die transparente Planung der zeitlichen Ablaufprozesse zu gewährleisten.

5 Gibt es eine Nähe zum Neoinstitutionalismus?

Aus meiner Sicht sind die gerade genannten Prinzipien dezentraler Organisations- und Vernetzungsprozesse mit einigen Grundannahmen des Neoinstitutionalismus gut vereinbar, denn weniger die harten Umweltfaktoren als vielmehr der kulturelle Rahmen – verstanden als das Herstellen von gemeinsamen Werten, das Konstruieren von gemeinsam anerkannten Normen und die Implementierung einer auf eigenen, bewussten Zielen basierenden Praxis – sind grundlegend (vgl. DiMaggio 1986; Scott 1995; Zucker 1987). Selbstverständlich müssen auch dezentral vernetzte Organisationen effizient sein, aber notwendige Bedingung hierfür ist vorrangig die Legitimität der wechselseitigen Ansprüche aneinander, d.h. vor allem die Anerkennung der Erfahrungsbasis des jeweils Anderen ist ausschlaggebend. Auch die Kerngedanken, dass Institutionen auf einen Kontext und eine Ursache nicht kausal reagieren, sondern alles viel komplexer ist und dass Institutionen und mithin Organisationen multikausal und multikontextuell in gesellschaftliche Entwicklung eingebunden sind, sind neoinstitutionalistisch geprägt (vgl. Meyer/Rowan 1977; DiMaggio/Powell 1983; Senge/Hellmann 2006; Hasse/Krücken 2005). Und selbstverständlich wirken dezentral vernetzte Organisationen auf ihre Umwelt, auf ihre Region zurück, indem z.B. Lernzentren auch Bildungsbenachteiligte integrieren, Bildungsmarketing zielgruppenspezifisch erfolgt und vernetzte Formen der Bildungsberatung mögliche Bildungs- und Berufswege transparenter werden lassen.

Dezentrale Vernetzung geht davon aus, dass regionale, also gesellschaftliche Kontexte interpretiert werden müssen und dass diese für Veränderungen offen sind (Makroebene), und vor allem basiert sie auf dem Grundgedanken, dass die eigene Organisation nicht durch bürokratische Prinzipien komplett verregelt und verrechtlicht ist, sondern dass sie für erfahrungsbasierte Gestaltung offen ist (Mikro- und Mesoebene).

6   Ermöglichen dezentrale Netzwerke rationales Handeln?

Es lässt sich provokativ behaupten, dass dem „unaufhaltsamen Umsichgreifen der Bürokratisierung aller öffentlichen und privaten Herrschaftsbeziehungen" (Weber 1964, 737) die dezentralen Beziehungen in vernetzten Organisationen entgegen wirken. Diese These lässt sich verteidigen, wenn man die dezentrale Vernetzung als eine Fortentwicklung und gleichzeitig Mischform der von Weber beschriebenen Herrschaftstypen beschreibt. Dieser Hinweis ist zu erläutern:

Max Weber (1947) hat in seiner *Typologie der Herrschaft* charismatische, traditionale, legale und bürokratische „reine Typen" organisationaler Strukturen unterschieden. Wenngleich die Typen der Herrschaft, der Erfahrung und Bildung jeweils in Mischformen auftreten, dominiert in der modernen Gesellschaft – besonders in Deutschland – die legale und insbesondere die rationale und büro-kratische Organisationsform. Durch die Rückbesinnung auf die Webersche Or-ganisationsanalyse gewinnt m.E. nicht nur die Analyse moderner Bildung, son-dern auch das Verstehen dezentraler und Erfahrungen kumulierender Organisati-onsstrukturen an Tiefenschärfe. In seiner Religions- und Herrschaftssoziologie bestimmt Weber Erziehung und Bildung prinzipiell als Qualifikationen zur Herr-schaftsausübung:

> „Die beiden äußersten historischen Gegenpole auf dem Gebiet der Erziehungszwecke sind: Erweckung von Charisma (Heldenqualitäten und magische Gaben) einerseits, Vermittlung von spezialisierter Fachschulung andererseits. Der erste Typus entspricht der charismatischen, der letzte der rational-bürokratischen (modernen) Struktur der Herrschaft." (Weber 1947, 408)

Dem Typus der charismatischen Herrschaft lässt sich offenbar die charismatische Bildung, dem Typus der traditionalen Herrschaft die an der Kultivierung von Personen interessierte ständische Bildung und dem modernen Typus der rationa-len Herrschaft die Fachschulung zuordnen. Dabei betont Weber allerdings die Flüssigkeit und das Ineinandergreifen dieser „reinen Typen" von Herrschaft und Bildung in der empirisch-historischen Realität, so dass man sich die abgeleiteten Organisationsprinzipien nicht in einer entwicklungshistorischen oder evolutionä-ren Reihe vorstellen darf (vgl. Weber 1964, 738; Lenhart 1986, 530). In der modernen Gesellschaft – besonders in Deutschland – wird das „Fachmenschen-tum" durch die Etablierung einer rational-bürokratischen Organisationsstruktur gefördert, was durch „das unaufhaltsame Umsichgreifen der Bürokratisierung aller öffentlichen und privaten Herrschaftsbeziehungen und durch die stets zu-nehmende Bedeutung des Fachwissens" (Weber 1964, 737) bedingt ist. Webers Haltung gegenüber dem „Fachmenschentum" ist ambivalent, denn einerseits sieht er die spezialistische Fachschulung für die Ausübung von Funktionen in hocharbeitsteiligen Organisationen als notwendig an, andererseits protestiert er im Namen „individueller Freiheit" gegen die als unentrinnbar betrachtete Büro-kratisierung, die ein „Gehäuse der Hörigkeit" schaffe (vgl. Tippelt 2008, 18). Im Extremfall könne die technisch orientierte Berufs- und Fachbildung lediglich die Einpassung des Einzelnen in verfestigte Organisationen zum Ziel haben.

Meine These ist, dass diese Variante bürokratischer Herrschaft und verengten „Fachmenschentums" mit der aktiven Verarbeitung von Erfahrungen in vernetzten dezentralen Organisationen und Institutionen *nicht* kompatibel ist. Zu starke Regulierung, Uniformierung und Formalisierung von Interaktionen würden die Interpretations- und Entfaltungsmöglichkeiten der Akteure so stark einschränken, dass nicht nur kooperative und motivationale Barrieren errichtet würden, sondern dass sogar die formal-rationale Konstruktion von erfahrungsnahen Handlungen in Frage gestellt wäre.

Weber hebt hervor, dass der spezifisch rationale Grundcharakter bürokratischer Verwaltungen und Organisationen darin zum Ausdruck komme, dass Leiten und Führen auf einer „Herrschaft kraft Wissens" beruhe (vgl. Weber 1964, 165). Bei dezentralen vernetzten Strukturen muss die kognitive Leistung des Wissens durch die soziale Kompetenz kooperativen Handelns ergänzt sein. Beruht die Legitimation rationaler Herrschaft in zentralen Organisationen wesentlich auf dem Glauben an die hervorragende Fachqualifikation wissenschaftlich Geläuterter, zur Herrschaft Berufener, so beruht die Legitimation von Steuerung in dezentralen Strukturen wesentlich auf der freiwilligen Synthese der institutionellen Erfahrungen mehrerer Akteure. Sicher wird man auch in dezentral vernetzten Organisationen in Anspruch nehmen, dass wissenschaftliche Erkenntnisse (z.B. regionale Bedarfsanalysen) zu „Klarheit und Verantwortlichkeit" beitragen, die von Weber (1964) in diesem Zusammenhang präferierte Einübung *zweckrationalen Denkens und Handelns* bedarf im Kontext vernetzter Organisationen aber einer kurzen Erläuterung.

Zweckrationales Handeln ist ein Schlüsselbegriff der Moderne: Zweckrational handelt, so definiert Weber (1964, 13) in seinen Erörterungen der methodologischen Grundlagen der Sozialwissenschaft,

> „wer sein Handeln nach Zweck, Mitteln und Nebenfolgen orientiert, und dabei sowohl die Mittel gegen die Zwecke, wie die Zwecke gegen die Nebenfolgen, wie endlich auch die verschiedenen möglichen Zwecke gegeneinander rational abwägt: Also jedenfalls weder affektuell (und insbesondere nicht emotional) noch traditional handelt."

Bei vernetzten Organisationen setzt Zweckrationalität immer die Fähigkeit von Organisationen voraus, Zwecke nicht allein und einsam zu setzen, sondern kooperativ und dennoch autonom zu entwickeln und sie durch die zweckorientierte Mobilisierung von Erfahrungen mehrerer Organisationen zu realisieren. Für dezentrale vernetzte Organisationen – dies ist in Anlehnung an den Neoinstitutionalismus zu formulieren – sind *gemeinsame Zwecke, Ziele, ja Werte* notwendig, allerdings kein wertrationales Handeln. Denn wertrational handelt, wer die Ziele seines Handeln zwar planvoll, aber ohne Rücksicht auf die vorauszusehenden Folgen nur an den selbstgestellten Forderungen und Überzeugungen orientiert, also gesinnungsethisch vertritt (vgl. Tippelt 1990), dies aber wäre in dezentralen vernetzten Organisationen dysfunktional und würde die gemeinsamen Anliegen massiv gefährden.

Das Erfahrungspotential in dezentralen vernetzten Organisationen ist so zu organisieren, dass jede einzelne mitwirkende Organisation ihre Zwecke reflektiert setzt und die Folgen abwägt, d.h. es darf auf keinen Fall zu Beeinträchtigungen der institutionellen und persönlichen Autonomie durch blinde Affekte oder undurchschaute Autoritäten kommen. Das ganze Erfahrungspotential eines Netzwerks ist nur dann mehr als die Summe der Teilerfahrungen isolierter Organisationen, wenn Erfahrungen plural und gleichberechtigt eingebracht werden können, wenn diese nicht fremdbestimmt und wenn sie jederzeit kritischer Reflexion zugänglich sind. Die Stärke dezentral vernetzter Organisationen basiert auf der Möglichkeit, dass kooperierende Akteure gemeinsam verantwortungsethisches Handeln mobilisieren.

Vielleicht kann man hier von der Entzauberung der Idee der rational bürokratischen Herrschaft sprechen, denn das geforderte verantwortungsethische Handeln kann keinesfalls von nur sachlich geschulten Experten, die ihrer Organisation und Bürokratie verpflichtet sind, erbracht werden. Vielmehr sind in vernetzten pädagogischen Organisationen „kultivierte Persönlichkeiten" gefordert, die über ein erhebliches soziales und kulturelles Kapital im Bourdieuschen Sinne verfügen. Für erfolgreich integrierende Netzwerkmanager ist darüber hinaus ein gewisses Charisma sicher kein Schaden.

7 Fazit: Kooperationskultur und offener Erfahrungsaustausch statt Bürokratisierung

Zur Partizipation in Netzwerken entscheiden sich Organisationen in erster Linie, weil sie sich von den Erfahrungspotentialen der anderen Netzwerkpartner Anregungen und eine bessere Zielereichung erwarten. Die Partizipation in Netzwerken beruht damit auf Differenz und dezentrale Netzwerkkonzepte zeichnen sich besonders durch ihre Interaktions- und Beziehungsorientierung aus. Vernetzte Organisationen erfüllen mehrere Voraussetzungen: Sie haben eine horizontale, nicht hierarchische Struktur, sie sind transparent und informationsoffen. Kompetenzen und Ressourcen streuen, gemeinsame Zielorientierungen und das Streben nach partieller Konsensbildung, Unabhängigkeit sowie ein hohes Maß an Selbstverantwortung und Engagement der Akteure sind typisch (vgl. Meyer 2001; Jütte 2002). Die Netzwerkforschung legt in Bezug auf Erfahrung folgende Grundprinzipien erfolgreicher Arbeit nahe (vgl. Tippelt 2009; Tippelt et al. 2003):

- Erstens sollten alle regionalen sozialen Ressourcen gebündelt und einbezogen werden, weil nur so Erfahrungen kumuliert und synthetisiert werden können. Der gezielte Ausschluss von bestimmten Institutionen kann sich zu späteren Zeitpunkten negativ auswirken.
- Zweitens sollten aktuelle Probleme der Region aufgegriffen werden, um eine empirische Ausgangsdiagnose vornehmen zu können. Nur durch das Aufgreifen der zentralen und mit Leidensdruck einher gehenden Probleme können Engagement und intrinsische Motivation geweckt werden.
- Drittens muss sich soziale Kohäsion entwickeln. Hierzu sollte eine gemeinsame Kommunikationsbasis zwischen allen wichtigen Akteuren einer Region hergestellt werden, gemeinsame Zielformulierung und das bewusste Einbeziehen der jeweiligen Stärken und Erfahrungspotentiale einzelner Kooperationspartner sind notwendig.
- Viertens können durch Coaching vorhandene, historisch verankerte Netzwerke weiter gestärkt werden, denn sie können eine besondere Integrationskraft entfalten. Allerdings ist dies insbesondere in Lernenden Regionen nicht ausreichend, denn durch die Gewinnung neuer Kooperationspartner, also durch *network construction*, ergeben sich völlig neue Konstellationen, die die Erfahrungsbasis eines gesamten Netzwerks erweitern.
- Fünftens kommt es darauf an, soziale Netzwerke im Sinne „lernender interorganisationaler Verbünde" durch Kompetenz- und Change-Management fortwährend zu modifizieren und weiter zu entwickeln. Es muss gelingen, das anfangs im Vordergrund stehende Konkurrenzdenken kontinuierlich abzubauen, um so erfahrungskumulierende Synergien zu gewährleisten.
- Sechstens erfordert das Handeln in dezentralen vernetzten Strukturen – das wird schon bei der Listung dieser Punkte sichtbar – einen sehr hohen Zeit- und Energieaufwand aller Beteiligten.

Es lässt sich abschließend sagen, dass die Rückbesinnung auf die wechselseitige Akzeptanz, auf Solidarität und eine kritische Haltung zur Semantik der Steuerung und Weltbeherrschung Gelingensbedingungen dezentralen Organisierens darstellen. Die bloße Einpassung einer Organisation in verfestigte Kooperationsstrukturen sowie die zentrale Steuerung von einem unanfechtbaren Knotenmittelpunkt aus sind dagegen auffällige Gefährdungen der Koordination von multiplen Organisationserfahrungen. Starke Regulierung, Uniformierung und Formali-

sierung – eben Bürokratisierung – behindern den Austausch und den interorganisationalen Aufbau eines erweiterten Erfahrungshorizonts. Die verantwortungsethische und zweckrationale Ausübung von Handlungen in vernetzten Organisationen kann auf die Stärke dezentraler Beziehungen bauen, wenn insbesondere
eine notwendige, wenn auch sicher nicht hinreichende Überzeugung geteilt wird
– Kontrolle ist gut, wechselseitiges Vertrauen ist besser.

Literatur

BMBF (2004): Lernende Regionen – Förderung von Netzwerken. Bonn.

Bojanowski, A./Döring, O./Faulstich, P./Teichler, U. (1991): Strukturentwicklung in Hessen: Ten-
denzen zu einer „mittleren" Systematisierung der Weiterbildung. In: Mitteilungen aus Ar-
beitsmarkt- und Berufsforschung, H. 2, S. 291-303.

Brödel, R. (Hrsg.) (2004): Weiterbildung als Netzwerk des Lernens. Bielefeld.

DiMaggio, P. J. (1986): Support for the Arts from Independent Foundations. In: Ders. (ed.): Non-
profit Enterprise in the Arts. Studies in Mission and Constraint. New York.

DiMaggio, P. J./Powell, W. W. (1983): The Iron Cage Revisited: Institutional Isomorphism and
Collective Rationality in Organizational Fields. American Sociological Review 48, S. 147-160.

Doppler, K./Lauterburg, Ch. (2002): Change Management. Frankfurt/M.

Durchblick. Zeitschrift für Ausbildung, Weiterbildung und berufliche Integration (2004): Regionale
Netzwerke und Kooperation. Ausgabe 2. Heidelberg.

Endres, E. (2001): Erfolgsfaktoren des Managements von Netzwerken. In: Howaldt, J./Kopp,
R./Flocken, P. (Hrsg.): Kooperationsverbünde und regionale Modernisierung. Wiesbaden,
S. 103-117.

Geldermann, B. (2000): Lernende Region – Theorie und Praxis. In: Loebe, H./Severing, E. (Hrsg.):
Unternehmensnetzwerke durch neues Lernen: Die Textilbranche in der lernenden Region
Sächsisches Vogtland und Oberfranken. Bielefeld, S. 7-11.

Granovetter, M. (1982): The Strength of Weak Ties: A Network Theory Revisited. In: Marsden,
P. V./Lin, N. (eds.): Social Structures and Network Analysis. Beverly Hills, S. 105-130.

Hasse, R./Krücken, G. (2005): Neo-Institutionalismus. 2. Auflage. Bielefeld.

Jütte, W. (2002): Soziales Netzwerk Weiterbildung. Analyse lokaler Institutionenlandschaften.
Bielefeld.

Krüger, W./Homp, Ch. (Hrsg.) (1997): Kernkompetenz-Management. Wiesbaden.

Lenhart, V. (1986): Allgemeine und fachliche Bildung bei Max Weber. In: Zeitschrift für Pädagogik,
H. 32, S. 529-541.

Matthiesen, U./Reutter, G. (Hrsg.) (2003): Lernende Region – Mythos oder Praxis? Bielefeld.

Meyer, H. H. (2001): Weiterbildung. Teilhabe am Wissen der gesellschaftlichen Kontextsteuerung
und Engagement. Adolf Grimme-Institut.

Meyer, J. W./Scott, W. W. (1983): Organizational Environments. Ritual and Rationality. Beverly
Hills u.a.

Nuissl, E./Dobischat, R./Hagen, K./Tippelt, R. (Hrsg.) (2006): Regionale Bildungsnetze. Ergebnisse
zur Halbzeit des Programms „Lernende Regionen – Förderung von Netzwerken". Bielefeld.

Probst, G./Deussen, A./Eppler, M./Raub, S. (Hrsg.) (2000): Kompetenz-Management. Wiesbaden.

Reich, J./Tippelt, R. (2004): Gestaltung didaktischer Handlungsfelder im Kontext der Milieufor-
schung. In: Hessische Blätter für Volksbildung, H. 1, S. 23-36.

Reiß, M. (1997): Change Management. Programme, Projekte und Prozesse. Stuttgart.

Schaffer, F./Thieme, K. (1999): Lernende Regionen. Organisation – Management – Umsetzung.
Schriftenreihe zur Raumordnung und Landesplanung. Band 5. Augsburg.

Scott, W. R. (1995): Institutions and Organisations. Thousand Oaks.

Senge, P. (2000): La danza del cambio: Mas alla de la Quinta Disciplina. Como crear organizaciones abiertas al aprendizaje. Madrid.

Senge, C./Hellmann, K.-U. (Hrsg.) (2006): Einführung in den Neoinstitutionalismus. Wiesbaden.

Stadler, U. (2002): Regionale strategische Netzwerke als lernende Organisationen. Bern.

Strauss, F. (2002): Netzwerkanalysen. Gemeindepsychologische Perspektiven für Forschung und Praxis. Wiesbaden.

Sydow, J./Windeler, A. (Hrsg.) (1999): Steuerung von Netzwerken. Opladen.

Tippelt, R. (1990): Bildung und sozialer Wandel. Weinheim.

Tippelt, R. (Hrsg.) (2008): „Wie das Leben so gelingt oder spielt" – Helmut Fend. Verleihung der Ehrendoktorwürde an Prof. Dr. Dr. h.c. Helmut Fend. München.

Tippelt, R./Eckert, T./Barz, H. (1996): Markt und integrative Weiterbildung. Bad Heilbrunn.

Tippelt, R./Mandl, H./Straka, G. (2003): Entwicklung und Erfassung von Kompetenz in der Wissensgesellschaft – Bildungs- und wissenstheoretische Perspektiven. In: Gogolin, I./Tippelt, R. (Hrsg.): Innovation durch Bildung. DGfE-Kongressband. Opladen, S. 349-370.

Tippelt, R./Kasten, Ch./Dobischat, R./Federighi, P./Feller, B. (2005): Regionale Netzwerke zur Förderung lebenslangen Lernens – Lernende Regionen. In: Fatke, R./Merkens, H. (Hrsg.): Bildung über die Lebenszeit. DGfE-Kongressband. Wiesbaden, S. 279-290.

Tippelt, R./von Hippel, A./Reich, J./Reupold, A. (2006): Heterogenität, Gerechtigkeit und Exzellenz. Länderbericht Deutschland der OECD/CERI-Seminarreihe „Lebenslanges Lernen in der Wissensgesellschaft". 26.09-29.09.2005. Notwill.

Tippelt, R./Reupold, A./Strobel, C./Kuwan, H./Pekince, N./Fuchs, S./Abicht, L./Schönfeld, P. (2009): „Lernende Regionen – Netzwerke gestalten". Teilergebnisse zur Evaluation des Programms „Lernende Regionen – Förderung von Netzwerken". Bielefeld.

Weber, M. (1904): Die Objektivität sozialwissenschaftlicher und sozialpolitischer Erkenntnis. Tübingen.

Weber, M. (1947): Gesammelte Aufsätze zur Religionssoziologie. Tübingen.

Weber, M. (1964): Wirtschaft und Gesellschaft. Bde. 1 und 2. Köln/Berlin.

Zucker, L. G. (1987): Institutional Theories of Organization. Annual Review of Sociology 13, S. 443-464.

II. Methodologie

Evaluation von Erfahrungen

Harm Kuper

Erfahrung ist ein sehr mächtiger, ja unerlässlicher Faktor für das Lernen. Ohne Erfahrung sind auch Evaluationsforschung und Veränderung von Organisation bzw. Organisationslernen nicht denkbar. Erfahrung ist ein gemeinsamer Bezugspunkt von Evaluation und Organisation: In der Evaluation wird Erfahrungswissen über Handlungsprogramme gesammelt, um diese vor dem Hintergrund von Erwartungen beurteilen zu können. Organisationen führen Handlungsprogramme aus und definieren Kriterien für deren Beurteilung; sie bieten damit Anlässe für Evaluation; sie sind aber auch Rezipienten des Erfahrungswissens und der Beurteilungen, die ihnen Evaluation über ihre Handlungsprogramme bereit stellt. Evaluation ist somit ein Mechanismus für das erfahrungsbasierte Lernen von Organisationen.

Nun bieten Evaluation und Organisation sehr spezifische Formen der Sammlung und Verarbeitung von Erfahrungen. Ich möchte in meinem Beitrag in vier Schritten auf diese Besonderheiten eingehen:

Erstens wird Evaluation als forschungsmethodisch systematisierte Erfahrung skizziert, darauf folgt zweitens eine Betrachtung von Organisationen in Hinblick auf ihre entscheidungsförmige Verarbeitung von Erfahrungen. Beide Aspekte – Evaluation als methodisierte Erfahrung und Organisation als entscheidungsförmige Verarbeitung von Erfahrung – gehen drittens ein in die Betrachtung einiger Erkenntnisse, die über die Erfahrungen von Organisationen mit Evaluation vorliegen. Sie führen viertens zu abschließenden Überlegungen dazu, dass Evaluation in Organisationen mit anderen Quellen der Erfahrung verbunden werden muss.

1   Evaluation als methodisierte Erfahrung

Erfahrungen werden in vielen alltagspraktischen Erlebnisvollzügen gemacht. Die aus ihnen gezogenen Schlussfolgerungen können auch ohne eine eingehende Prüfung des Gehalts der Erfahrung die Risiken zukünftigen Handelns minimieren. Wer sich bei Verzehr eines selbst gesammelten Pilzes eine Magenverstimmung zugezogen hat, tut nichts Schädliches, wenn er diese Art von Pilzen zukünftig meidet, selbst wenn die Magenverstimmung nicht durch den Pilz, sondern den dazu getrunkenen Wein verursacht wurde. Genau so gut können Erfahrungen aber auch Risiken kaschieren – man kann aus der Erfahrung, einmal unfallfrei bei Rot über die Kreuzung gefahren zu sein, nicht schadlos die Schlussfolgerung ziehen, das ginge immer. Beide Beispiele deuten die Einbettung alltäglicher Erfahrung in ein Konglomerat untereinander verbundener Ereignisse an. Allerdings bleibt in den meisten Fällen die Einzigartigkeit der Situation, in denen Erfahrungen gemacht wurden, oder die Zufälligkeit der Zuschreibungen im individuellen Erleben unbeachtet. Bei alltäglichen Erfahrungen neigen wir daher entweder leicht zu Übergeneralisierungen in der Ableitung von unspezifisch bleibenden Handlungsregeln oder wir lehnen in übertriebener Skepsis die Formulierung von Handlungsregeln ab, weil wir uns der Verbindung unseres Handelns zu den Handlungsfolgen nicht sicher sein können und unkalkulierbare Risiken scheuen. Beides ist unter der Maßgabe rationalen Handelns unzulänglich, schließt erfolgreiches Alltagshandeln aber keineswegs aus; vielmehr sind die beiden Mechanismen Voraussetzung für die Bewältigung des Alltags, denn sie sichern Handlungsfähigkeit, ohne mit der Notwendigkeit einer Suche nach vollständiger Information zu belasten.

Evaluation verfolgt den Anspruch, die diffusen Attributionen der alltäglichen Erfahrung zu überwinden und stattdessen systematisierte, intersubjektiv überprüfbare, eventuell sogar reproduzierbare Erfahrung zu eröffnen. Idealtypisch greift Evaluation die Informationsbedürfnisse praktischen Handelns auf und bearbeitet sie mit erfahrungswissenschaftlichen Methoden. Grob betrachtet gibt es zwei Modelle wissenschaftlicher Evaluation, die unterschiedlichen Informationsinteressen folgen. Sie lassen sich in etwa entlang der Trennlinie quantitativer und qualitativer wissenschaftlicher Methoden erläutern (vgl. Kuper 2005). Qualitative Evaluation fokussiert die handlungsleitenden Annahmen der Akteure in der Praxis; sie werden von einer neutralen Position beobachtet, um sie pointiert in die Kommunikation der Praxis zurück melden zu können. Quantitative Evaluation fokussiert in den meisten Fällen die vergleichende Untersuchung von Outputindikatoren evaluierter Programme; hier liegt der Fokus auf der Überprüfung möglicher oder gar nachweislicher Wirkungen praktischen Handelns auf die Outputvariablen. In jedem Falle löst wissenschaftliche Evaluation die Logik alltäglicher Erlebnisvollzüge ab und stellt stattdessen einen anderen Modus der Erfahrung zur Verfügung. Anstelle einer im Alltag zumeist sehr stark personifizierten Wahrnehmung von Interessen und Verhaltensmustern tritt in der qualitativen Evaluation die Typisierung von Positionen und Handlungskontexten; in der quantitativen Evaluation werden anstelle situativ passender Kausalattributionen – die im Alltag dominieren – teilweise quasi-experimentelle Anordnungen erstellt, in denen Input-, Prozess- und Outputvariablen isoliert werden, um Zusammenhänge zu überprüfen (vgl. Cook/Campbell 1979; Cronbach

1982). Die Evaluation verfährt dabei in gewisser Hinsicht immer simplifizierend. Der Reichtum alltäglicher Erfahrungen, in dem sich lokal und situativ wertvolles Wissen sammelt, wird ausgeblendet. So weiß die Evaluation üblicherweise nichts über kollegiale Verhandlungsbereitschaft bestimmter Projektmitarbeiter oder über besondere Motivkonstellation der Teilnehmer einer konkreten Maßnahme. Evaluation – gleichgültig ob sie qualitativ oder quantitativ verfährt – zielt auf generalisierbare Erfahrungen, die sich von lokalen und situativen Bedingungen ablösen lassen. Sie fragt danach, ob es bei der Implementation von Programmen strukturell ähnliche Muster von Interessensartikulation, latenten Beteiligungsmotiven und Kompromissfindung gibt oder ob sich Effekte von Programmen unabhängig von den konkreten Bedingungen ihrer Durchführung isolieren lassen. Mit dem Anspruch der Generalisierung hebt Evaluation sich von der alltäglichen Erfahrung ab und eröffnet Perspektiven einer Anwendung bzw. Übertragung von Erfahrungen auf andere Handlungskontexte. Darin liegt nun wiederum der Komplexitätsgewinn, der mit Evaluation gegenüber alltäglicher Erfahrung zu erreichen ist.

Dieser Komplexitätsgewinn ist freilich nicht ohne Kosten zu erhalten. Die Methodisierung der Erfahrung erfolgt im Sinnzusammenhang wissenschaftlicher Kommunikation. Die dort vorgenommenen Generalisierungen sind alltäglichen Kommunikationssettings nicht nur fremd, sondern transportieren gelegentlich auch Prinzipien ihrer Geltung, die dem praktischen Interesse an Wissenschaft gegenläufig sind. Das sei anhand einiger Stichworte erläutert:

In wissenschaftlichen Verfahren werden einzelne Erfahrungen, Daten oder Informationen aggregiert. Die Form der Aggregation ist von Designentscheidungen in Evaluationsstudien abhängig und kann selbst sehr vielfältig variieren; in jedem Fall bedeutet Aggregation aber, die Aufmerksamkeit von einem konkreten Fall abzuziehen und auf eine Menge von Fällen zu richten. Auf diese Weise entstehen Informationen über Häufigkeiten, Merkmalsvariationen und Kontraste, die von der Betrachtung einzelner Fälle aus nicht zu gewinnen wären, aber auch keinen Rückschluss mehr auf einen einzelnen Fall zulassen. Aggregation meint Abstraktion und setzt bei der Interpretation von Informationen die Einschränkung auf das jeweils gewählte Aggregationsniveau voraus.

Die in Evaluationsstudien erfahrungswissenschaftlich generierten Daten sind in den meisten Fällen stichprobenbasiert. Soll das Ergebnis einer Evaluation über die Stichprobe hinaus Gültigkeit beanspruchen können, so sind aus praktischer Sicht gesehen sehr artifizielle Annahmen zu treffen. Eine Stichprobe muss hinsichtlich ihrer Besonderheiten (Typik) oder ihrer Allgemeinheit (Repräsentativität) gekennzeichnet werden, um den Gehalt der an ihr getroffenen Aussagen beurteilen zu können. Für die deutlich individualisierenden Wahrnehmungen von

Personen und Fällen im Alltag sind solche Modelle stellvertretender Beobachtung fremd.

Sowohl die Aggregation als auch die stichprobenbasierte Generierung wissenschaftlicher Information sorgen auch in der wissenschaftlichen Kommunikation für Unsicherheiten und Grenzen der Belastbarkeit von Aussagen. Die methodischen Möglichkeiten des Umgangs mit diesen Unsicherheiten – etwa die Formulierung probabilistischer, auf Schätzungen basierender Aussagen oder auch die Techniken einer kommunikativen Validierung – sichern die Kommunizierbarkeit innerhalb der Wissenschaft, brechen aber vielfach mit der praktischen Erwartung an Wissenschaft, sichere Information zu bieten.

Wissenschaftlich methodisierte Evaluation – so kann hier ein Zwischenfazit gezogen werden – trägt besondere Merkmale der wissenschaftlichen Relativierung und Darstellung von Erfahrungen und schafft damit bestimmte Voraussetzungen für ihre Verwendung im Kontext von Organisationen.

2   Erfahrung und Entscheidung in Organisationen

Auf die besondere Verbindung zwischen Evaluation und Organisation ist in der Einleitung bereits hingewiesen worden: Organisationen bieten über ihre Programme hinreichend differenzierte, willentlich gestaltete Handlungseinheiten, die Gegenstände von Evaluationsstudien sind. In Organisationen ist darüber hinaus das Erfordernis der Begründung von Handlungen bzw. Handlungsfolgen sehr ausgeprägt, so dass auch fortlaufend Anlässe für Evaluation entstehen.

Eingepasst wird Evaluation in Organisationen über das Kommunikationsmedium der Entscheidung. Nach einer systemtheoretischen Definition sind Entscheidungen diejenigen Elemente, aus denen Organisationen bestehen und die Kommunikation in Organisationen von anderen Kommunikationsformen unterscheidbar machen (vgl. Luhmann 2000). Durch Entscheidungen wird ein besonders hohes Maß an Steuerbarkeit und Zurechenbarkeit, aber auch an Verantwortungszuweisung und Begründungsverpflichtung in der Kommunikation erreicht. Dabei bilden Entscheidungen selbstverständlich nicht die Gesamtheit aller Ereignisse in Organisationen ab. Sie sind auf einen Strom von Ereignissen aufgesetzte Lichter, die das tatsächliche Geschehen nur sehr partiell beleuchten (vgl. Luhmann 1981, 339). Entscheidungen sind in mehrfacher Weise selektiv. Zunächst sind sie selektiv, weil sie eine Auswahl aus einer Alternative darstellen und diese Auswahl für anschließende Kommunikation aktualisieren; darüber hinaus sind Entscheidungen selektiv, weil nicht jeder Vorgang oder jedes Ereignis in einer Organisation Gegenstand von Entscheidungen werden kann. Entscheidungen absorbieren viel zu viel Aufmerksamkeit und Ressourcen, um bei jeder Gelegenheit bemüht zu werden. Insbesondere in der zeitlichen Dimension werden in Organisationen immer wieder die Grenzen der Entscheidbarkeit deutlich: Beteiligung und Rationalität, die beiden hauptsächlichen Mechanismen der Legitimation von Entscheidungen, erfordern Zeit – und oft mehr Zeit als zur Verfügung steht.

Auf der Grundlage dieser Betrachtung lässt sich die Frage nach der Verarbeitung von Erfahrungen in Organisationen etwas prägnanter formulieren. Es geht darum, welche Ereignisse in Organisationen den Wert von Entscheidungen bekommen bzw. Anlässe für Entscheidungen werden, und darum, wie durch ein Netzwerk aufeinander verweisender Entscheidungen eine Struktur – oder, wenn es um Erfahrung und organisationales Lernen geht, ein Gedächtnis der Organisation – entsteht. In diesem Sinne bilden Entscheidungen ein Sediment von Erfahrungen, denen in Organisationen besondere Aufmerksamkeit zukommt und die im Modus von Entscheidungen verarbeitet werden können. Üblicherweise werden drei Strukturkomplexe unterschieden, an denen Erfahrungen in Organisationen kristallisieren können und die damit als Entscheidungsprämissen die Struktur von Organisationen prägen. Diese Komplexe sind die Programme, in denen die Organisation etwa ihre Ziele und Leistungen festlegt; die Kommunikationswege, etwa Verfahrensabläufe, Dienstwege und Berichtszyklen, und schließlich Personen, die mit ihren jeweiligen Kompetenzen eine wichtige Instanz für die Legitimation von Entscheidungen bilden. Ereignisse, die in einen Zusammenhang mit mindestens einem dieser drei Komplexe – Programme, Kommunikationswege, Personen – gebracht werden können, haben eine besonders hohe Chance, in den Erfahrungsschatz von Organisationen einzugehen. Zusätzlich gesteigert wird diese Chance, wenn die Ereignisse im Medium von Entscheidungen gedeutet und verarbeitet werden können.

Evaluation und insbesondere ihre Ergebnisse erfüllen diese Anforderungen gut. Sie sind gewissermaßen für den Gebrauch in Entscheidungen vorstrukturierte Ereignisse.

Erstens verringert Evaluation mit ihren Mechanismen der Generalisierung in ähnlicher Weise wie Entscheidungen Komplexität. Im Extremfalle verdichten Evaluationen sehr langwierige, voraussetzungsreiche und variable Prozessabläufe zu bilanzierenden Urteilen über die Erreichung bestimmter Ziele. Auch hier ließe sich das Bild eines Lichtes, das auf einen Ereignisstrom aufgesetzt ist, anwenden.

Zweitens werden Evaluationsergebnisse schriftlich kommuniziert; sie fixieren damit eine Erfahrung, die nicht mehr nur im Bewusstsein einzelner Akteure einer Organisation verfügbar ist, sondern auf die sich die Kommunikation in der Organisation immer wieder beziehen kann.

Allein diese beiden Punkte machen die Brisanz von Evaluation für Organisationen verständlich. Es ist für eine Organisation kaum möglich, ein einmal formuliertes Evaluationsergebnis zu ignorieren; eine Organisation, die das versucht, stemmt sich gleichsam gegen ihr eigenes Kommunikationsmedium der Entscheidung.

Wie Evaluation nun über den Mechanismus von Entscheidungen zum Aufbau oder der Veränderung eines Organisationsgedächtnisses beiträgt, dürfte in hohem Maße davon abhängen, wie das Evaluationsergebnis mit Programmen, Personen oder Kommunikationswegen einer Organisation in Verbindung gebracht wird. Dazu einige kurze Anmerkungen:

Evaluation verdichtet die Erfahrungen, die mit einer gegebenen Konstellation von Programmen, Personen und Kommunikationswegen gemacht werden und setzt sie einer Beurteilung aus. Grundsätzlich können dabei eine Menge von Entscheidungsfragen für Organisationen entstehen: Hat ein Programm die von ihm angestrebten Ziele erreicht? Muss das Programm spezifiziert oder verändert werden? Hat das Programm – vermittelt über die Kommunikationswege – hinreichende Orientierungskraft für das Handeln in der Organisation? Führen Personen das Programm kompetent aus? Wie Organisationen Evaluation in ihren Entscheidungen tatsächlich aufgreifen und ob sie die genannten Fragen aufwerfen, ist auch abhängig von dem Erfahrungswert, den Evaluation bietet. Evaluation kann für eine Organisation grundlegend neue Information bieten, indem sie etwa auf Ausprägungen einer Outputvariablen oder mutmaßliche Auswirkungen eines Programms hinweist, die bislang nicht wahrgenommen wurden. Evaluation kann aber auch vorhandenes Wissen akzentuieren oder neu verteilen und die Organisation somit zur Reaktion auf hinlänglich bekannte – aber für Entscheidungen bislang nicht zugängliche – Ereignisse veranlassen.

Wie Organisationen auf Evaluation reagieren, ist wiederum eine Frage, für deren Beantwortung auf Erfahrungen zurückgegriffen werden kann. Denn die Antwort lässt sich kaum analytisch aus der Kombination von Überlegungen zur Logik von Evaluation und zur Logik der Entscheidung gewinnen. Ich komme damit zu meinem dritten Punkt:

3   Erfahrungen mit Evaluation in Organisationen

Evaluation ist ein Verfahren, mit dem Erfahrungen für Entscheidungen in Organisationen systematisiert werden. Aber welche Erfahrungen liegen zur Verwendung von Evaluation vor?

Oft und gerne wird in diesem Zusammenhang auf eine Äußerung von Terhart (2002, 92) verwiesen. Dieser hat mit Blick auf die Verbreitung von Evaluationsstudien in Schulen bemerkt: „Das Wissen über Leistungsergebnisse im Schulsystem wächst schneller als das Wissen darüber, was man mit diesem Wissen anfangen kann." Die Bemerkung spielt auf eine grundlegende Unsicherheit im Kontext von Evaluation an. Zwar ist Evaluation eine anwendungsbezogene Forschung, über Methodisierung abgesichert ist aber lediglich die Seite der wissenschaftlichen Geltungsbegründung ihrer Aussagen, nicht die Seite ihrer praktischen Verwendung. Die Verwendung von Evaluationsergebnissen strukturiert sich daher auch nicht – oder nur sehr begrenzt – von der wissenschaftlichen Güte ihrer Aussagen her, sondern von der Verwendungslogik in den Praxisfeldern, die auf Evaluationsergebnisse reagieren. Diese Feststellung deckt sich mit den Befunden der Wissensverwendungsforschung aus den 1980er Jahren, in denen die Diskontinuität wissenschaftlicher Erkenntnisbegründung und alltagspraktischer Verwendung wissenschaftlichen Wissens herausgearbeitet worden ist (vgl. Beck/Bonß 1989). Bereits mit einem Blick auf diese Ergebnisse können die Hoffnungen desillusioniert werden, über Evaluation ausschließlich an sachlichen – d.h. wissenschaftlich begründbaren – Erwägungen orientierte Entscheidungen für die Veränderung von Organisationen zu gewährleisten (vgl. Fend 1982).

Die inzwischen recht gut entwickelte Forschung zur Verwendung von Evaluationsergebnissen – auch bekannt unter dem Begriff „Rezeptionsforschung" – skizziert eine vergleichbare Situation: Einerseits ist eine Expansion von Evaluationsstudien zu beobachten, die damit begründet wird, dass über Evaluation Steuerungswissen auf den verschiedenen Ebenen des Bildungssystems bereit gestellt wird. Sehr verbreitet ist dabei das Argument der Output-Steuerung; es basiert auf der Grundannahme, dass Effekte von Prozessabläufen in pädagogischen Organisationen über Evaluation empirisch belegt werden können und auf dieser Grundlage Konsequenzen für zukünftiges Handeln gezogen werden. Diese an Evaluation gebundene Erwartung entspricht der eines kognitiven Lernstils von Organisationen. Von Organisationen wird erwartet, dass sie ihre eigene Lern- und Veränderungsbereitschaft an der empirischen Überprüfung der Resultate ihrer eigenen Operationen ausrichten.

Andererseits gibt es eine Vielzahl von Beobachtungen, die gegen eine Verwendung von Evaluationsergebnissen im Sinne dieser kognitiven Verarbeitung von Erfahrung sprechen. Dazu einige Beispiele aus empirischen Rezeptionsstudien, mit denen die Kontingenz der Erfahrungen mit Evaluation dargelegt werden kann:

Fritzsche und Reh (2007) legen die Analyse einer Interaktionssequenz vor, in der Ergebnisse einer Evaluationsstudie an Praktiker zurück gemeldet werden. Sie bieten dabei eine bemerkenswerte Alternative zu Modellierungen von Rückmeldesituationen, die das Problem der Übertragung von Informationen zwischen wissenschaftlicher Evaluation und praktischer Nutzung oder der Verhandlung zwischen Evaluierenden und Evaluierten in den Mittelpunkt rücken. Im Gegensatz zu diesen Modellen – die eine Arbeit an einer gemeinsamen Sinnkonstruktion von Evaluierenden und Evaluierten annehmen – weisen Fritzsche und Reh auf die Indifferenz der Sinnkonstruktionen hin. Eine Anerkennung der Evaluationsergebnisse durch die Praktikerinnen bliebe ebenso aus wie eine Anerkennung des praktischen Handlungsproblems durch die Evaluatorinnen. Damit sei im geschilderten Fall die Chance, das Evaluationsergebnis als Irritation bzw. Lernanlass für die Organisation zu nutzen, vertan. Wenn es gleichwohl eine positive Bezugnahme auf die Evaluationsergebnisse gebe, dann allenfalls in der Form einer Bestätigung der Vorhaben, die in der Organisation ohnedies geplant waren.

Ein ähnliches Muster der Bezugsnahme arbeiten auch Dedering et al. (2003) in ihrer Studie über die Verwendung von PISA-Ergebnissen bei bildungspolitischen Entscheidungsträgern heraus. Auch für diese Entscheidungsebene wird ein Modus der Verwendung von Ergebnissen einer Evaluation bzw. eines *large-scale-assessment* berichtet, der sich mit dem Begriff der Legitimation kennzeichnen lässt. Die Ergebnisse werden genutzt, um strittige, bislang blockierte bildungspolitische Entscheidungen durchzusetzen oder um Positionen in öffentlichen Diskussionen zu markieren.

Die Autoren beider Studien geben ihren Ergebnissen eine machttheoretische Interpretation. Diese legt es nahe, die Determinanten für den organisationsinternen Gebrauch von Evaluationsergebnissen eher im Geflecht der organisationsinternen Kommunikationsstrukturen zu suchen als in der Information oder gar der wissenschaftlichen Güte der Evaluation. Die wissenschaftliche Geltungsbegründung von Evaluationsergebnissen diente dann lediglich als Signal für eine besondere Dignität der Informationen, die für die Legitimation von Entscheidungen herangezogen werden; ein sachlicher Argumentationsgewinn ist demnach mit der Wissenschaftlichkeit von Evaluation kaum verbunden.

Nun muss die Prämisse „Führe eine Evaluation durch und lasse dich von ihrem Ergebnis nicht beirren – erst recht, wenn sie deinen bisherigen Einsichten widerspricht" nicht durchgängig für alle Organisationen und jede Verwendungssituation angenommen werden. So werden in einer Studie von Stamm (2003) auch Verwendungstypen aufgezeigt, bei denen die Evaluation als Bestandteil einer Innovationsstrategie einsetzt oder Ergebnisse – mehr oder minder gut aus ihnen ableitbare – Reaktionen auslösen.

Gleichwohl bleibt auch nach einer kursorischen Sichtung der Erfahrungen mit Evaluation die Frage offen, wie es gelingen kann, Evaluation ohne Verluste durch Selektivität und Ignoranz in die organisatorischen Entscheidungen einzubringen.

4 Evaluation und andere Erfahrungen in pädagogischen Organisationen

Zunächst: Man sollte von Organisationen und von Evaluation nichts Unmögliches – und das heißt hier: keine unbegrenzte Rationalisierbarkeit von Entscheidungen – erwarten. Es spricht grundsätzlich nicht für einen Defekt von Organisationen, wenn diese gegenüber Evaluationsergebnissen ein gewisses Beharrungsvermögen und eine Eigensinnigkeit in der Interpretation aufrecht erhalten. Vielmehr spricht beides für die Fähigkeit von Organisationen, Information an den Modus ihrer eigenen Funktionslogik zu assimilieren. Auch spricht es nicht gegen den Aufklärungsanspruch von Evaluation, wenn diese zu legitimatorischen Zwecken verwendet wird. Auch Legitimation ist eine Funktion – für die es im Falle der Evaluation zwar funktionale Äquivalente geben mag, deren Erfüllung aber immerhin belegt, dass Organisationen hochgradig sensibel für Evaluation sind.

Man wird deshalb auch kaum erwarten können, über Evaluation ließe sich das Risiko von Entscheidungen vermindern – eher wird das Gegenteil der Fall sein: Evaluation spielt weitere Informationen in Organisationen hinein, aus denen erstens aufgrund ihres wissenschaftlichen Charakters nicht bruchlos praktische Schlussfolgerungen gezogen werden können, die aber zweitens von ihrer Form so gut an den Mechanismus der Entscheidung angepasst sind, dass sie so oder so praktische Folgen haben. Mit Evaluation erhöht sich also in jedem Falle die Komplexität von Entscheidungssituationen und es entsteht die Frage, wie die damit verbundenen Risiken verarbeitet werden können. Dazu einige abschließende Bemerkungen:

Evaluation sollte in jedem Falle als eine Fremdbeobachtung der Praxis verstanden werden – erst damit wird sie für die Praxis als Quelle neuer Informationen relevant. Eine Evaluation, die nur die Selbsteinsichten der Praxis wiederholte, wäre für diese ohne Wert. Gerade die Abstraktionen, Generalisierungen und Typisierungen wissenschaftlicher Evaluation eröffnen eine Dimension der Erfahrung, die der Praxis selbst verschlossen bleibt. Sie setzen die Bereitschaft und Fähigkeit der Rezipienten von Evaluationsergebnissen voraus, die eigene spezifische Handlungspraxis im Lichte der verallgemeinernden Aussagen neu zu interpretieren und damit die Begrenztheit des eigenen Erfahrungsrahmens zu überwinden. Damit ist eine innerhalb des Evaluationsdiskurses durchaus strittige Position bezogen, nach der die Interpretation der Ergebnisse wissenschaftlicher Evaluation von der Geltungsbegründung ihrer Ergebnisse abgekoppelt und der Praxis überantwortet wird.

Gegenläufig dazu beziehen Praktiker in der fallbezogenen Interpretation der Ergebnisse ihre Erfahrungen aus dem jeweiligen Handlungsfeld ein. Praktiker müssen für einen kompetenten Umgang mit Evaluation begründet aussagefähig dazu sein, inwiefern die in einer Evaluation erhobenen Indikatoren, Zusammenhänge oder Differenzen auch für ihr Handlungsfeld zutreffen und wodurch ihr Handlungsfeld gegebenenfalls abweicht. Die durch Abstraktion in Relation zu konkreten Handlungssituationen vorgenommene Komplexitätsreduktion wird gewissermaßen wieder mit der praktischen Erfahrung angereichert.

Diese Skizze basiert auf der Annahme, dass sowohl die spezifische Erfahrung der Praxis als auch die verallgemeinernde Erfahrung der Evaluation deutliche Limitationen aufweisen. Die Limitationen der beiden Erfahrungsmodi sind nicht deckungsgleich und sie ergänzen sich wechselseitig auch nicht zu einer vollständigen Informationsgrundlage. Vielmehr definieren sie unterschiedliche, füreinander belangvolle Referenzpunkte für die Begründung von Entscheidungen. Möglichkeiten einer sinnvollen Verkopplung lassen sich auf vielfältige Weise denken. Innerhalb der pädagogischen Tradition wird etwa oft auf Professionalität verwiesen – dabei steht die Überlegung im Vordergrund, durch Evaluation kognitive Ressourcen für die Bewältigung schlecht strukturierter praktischer Handlungsforderungen bereit zu stellen. Eine weitere Möglichkeit der Verkopplung besteht darin, organisationale Handlungskontexte im Sinne einer *experimenting society* (vgl. Campbell 1969) gezielt zu variieren, um dann Effekte auf Outputvariablen in Evaluationen beurteilen zu können.

Gleichgültig, ob im Modus der Professionalität oder der Organisation reagiert wird; in beiden Fällen kommt es darauf an, angesichts von Evaluation Risikobewusstsein zu entwickeln und die eigenen Erfahrungshorizonte gegen die der Evaluation in Aufstellung zu bringen.

Literatur

Beck, U./Bonß, W. (1989): Verwissenschaftlichung ohne Aufklärung? Zum Strukturwandel von Sozialwissenschaft und Praxis. In: Dies. (Hrsg.): Weder Sozialtechnologie noch Aufklärung? Analysen zur Verwendung sozialwissenschaftlichen Wissens. Frankfurt/M., S. 7-45.

Campbell, D. (1969): Reforms as Experiments. In: American Psychologist, Vol. 24, S. 409-429.

Cook, T. D./Campbell, D. T. (1979): Quasi-Experimentation – Design and Analysis Issues for Field Settings. Chicago.

Cronbach, L. (1982): Designing Evaluations of Educational and Social Programs. San Francisco.

Dedering, K./Kneuper, D./Tillmann, K.-J. (2003): Was fangen „Steuerleute" in den Schulministerien mit Leistungsvergleichen an? Eine empirische Annäherung. In: Füssel, H.-P. (Hrsg.): Recht – Erziehung – Staat. Zur Genese einer Problemkonstellation und zur Programmatik ihrer zukünftigen Entwicklung. Weinheim, S. 156-175.

Fend, H. (1982): Gesamtschule im Vergleich. Weinheim.

Fritzsche, B./Reh, S. (2007): „Ist schon viel Theorie dabei". Zur Kommunikation zwischen erziehungswissenschaftlicher Forschung und pädagogischer Praxis in der prozessorientierten Schulentwicklungsforschung. In: Brüsemeister, T./Eubel, K.-D. (Hrsg.): Wissen und Nichtwissen evaluationsbasierter Steuerung. Wiesbaden, S. 187-202.

Kuper, H. (2005): Evaluation im Bildungssystem. Stuttgart.

Luhmann, N. (1981): Organisation und Entscheidung. In: Ders.: Soziologische Aufklärung. Bd. 3. Opladen, S. 335-389.

Luhmann, N. (2000): Organisation und Entscheidung. Opladen.

Stamm, M. (2003): Evaluation und ihre Folgen für die Bildung. Eine unterschätzte pädagogische Herausforderung. Münster.

Terhart, E. (2002): Wie können die Ergebnisse von vergleichenden Leistungsstudien systematisch zur Qualitätsverbesserung in Schulen genutzt werden? In: Zeitschrift für Pädagogik, H. 48, S. 91-110.

„Erfahrung" in pädagogischer Organisation als narrativer Prozess der Bedeutungsbildung. Kategoriale und methodologische Überlegungen zur pädagogischen Institutionsanalyse

Ortfried Schäffter/Hildegard Schicke

1 Einführung – Pädagogische Organisation aus einer kulturtheoretischen Perspektive

Den folgenden Beitrag verstehen wir als ein Deutungsangebot, mit dem der Leser eingeladen wird, „Erfahrung" in pädagogischer Organisation aus einer neueren kulturwissenschaftlichen Perspektive heraus zu rekonstruieren. Angeschlossen wird dabei an gegenwärtige Bemühungen um ein relationales Wissenschaftsverständnis, wie es auch in den Erziehungswissenschaften vorangetrieben wird (vgl. Wimmer 2002). Um in diesem Zusammenhang einen bislang noch wenig vertrauten Deutungshorizont im Verständnis von Organisation zu erschließen, folgen wir der These von Andreas Reckwitz, wonach zwischen zunächst unterschiedlich erscheinenden „postempiristischen" Ansätzen bei genauerem Blick so etwas wie eine „Familienähnlichkeit" feststellbar wird, die sich in einer wissenschaftshistorischen Deutung als Konvergenz in Richtung auf eine gemeinsame Theorie sozialer Praktiken deuten lässt (vgl. Reckwitz 2000; 2004). Gemeinsam ist den „postempiristischen" Ansätzen eine Orientierung an einer Erkenntnis- und Wissenschaftstheorie, die sich als deutliche Alternative zu einer naturalistischen Ontologisierung von Welt versteht und ihre eigenen Produktionen im Sinne eines „sinnorientiert-intentionalen Beschreibungsvokabulars" (Reckwitz 2000, 111) auffasst. Kulturtheoretisch orientierte Forschung zielt darauf, Diversität sichtbar zu machen und befragt sozialwissenschaftliche Forschung kritisch, inwiefern sie zur Invisibilisierung von Kontingenz beiträgt (vgl. Reckwitz 2004). Aus dieser Deutungsperspektive erklärt sich die möglicherweise an manchen Stellen irritierende Verknüpfung von anderenorts getrennt rezipierten Theoriesätzen. Da der Beitrag einen recht weiten Deutungshorizont erschließt, mussten an einigen Stellen auch die Querverweise umfangreicher ausfallen als sonst üblich. Nur so wird unser Deutungsversuch plausibel nachvollziehbar. „Erfahrung" erscheint in dem vorgestellten Deutungskontext als ein sozialtheoretisch rekonstruierbarer Prozess der Bedeutungsbildung, der weit über einen personalen oder interaktionistischen Rahmen hinaus reicht und sich auf Prozesse der Strukturbildung in einer organisationalen Dimension erstreckt. Er ist aufgrund seines paradigmatischen Charakters jedoch nicht mit dem Managementkonzept der „Organisationskultur" deckungsgleich, sondern erklärt den sozialen Prozess, wie Organisationen ihre Diversität erzeugen. Dass sich auf der Ebene des Organisationssystems eine narratologische Erkenntnistheorie anschließen lässt, die über linguistische Ansätze hinaus reicht und in Anschluss an Bruner (1996; 1997), Polkinghorne (1996) und Czarniawska (1997; 1998) eine neue methodologische Perspektive pädagogischer Organisationsforschung ermöglicht, bildet schließlich die möglicherweise provokante Pointe unserer Einladung zu einem unvertrauten Plotmuster der Konzeptualisierung von Organisation. Wir hoffen dabei auf eine gewisse Bereitwilligkeit im Mitvollziehen unserer Suchbewegung.

Hinzu kommt allerdings noch ein programmatisches Verständnis von praxisintegrierter, lernhaltiger und lernförderlicher Forschung. Organisationsforschung bekommt es in einem kulturtheoretischen Ansatz mit einem selbstinterpretativen Gegenstand (vgl. Taylor 1975) zu tun. Sie beobachtet und interpretiert daher mit ihren kategorialen Deutungsrastern „eingreifend" in einen „Objektbereich" hinein, der sich selbst bereits unabhängig von wissenschaftlichen Bemühungen nach eigenen Kriterien professionell beobachtet und alltagsweltlich als soziale Wirklichkeit beschreibt. Eine pädagogisch konzipierte Organisationsforschung interveniert in dem hier entwickelten methodologischen Verständnis mit ihrem spezifischen Vokabular hermeneutisch in die alltagsweltlichen Selbstbeschreibungen ihres Gegenstandsbereichs. Was Anthony Giddens als die „doppelte Hermeneutik" einer reflexiven Sozialwissenschaft bezeichnet (vgl. Giddens 1988), beruht auf einer Rekursivität sozialer Theoriebildung: Die erkennenden Akteursgruppen sind notwendigerweise integraler Bestandteil des zu deutenden Sinnsystems, das im Zuge dieser Erkenntnis und der damit einhergehenden Selbstbeschreibung einem reflexiven Strukturwandel unterworfen wird. Forschungsansätze in Verbindung mit reflexivem Lernen führen in rekursiven Prozessen gleichzeitig zur Produktion von reflexivem *Erfahrungswissen*, das dem sozialen Gegenstand inkorporiert ist. Als Spezifikum wird somit erkennbar, dass kulturtheoretisch angelegte pädagogische Forschung sich in ihrem praktischen Forschungshandeln und in ihren Forschungswirkungen als „reflexiver Mechanismus" aus eben dem Gegenstandsbereich heraus konstituiert, den sie gleichzeitig wissenschaftlich zu erforschen trachtet. Sie wirkt auf ihn durch ihr deutendes Beteiligtsein mit ihrem kategorialen „Vokabular" selbstinterpretativ und damit gleichzeitig semantisch verändernd ein. Insgesamt führt dies zu einer dynamischen Temporalisierung des gesellschaftlichen Forschungsgegenstands im Zuge reflexiver Erkenntnisgewinnung. „Doppelte Hermeneutik" lässt sich in diesem

Zusammenhang grundsätzlich als wichtiges postempiristisches Merkmal einer „reflexiven Moderne" und ihrer strukturellen Transformationsprozesse auffassen. Für bildungs- und lerntheoretisch relevante Forschungsfelder weist sie zudem eine hohe strukturelle Affinität zur Handlungslogik pädagogischer Beratung auf. Bei erziehungswissenschaftlicher Forschung wird es daher zukünftig erforderlich sein, die strukturellen Wirkungen, die sie auf die Selbstbeobachtungen und Selbstbeschreibungen im organisationalen Handlungsfeld hat, als pädagogisch relevante soziale Intervention wahrzunehmen und diese Wirkungen auch konzeptionell in Rechnung zu stellen. Unter organisationspädagogischem Interesse lässt sich kulturtheoretisch angelegte Forschung als Kommunikationsmedium für strukturelles Lernen nutzen.

2 Merkmale und Definitionen einer narrativen Strukturation sozialer Wirklichkeit – Erfahrung als narrative Ordnungsbildung

Erfahrung betrachten wir als eine performative „Produktionsform" sozialer Wirklichkeit bzw. Strukturbildung. *Narrative Strukturation sozialer Wirklichkeit* ist eine begriffliche Neuschöpfung und verknüpft den sozialtheoretischen Diskurs der Strukturation mit dem kulturtheoretischen Diskurs zur Narrativität. Im Rückgriff auf das Konzept der Strukturation (vgl. Giddens 1988) wird angenommen, dass Sinn- und Bedeutungszusammenhänge ein Zusammenspiel der Akteure ermöglichen und von den Akteuren ständig handelnd hervorgebracht werden. Handelnd konstituiert sich ein soziales „Feld" als relationales Netzwerk von Beziehungen, das rekursiv Bezugspunkt des Handelns ist. Dies kann gelingen, weil Akteure und ihre Handlungen in eine fundierende Struktur sozialer Praktiken bzw. kultureller Wissens- und Bedeutungsbestände eingebettet sind (vgl. Hörning 2004). Hieran schließt Narrativität als Perspektive an und unterstellt, dass das „organisierende Prinzip" der Konstitution von Sinn- und Bedeutung „narrativ" ist. Statt also Narration auf die erzählende Darstellung von Wissen zu reduzieren (vgl. Stegreiferzählung im narrativen Interview), wird der Fokus auf die narrative Konstitution sinnhaften Handelns und symbolisch organisierter Ordnungen des Sinns verschoben (vgl. Somers 1994; Czarniawska 1997; 1998). Czarniawska (1997) bezeichnet die „enacted narrative" als eine Grundform sozialen Lebens. In Geschichten verstrickt (vgl. Schapp 2004) sind Akteure kollektive Autoren oder Produzenten ihrer Geschichten. Das Verb „to enact" bringt zum Ausdruck, dass das Handeln selbst bereits eine erste Ebene der Ordnungsbildung durch tätigkeitsgebundene Erfahrung bietet. Handeln ist einerseits kreative und produktive Antwort auf einen/in einem Handlungskontext und andererseits auch Reproduktion der kontextuellen Ordnung des Sinns. Handelnd wird Wirklichkeit praktisch performativ gültig gemacht, die retrospektiv im Sinne des „sensemaking" als eine Erfahrung beschrieben werden kann. Das „narrative Prinzip" der Bedeutungsbildung wird durch das *emplotment* realisiert, das die chronologische Folge der Geschehnisse perspektiviert und in einem erklärenden Zusammenhang konfiguriert. Das *emplotment* eines Geschehens erzeugt eine *generische Partikularität* (vgl. Bruner 1996). Geschichten erzählen einerseits von Personen, Intentionen, Ereignissen, Orten und konkreten Begebenheiten, andererseits sind diese besonderen partikularen Gegebenheiten nicht dafür Ausschlag gebend, wie eine Narration realisiert wird, denn der Plot (Fabula/Handlung) erzeugt die Konstruktion. Eine Narration ist somit Zeichen (token) einer umfassenderen „kommunikativen Gattung" bzw. eines Plotmusters oder Genres. Narration hat eine *hermeneutische Struktur*. Einzelne Elemente der Narration erhalten ihren Sinn durch ihre Funktion in der Geschichte als Ganzes, während die Geschichte als Ganzes durch die Anordnung der einzelnen Elemente konstituiert ist. Dementsprechend steht Narration in einer *metaphorischen Beziehung* zur außersprachlichen Realität, die sie auslegt. Dies gilt in gleicher Weise auch für die Narrationen des wissenschaftlichen Feldes (vgl. Somers 1994; Czarniawska 1997).

3 „Organisation" im performativen Prozess der Bedeutungsbildung – Erfahrung als „Enacted Narration"

In den gegenwärtigen organisationswissenschaftlichen Diskursen liegt keine universell konsensfähige oder gar abschließende Definition von dem vor, was als „Organisation" bezeichnet wird. Man hat nolens volens von einer Pluralität konkurrierender Positionen auszugehen, die sich bisher unter keiner übergeordneten Theorie als Teilperspektiven subsumieren lassen (vgl. Scherer 2002). Aufgrund dieser polyzentrischen Struktur schlagen wir vor, die epistemologischen Anforderungen an die Organisationstheorie auf eine kulturtheoretische Meta-Ebene zu heben, nämlich auf die übergeordnete Frage, wie mit dem Widerstreit inkommensurabler Beschreibungen von organisationaler Wirklichkeit umzugehen ist, ohne sich dabei wiederum selbst eine der konkurrierenden Positionen zueigen zu machen. Eine für unseren theoretischen und forschungspraktischen Ansatz kennzeichnende Antwort auf die beschriebene Problematik besteht in der Orientierung an den Prinzipien eines kulturtheoretischen Forschungsprogramms, wie es von dem Kultursoziologen Andreas Reckwitz (2004) exemplarisch entwickelt worden ist. „Organisation" wird in diesem wissenschaftstheoretischen Zusammenhang jenseits eines substanzialistischen Erkenntnisgegenstands als eine kontextuell und historisch situierte Kategorie und damit in ihrer Kontingenz rekonstruierbar. „Kontingent" meint, dass „Organisation" semantisch nicht eindeutig festlegbar, sondern „immer auch anders" möglich ist, wenn auch nicht beliebig fassbar. Aus einer kulturhistorisch begriffsgeschichtlichen Sicht auf Organisation wird erkennbar, dass in den letzten Jahrzehnten im Verlauf einer beachtenswerten Ausdifferenzierung organisationstheoretischer Konzeptionalisierungen ein breites Spektrum differenter Beschreibungsvarianten unterscheidbar wurde, was selbst wiederum als ein wichtiger Forschungsertrag gewertet werden kann (vgl. Schäffter 2005). Vor dem breiten Spektrum unterschiedlicher Konzeptionalisierungen dessen, was jeweils unter Organisation verstanden und als soziale Realität gelebt wird, stellt sich aus einer kulturtheoretischen Sicht nicht mehr die „essentialistische" Frage, wie „Organisation" „an und für sich" beschaffen sein mag und wie sie wohl als objektives Faktum zum Objekt wissenschaftlicher Erkenntnis und empirischer Forschung gemacht werden könnte. Stattdessen gilt es im Rahmen eines „interpretativen Paradigmas" der Organisationsforschung für den jeweils konkreten empirisch fassbaren Einzelfall eine historisch und kontextuell situierte Rekonstruktion der jeweils bedeutungsbildenden Formen des semantischen *Selbstausdrucks*, der *Selbstbeobachtung* und der *Selbstbeschreibung* vorzunehmen. In Anschluss an Karl Weick (1985; 1995) können wir beschreiben, was wir unter semantischem Selbstausdruck, Selbstbeobachtung und Selbstbeschreibung einer Organisation verstehen: Weick übernimmt die Wahrnehmungsperspektive der Ethnomethodologie und deutet Organisationen als temporale soziale Gebilde in dem fortwährenden Prozess ihrer Herstellung. Organisationen sind keine objektiven, stabilen Strukturen, die unabhängig von dem Zutun der Akteure existieren. Von Organisationen sagt Weick, dass sie „andauernd auseinander fallen und deshalb beständig aufgebaut werden müssen" (Weick 1985, 67). Den Vorgang der Wirklichkeitserzeugung in einer kollektiven Struktur fasst er theoretisch als den sozialen Prozess der Sinnstiftung in Organisationen. Betrachtet man Organisationen als Vollzugswirklichkeit, so ist der Blick auf die Prozesse des Organisierens zu richten. In den Prozessen, d.h. in den Kommunikationen und interdependenten Handlungen, die beispielsweise im Zusammenhang von Angebotsentwicklung, Anmeldung, Beratung, Fortbildung und Controlling usw. erfolgen, wird eine Bildungsorganisation erzeugt, bestätigt und weiter entwickelt. Dies geschieht, indem die Akteure performativ eine bestimmte Realitätsauffassung von der Situation, in der sie handeln, „in Kraft setzen". Das wird von Weick als *enactment* bezeichnet – nämlich das in Kraft setzen einer Realitätsauffassung durch Handeln. Wir sehen in dem *enactment* einen Akt der Externalisierung und des *Selbstausdrucks* der Organisation (vgl. Schäffter 2003). Retrospektiv deuten die Akteure die Situationen, in denen sich sie selbst und ihre Herstellungen befunden haben. In diesem von Weick als Sinnstiftung bezeichneten retrospektiven Akt erfasst er den Moment der *Selbstbeobachtung*. Unter

Selbstbeobachtung verstehen wir den Akt der Differenzbildung, d.h. das Treffen einer Unterscheidung, die für die Organisation dann konstitutiv wird, sobald spätere Kommunikationen und interdependente Handlungen auf die vormals getroffenen Unterscheidungen erneut zugreifen und sie damit reproduzieren. Unter der *Selbstbeschreibung* einer Organisation verstehen wir die Emergenz von Sinn und Bedeutung in Organisationen. Nach Weick transformieren sich subjektive Sichtweisen, Intentionen, Gefühle sowie das im Lebenslauf verarbeitete individuelle Wissen in den Kommunikationen zwischen Akteuren zu einer eigenständigen sozialen Realität auf Zeit, die Weick als intersubjektiven Sinn bezeichnet. Von dieser Realität emergiert auf einer organisationalen Ebene der „semantische Sinn" bzw. die Bedeutung (vgl. Weick 1995). Diese Ebene des Sinns wird von Weick als *enacted environment* (eine etablierte Umwelt) bezeichnet. Es handelt sich um transindividuelle Bedeutungsstrukturen, die man theoretisch als Narrationen fassen kann und von denen Weick sagt, dass sie das Ergebnis des Organisierens sind. Um Organisationen in dem fortwährenden Prozess ihrer Herstellung wahrnehmen und erfassen zu können, betrachten wir sie als einen autokommunikativen Zusammenhang. Autokommunikation von Organisationen umfasst den Selbst-Ausdruck (Akt der Externalisierung), den Weick als „permanentes mehrdeutiges Rohgerede" der Organisation bezeichnet (Weick 1985, 195), sowie die reflexive Rückwirkung von Kommunikationen auf die Akteure und das Handlungsfeld im Sinne einer ständig mitlaufenden und sich damit festlegenden bzw. *sich institutionalisierenden Selbstbeschreibung*, die Weick als ein Ergebnis von *Selektions- und Retentionsprozessen* versteht und, wie schon gesagt, als *enacted environment* bezeichnet. Im Anschluss an Weick nehmen wir an, „dass Organisationen immer und immer wieder mit sich selbst reden, um herauszufinden, was sie denken" (Weick 1985, 195). Autokommunikation (vgl. Broms/Gahmberg 1983; Schäffter 2003) in Formen des Selbstausdrucks, der Selbstbeobachtung und der Selbstbeschreibung bezieht sich bei Organisationen auf das Phänomen, dass Kommunikation als ein narratives Auf-Dauer-Stellen von Sinn gedeutet werden kann und vielfach sogar vornehmlich diese Funktion performativ zu erfüllen hat. Diese Ebene institutionsspezifischer Kommunikation wird wahrgenommen, wenn man nicht ausschließlich auf den jeweiligen funktionalen Sachverhalt achtet, sondern den Selbstausdruck wahrnimmt, der den „Sachverhalt" wertgebunden und affektiv auflädt. So kann selbst ein Sachbericht oder ein Strukturplan parallel zu seiner informationellen Bedeutung als faktische Mitteilung gleichzeitig als selbstinterpretierender Ausdruck einer Einrichtung gelesen werden, über den die Organisation als Kommunikationssystem etwas über sich selbst erfährt, was ansonsten latent geblieben wäre: Sie findet sich performativ als Erfahrung vor.

4   Methodologische Perspektiven – Forschen und Beraten im Prozess narrativer Bedeutungsbildung

4.1 Prinzipien

Vor dem Hintergrund unseres narratologisch gefassten Deutungsangebots für ein interpretatives Paradigma von Organisation erschließt sich ein neuartiger Zugang empirischer Forschung zu pädagogischer Organisation, mit dem im konzeptionellen Rahmen eines lernförderlich gestalteten Forschungsdesigns zugleich reflexiv auf die organisationsinternen Prozesse pädagogischer Bedeutungsbildung Einfluss genommen werden kann. Im Kontext einer institutionstheoretisch angelegten Begleitforschung, mit der Organisationsentwicklung in Weiterbildungseinrichtungen beraten wurde, ließ sich unter Berücksichtigung der beschriebenen wissenschaftstheoretischen Prämissen eine methodische Integration von Forschung und Fortbildung im Sinne eines neuartigen Typs „reflexiver Praxisforschung" konzeptionell erarbeiten.

Lernförderliche Forschungskonzepte zeichnen sich in ihrer zweifachen Wirkungsrichtung aus:

- Zum einen bieten sie den Akteuren einer Organisation konzeptionell einen lernhaltigen und lernförderlichen Rahmen, in dem reflektiertes Praxiswissen erzeugt wird, das für spezifische Problemlösungen oder grundsätzlich für „authentische Entwicklungsaufgaben" im Beratungsfeld praktisch relevant erscheint.
- Zum anderen berücksichtigt das Forschungsdesign methodisch die Aufgabe einer Übersetzungsleistung zwischen den unterschiedlichen Sprachspielen und ihrem je zugrunde liegenden Wirklichkeitssinn. Kontrastiv oder komplementär werden die Narrationen im organisationalen Praxisfeld auf das disziplinäre Vokabular, seine systematisierten Wissensbestände und auf die Erkenntnislogik des Wissenschaftssystems beziehbar. Bei der hier notwendigen Verbindung von Forschung und Beratung, in der die wechselseitige „translatorische" Funktion methodisch realisiert wird, kann bereits an einen breit einsetzenden wissenschaftstheoretischen Diskurs angeschlossen werden (vgl. Ludwig 2008).

Der entscheidende Unterschied zu herkömmlichen Ansätzen der Aktionsforschung beruht folglich einerseits in dem narratologisch gefassten Organisationskonzept und andererseits in der kulturtheoretischen Auffassung von empirischer Forschung im Verständnis von Translation (vgl. Renn 2002). Hierzu wurde eine Forschungspraktik „beratenden Übersetzungshandelns" entwickelt, die zwischen impliziten Ausdrucksformen performativer Bedeutungsbildung und einer begrifflich verbalen Beschreibung der Organisationswirklichkeit praktisch relevante Anschlussmöglichkeiten bietet. „Übersetzen" wird dabei erfahrbar als Möglichkeit zum „Fortsetzen" in einem neuen Kontext (vgl. Schneider 2002). Die Entwicklung innovativer Kompetenzprofile in Organisationen verlangt nämlich eine Verbindung von „Anschlussfähigkeit" mit „Abschlussfähigkeit" (Sydow et al. 2003, 29f.) des Handelns, um neuartige Bedeutungsmuster durch transformative Lernprozesse performativ auf Dauer zu stellen. Im Verlauf dieser Sinntransformation werden den beteiligten Akteuren so signifikante Veränderungen in der Sondersemantik der Organisation über reflexive Lernprozesse auf der Ebene von Selbstbeobachtung verfügbar. Dies verlangt allerdings, dass ein derartiger reflexiver Forschungsprozess für die Organisation und ihre Mitarbeitergruppen in seinem konzeptionellen „Design" lernhaltig und lernförderlich ausgestaltet wird.

- *Lernhaltig* meint, dass im Forschungshandeln nicht nur auf das bislang zugängliche Organisationswissen bzw. auf die lokalen Theorien einzelner Mitarbeiter(-gruppen) zurückgegriffen wird, sondern dass man im Rahmen der Forschungspraktiken auch neues Organisationswissen gemeinsam erzeugt, wodurch der reflexive Forschungsprozess zum Bestandteil einer Organisationsentwicklung werden kann.
- *Lernförderlich* meint, dass reflexive Lernprozesse nicht beiläufig und diffus als unbeabsichtigte Folgewirkungen von den Forschungspraktiken ausstrahlen. Stattdessen werden Kontexte reflexiven Lernens als methodisch integrierter Bestandteil eines Designs entwicklungsbegleitender Praxisforschung konzipiert und beratungsförmig realisiert. Die methodische Verknüpfung von Forschung und Fortbildung wird nur im Rahmen eines narratologischen Verständnisses von pädagogischer Organisation möglich. Als praktisch entscheidend zeigt sich hierbei die Entwicklung einer gemeinsamen Kompetenz für „translatorisches Handeln" (Snell-Hornby 2007, 92) bei allen Beteiligten, die sich letztlich als „organisationsgebundene pädagogische Professionalität" erweist.

Zusammenfassend gesehen, kommt es in der hier entwickelten Methodologie vor allem auf zwei Aspekte an:
Erstens: Organisation wird als *narrative Struktur* verstanden, an der die Forscherin als prozessbegleitende Beraterin praktisch teilhat und an deren Entwicklung sie durch ihre sozialwissenschaftliche Übersetzungsfunktion im Rahmen performativer Deutungsprozesse mitwirkt. Grundsätzlich gilt es das methodologische Prinzip zu beachten, dass die Einflussnahme auf die Organisation in jedem Fall durch ein *observing interpretations* (vgl. Episto 1996) erfolgt. Hier-

durch wird auf der Ebene einer „Beobachtung zweiter Ordnung", also durch eine Beschreibung von systemspezifischen Selbstbeschreibungen und ihrer jeweiligen Semantik, Organisation als ein „autokommunikativer" Zusammenhang wahrgenommen. Organisation wird nicht mehr in naiver Übernahme alltäglicher Deutungen aus einer objektivierenden Außensicht auf ihre jeweiligen Selbstbeschreibungen hin strukturtheoretisch fixierend ausgelegt. Stattdessen wird sie im Hinblick auf die empirisch je charakteristische Weise ihrer Bedeutungsbildung gerade in ihrer Kontingenz als gestaltungsfähiger Möglichkeitsraum erschlossen. Pädagogische Organisation als ein permanenter Prozess der Bedeutungsbildung profiliert dabei seine je eigene Semantik. Er findet so gewissermaßen autokommunikativ zu sich selbst und verfügt damit reflexiv über seine je besondere handlungsleitende und sinnstiftende „kommunikative Gattung", die sich schließlich im erziehungswissenschaftlichen Diskurs als „Institutionalform" rekonstruieren lässt.

Zweitens: Der damit angesprochene Begriff einer *organisationsspezifischen Semantik* wird allerdings unzureichend verstanden, wenn man ihn allein auf begrifflich gefasste Sprache beschränkt und deshalb nicht handlungshermeneutisch zu nutzen vermag. „Enacted narrative" im Prozess des „sensemaking" umgreift vielmehr eine mehrstufige Strukturbildung zwischen (a) organisationalem *Selbstausdruck*, (b) organisationaler *Selbstbeobachtung* in Form signifikanter Unterscheidungen und (c) organisationalen *Selbstbeschreibungen*, in denen der Bedeutungsbildungsprozess in narrativen Strukturen auf Dauer gestellt, d.h. institutionalisiert wird. Zentrale Bedeutung erhält dabei die Kategorie der Selbstbeschreibung, die an die systemtheoretische Beobachtungstheorie anschlussfähig ist. Niklas Luhmann bringt die selbstreferentielle Struktur von systemgebundener Narrativität dadurch auf den Punkt, dass ihm zufolge Selbstbeobachtungen wie auch Selbstbeschreibungen immer auch Einzeloperationen des Systems sind. Er hebt hervor:

„Überhaupt handelt es sich bei Beschreibung und Beschriebenem nicht um zwei getrennte, nur äußerlich verknüpfte Sachverhalte; sondern bei einer Selbstbeschreibung ist die Beschreibung immer ein Teil dessen, was sie beschreibt, und ändert es allein schon dadurch, dass sie auftritt und sich der Beobachtung aussetzt." (Luhmann 1997, 884)

Hiermit ist der methodologische Interventionspunkt einer narratologisch konzipierten Praxisforschung bestimmt!

4.2 Integration von Forschen und Beraten als Forschungstyp reflexiver Praxisforschung

In der Diskussion um Spezifika erziehungswissenschaftlicher Praxisforschung wird immer wieder neu die Forderung nach Partizipation von wissenschaftlich forschenden Praktikerinnen und ihrer Binnensicht gestellt. In der Erwachsenenbildung bemühte sich Ende der achtziger Jahre der damalige Leiter der PAS Frankfurt/M., Hans Tietgens, um eine methodologische Klärung des Spannungsverhältnisses zwischen „Forschung und Fortbildung" (vgl. Tietgens 1987). Als entscheidend erweist sich nachträglich gesehen, dass hierfür zunächst ein wissenschaftstheoretisch adäquater Begründungsrahmen geschaffen werden musste, innerhalb dessen eine Neufassung des zugrunde liegenden Verständnisses von „pädagogischer Forschung" im Sinne kompetenztheoretisch geleiteter „lernhaltiger" und „lernförderlicher" Forschungspraktiken theoretisch geklärt und konzeptionell operationalisiert werden kann. Es geht dabei um die praktische Erprobung eines erwachsenenpädagogisch gefassten lernförderlichen „Forschungstyps" (vgl. ausführlich Schäffter 2007).

4.3 „Organisationsgebundene Professionalität" – Eine Projektskizze

Der Verbund „Weiterbildner lernen selbst organisiertes Lernen. Nutzung neuer Formen der Mitarbeiterentwicklung in Weiterbildungseinrichtungen" des Forschungs- und Entwicklungsprogramms „Lernkultur Kompetenzentwicklung" des BMBF zielte in den Jahren 2000-2004 darauf, dass Weiterbildungseinrichtungen Strukturinnovationen entwickeln, um diese in einem Projekteverbund reflexiv und Wissen generierend zu erforschen. Hintergrund war der gesellschaftliche Funktionswandel von Weiterbildung, der als kultureller Wandel des Habitus' von Weiterbildner/innen (vom Lehrenden zum Lernbegleiter) und der Praktiken des Lehrens und Lernens (Wandel der didaktischen Arrangements: Neue Formen selbst organisierten Lernens) thematisiert wurde. Paradigmatischer Fall des Forschungsvorhabens ist eine Weiterbildungseinrichtung, die an dem Wandel ihrer pädagogischen Praxis und der Entwicklung ihres Leistungsprofils interessiert war (virtuelle webgestützte Lernarrangements; Selbstorganisiertes Lernen in einem Selbstlernzentrum). Im Rahmen des geförderten Projekts begann unter Mitarbeiter/innen und Management, unterstützt durch eine externe Entwicklungsbegleitung, ein intensivierter autokommunikativer Prozess, der die pädagogische Praxis und die Entwicklungsanforderungen sowie die Organisation selbst als Kontext des Entwicklungsprozesses betraf. Das selbst organisierte Lernen im Projekt (Design der Lerngestaltung) hatte performativen Charakter und regte die

Fortbildungsleiterinnen an, ihre Rolle neu zu gestalten und die Praxis der Lernberatung weiter zu entwickeln. Lernbegleitung nahm Einfluss, indem sie die in den Autokommunikationen zum Ausdruck gebrachten Organisationswirklichkeiten in Bezug auf die Semantik organisationalen Lernens interpretierte. „SOL" wurde mit der Zeit eine Bedeutung strukturierende Metapher, mit der die Weiterbildungseinrichtung sich selbst beobachtete und beschrieb. Die externe Lernbegleiterin dokumentierte das Projekt kontinuierlich und hat seine Bedeutung auch narrativ in Form mehrerer Selbstbeschreibungen konstituiert. Sie erfasste die paradigmatische Gestalt des Projekts als einen spezifischen Institutionaltyp (Plot/Genre) des Erwerbs erwachsenenpädagogischer Professionalität, den sie als organisationsgebundene Professionalitätsentwicklung bezeichnet (vgl. Schicke 2007). Danach stand die Diskursivierung der Praxis im Fokus ihres Forschungshandelns. Das Sprachspiel der Praxis – im Prozess der Bedeutungsbildung des Praxisfeldes – wurde dabei Theorie generierend im Sprachspiel des wissenschaftlichen Feldes fortgesetzt. Organisationsgebundene Professionalität (vgl. ebd.) wurde als ein theoretisches Konstrukt entwickelt, das sowohl als Hintergrundwissen der Beratung fungiert als auch als Rahmen der Fallinterpretation.

Literatur

Broms, H./Gahmberg, H. (1983): Communication to Self in Organizations and Cultures. In: Administrative Science Quarterly 28, S. 482-495.
Bruner, J. S. (1996): The Culture of Education. Cambridge & London.
Bruner, J. S. (1997): Sinn, Kultur und Ich-Identität. Heidelberg.
Czarniawska, B. (1997): Narrating the Organization. Dramas of Institutional Identity. Chicago & London.
Czarniawska, B. (1998): A Narrative Approach to Oganization Studies. London.
Episto, E. (1996): Observing Interpretations. A Sociological View of Hermeneutics. In: Modern Language Notes 111, S. 593-619.
Giddens, A. (1988): Die Konstitution der Gesellschaft. Frankfurt/M.
Hörning, K. H. (2004): Soziale Praxis zwischen Beharrung und Neuschöpfung. Ein Erkenntnis- und Theorieproblem. In: Hörning, K. H./Reuter, J. (Hrsg.): Doing Culture. Neue Positionen zum Verhältnis von Kultur und sozialer Praxis. Bielefeld, S. 19-39.
Ludwig, J. (2008): Konzeptbegründungen und Ergebnisse des LeFo-Projekts. In: Ders. (Hrsg.): Interdisziplinarität als Chance. Wissenschaftstransfer und Beratung im lernenden Forschungszusammenhang. Bielefeld, S. 29-64.
Luhmann, N. (1997): Die Gesellschaft der Gesellschaft. Frankfurt/M.
Polkinghorne, D. E. (1996): Narrative Knowing and the Humane Sciences. Albany.
Reckwitz, A. (2000): Die Transformation der Kulturtheorien. Zur Entwicklung eines Theorieprogramms. Weilerswist.
Reckwitz, A. (2004): Die Kontingenzperspektive der Kultur. Kulturbegriffe, Kulturtheorien und das kulturwissenschaftliche Forschungsprogramm. In: Jaeger, F./Rüsen, J. (Hrsg.): Handbuch der Kulturwissenschaften. Band 3. Stuttgart & Weimar, S. 1-20.

Renn, J. (2002): Einleitung: Übersetzen, Verstehen, Erklären. Soziales und sozialwissenschaftliches Übersetzen zwischen Erkennen und Anerkennen. In: Renn, J./Straub, J./Shimada, S. (Hrsg.): Übersetzung als Medium des Kulturverstehens und sozialer Integration. Frankfurt/M. & New York, S. 13-35.

Schäffter, O. (2003): Institutionelle Selbstpräsentation von Weiterbildungseinrichtungen. Reflexion pädagogischer Organisationskultur an institutionellen Schlüsselsituationen. In: Nittel, D./Seitter, W. (Hrsg.): Die Bildung Erwachsener. Bielefeld, S. 165-184.

Schäffter, O. (2005): Organisationskultur in Weiterbildungseinrichtungen als Lernkultur. Zur These einer nachholenden Modernisierung von Weiterbildungsorganisationen. In: Wiesner, G./Wolter, A. (Hrsg.): Die lernende Gesellschaft. Weinheim & München, S. 181-198.

Schäffter, O. (2007): Erwachsenenpädagogische Institutionsanalyse. Begründungen für eine lernförderliche Forschungspraxis. In: Heuer, U./Siebers, R. (Hrsg.): Weiterbildung am Ende des 21. Jahrhunderts. Festschrift für Wiltrud Gieseke. Münster u.a., S. 354-370.

Schapp, W. (2004): In Geschichten verstrickt. Zum Sein von Mensch und Ding. Wiesbaden.

Scherer, A. G. (2002): Kritik der Organisation oder Organisation der Kritik? Wissenschaftstheoretische Bemerkungen zum Umgang mit Organisationstheorien. In: Kieser, A. (Hrsg.): Organisationstheorien. 5. Aufl. Stuttgart, S. 1-38.

Schicke, H. (2007): Organisationsgebundene Professionalitätsentwicklung als organisierter Change of Practice. In: QUEM-report, Heft 100, Berlin, S. 197-253.

Schneider, H. J. (2002): Fortsetzung statt Übersetzung. Das Problem des Kulturverstehens aus der Sicht einer pragmatischen Bedeutungstheorie. In: Renn, J./Straub, J./Shimada, S. (Hrsg.): Übersetzung als Medium des Kulturverstehens und sozialer Integration. Frankfurt/M. & New York, S. 39-61.

Snell-Hornby, M. (2007): Übersetzen. In: Straub, J./Weidemann, A./Weidemann, D. (Hrsg.): Handbuch interkulturelle Kommunikation und Kompetenz. Stuttgart & Weimar, S. 86-94.

Somers, M. R. (1994): The Narrative Constitution of Identity: A Relational and Network Approach. In: Theory and Society, Vol. 23, No. 5, S. 605-649.

Sydow, J./Duschek, S./Möllering, G./Rometsch, M. (2003): Kompetenzentwicklung in Netzwerken. Eine typologische Studie. Wiesbaden.

Taylor, Ch. (1975): Erklärung und die Wissenschaft vom Menschen. Frankfurt/M.

Tietgens, H. (1987): Zur Verschränkung von Fortbildung und Forschung. In: Tietgens, H. et al.: Forschung und Fortbildung. Konzepte und Berichte der PAS. Bonn, S. 7-20.

Weick, K. (1985): Der Prozess des Organisierens. Frankfurt/M.

Weick, K. (1995): Sensemaking in Organizations. London.

Wimmer, M. (2002): Pädagogik als Kulturwissenschaft. Programmatische Überlegungen zum Status der Allgemeinen Erziehungswissenschaft. In: Zeitschrift für Erziehungswissenschaft, 5.Jg., Beiheft 1, S. 109-122.

Biografie und Institution.
Ein forschungsmethodischer Vorschlag zur interaktiven Analyse der Entstehung, Entwicklung und Funktion einer Bildungsinstitution

Ingrid Miethe/Martina Schiebel

1 Einleitung

Darüber, dass Bildungsprozesse nicht nur von den jeweiligen Adressaten und Professionellen bestimmt werden, sondern immer auch durch die institutionellen Strukturen und Rahmungen, in denen diese Prozesse stattfinden, besteht wohl weitestgehender Konsens. Schwieriger ist die Frage, wie derartige Wechselbeziehungen zwischen Akteuren und Institution[1] erfasst und der Analyse zugänglich gemacht werden können. Der Blick auf Biografien erscheint geradezu als „Königsweg", um dieses zu untersuchen (vgl. z.B. Hoerning/Corsten 1998; Seitter/Kade 2002; Seitter 1999; Schiebel 2003). Biografie als soziales Konstrukt (vgl. Fischer/Kohli 1987), so die theoretische Annahme, ermöglicht sowohl den Blick auf Individuelles als auch Gesellschaftliches. „Organisations- und Institutionenanalyse", so Fischer-Rosenthal (2000, 31), „kann genau genommen gar nicht ohne Berücksichtigung biografischer Formulare und ihrer interaktiven Praxen auskommen, wenn sie nicht einen wesentlichen Bestandteil funktionaler Differenzierung vernachlässigen will."

Andererseits lässt sich nicht übersehen, dass *allein* mit der Untersuchung von Biografien keinesfalls alle relevanten Dimensionen einer Institution erfasst werden können. Erstens ist es forschungspraktisch kaum möglich, *alle* für eine Institution relevanten Akteure zu identifizieren und zu untersuchen. Zweitens werden Institutionen zwar durch die soziale Interaktion geschaffen und verändert, doch werden gleichzeitig bei der Institutionalisierung Objektivationen (vgl.

---

1   Der Begriff der Institution und entsprechend Institutionalisierung wird zunächst im Sinne von Berger und Luckmann (1996) benutzt. Da dieser Begriff jedoch für die im Folgenden dargestellte Analyse einer konkreten Bildungsinstitution der DDR zu breit und vor allem nicht klar vom Begriff der Organisation abzugrenzen ist, beziehen wir uns im Hinblick auf die konkret untersuchte Bildungsinstitution ABF auf die Konzeption, wie sie von Göhler (1994), Rehberg (1994) und Lepsius (1995) in die Debatte eingebracht wurde. In diesem Sinne sind Institutionen Organisationen, die mit einer Leitidee ausgestattet sind.

Berger/Luckmann 1996) dieses menschlichen Handelns geschaffen, die den Handelnden „objektiv" gegenüber stehen und ihnen nur noch teilweise und vermittelt zugänglich sind. Drittens sind Institutionen mehr als die Summe ihrer Mitglieder und entwickeln ihre Eigenlogiken und -dynamiken, die nicht allein über die Einzelbiografie rekonstruiert werden können. Und viertens liegt eine Grenze biografischer Verfahren in der Logik biografischen Erinnerns. Da Biograf(inn)en nie alles erinnern und damit erzählen können, was sie erlebt haben, sondern diese Erinnerungsprozesse immer entlang der eigenen biografischen Relevanzen verlaufen, werden im Hinblick auf die Institution nur solche Ereignisse erinnert, denen die Akteure selbst eine Bedeutung zumessen. Diese biografischen Bedeutungen müssen aber keinesfalls identisch sein mit institutionengeschichtlich relevanten Ereignissen. Zur Analyse von Institutionen ist deshalb ein doppelter Blickwinkel erforderlich:

Zum einen muss der Blick auf die Geschichte und Funktion der Institution selbst gerichtet werden. Dies beinhaltet die Analyse von Verwaltungsabläufen, Lehrplänen, sozialstrukturellen Daten u.ä., was in der Regel auf Basis der Analyse der einschlägigen schriftlichen Quellen erfolgt. Dieser Analyseschritt kann in der Kürze dieses Beitrages nicht dargestellt werden (vgl. ausführlich Miethe 2007; Miethe/Schiebel 2008). Die Ergebnisse auf dieser Ebene bilden aber Basis und Kontrastfolie für den zweiten Blickwinkel – die biografischen Rekonstruktionen. Für diese biografischen Rekonstruktionen wurde im Rahmen eines Forschungsprojektes,[2] das sich mit der Geschichte der Arbeiter-und-Bauern-Fakultät (ABF)[3] – einer Bildungsinstitution der frühen DDR – beschäftigt, das Verfahren einer biografischen Institutionenanalyse entwickelt. Aufgrund des historischen Gegenstandes trägt dieser Ansatz vor allem der Spezifik einer historischen Institution Rechung. Trotzdem beansprucht er – entsprechende Modifikationen vorausgesetzt – auch Anregung für die Untersuchung heutiger Bildungsinstitutionen zu geben, da auch sie dem historischen Prozess ihrer Entstehung und Entwicklung unterliegen und deswegen in einer historischen Perspektive betrachtet werden sollten.

---

2   DFG-Projekt „Die ABF Greifswald. Eine biografische Institutionenanalyse" an der EFH Darmstadt, Laufzeit 2004-2007 (vgl. Miethe/Schiebel 2008).

3   Die von 1949 bis 1961/62 existierenden ABF, waren, wie ihre Vorläufereinrichtungen, die 1945/46 auf dem Territorium der Sowjetischen Besatzungszone gegründeten Vorstudienanstalten, Einrichtungen des Zweiten Bildungsweges, die Arbeitern und Bauern über das Ablegen des Abiturs den Zugang zu einem Hochschulstudium eröffnen sollten (vgl. Schneider 1998; Miethe 2007).

2 Die Vier-Ebenen-Analyse biografischen Materials

Biografische Annäherungen an eine Institution stehen vor dem Problem, nicht alle relevanten Personen interviewen zu können, was für einen historischen Gegenstand im Besonderen zutrifft. Eine derartige Ausgangssituation legt eine Verbindung zwischen Biografieforschung und historisch-hermeneutischen Verfahren der Analyse von Ego-Dokumenten[4] nahe, die in der Vier-Ebenen-Analyse biografischen Materials ihren Niederschlag gefunden hat.

Anspruch der Vier-Ebenen-Analyse biografischen Materials ist es, der Spezifik schriftlicher und mündlicher Quellen gerecht zu werden und diese methodisch kontrolliert miteinander zu verbinden. Über den Arbeitsschritt der Typenbildung wird eine gegenstandsbezogene Theoriebildung angestrebt, um über die Analyse des konkreten historischen Gegenstandes hinaus auch anschlussfähig für weiter führende theoretische Diskussionen zu werden. Die Vier-Ebenen-Analyse biografischen Materials setzt auf folgenden Ebenen an:

- Biografien als historische Rekonstruktionen
- Biografien als deskriptive Typenbildung
- Biografien als Zeitzeugen- und Erfahrungswissen
- Biografien als Fallrekonstruktionen und genetische Typenbildung

Auf jeder dieser in der folgenden Übersicht überblicksartig dargestellten Analyseebene wird methodisch anders gearbeitet und ein unterschiedliches (theoretisches) Ziel im Hinblick auf den Untersuchungsgegenstand verfolgt.

---

4   Der Begriff der Ego-Dokumente hat erst in jüngster Zeit Eingang in die historische Erziehungswissenschaft gefunden (vgl. Glaser/Schmid 1999; Häder 2004) und sein Nutzen wird kontrovers diskutiert. In der hier vorgestellten Studie werden schriftliche Lebensläufe aus Personalakten, von Vorgesetzten angefertigte, so genannte Charakteristiken sowie Disziplinarprotokolle und vereinzelte Autobiografien genutzt.

Analyseebene	Datenbasis	Ziel	Methode	Darstellung
1. Historische Rekonstruktionen	Ego-Dokumente	Rekonstruktion der sozialen Normen und deren Veränderung, biografischer Einfluss auf die Institution	Historisch-hermeneutisches Arbeiten, Historik	Biografische Einzelfalldarstellung in nicht anonymisierter Form
2. Deskriptive Typologie	Personalakten	Systematisieren der beruflichen Entwicklung der Lehrkräfte, Quantifizierbarkeit	Deskriptive Typenbildung entlang äußerer Merkmale	Anonymisierte Typologie
3. Zeitzeugen- und Erfahrungswissen	Biografisch-narrative Interviews	a) Zeitzeugenwissen als historische Quelle b) Erfahrungswissen für alltagsgeschichtliche Aspekte	Methoden der Oral History	a) nicht anonymisiert b) anonymisiert
4. Fallrekonstruktion und genetisch-strukturale Typologie	Biografisch-narrative Interviews	Analyse biografischer Strukturen, gegenstandsbezogene Theoriebildung	Hermeneutische Fallrekonstruktion, Fallvergleich	Einzelfälle und Typologien in anonymisierter Form

Tab. 1: Übersicht über die Vier-Ebenen-Analyse biografischen Materials

Betrachten wir im Folgenden diese vier Ebenen ausführlicher, um einerseits den Nutzen der jeweiligen Auswertungsebene für die Untersuchung des Forschungsgegenstandes deutlich zu machen. Andererseits werden auch Begrenzungen der jeweiligen Analyseebene aufgezeigt.

2.1 Biografien als historische Rekonstruktionen

Auf dieser Ebene übernehmen Biografien die Funktion, am Beispiel exemplarisch ausgewählter Einzelbiografien das Zusammenspiel von Biografie und Institution im jeweiligen zeithistorischen Kontext nachzuzeichnen. Historische Rekonstruktionen werden nur für Biografien vorgenommen, bei denen keine Interviews mehr durchgeführt werden können. Die Auswahl orientiert sich an der Logik der Institutionengeschichte und richtet sich nach drei Kriterien:

- nach der Relevanz der Biografie im Hinblick auf die Institution (z.b. Leitungsfunktionen),
- nach der Relevanz der Biografie im Hinblick auf spezifische Themen und Konzepte (z.b. Einfluss der Reformpädagogik),
- nach der Quellenlage, d.h., es können nur Biografien rekonstruiert werden, für die auf einen ausreichenden Quellenkorpus zurückgegriffen werden kann.

Die Einzelfälle stehen exemplarisch für eine institutionell relevante Frage, die in dieser Biografie besonders prononciert aufgezeigt werden kann, etwa Anpassung an sich verändernde Erwartungen der Institution (z.b. über die Veränderung der Darstellung der schriftlichen Lebensläufe im Zeitverlauf) oder in welcher Weise diese die Institution mit prägte (z.b. Einfluss eines tradierten bildungsbürgerlichen Habitus'). Dabei wird die Biografie insgesamt von der Geburt bzw. familiären Tradierungen und Konstellationen bis zum Zeitpunkt der Tätigkeit an der Institution in den Blick genommen. Mit einer derartigen gesamtbiografischen Perspektive wird das Handeln der Person in einer bestimmten Situation als Ausdruck der eigenen lebensgeschichtlichen (sowie kulturellen und pädagogischen) Prägungen verstanden, die in die jeweilige Situation eingebracht werden und die Institution damit in spezifischer Weise prägen.

Da die Analyse ausschließlich auf der Auswertung von Ego-Dokumenten basiert, bleibt die biografische Aussagekraft deutlich hinter der Analyse biografischer Interviews zurück. Entsprechend liegt der Schwerpunkt dieser Ebene darin, quellenkritisch mit dem schriftlichen Material umzugehen, biografische Verläufe auf einer deskriptiven Ebene in ihren wesentlichen Bezügen zur Institution nachzuzeichnen bzw. Hypothesen über ein mögliches biografisches Erleben bestimmter Zeitereignisse durch die untersuchten Personen aufzustellen.

2.2 Biografien zur Bildung deskriptiver Typologien

Bereits auf der Ebene historischer Rekonstruktionen zeigen sich bestimmte Regelmäßigkeiten der Rekrutierungsmuster, die im Sinne einer deskriptiven Typologie systematisierbar sind. Eine deskriptive Typenbildung dient der Strukturierung des Untersuchungsbereichs (vgl. Kluge 1999, 43) und wird ausschließlich entlang äußerer Merkmale gebildet. Ziel einer deskriptiven Typologie ist die Beschreibung sozialer Realität durch Strukturierung und Informationsreduktion.

Für die Studie über die ABF sollten mittels dieser Typologie aus der Komplexität der Informationen über die Lehrkräfte typische berufsbiografische Verläufe oder aus der Perspektive der Institution betrachtet typische Rekrutierungsmuster herausgearbeitet werden, um diese in Form einer Typologie greifbar zu machen. Diese deskriptive Typologie ist in der folgenden Tabelle überblicksartig dargestellt.

Typus	*Jhrg.*	*Merkmale (Rekrutierungsweg)*
1. Alte Garde	1880-1895	Ausbildung im Kaiserreich, Praxis in Weimar, reformpädagogische und schulreformerische Prägungen, „Überwintern" im NS, Frauen erste Generation Akademikerinnen, Reaktivierung nach 1945
2. Alte Studienräte	1895-1915	Vollständige Lehramtsaubildung in der Weimarer Zeit bzw. zu Beginn der NS-Zeit, Prägung durch die „Alte Garde", Berufsweg durch einen oder zwei Kriege unterbrochen
3. Nachkriegsdozenten	1916-1926	Maximal diskontinuierliche Berufs- und Studienwege durch 2. Weltkrieg; Neulehrerausbildung und anschließende Weiterqualifikation
4. Selbstrekrutierte	1927-1937	Abitur und Studium in DDR, teilweise ehemalige ABF-Absolventen

Tab. 2: Übersicht über die deskriptive Typologie der Lehrkräfte an der ABF Greifswald

Da eine deskriptive Typologie entlang äußerer Merkmale gebildet wird, ist diese auch quantifizierbar. Eine derartige quantifizierende Perspektive auf den Untersuchungsgegenstand ist nicht unwesentlich, denn die Größe einer Gruppe kann von Bedeutung dafür sein, welche Chancen bestimmte Personengruppen innerhalb einer Institution haben, ihre Interessen umzusetzen und damit auch die Institution zu prägen bzw. an welche Grenzen die Institution in der Umsetzung ihrer Leitideen stößt.[5]

---

5   Wenn von „Institution" im Sinne eines handelnden Akteurs gesprochen wird, sind jeweils Personen(-gruppen) gemeint, die aufgrund ihrer Stellung innerhalb des Institutionengefüges verantwortlich und bevollmächtigt für die Umsetzung von Entscheidungen sind.

2.3 Biografien als Zeitzeugen- und Erfahrungswissen

Die Ebene des Einbezugs von Biografien als Zeitzeugen- und Erfahrungswissen ist notwendig, da in der Biografieforschung in der Regel der Hauptfokus auf der Rekonstruktion biografischer *Strukturen* liegt und demgegenüber die Beschreibung einzelner biografischer Abschnitte, in diesem Fall der Tätigkeit an der Bildungsinstitution, zumeist nur am Rande dargestellt wird. Da in dem hier vertretenen Ansatz Biografie und Institution einander als gleich wichtig gegenüber stehen, ist es sinnvoll, diese Ebene zu explizieren. Dafür bietet sich methodisch die Anlehnung an die Tradition der Oral History an, die nach Wierling (1995, 50) eine „doppelte Funktion" hat, weil sie den Anspruch verfolgt, sowohl „vergangene Wirklichkeit" als auch „Verarbeitungsprozesse" zu rekonstruieren. Beide Dimensionen sind auch für eine biografische Institutionenanalyse von Relevanz, um einerseits ergänzende Informationen über Zeitereignisse und historische Vorgänge zu erhalten, die in den schriftlichen Dokumenten nicht ausreichend erhalten sind. Zum anderen werden Biografien auch als Quelle von Erfahrungswissen genutzt, um zu rekonstruieren, wie bestimmte historische Ereignisse erlebt wurden.

2.4 Biografien als Fallrekonstruktionen zur Bildung einer genetisch-strukturalen Typologie

Ziel dieser Analyseebene ist die Rekonstruktion von Einzelfällen und das Entwickeln einer genetisch-strukturalen Typologie, die auf Basis der transkribierten Interviews – also der interviewten Personen – durchgeführt wird. Die nach dem Prinzip des theoretischen Samples (vgl. Glaser/Strauss 1967) ausgewählten Einzelfälle sollen die mögliche biografische Bedeutung historischer Ereignisse sowie die zentralen Aspekte für eine Identifikation mit der Institution verdeutlichen. Die ausgewählten Einzelfälle wurden nach dem Verfahren der hermeneutischen Fallrekonstruktion (vgl. Rosenthal 1995) rekonstruiert und dargestellt (vgl. Miethe/Schiebel 2008) und bilden die Basis für die genetisch-strukturale Typenbildung. Diese Typenbildung erfolgt nicht anhand äußerer Merkmale, sondern wird entlang von Strukturgesetzlichkeiten der Fälle unter Berücksichtigung des untersuchten Forschungsgegenstandes gebildet, d.h. der Typus formuliert die Fallstruktur im Hinblick auf die spezifische Fragestellung (vgl. Przyborski/Wohlrab-Sahr 2008, 337). Dies war in dem hier diskutieren Fallbeispiel die Frage nach dem Verhältnis von Biografie und Institution (vgl. Tab. 3):

Typus	Konstitutives Element	Bezug zur Institution
NS-Abgrenzungstypus	Faschismusdefinition der DDR; Erfahrung und Verarbeitung des NS	Hohe Identifikation, Anschlussfähigkeit an antifaschistische Leitidee der Institution
Gerechtigkeitstypus	Eigenes oder familienbiografisches Erleben sozialen Aufstiegs	Hohe Identifikation, Anschluss an sozialpolitische Leitidee (Chancengleichheit) der Institution
Funktionalitätstypus	Keine besonderen Passungen zwischen Biografie und Institution	Geringe Identifikation, ABF als austauschbarer Berufsentwurf

Tab. 3: Genetisch-strukturale Typenbildung des Lehrkörpers der ABF

Die Identifikation mit der Institution, so ein zentrales Ergebnis auf dieser Ebene, richtet sich nicht nach dem zugrunde liegenden Rekrutierungsmuster (deskriptive Typologie), sondern ist verbunden mit (familien-)biografischen Konstellationen, biografischen Erfahrungen und mit allgemeinen zeithistorischen Entwicklungen.

An dieser Stelle kommen auch die auf Basis der Analyse der schriftlichen Quellen herausgearbeiteten, in diesem Artikel aber nicht im Detail dargestellten strukturellen Dimensionen der Institution zur Anwendung, denn die Frage ist nun, welche Funktion diese rekonstruierten Typen innerhalb des Institutionengefüges übernehmen. Auf der strukturellen Ebene konnten drei verschiedene Leitideen der Institution herausgearbeitet werden:

1. die sozialpolitische Zielstellung der Förderung einer bildungsfernen Klientel, d.h. die Herstellung von Chancengleichheit im Bildungswesen,

2. die damit verbundene Leitidee, dass gemäß dem Dimitroffschen Faschismusverständnis (vgl. Klaus/Buhr 1974, 403) die Förderung von Arbeitern und Bauern mehr oder weniger auch automatisch zur Verhinderung von Faschismus dienen würde.

Unter diesen beiden Leitideen, die öffentlich postuliert wurden, lag jedoch noch eine dritte Leitidee, die von Seiten der SED zwar nicht in dem Maße nach außen propagiert wurde, dennoch aber sehr wirkmächtig war, nämlich:

3. die machtpolitische Zielstellung, die ABF zur Stärkung der politischen Position an den Universitäten zu nutzen.

Wird die rekonstruierte genetisch-strukturale Typologie mit der Leitidee der Institution in Bezug gesetzt, zeigt sich, dass bei zwei Typen ein Passungsverhältnis zwischen Biografie und Leitidee der Institution besteht: Für den „NS-Abgrenzungstypus" stellt die ABF (als Teil der antifaschistischen Selbstlegitimation der DDR) eine Möglichkeit dar, sich über die Tätigkeit an der Institution mit einer eigenen biografisch relevanten Thematik auseinander zu setzen. Ein Passungsverhältnis besteht auch für den „Gerechtigkeitstypus", der an die sozialpolitische Leitidee anschließt, indem er an der ABF eine Aufstiegserfahrung an die nächste Generation weitergeben kann, die er selbst erlebt hat. Diese beiden spezifischen Passungsverhältnisse führen zu einer hohen Identifikation mit der Institution, die wiederum zu einer überdurchschnittlich hohen Einsatzbereitschaft führt sowie dazu, dass die politisch-ideologischen Lehrinhalte der Institution (antifaschistische Legitimation der DDR und Abbau sozialer Ungleichheit) mit Überzeugung und Authentizität an die Studierenden weiter gegeben werden.

Beim „Funktionalitätstypus" besteht demgegenüber kein direktes Passungsverhältnis zwischen ABF und Biografie – jede andere Bildungsinstitution hätte dieselbe Funktion übernehmen können. De facto ist dieser Typus an *jede* Institution anschlussfähig. Genau dies macht diesen Typus jedoch hoch funktional für die ABF, da dieser Typus ideal dafür geeignet war, die inoffizielle Leitidee umzusetzen. Diese Umsetzung funktionierte deshalb so reibungslos, weil den Deutungsmustern der Institution keine eigenen (gesellschaftspolitischen) Entwürfe entgegen gesetzt wurden und der „Funktionalitätstypus" letztlich offen dafür war, je nach Bedarf auch politische und pädagogische Richtungswechsel problemlos mit zu tragen, die bei den anderen beiden Typen einen höheren argumentativen Überzeugungsaufwand von Seiten der Institution erfordert hätten. Dieser Typus erweist sich damit als ausgesprochen funktional, über alle Veränderungen der Institution deren Funktionieren zu gewährleisten.

In einer rekonstruktiven biografischen Perspektive kommt somit die Wechselbeziehung zwischen Biografie und Institution in den Blick. Es werden hier keineswegs einseitige biografische Anpassungsleistungen an die Institution beschrieben, sondern gleichzeitig auch der Prozess, wie von Seiten der Institution bestimmte biografische Strukturen genutzt werden und wie diese damit letztlich auch die Gestalt und Funktion der Institution mit bestimmen und verändern.

3   Biografie und Institution – Abschließende Betrachtungen

Was lässt sich nun auf Basis der hier vorgestellten biografischen Institutionenanalyse über das Verhältnis von Biografie und Institution aussagen? Wo liegen die Stärken, aber auch die Grenzen dieses Verfahrens und an welche theoretischen Diskurse sind die Ergebnisse anschlussfähig?

Mit der hier vorgestellten biografischen Institutionenanalyse wurden sehr unterschiedliche forschungsmethodische und fachdisziplinäre Traditionen miteinander verbunden, um auf diese Weise den interaktiven Konstitutionsprozess einer Institution nachzeichnen zu können. Die Analyse stellt hinsichtlich ihres Erkenntnisinteresses immer ein Oszillieren zwischen zwei Ebenen dar, je nachdem, ob die Geschichte der ABF im Fokus des Interesses steht (sozialgeschichtliche Ebene) oder ob die ABF lediglich als ein Beispiel für eine allgemeine Diskussion über das Verhältnis von Biografie und Institution fungiert (sozialwissenschaftlich-theoretische Ebene). Je nach Analyseebene sind auch jeweils ganz unterschiedliche theoretische Diskurse anschlussfähig. Die Ergebnisse auf der Ebene der Oral History verweisen auf alltags- und erfahrungsgeschichtliche Debatten. Auf der Ebene der Rekonstruktion hermeneutischer Fallrekonstruktionen ergibt sich demgegenüber eine theoretische Anschlussfähigkeit an allgemeine biografietheoretische Diskurse (z.b. Generation, Erleben der ABF als konjunktiver Erfahrungsraum). Während eine eindeutige Kontextualisierung der Ergebnisse in einer dieser Traditionen vergleichsweise einfach zu bewerkstelligen ist, stellt die Verbindung dieser verschiedenen Ebenen die besondere Schwierigkeit, aber auch das explizite Ziel dieser Untersuchung dar.

Zwar steht die Studie einerseits vor dem klassischen Problem einer Methodentriangulation, dass nämlich die Quelle bzw. die Methode immer den untersuchten Forschungsgegenstand mit konstruiert und insofern nur begrenzt aufeinander bezogen werden kann (vgl. Flick 2004). Auf der anderen Seite können jedoch Ergebnisse der verschiedenen Ebenen bezogen auf eine konkrete Fragestellung kaleidoskopartig nebeneinander gestellt und vergleichen werden, um über diesen Vergleich weiter führende Thesen zu formulieren.

In Anlehnung an die theoretische Konzeption von Herrschaft als soziale Praxis (vgl. Lüdtke 1991) kann in dem hier vorgestellten Beispiel von „Institutionalisierung als soziale Praxis" gesprochen werden. Dies beinhaltet, dass Institutionalisierungsprozesse weder allein über Untersuchungen auf der Makro- noch auf der Mikroebene erfasst werden können, sondern vielmehr ein komplexes Ineinanderwirken externer, organisationaler und biografischer Faktoren darstellen, oder anders gesagt, dass Struktur und Handeln keine Gegensätze darstellen, sondern direkt miteinander verbunden sind (vgl. Fischer-Rosenthal 2000). Die Akteure sind Teil dieses „Kräftefeldes, in dem Macht durchgesetzt, Herrschaft begründet oder bezweifelt wird" (Lüdtke 1991, 13), bringen in dieses ihre eigenen biografischen Prägungen ein und sind – wenn auch je nach Stellung im sozialen Raum in unterschiedlichem Ausmaß – an der Herstellung, Aufrechterhaltung und Veränderung institutioneller Strukturen beteiligt. Über die Interaktion in der Institution stellt sich etwas her, das mehr ist als die Summe der Einzelbiografien, genauso aber mehr als Verwaltungsabläufe und administrative Entscheidungen. Die Erweiterung der Analyse von Institution um das methodische und theoretische Konzept der Biografie ermöglicht somit, der Komplexität von Institutionen zumindest näher zu kommen. Allerdings beansprucht die hier vorgestellte biografische Institutionenanalyse keinesfalls eine allumfassende Konzeption für die Untersuchung von Institutionen darzustellen. Dies dürfte bei einem so komplexen Untersuchungsgegenstand wie einer Bildungsinstitution auch kaum möglich sein, denn jeder methodische Ansatz wird auch spezifische Bereiche nicht erfassen. Was allerdings mit diesem Ansatz möglich ist, ist gerade auch die Vielschichtigkeit, Ambivalenz und Widersprüchlichkeit institutioneller Entwicklungen nachzuzeichnen und miteinander in Beziehung zu setzen. Inwieweit sich die hier vorgestellte Konzeption auch für die Untersuchung anderer Institutionen als tragfähig erweist bzw. an welchen Stellen weitere Modifikationen erforderlich sind, muss weiteren Untersuchungen vorbehalten bleiben.

Literatur

Berger, P. L./Luckmann, T. (1996): Die gesellschaftliche Konstruktion der Wirklichkeit. Eine Theorie der Wissenssoziologie. Frankfurt/M.

Fischer, W./Kohli, M. (1987): Biographieforschung. In: Voges, W. (Hrsg.): Methoden der Biographie- und Lebenslaufforschung. Opladen, S. 25-50.

Fischer-Rosenthal, W. (2000): Was bringt die Biografieforschung der Transformationsforschung? In: Miethe, I./ Roth, S. (Hrsg.): Politische Biografien und sozialer Wandel. Gießen, S. 27-39.

Flick, U. (2004): Triangulation. Eine Einführung. Reihe Qualitative Sozialforschung. Bd. 12. Wiesbaden.

Glaser, B. G./Strauss, A. L. (1967): The Discovery of Grounded Theory: Strategies for Qualitative Research. Chicago.

Glaser, E./Schmid, P. (1999): Biographieforschung in der Historischen Pädagogik. In: Krüger, H.-H./Marotzki, W. (Hrsg.): Handbuch erziehungswissenschaftlicher Biographieforschung. Opladen, S. 347-372.

Göhler, G. (1994): Politische Institutionen und ihr Kontext. Begriffliche und konzeptionelle Überlegungen zur Theorie politischer Institutionen. In: Ders. (Hrsg.): Die Eigenart der Institutionen: Zum Profil politischer Institutionentheorie. Baden-Baden, S. 19-46.

Häder, S. (2004): Der Bildungsgang des Subjekts: Thema – Kontext, Quellen – Methode – Theorie. In: Ders. (Hrsg.): Der Bildungsgang des Subjekts. Bildungstheoretische Analysen. Weinheim & Basel, S. 7-27.

Hoerning, E./Corsten, M. (1998) (Hrsg.): Institution und Biographie. Die Ordnung des Lebens. Pfaffenweiler.

Klaus, G./Buhr, M. (Hrsg.) (1975): Philosophisches Wörterbuch. Bd. 1. Leipzig.

Kluge, S. (1999): Empirisch begründete Typenbildung. Zur Konstruktion von Typen und Typologien in der qualitativen Sozialforschung. Opladen.

Lepsius, R. M. (1995): Institutionenanalyse und Institutionenpolitik. In: Nedelmann, B. (Hrsg.): Politische Institutionen im Wandel. Sonderheft der Kölner Zeitschrift für Soziologie und Sozialpsychologie. Opladen, S. 392-403.

Lüdtke, A. (1991): Herrschaft als soziale Praxis. Historische und sozial-anthropologische Studien. Göttingen.

Miethe, I. (2007): Bildung und soziale Ungleichheit in der DDR. Möglichkeiten und Grenzen einer gegenprivilegierenden Bildungspolitik. Opladen & Farmington Hills.

Miethe, I./Schiebel, M., unter Mitarbeit von Lippmann, E. und Schafhirt, S. (2008): Biografie, Bildung und Institution. Die Arbeiter-und-Bauern-Fakultäten in der DDR. Reihe „Biographie- und Lebensweltforschung". Bd. 6. Frankfurt/M.

Przyborski, A./Wohlrab-Sahr, M. (2008): Qualitative Sozialforschung. Ein Arbeitsbuch. München.

Rehberg, K.-S. (1994): Institutionen als symbolische Ordnungen. Leitfragen und Grundkategorien zur Theorie und Analyse institutioneller Mechanismen. In: Göhler, G. (Hrsg.): Die Eigenart der Institutionen: Zum Profil politischer Institutionentheorie. Baden-Baden, S. 47-84.

Rosenthal, G. (1995): Erlebte und erzählte Lebensgeschichte. Gestalt und Struktur biographischer Selbstbeschreibungen. Frankfurt/M. & New York.

Schiebel, M. (2003): Wechselseitigkeiten. Lebensgeschichtliche Institutionalisierungen ostdeutscher Frauen in Führungspositionen der Wohlfahrtspflege. Bremen.

Schneider, M. C. (1998): Bildung für neue Eliten. Die Gründung der Arbeiter-und-Bauern-Fakultäten. Berichte und Studien Nr. 13. Herausgegeben vom Hannah-Ahrendt-Institut für Totalitarismusforschung e.V. an der TU Dresden.

Seitter, W. (1999): Riskante Übergänge in der Moderne. Vereinskulturen, Bildungsbiographien, Migranten. Studien zur Erziehungswissenschaft und Bildungsforschung. Band 15. Opladen.

Seitter, W./Kade, J. (2002): Biographie – Institution – Wissen. Theoretische Konzepte und empirische Projekte zur Erwachsenenbildung. In: Kraul, M./Marotzki, W. (Hrsg.): Biographische Arbeit. Perspektiven erziehungswissenschaftlicher Biographieforschung. Opladen, S. 241-269.

Wierling, D. (1995): Disziplinäre Perspektiven: Geschichte. In: Flick, U./von Kardorff, E./Keupp, H./von Rosenstiel, L./Wolff, St. (Hrsg.): Handbuch Qualitative Sozialforschung. München, S. 47-52.

Von der Institution zur Organisation. Wie Erfahrungen im Prozess der Institutionalisierung mit Hilfe des Konzeptes „Soziale Welt" zur Sprache gebracht werden können

Dieter Nittel

1 Einleitung und Problemaufriss

Vor den Toren Frankfurts, im so genannten Speckgürtel der Mainmetropole, wird Ende 2008, Anfang 2009 eine neue bildungsbereichsübergreifende Einrichtung im Erziehungs- und Bildungswesen ihre Pforten öffnen – das *Haus des Lebenslangen Lernens Dreieich* (HLL). Im Internet wird diese Einrichtung des Landkreises Offenbach wie folgt angekündigt:

> „Eine neue Lernwelt entsteht: Das Haus des Lebenslangen Lernens (HLL) führt richtungsweisend in Europa verschiedene Schul-, Bildungs- und Betreuungsformen in einem Campus zusammen. Auf dem Gelände der Max-Eyth-Schule in Dreieich-Sprendlingen lernen künftig Kinder neben Berufsanfängern, Profis, Volkshochschülern, Studenten und Rentnern." (http://www.hll-dreieich.de/HLL_deutsch_content.html)

Das im Modus einer Public-Private-Partnership finanzierte Haus trägt zur räumlichen Verdichtung unterschiedlicher Organisationen bei, wobei zusätzliche Scharniere zwischen den Einrichtungen die Kooperation verbessern sollen. Diese Querschnittsbereiche sehen ein System der integrativen Lern-, Berufs- und Sozialberatung ebenso vor wie die Gründung einer Zertifikatsabteilung sowie eines ausdifferenzierten E-Learning-Angebotes. Darüber hinaus soll eine so genannte Produktschule, die projektförmiges Lernen mit der Erstellung vermarktungsfähiger Güter verbindet, vor allem zur Integration von sozial benachteiligten Jugendlichen beitragen.

Als Erziehungswissenschaftler bietet sich mit Blick auf das Haus des Lebenslangen Lernens die seltene Chance, gleichsam die Geburt einer neuen Organisation hautnah mit zu verfolgen und an den konkreten Erfahrungen der Akteure partizipieren zu können. Organisationen sind in der Regel „da", wenn der Sozial- und Erziehungswissenschaftler mit seiner Analyse beginnt. Die triviale Erkenntnis, dass sich der eigentliche Konstitutionsprozess einer neuen Organisation über Jahre hinzieht, demnach von der Prozessförmigkeit der Formierung einer neuen

Einrichtung auszugehen ist, bietet bei genauerer Betrachtung einige Unklarheiten, ja sogar die eine oder andere grundlagentheoretische Fallgrube. So gibt es etwa in der sozialwissenschaftlichen Literatur keine verlässlichen Aussagen darüber, ab welchem Zeitpunkt in einem Prozess der Organisationsneugründung man mit Fug und Recht von der endgültigen Konstitution einer Organisation sprechen kann. Ab wann können wir von einer in ihrem Bestand noch gefährdeten Keimzelle einer Organisation, vom embryonalen Zustand einer in ihren Umrissen bereits erkennbaren Einrichtung und schließlich von einem lebensfähigen, vollständig entwickelten „Organisationskörper" sprechen? Besitzt eine Organisation schon dann als Realität Evidenz, wenn sie im Planungsstadium ist oder erst dann, wenn sie ihren Routinebetrieb aufgenommen hat? Wie kann die Phase zwischen Planung und Indienstnahme einer Einrichtung bezeichnet werden? Eine Organisation ist aus der Sicht der Organisationstheorie ja schließlich erst dann „da", sie entfaltet erst dann ihr An-und-für-sich-Sein, wenn sie ihr operatives Geschäft vollzieht, Mitgliedschaften definiert, Mitarbeiter und Klienten rekrutiert oder abweist, selbst verantwortliche Entscheidungen trifft und für ein bestimmtes Publikum ansprechbar ist – kurz: ihre Arbeit aufgenommen hat und somit ihren Organisationszweck erfüllt. Bezogen auf das HLL sind Mitte 2008 noch nicht einmal die rechtlichen Grundlagen für die vorgesehene Kooperation zwischen den einzelnen Einrichtungen geklärt. Auch ist ungewiss, wer für die Leitung verantwortlich ist und welche interne Arbeitsteilung gilt. Unter Maßgabe eines sozialwissenschaftlich aufgeklärten Organisationsverständnisses kann man im vorliegenden Fall und zum gegenwärtigen Beobachtungszeitraum 2007/2008 keineswegs von einer bestehenden Organisation sprechen, weil die eben genannten Kriterien nicht erfüllt sind. Dennoch kann der erziehungswissenschaftliche Beobachter das Vorhandensein der Einrichtung nicht leugnen; gleichwohl drängt sich die Frage nach dem ontologischen Status der Einrichtung auf. Kann man eine soziale Einheit mit den analytischen Werkzeugen der Organisationsforschung betrachten, die gar keine Organisation ist?

Der vorliegende Beitrag geht von der These aus, dass eine Organisation nicht als Organisation auf die Welt kommt, sondern zunächst die Form einer Institution annimmt und der Prozess der Institutionalisierung unter Federführung einer oder mehrerer sozialer Welten vollzogen wird. Hierbei muss die Rolle des Informellen und vordergründig Chaotischen sowie nicht kalkulierbarer Aushandlungsprozesse viel größer eingestuft werden als man gemeinhin annimmt. Die Pointe dieser Herangehensweise ist die Position, dass die klassische Organisationsforschung nur begrenzte Möglichkeiten hat, die Genese von Organisationen und die Erfahrungen, die Menschen dabei machen, treffsicher zu beschreiben. Am Beispiel des HLL soll das von Anselm Strauss (1991) entwickelte Konzept der sozialen Welt als ein geeignetes analytisches Werkzeug vorgestellt werden, um die Erfahrungen der Personen zur Sprache zu bringen, die in einen solchen sozialen Prozess der Institutionalisierung involviert sind.

2 Soziale Welt – ein Definitionsversuch

Das Konzept der sozialen Welt ist von Anselm Strauss entwickelt worden, um einerseits die Flüchtigkeit, Vorläufigkeit und Prozesshaftigkeit sozialer Gebilde in modernen, hochkomplexen Gesellschaften zu fassen und andererseits die Tendenz mancher Vertreter des Symbolischen Interaktionismus zu korrigieren, die manchmal zur Überschätzung konsensorientierter Formen der diskursiven Verständigung bei gleichzeitiger Unterschätzung von Differenzerfahrungen neigen. Mit diesem analytischen Konzept sollen *organisierte* Formen der Vergemeinschaftung in den Blick genommen werden, die jenseits klassischer *Organisationen* lokalisiert werden können und dennoch nicht mit solchen Kategorien wie „Milieu", „Gruppe", „Lebenswelt" u.ä. angemessen zu fassen sind. Unter den Bedingungen der Steigerung von Kontingenz und Emergenz nimmt die Bedeutung solch lockerer Vergemeinschaftungsformen in modernen Komplexgesellschaften immer mehr zu. Was verbirgt sich hinter dem Konzept? Eine soziale Welt stellt einen Kommunikationszusammenhang mit unterschiedlicher Ausdehnung dar, wobei die Räume, wie beispielsweise die Arenen und die Domänen der Auseinandersetzung, der Aushandlung und des Streits, durch Grenzen festgelegt werden. Die Akteure schöpfen ihr Orientierungswissen und ihre Relevanzen aus Sinnquellen. Die Ausübung spezifischer Kernaktivitäten (wie etwa Tennis spielen, Briefmarken sammeln, Beschwerden vorbringen) und die Zugehörigkeit zu einer sozialen Welt sind nicht unbedingt an formale Mitgliedschaft und andere bürokratische Mechanismen gebunden. Häufig durchlaufen soziale Welten im Zuge von Auseinandersetzungen in Binnen- und Außenarenen Segmentierungsprozesse, die sich dann in der Entstehung von Subwelten niederschlagen. Anselm Strauss wählt folgende Definition:

> „In each social world, at least one primary activity (along with related clusters of activity) is strikingly evident; such as climbing mountains, researching, collecting. There are *sites* where activities occur: hence space and a shaped landscape are relevant. *Technology* (inherited or innovative modes of carrying out the social world's activities) is always involved. Most worlds evolve quite complex technologies. In social worlds at their outset, there may be only temporary divisions of labor, but once under, organizations inevitably evolve to further one aspect or another of the world's activities. These features [...] can be converted analytically into subprocesses: for instance site finding, funding, protecting, competing for sites, technological innovation, manufacturing, marketing and the teaching of technical skills..." (Strauss 1991, 236)

129

3 Schritte auf dem Weg der Organisationskonstitution

Legt man die gewöhnlich zu beobachtende Behäbigkeit bildungspolitischer Planungs- und Realisierungsschritte zugrunde, so überrascht zunächst einmal das hier sichtbare Tempo: 2004 wird in einem ersten Schritt erstmalig die Idee ventiliert, im Kreis Offenbach das Notwendige (Renovierung bestimmter Berufsschulen) mit dem Wünschenswerten (der weiteren Institutionalisierung des Lebenslangen Lernens) zu verbinden und ein Haus des Lebenslangen Lernens zu gründen. Im September 2005 fasst der Kreis Offenbach den Beschluss, ein solches Haus zu errichten; im März 2006 übernimmt ein europäischer Fond die Finanzierung; Ende 2006 verkündet das Hessische Kultusministerium die Absicht der Gründung weiterer Hessencampi; Ende 2008/Anfang 2009 schließlich soll der 30.000 m² große Gebäudekomplex der Öffentlichkeit bzw. den Nutzern übergeben werden. Zwischen den ersten Planungsüberlegungen und der Indienstnahme der Einrichtung vergehen demnach nur circa 4 Jahre. Unter den Markierungen auf dem Weg zur Organisationskonstitution ragen vor allem die Folgenden hervor:

3.1   1. Meilenstein: Gründung der Institution „Haus des Lebenslangen Lernens"

Mit einer Organisation verbindet der Autor eine mit den Sinnesorganen wahrnehmbare soziale Einheit, die über Gebäude, materielle Ressourcen und Mitglieder verfügt und die sich durch soziale, räumliche und zeitliche Grenzen von der übrigen Welt abgrenzt. Der am einfachsten nachvollziehbare Unterschied zwischen Organisationen und Institutionen besteht darin, dass Institutionen – man denke hier an bestimmte Erwartungssysteme – häufig unsichtbar sind, sie folglich einen anderen ontologischen Status haben als Organisationen. Wenn (wie in Dreieich) im Erziehungs- und Bildungswesen der Schritt der Institutionsgründung vollzogen wird, so ist damit in allererster Linie der auf bestimmten rechtsstaatlichen Grundlagen vollzogene politische Gründungakt gemeint. Institution meint eben nicht nur „Einrichtung", sondern auch „Einsetzung" und die damit korrespondierende Handlung verweist in vielen Fällen auf einen Akt der juristischen Kodifizierung. Im vorliegenden Fall werden mit dem Beschluss des zuständigen Parlaments (Kreistag Offenbach) elementare Bedingungen für die Möglichkeit der Identifizierbarkeit der späteren Organisation geschaffen, indem über die bloße Willenserklärung hinaus sich die in Entstehung befindliche Einrichtung öffentlich in Szene setzt und grundlegende Identitätsmarkierer festlegt: Welcher Name ist vorgesehen? Wo ist sie ansässig? Aus welchen Elementen/Abteilungen/Unterorganisationen setzt sie sich zusammen? Wie sind die Verantwortlichkeiten und Zuständigkeiten verteilt? An den politischen Gründungsakt anknüpfend erfolgt einige Monate später die Zusicherung für die Finanzgrundlagen. Eine Institution meint im Sinne von Berger/Luckmann, dass „habitualisierte Handlungen durch Typen von Handelnden reziprok typisiert werden" (Berger/Luckmann 1970, 58). Mit der Beschlusslage des Kreistages wird mittels des habitualisierten Verfahrens der Abstimmung ein ganz bestimmter Kreis von Akteuren, nämlich die Mitglieder der so genannten Starteinrichtungen, wechselseitig als zukünftige Organisationsmitglieder etikettiert bzw. als Rollenträger typisiert. Das ist anschlussfähig an das Institutionsmodell von Parsons, der bekanntlich Rollen als Prototyp einer Institution bestimmt hat. *Der erste große Schritt auf dem Weg zur Gründung des HLL bezieht sich somit auf die formalen politischen Absichtserklärungen im Parlament, die Beschaffung von Geld und die rechtliche Absicherung sowie die Konstruktion von Rollen.* Die so geschaffene Institution hat nur einen Zweck, nämlich die Gründung einer arbeitsfähigen Organisation HLL vorzubereiten und durchzuführen, wobei sie bei der formalen bzw. operativen Umsetzung der Teilschritte auf ein anderes kollektives Gebilde angewiesen ist, nämlich auf die soziale Welt des HLL.

3.2 2. Meilenstein: Formierung der Sozialen Welt „Haus des Lebenslangen Lernens" als zentraler Prozessmechanismus

Das, was unmittelbar vor und nach der Beschlussfassung im Kreistag geschieht und beobachtet werden kann, lässt sich nicht mehr mit der Kategorie der Institution, des rollenförmigen Handelns oder anderer Konzepte der Organisationsforschung („mentale Mitgliedschaft") erfassen. Vieles läuft informell und es sind als „center-persons" keineswegs nur Rollenträger beteiligt, die im offiziellen Auftrag agieren oder später als feste Mitglieder der Organisation in Erscheinung treten werden. Zwischen dem Schritt der politisch gerahmten Gründung einerseits und der eigentlichen Eröffnung der Einrichtung als arbeitsfähige Organisation andererseits tritt die soziale Welt des HLL auf den Plan.

In der sozialen Welt des HLL wird mehr oder weniger engagiert über eine Einrichtung kommuniziert, die als Organisation, also als wirkliches Gebilde bzw. „begehbares Objekt", noch gar nicht existiert. Genau genommen befindet sich der Prozess der Institutionalisierung im Stadium des Vollzugs, ohne dass für die Beteiligten Gewissheit besteht, wie die Einrichtung genau aussehen wird und wie sie im Detail beschaffen ist. So ist beispielsweise 2006 das Haus im geographischen Raum der Gemeinde als Faktizität zwar für niemanden sichtbar; gleichwohl hat es längst die politische, architektonische und administrative Planungsphase überschritten, um nun im Stadium nascendi Zeuge seiner eigenen Entstehung zu sein. Die „Geburt" der Organisationen vollzieht sich in verschiedenen Arenen und Subwelten, wobei die vorläufige Leitungsgruppe eine entscheidende Rolle spielt; weitere Subwelten setzen sich aus Personen aus den unterschiedlichsten Kontexten zusammen, wie etwa aus Akteuren der Kommunal- und Landespolitik, Lobbyisten des Bildungswesens, Firmenangehörigen, Anwohnern, Vertretern der Medien, professionell tätigen Beratern, Repräsentanten der Wissenschaft usw. Unter der Vielzahl der Subwelten sind hier weiterhin die eingangs zitierte Website, informelle Gesprächsrunden von interessierten Pädagogen und die mehrfach veranstalteten Informationsabende für die Bewohner von Dreieich zu nennen. Die Website http://www.hll-dreieich.de ist Teil der Vorderbühne einer Kommunikationsarena, wie sie im politischen Marketing gepflegt wird. Hier versucht der Projektträger (die HELABA Immobiliengruppe) gemeinsam mit dem Kreis Offenbach aus nachvollziehbaren Gründen das Image und die Reputation der Einrichtung in der Öffentlichkeit zu optimieren und ihre Einmaligkeit unter Beweis zu stellen. Potentiell jeder mit dem Internet vertraute Mensch aus allen Teilen der Welt kann sich zu jeder beliebigen Zeit Informationen über das Haus des Lebenslangen Lernens beschaffen. Eine Webkamera trägt dazu bei, dass im Anschluss an den Baubeginn eine zeitgleiche Beobachtung der Erbauung möglich ist.

Fortlaufend begleitet wird der technisch-handwerkliche Entstehungsprozess durch informelle Diskurse zwischen kritisch, weniger kritisch und affirmativ eingestellten Pädagogen aus der südhessischen Region und über diese hinaus. Die Subwelt der am Aushandlungsprozess direkt oder indirekt beteiligten Pädagogen markiert einen Ausschnitt der im öffentlichen Raum weitgehend unsichtbaren Hinterbühne. Anfangs wird hier die Erstellung einer Konzeption gefordert, die dann tatsächlich auf einer von mehreren pädagogischen Konferenzen ansatzweise erarbeitet wird. Je deutlicher sich abzeichnet, dass sich für manche Pädagogen positive Hoffnungen und Erwartungen im Hinblick auf günstige berufliche Aufstiegs- und Karrierechancen ergeben, desto größer ist die Wahrscheinlichkeit für die Zustimmung des Projektes. In der hier in den Blick genommenen Subwelt zeichnet sich eine große Ambivalenz und Unsicherheit ab; die Akteure haben keineswegs eine eindeutige Haltung zum HLL, sie schwanken zwischen vorsichtiger Skepsis und wohlwollender Sympathie. Einige unter den pädagogischen Zeitgenossen pflegen ihren Unmut über den Widerspruch zu artikulieren, dass den schmerzhaften Einschnitten im Bildungswesen eine umso großzügigere, allerdings willkürlich anmutende Einzelförderung gegenüber steht. Die diversen Anhörungen im Rathaus von Dreieich und anderen Orten schließlich markieren einen wichtigen Part der politischen Hauptarena, denn hier wird der Öffentlichkeit die Chance zur Mitsprache eingeräumt, wobei bisherige Entscheidungen begründet und neue Maßnahmen operativ eingeleitet werden. Alle drei kurz skizzierten Subwelten reagieren auf die im Prozess der Institutionalisierung zu Tage tretende Emergenz: Es entsteht etwas Neues, das nicht die zwingende Konsequenz früherer Handlungsbedingungen darstellt, wobei die soziale Welt auf den basalen Tatbestand der Ungewissheit reagiert, aber gleichzeitig neue Ungewissheit erzeugt.

3.3 3. Meilenstein: Die „Geburt" ist abgeschlossen – Die Organisation nimmt ihre Arbeit auf

Der Akt der Eröffnung findet Ende 2008, Anfang 2009 statt; damit ist die Gründung der neuen Organisation definitiv abgeschlossen. Das Gebäude ist in wesentlichen Teilen fertig und bezugsfertig; damit ist die Sichtbarkeit der Organisation gewährleistet. Es gibt Mitgliedschaftsregelungen und Prozeduren, um Klienten aufzunehmen und zu entlassen. In einigen Räumen findet bereits jetzt (August 2008) Arbeit statt. Große Teile der sozialen Welt und die dazu gehörenden Netzwerke werden mit der endgültigen Nutzung absterben, weil die Kernaktivitäten (Beschaffung von Legitimation sowie Ratifizierung und Tradierung von Konsens einerseits und Artikulation von Kritik und Skepsis andererseits) ins Leere gehen. Die normative Kraft des Faktischen trägt ein Übriges dazu bei.

4   Weitere Dimensionen: Beschaffung von Legitimation und räumliche Markierungen

Die Kernaktivitäten der sozialen Welt des HLL richten sich in der für uns interessanten zweiten Phase zum großen Teil auf die Beschaffung und Aushandlung von Legitimationsmustern, um die Existenz der Einrichtung als zwingend notwendig erscheinen zu lassen. Die Funktion dieser Kernaktivitäten besteht darin, für die Bereitstellung einer symbolischen „Infrastruktur" zu sorgen, welche in bildungspolitischer, organisatorischer und pädagogischer Hinsicht die endgültige Konstitution der Organisation befördern. Eine Organisation benötigt nicht nur eine rechtliche, finanzielle und politische Basis, sondern auch ein moralisches und normatives Fundament. Indem die soziale Welt HLL für die Antizipation und Simulation späterer Bewährungssituationen sorgt, indem sie die Akteure zusammenführt und trennt, die entweder miteinander „können" oder aufgrund gewisser persönlicher Animositäten keine Arbeitsbündnisse eingehen, wird gleichzeitig die soziale Ungewissheit im Prozess der Neukonstitution von Organisationen bearbeitet und minimiert. Die beschriebenen Kernaktivitäten dienen letztlich dazu, ein für die Organisation wichtiges Stück Zukunft im Stadium der Gegenwart zu inszenieren. Je energischer und konsequenter die Einrichtung positiv skandalisiert wird, um ihren späteren Nutzen für das Gemeinwesen zu unterstreichen und die bildungspolitische Existenzberechtigung als plausibel darzustellen, desto größer ist die Wahrscheinlichkeit, dass die Planungsentscheidungen konditionelle Relevanzen für die späteren Entscheidungen haben. Die allermeisten Subwelten treten im Voranschreiten der Zeit und im Näherkommen der offiziellen Eröffnung – so die durchgehende Beobachtung – als Proponenten, als Befürworter und „Werbeträger" auf. Opponenten, welche die Einrichtung im Modus eines offenen Angriffs negativ etikettieren, werden immer rarer. Das ist damit zu erklären, dass der Status des HLL als zukünftige Organisation gesichert ist, so dass sich die Beteiligten fragen: „Warum soll man gegen eine Einrichtung anrennen, über deren Erbauung keine Zweifel bestehen und über die schon längst das letzte Wort gesprochen ist?" Doch in dem gleichen Maße, wie auf den Vorderbühnen des bildungspolitischen Geschäfts Pro-Argumente zirkulieren, wird auf den Hinterbühnen sehr wohl offene oder verdeckte Kritik geäußert. Das verweist auf die potentielle Funktion einer sozialen Welt, gleichsam als „Frühwarnsystem" zu fungieren, um auf mögliche Kritik und Widerstände aufmerksam zu werden und anschließend Impulse zu setzen, damit die zentralen Entscheidungsträger Schritte unternehmen, diese Kritik zu entkräften, auf Widerstände zu reagieren und Bedenken oder Zweifel zu zerstreuen. Charakteristisch für die Zeit von 2004 bis circa 2005 war die in der pädagogischen Berufskultur geäußerte Kritik, es läge kein pädagogisches Programm und kein ausgereiftes, fachlich abgestütztes Konzept vor. In einer Vielzahl von Gesprächen wurde dieser Vorwurf geäußert, woraufhin die zentralen Protagonisten der sozialen Welt Kontakte zu fachlich versierten Beratern und anderen Experten suchten. Das überaus ambitionierte, vielleicht sogar ein wenig überdimensionalisierte pädagogische Programm kann so gesehen als das Ergebnis komplexer Aushandlungsprozesse in der sozialen Welt betrachtet werden: Die „Stunde 0" dieses Aushandlungsprozesses stellt die Bekanntgabe der Absicht dar, eine innovative, reformorientierte Institution gründen zu wollen. In einer längeren, sich über mehrere Jahre hinweg ziehenden Sequenz an offen oder verdeckt vorgetragenen kritischen Rückkoppelungen wurden – als Reaktion auf diese Monita – entweder neue pädagogische Ziele entworfen oder bereits vorhandene spezifiziert, woran sich eine anschließende Neuformulierung dieser Skepsis bzw. Kritik anschloss, was wiederum zur Steigerung der pädagogischen Programmatik führte. Auf diese Weise kristallisierte sich in einer Aktions-Reaktions-Abfolge ein in jeder Hinsicht anspruchsvolles Konzept heraus, welches nicht zufällig mit dem Attribut der „Belastbarkeit" versehen worden ist. Der hier skizzierte Mechanismus des Hochschaukelns in der Formulierung pädagogischer Ziele als Reaktion auf Kritik offenbart die

Umweltabhängigkeit und Durchlässigkeit der sozialen Welt, aber auch die Emp-
fänglichkeit der Akteure, auf die Stimmen der Anderen zu hören. Der hier beschriebene Mechanismus stellt durchaus einen Modus des kollektiven Lernens
dar. Es zeichnet sich allerdings ab, dass die Umsetzung des Lebenslangen Lernens in einer Institution geschehen soll, die eher auf räumliche Verdichtung der
organisatorischen Infrastruktur als auf die Schaffung neuer Übergänge und Kar-
rieremuster ausgerichtet ist. Für die Organisation wird das von der sozialen Welt
mit produzierte pädagogische Reformprogramm nicht nur Freude bereiten, vielmehr wird es auch Zeiten geben, in denen die Organisation sich wünschen wird,
vielleicht über ein weniger ambitioniertes Programm zu verfügen. Denn mit der
Fixierung einer an sich notwendigen und erstrebenswerten pädagogischen
Grundordnung ist unweigerlich auch die Einengung der Flexibilität und der
Handlungsspielräume der Einrichtung verbunden. Gleichzeitig bietet die pädagogische Grundordnung der Berufskultur die Chance, ihre Forderungen zu unterfüttern und Druck auf die Verwaltung auszuüben, so dass auch dadurch Anlässe
zur Weiterentwicklung der Einrichtung geschaffen sind.

Bei der Formierung einer sozialen Welt und der dabei zum Zuge kommen-
den wissenschaftlichen Beschreibung spielt weiterhin die Kategorie des Raumes
eine Schlüsselrolle. Eine Ausdifferenzierung dieser Kategorie liefert eine Vorstellung von der Komplexität der Prozesse. Einerseits geht es immer um die
kommunikative Verständigung über die machtbezogene Verfügung des bebauten
Raumes (wer bestimmt wie darüber?); andererseits gehen die Planungen dahin,
den virtuellen Raum auszudehnen, indem praktikable Konzepte zum E-Learning
erstellt werden. Mit der Technisierung des Lehrens und der Substitution der
Tafel durch die so genannten „activ-boards" nimmt der Anteil des virtuellen
Raums in den Vermittlungs- und Aneignungssituationen immer mehr zu, wobei
für die einzelnen Einrichtungen (VHS, Musikschule usw.) die Unwägbarkeiten
in der Verfügung des realen Raumes größer werden. Eine andere Raumkategorie
ist die Differenz zwischen dem geplanten, eigentlich vorgesehenen und dem
faktischen, endgültig zugewiesenen Raum und das Verhältnis zwischen dem von
der Organisation kontrollierbaren und dem nicht kontrollierbaren Raum. Was die
letztgenannte Relation angeht, so sind damit die Sicherheits- und Kontrollprob-
leme verbunden, welche die Aufmerksamkeit auf Phänomene des Drogenkon-
sums, andere Formen des abweichenden Verhaltens und die heikle Regelung des
Zutritts zum Gelände lenken. Die räumliche Dimensionalisierung erstreckt sich
auf lokale und internationale Bezüge (wie etwa die Partnerschaft zwischen der
Max-Eyth-Schule und einzelnen Technical Colleges in Wisconsin) ebenso wie
auf die Relationierung kommunaler und landesweiter Verbindungen. Inwieweit
begreift sich beispielsweise eine Einrichtung mit einer klaren kommunalen Verankerung, wenn es um ökonomisch motivierte Netzwerkarbeit geht, auch als

Partner und Ansprechpartner für Firmen weit außerhalb des kommunalen Einzuggebietes? Wie gehen sie und die Partner mit dieser Spannung um? Wie werden die Konkurrenz- und Kooperationsbeziehungen gegenüber Bildungseinrichtungen im bzw. vor Ort und in der Region gestaltet?

Abschließend sei gesagt: Die hier diskutierte Kategorie der sozialen Welt liefert einen konzeptionellen Rahmen für die Durchführung empirischer Studien, um den Übergang von der Institutionalisierung zur Organisationsentwicklung zu beschreiben und die in einer Anfangssituation einer Einrichtung naturwüchsige Statik zu verflüssigen, diese gleichsam in einen Prozess zu überführen. Empirische Studien liegen, wenn man von einer Diplomarbeit (vgl. Ruland 2008) und kleineren empirischen Impressionen (vgl. Nittel 2006, 2007) einmal absieht, bislang noch nicht vor. Die hier vollzogene akademische Fingerübung dient darüber hinaus dem Zweck, die Hypothese zu formulieren, dass der Prozess des Übergangs von der Institution zur Organisation viel „chaotischer" abläuft als man gemeinhin denkt, gleichwohl wird er durch eine oder mehrere sozialen Welten geordnet und gerahmt. Der Prozess der Konstitution einer Organisation ist auf soziale Bedingungen und Ressourcen angewiesen, die außerhalb ihres Zuständigkeits- und Handlungsbereichs liegen!

Literatur

Berger, B./Luckmann, P. (1970): Die gesellschaftliche Konstruktion der Wirklichkeit. Frankfurt/M.

Nittel, D. (2006): Das Haus des Lebenslangen Lernens in Dreieich – Eine innovative Organisation des Bildungswesens? In: Hessische Blätter für Volksbildung, H. 3, S. 247-259.

Nittel, D. (2007): Die widersprüchliche Einheit von „Systemstärkung" und „Systemschwächung" – Anmerkungen zur gegenwärtigen Lage der Erwachsenenbildung. In: Hessische Blätter für Volksbildung, H. 2, S. 117-126.

Ruland, A. (2008): Lebenslanges Lernen im Aushandlungsprozess der Akteure. Hoffnungen, Erwartungen und Befürchtungen gegenüber dem Campus Dreieich. Diplomarbeit Frankfurt/M. In Vorbereitung.

Strauss, A. (1991): A Social World Perspective. In: Ders.: Creating Sociological Awareness. Brunswick, S. 233-244.

Strauss, A. (1993): Continual Permutations of Action. New York.

Internetquelle

http://www.hll-dreieich.de [12.02.2009].

Selbstbeobachtung als Strukturierung des Lernens in Organisationen

Wolfgang Seitter/Jochen Kade

Erfahrung – wenn sie innerhalb von Organisationen thematisiert wird – hat immer mit Kommunikation und Wissen zu tun: mit Kommunikation insofern, als erst die Kommunikation von Erfahrung diese für Organisationen aufschließt, mit Wissen insofern, als die Reflexion von Erfahrung als Wissen über Erfahrung verstanden und kommuniziert werden kann. Erfahrung ist damit an ihre wissensförmige Verstetigung und Kommunizierbarkeit gebunden, oder anders formuliert: Erfahrung wird in Organisationen greifbar als kommuniziertes Erfahrungswissen. Wir möchten im Folgenden diesen Dreiklang von Erfahrung – Wissen – Kommunikation nicht grundlagentheoretisch, sondern empirisch entfalten. Grundlage der Empirie ist ein abgeschlossenes DFG-Projekt zum Umgang mit Wissen in zwei großen Unternehmen, einem Profit- und einem Non-Profitunternehmen. Wir stellen zunächst das Projekt in seiner Anlage vor (1). In einem weiteren Schritt gehen wir darauf ein, wie Organisationen versuchen, Erfahrungen ihrer Mitglieder zu thematisieren bzw. wissensförmig zu kommunizieren und mit welchen Kommunikationsmodi sie operieren. Unsere These ist, dass Selbstbeobachtung einen zentralen Modus darstellt, mit dem Organisationen Erfahrungen strukturieren und an Organisationsimperative anschließen, ohne die individuelle Selbstverantwortung für Erfahrungsmodifizierung – also Lernen – sichtbar einzuschränken (2). In einer weiteren erziehungswissenschaftlichen Fokussierung fragen wir anhand eines konkreten Beispiels, inwiefern Formen der Selbstbeobachtung pädagogisch strukturiert sind (3), um schließlich die Befunde in einer professionstheoretischen Perspektive zu deuten (4).

1 Projekt Umgang mit Wissen

In einem insgesamt zehnjährigen und inzwischen abgeschlossenen Projekt[1] haben wir den Umgang mit Wissen in den zwei unter den Aspekten der sozialen Integration und des Zukunftswissens stark kontrastierenden sozialen Welten

---

1 Zum Projekt und seinen Ergebnissen vgl. Kade/Seitter 2007a.

eines Industriedienstleisters und eines Sozialvereins untersucht, und zwar auf drei Ebenen: der Ebene der Wissensvermittlung, der Ebene der pädagogischen Kommunikation und der Ebene des pädagogischen Wissens. In der *ersten* Projektphase stand die Analyse des Umgangs mit (feldbezogenem) Wissen im Mittelpunkt. Auf der Grundlage von Interaktionsmitschnitten, Interviews, teilnehmenden Beobachtungsprotokollen und „natürlichen Materialien" wie etwa Mitarbeiterzeitschriften wurden Formen der Wissensvermittlung sowie die Einschreibung pädagogischer Kommunikation in diese Wissenskommunikation rekonstruiert. In der *zweiten* Projektphase wurde auf der Grundlage von Gruppendiskussionen und Experteninterviews der Umgang mit pädagogischem Wissen in den beiden sozialen Welten analysiert, dem Wissen also, das die sozialen Akteure anwenden, wenn sie Wissen vermitteln. Dieser Perspektivenwechsel öffnete das Projekt für eine professionstheoretische Fragestellung, die die Institutionalisierung pädagogischen Wissens zum Thema hatte und davon ausging, dass unter den Bedingungen fehlender und brüchig gewordener professionell-organisatorischer pädagogischer Rahmungen von Kommunikation die Bedeutung der individuellen Akteure für die Herausbildung professioneller pädagogischer Wissensstrukturen und Handlungsmuster wächst. Stand in der ersten Projektphase die Analyse des Entstehens pädagogischer Kommunikation aus dem Umgang mit Wissen, insbesondere der Vermittlung von Wissen, im Mittelpunkt des Interesses, so ging es in der zweiten Projektphase um die Frage des Entstehens pädagogischer Professionalität aus dem individuellen und sozialen Umgang mit pädagogischem Wissen.

Die Ergebnisse beider Projektphasen erlauben es, die Frage nach der Universalität des Pädagogischen differenzierter als bisher zu betrachten, und dies in doppelter Weise: zum einen mit Blick auf die implizite, mitlaufende, im Verborgenen wirkende, nur durch enorme Rekonstruktionsleistungen zu identifizierende Universalität des Pädagogischen, eines Theorems, das üblicherweise auf die Frage der Systembildung, auf die operative Ausdifferenzierung, Sichtbarkeit, Geschlossenheit und Verknüpfung seiner Elemente zielt. Das Formenspektrum des Pädagogischen als Zusammenhang von Wissensvermittlung, pädagogischer Kommunikation, pädagogischem Wissen und Selbstbeobachtung ist jedoch nach den Projektbefunden gerade dadurch gekennzeichnet, dass es mannigfaltige Verbindungen mit nicht pädagogisch markierter Kommunikation eingeht, dass es eingebettet ist in je unterschiedliche institutionelle (auch ökonomische) Kontexte, dass es durch sein uneindeutiges und diffuses Eingewobensein verdeckt, verborgen und unsichtbar bleibt. Zum anderen kann eine Differenzierung hinsichtlich der asynchronen Verbreitung der unterschiedlichen Dimensionen des Pädagogischen vorgenommen werden: So wurde die Expansion des Pädagogischen in der erziehungswissenschaftlichen Diskussion bislang als eine eher eindimensional verlaufende, homogene Entwicklung thematisiert. Begreift man das Pädagogische jedoch als einen in sich differenzierten, zusammengesetzten und instabilen Komplex von Wissensvermittlung, pädagogischer Kommunikation, pädagogischem Wissen und Selbstbeobachtung, wird deutlich, dass diese Dimensionen nicht in synchroner, sich gleichzeitig steigernder Weise ineinander greifen, sondern ungleichzeitig verlaufende Entwicklungsprozesse mit unterschiedlicher sozialer Reichweite implizieren.

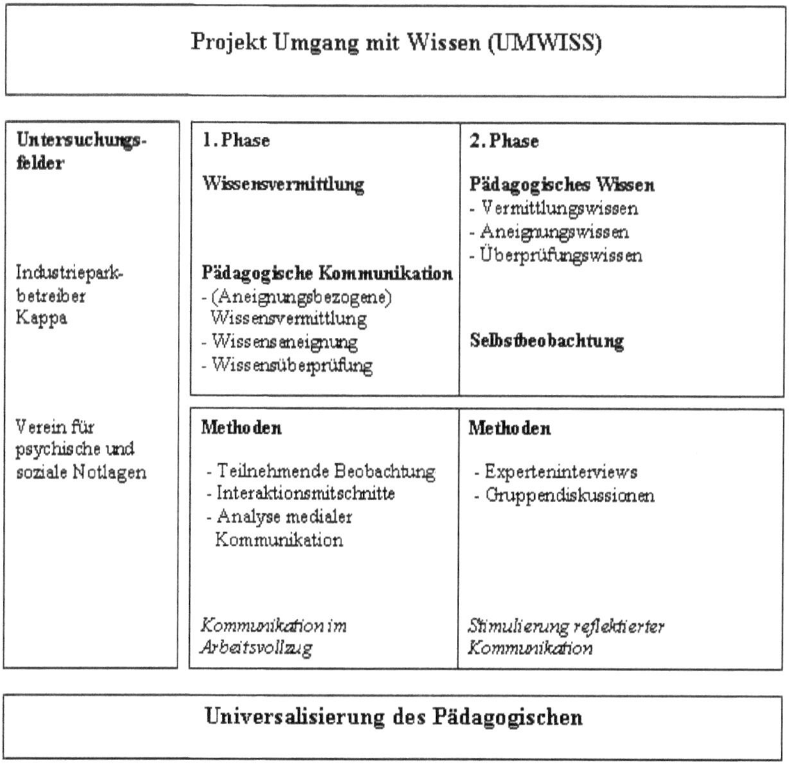

Projekt Umgang mit Wissen (UMWISS)		
Untersuchungs-felder	**1. Phase**	**2. Phase**
	Wissensvermittlung	Pädagogisches Wissen - Vermittlungswissen - Aneignungswissen - Überprüfungswissen
Industriepark-betreiber Kappa	**Pädagogische Kommunikation** - (Aneignungsbezogene) Wissensvermittlung - Wissensaneignung - Wissensüberprüfung	**Selbstbeobachtung**
Verein für psychische und soziale Notlagen	**Methoden** - Teilnehmende Beobachtung - Interaktionsmitschnitte - Analyse medialer Kommunikation	**Methoden** - Experteninterviews - Gruppendiskussionen
	Kommunikation im Arbeitsvollzug	*Stimulierung reflektierter Kommunikation*
Universalisierung des Pädagogischen		

Abb. 1: Gesamtablauf des Projektes

2 Unterschiedliche Formen der Erfahrungsthematisierung in Organisationen: Selbstbeobachtung

Wenn man unser Projekt unter der Fragestellung betrachtet, welche Formen der Erfahrungsthematisierung man in den beiden Untersuchungsfeldern feststellen kann, so ist Erfahrungsthematisierung – wie schon angedeutet – eng verknüpft mit Wissen über diese Erfahrungen. Diese Verbindung von Erfahrung mit Wissen lässt sich in einer breiten Palette von Formen identifizieren: Kommunikationsroutinen, Mitarbeitergespräche, Qualitätszirkel, Qualitätsmanagement, Zielvereinbarungen, Wissensmanagement, Unternehmenszeitschriften etc. Gemeinsam ist all diesen Formen, dass sie Erfahrungen versprachlichen und der betrieblichen Kommunikation zuführen. Erfahrungen verbleiben damit nicht im individuellen, innerpsychischen Raum, sondern werden in Kommunikation überführt und damit sichtbar, vergleichbar und dokumentierbar gemacht.

Wir schlagen nun vor, all diese unterschiedlichen Formen unter dem Begriff der individuellen und kollektiven Selbstbeobachtung zu bündeln. Selbstbeobachtung ist diejenige Form, in der sich Reflexivität als Bezug auf Andere und Anderes im Inneren der individuellen Erfahrung einprägt. Sie ist zugleich die Form, in der individuelle Akteure durch andere irritierbar werden. Solche Differenzerfahrungen können die Reflexivität, die Revision, die Kritik, aber auch die Bestätigung individueller Erfahrung steigern. Mit Blick auf unser Material lassen sich vier Formen der Selbstbeobachtung unterscheiden (vgl. Tab. 1):

Formen von Selbstbeobachtung	
Individuell-interne Selbstbeobachtung	Medial provozierte Selbstbeobachtung
Sozial stimulierte Selbstbeobachtung	Organisatorisch und durch Vernetzung stimulierte Selbstbeobachtung

Tab. 1: Formen von Selbstbeobachtung

2.1 Individuell-interne Selbstbeobachtung

In ihrer einfachen Form hat Selbstbeobachtung den Ausgangspunkt in individuellen Erfahrungen biographischer oder sachlicher Differenz. Vorausgesetzt ist dabei ein Individuum, das über ein Gedächtnis verfügt und sich auch an das erinnern kann, was erfahrungsmäßig nicht gegenwärtigen, sondern weit zurückliegenden Zeitpunkten oder entfernten Orten zuzuordnen ist. Um die Nutzung der Zeitdifferenz handelt es sich dort, wo Individuen Handlungen, Aktivitäten oder Wissensbestände, die sie zu einem früheren Zeitpunkt eingesetzt haben, mit solchen vergleichen, die sie zu einem späteren Zeitpunkt genutzt haben. Um die Nutzung primär einer Sachdifferenz handelt es sich dort, wo Individuen Erfahrungen in einem Tätigkeitsfeld in den Zusammenhang mit Erfahrungen in anderen Feldern stellen. Diese Form der individuell-internen Selbstbeobachtung ist eng an das individuelle Handeln gebunden. Sie läuft mit diesem unbemerkt mit und wird nur im Kontext besonderer Settings kommuniziert.

2.2 Sozial stimulierte Selbstbeobachtung

Eine zweite Form der Selbstbeobachtung hat ihre Grundlage in der Differenz individueller Akteure. Durch den Vergleich mit den Erfahrungen/dem Erfahrungswissen anderer wird das Individuum zur Unterscheidung seines Wissens von anderem und so zu dessen Beobachtung veranlasst. Der individuelle Akteur verliert dadurch den selbstverständlichen Bezug auf das in seinem Handeln inkorporierte Wissen. Es wird als ein (Erfahrungs-)Wissen erkennbar, zu dem es Alternativen gibt. Diese Form sozial eingebetteter Selbstbeobachtung kann naturwüchsig stattfinden, sie kann aber auch durch Kommunikationssettings offen oder verdeckt veranlasst werden, die zusätzlich zu den normalen Arbeitsvollzügen in Organisationen etabliert werden. Ausdrücklich findet solche Stimulierung etwa durch die Einführung einmaliger bzw. wiederholter Feedbackrunden oder durch kollegialen Austausch im Rahmen von Supervisions- oder Praxisreflexionsrunden statt. Eher implizit wird solche wechselseitige Selbstbeobachtung durch Treffen angeregt, die routinemäßig oder in größeren Abständen stattfinden und in denen verschiedene Beschäftigte regelmäßig über ihre Arbeit berichten. Das Wissen, etwa für durchgeführte Projekte zur Verantwortung gezogen werden zu können, forciert wiederum die (vorangehende) Selbstbeobachtung unter dem Aspekt der Beobachtbarkeit, des Beobachtetwerdens. Selbstbeobachtung kann damit wesentlich Selbstkontrolle bedeuten. Sie kann aber auch die Entwicklung von (Erfahrungs-)Wissen motivieren, das dann je individuell eingesetzt wird.

2.3 Medial provozierte Selbstbeobachtung

Eine besondere Rolle bei der Stimulierung kontinuierlicher Selbstbeobachtung spielt die Einführung medialer Dokumentationen und die Speicherung individuellen (Erfahrungs-)Wissens, wie sie durch die neueren Informations- und Kommunikationstechnologien ermöglicht wird. Einerseits wird durch die Verschriftlichung individuellen Handeln dieses als Wissen anderen Akteuren sichtbar und operativ zugänglich. Es setzt die Akteure einem gesteigerten Selbstbeobachtungsdruck aus, der dazu führen kann, dass die Sichtbarkeit des eigenen Handelns mitsamt den damit verknüpften positiven oder negativen Folgen beim Handeln bereits antizipiert und nicht erst im Nachhinein bedacht wird. Andererseits weiß sich durch die Verschriftlichung seines Handelns jeder Akteur einer Fremdbeobachtung ausgesetzt, die ihn wiederum zu einer dieser vorauseilenden, fremde Erwartungen an ihn antizipierenden Selbstbeobachtung provoziert. Es ist nicht zuletzt dieser Kontrolleffekt, der dafür verantwortlich ist, dass das individuelle Erfahrungswissen nicht in der gewünschten Dynamik im Unternehmen prozessiert wird, sondern sein Fluss eher blockiert bleibt.

2.4 Organisatorisch und durch Vernetzung stimulierte Selbstbeobachtung

Neuere Entwicklungen in beiden Untersuchungsfeldern gehen in Richtung der organisatorischen Einführung komplexer Arrangements zur Steigerung individueller und sozialer Beobachtung. Die bloß individuelle Verfügung über (Erfahrungs-)Wissen soll so für den Zugriff durch Kommunikation geöffnet werden. Solche Arrangements sind insbesondere mit den Konzepten des Wissens-, des Qualifikationsmanagements oder auch des so genannten Intrapreneurship verbunden, das den Mitarbeiter als Quasi-Unternehmer anspricht. Sind diese Konzepte eingeführt, wird erkennbar, dass es sich dabei nicht nur um Instrumente des Sichtbarmachens und der Fremdbeobachtung von Mitarbeitern handelt, und zwar im Blick auf das exklusiv an ihre Person gebundene (Erfahrungs-)Wissen (Wissensmanagement), im Blick auf bei ihnen möglicherweise vorhandene, aber noch verborgene oder unentwickelte innovative Ideen (Intrapreneurship) oder im Blick auf individuelle (Qualitäts-)Standards, an denen sie ihr Handeln bewusst oder unbewusst orientieren. Weitaus nachhaltiger ist vielleicht die Wirkung als Instrument zur Stimulierung kontinuierlicher Selbstbeobachtung, da die Institutionalisierung von Fremdbeobachtung über das Beobachtete hinaus – seien dies das individuelle Wissen, die Ideen oder die Handlungsstandards von Mitarbeitern – bewusstseinsrelevante und verhaltenswirksame Folgen zeitigt.[2]

---

2 Wer weiß, dass er vom Unternehmen als potentieller Entwickler und Selbstüberprüfer von eigenen fruchtbaren Produktideen gesehen wird und für solche nicht nur symbolisch Anerkennung findet, sondern davon auch materiell profitieren kann, wird sich selber eher unter dem Aspekt eines solchen Entwicklungspotentials beobachten, als wenn solche Kommunikationsinstrumente wie das des Intrapreneurship nicht eingesetzt werden. Gleichwohl ist es allerdings auch möglich, trotz aller Gratifikations- und Anerkennungsperspektiven solche Selbstbeobachtungserwartungen von sich eher fernzuhalten, weil das Verhältnis von Aufwand und Ertrag als nicht günstig erscheint.

3 In welcher Weise wird die Thematisierung dieser Erfahrung als Modus von Selbstbeobachtung pädagogisch strukturiert?

Wie stark diese Formen von Selbstbeobachtung pädagogisch vorstrukturiert sind bzw. wie sie pädagogisch folgenreiche Wirkungen zeitigen, möchten wir am Beispiel der organisatorisch induzierten Selbstbeobachtung ansatzweise zeigen: Organisatorisch stimulierte Selbstbeobachtung lässt sich beschreiben als ein Arrangement, das die Erzeugung von Kommunikation, die Sichtbarmachung des (Erfahrungs-)Wissens und damit die Verbesserung von Erfahrungen und die Erzeugung neuen (Erfahrungs-)Wissens von MitarbeiterInnen dadurch wahrscheinlicher macht/machen soll, dass es durch institutionalisierte Reflexionsschlaufen auf die kontinuierliche Entwicklungs- und Verbesserungsfähigkeit von Personen und Institutionen abhebt. In dieser Perspektive lassen sich das organisationsinduzierte Vorschlagswesen, das Wissensmanagement (vgl. Seitter 2004) oder die Kombination von routineförmigen und geselligen Kommunikationsrunden als – mehr oder weniger – pädagogisch strukturierte Formen der Umgebungsgestaltung interpretieren, die neues bzw. bislang unbekanntes (Erfahrungs-)Wissen befördern und sichtbar machen und im Abgleich von Differenzerfahrung Lernen stimulieren (sollen) (vgl. Dinkelaker/Egloff 2007).

Diese These möchten wir anhand einer Gruppendiskussion mit dem Kundenmanagement des Industriedienstleisters kurz erläutern: Das Kundenmanagement ist eine Einrichtung des Unternehmens, die 2003 zur Stärkung des Vertriebs gegründet wurde. Im Kundenmanagement sind insgesamt 30 Mitarbeiter beschäftigt, davon sieben in der Unterabteilung „Regionenvertrieb". Die Tätigkeit des Regionenvertriebs ist spezifisch auf die Kundenbetreuung und -akquise außerhalb des Industrieparks gerichtet.[3] Die hier ausgewählte Gruppendiskussion ist eine durch das Forscherteam künstlich verlängerte Form einer regelmäßigen und institutionalisierten Praxis der Besprechung zwischen den Beteiligten. Diese Besprechungspraxis kann als institutionalisierte Selbstbeobachtung interpretiert werden, bei der der Gruppenprozess auch als ein Prozess der kollektiven Lernpraxis und Selbstpädagogisierung sichtbar wird – der Reflexion von und der Bezugnahme auf bisherige Erfahrung im Modus der Steigerung.

In den Diskussionen der Beteiligten wird u.a. deutlich, dass die Existenzberechtigung des Regionenvertriebs im Einfahren guter Verkaufszahlen liegt, d.h. im Verkaufsteam ist Selektion das zentrale Kriterium, das in der Unterscheidung „besser/schlechter" operationalisiert wird und entlang individueller Verkaufszahlen zwischen mehr oder weniger erfolgreichen Verkäufern diskriminiert. Damit stellt sich für diejenigen, die schlechter verkaufen, ein Legitimationsproblem.

---

3   Zur Einbettung des Fallbeispiels in den Gesamtkontext des Projektes vgl. Kade 2007.

Dieses wird aber nicht offen angesprochen, sondern im Modus der Selbstpädagogisierung gelöst. Die Erfahrungsthematisierung und die darin sichtbar werdende Differenz in den Verkaufzahlen werden unter den Verkäufern mit Rekurs auf Lernen kommunikativ bearbeitet. Indem sich der Fokus auf einen Lernprozess verschiebt, kann ein *Defizit* positiv gewendet werden, auf Lernfähigkeit und Lernwilligkeit verweisen und insofern als Surrogat für Erfolg fungieren, als sich damit ein Versprechen auf die Zukunft verbindet. Anders formuliert: Betrachtet man die Entwicklung des Kundenmanagements unter dem Blickwinkel von Selektion und Lernen, wird der Prozess als *Temporalisierung von Selektion* interpretierbar. Der eigentliche Bewährungsprozess verläuft entlang harter ökonomischer Kriterien, die letztlich für die Beteiligten im wörtlichen Sinne existentiell entscheidend sind. In den Gruppensitzungen finden harte Selektionskriterien aber keine Anwendung. Vielmehr wird der Gruppenprozess über eine Temporalisierungsstrategie abgesichert. Zurechnungen erfolgen über den Verbrauch von Zeit, also darüber, in welcher Zeit die notwendigen Fähigkeiten erworben werden.

Interpretiert man die im Regionenvertrieb institutionalisierte Praxis der Selbstbeobachtung in einer personenbezogenen Perspektive, so zeigt sich, dass die pädagogische Strukturierung der Kommunikation und Wissenserzeugung vor allem darin liegt, dass sich die intraindividuell gedachte Vermittlung von Wissen an sich selbst im Modus einer (Erfahrungs-)Wissen generierenden, sozial stimulierten Selbstbeobachtung vollzieht. Was Selbstbeobachtung als Modus der intraindividuellen Wissenserzeugung aus pädagogischem Blickwinkel kennzeichnet, ist die weitgehende Unsichtbarkeit ihres Prozesses in der Kommunikation. Sichtbar ist sie nur in ihrer sozialen Stimulierung und dem Vorher-Nachher-Vergleich, über den die Individuen verfügen.

Diese Invisibilisierung von sozialer Kontrolle macht Selbstbeobachtung in organisatorischen Kontexten so attraktiv. Selbstbeobachtung kann als Modus der (Selbst-)Einwirkung verstanden werden, der im individuellen Akteur verläuft, vom Resultat her offen und (zunächst) nicht auf Überprüfung und Kontrolle hin angelegt ist. Er setzt auf die Kompetenz und Freiheit der Individuen, sich in ein abstraktes Selbstverhältnis zu stellen. Als Modus der Korrektur und Erneuerung von (Erfahrungs-)Wissen bekommt Selbstbeobachtung im Zusammenhang eines über Kompetenz konstituierten Erwachsenenstatus' ihre Bedeutung dadurch, dass kein inhaltliches Ziel eingespeist wird, sondern im Extrem nur eine auf das Formale des Selbstbezugs reduzierte Aufforderung. Der auf Veränderung gerichtete Erwartungsdruck korrespondiert somit zwar mit einer Figur der Potentialisierung und der Steigerung, die dem Pädagogischen inhärent ist. Aber dieser Erwartungsdruck führt nicht zwangsläufig zur Zuschreibung von Kompetenzdefiziten sowie zu einer visiblen Prekarisierung eines bisher erreichten Erwachsenenstatus' (vgl. Kade/Seitter 2007b).

Aber Selbstbeobachtung ist nicht nur ein Modus der Erzeugung von neuem bzw. modifiziertem Wissen bei denen, die sich selber beobachten, so dass in diesem Fall die Erzeugung und die Aneignung von Wissen personal zusammenfallen. Selbstbeobachtung kann auch dafür offen machen, sich Wissen anzueignen, das zunächst noch nur an anderer Stelle existiert, über das man gerade noch nicht verfügt, aber von dem erwartet wird, dass man darüber verfügen sollte. Selbstbeobachtung ist insofern ein Medium des Transfers von Wissen (vgl. Stichweh 2005). Es gehört zu dem Komplex von Motiven, die Subjekte zur Bereitschaft für eine schnelle Aufnahme komplexer Wissensbestände disponieren und die Anwendung des gelernten Wissens, d.h. seinen Transfer „vom Lern- in das Funktionsfeld" (Becker 2007, 30), steuern.

4 Bindung von Erfahrung an Kommunikation/Reflexion: Generalisierung des Professionsmodells

Selbstbeobachtung lässt sich zusammenfassend als Institutionalisierungsmodus kennzeichnen, der die Reflexion von Erfahrung auf Dauer stellt – und zwar nicht so sehr als innerpsychischen Prozess, sondern als kommunikativ verfügbare Praxis – und zugleich die Wahrscheinlichkeit der Aneignung neuen bzw. modifizierten Wissens erhöht.[4] Beschreibt man Selbstbeobachtung auf diese Weise, so zeigt sich ein Modell von Erfahrungsaufschichtung, Erfahrungsreflexion und Erfahrungskorrektur, das die Professionen historisch entwickelt haben: die Entwicklung und Fortentwicklung des eigenen Handelns durch die kommunikative Bearbeitung eben dieses Handelns samt der darin eingewobenen Erfahrungen.

Pointiert formuliert kann man sagen, dass sich in der Institutionalisierung von Selbstbeobachtungsformen eine Generalisierung des Professionsmodells zeigt, das auf weite Teile der Organisationsmitglieder übertragen bzw. ihnen angesonnen wird. Die Übertragung des Professionsmodells auf Organisation macht unter zeitdiagnostischen Gesichtspunkten deutlich, wie sehr Organisationshandeln gegenwärtig nicht durch bürokratische Routinen, sondern durch Ungewissheit, Unsicherheit und Nicht-Antizipierbarkeit gekennzeichnet ist (vgl. Helsper et al. 2003). Handeln unter den Bedingungen von Nichtverallgemeinerbarkeit und Fallspezifität nähert Organisationshandeln dem Professionshandeln an (vgl. Stichweh 2005). Die Institutionalisierung von Selbstbeobachtung ist dafür eine zentrale Voraussetzung.

---

4   Zur kategoriengestützten Selbst-/Fremdbeobachtung als zentralen Mechanismus des „Transfers komplexer Sinneinheiten" in der Weltgesellschaft der Gegenwart vgl. Stichweh 2006.

Literatur

Becker, F. G. (2007): Evaluation und Transfer in der Personalentwicklung. Ressourcen optimal nutzen. In: Weiterbildung, H. 1, S. 30-32.

Dinkelaker, J./Egloff, B. (2007): Wissensvermittlung und pädagogische Kommunikation in einer Abteilungssitzung. In: Kade, J./Seitter, W. (Hrsg.): Umgang mit Wissen. Recherchen zur Empirie des Pädagogischen. 2 Bde. Bd. 1: Pädagogische Kommunikation. Opladen & Farmington Hills, S. 305-342.

Helsper, W./Hörster, R./Kade, J. (Hrsg.) (2003): Ungewissheit: Pädagogische Felder im Modernisierungsprozess. Weilerswist.

Kade, J. (2007): Selbstbeobachtung, Belehrung, lebenslanges Lernen: Kollektives pädagogisches Wissen in Gruppendiskussionen. In: Kade, J./Seitter, W. (Hrsg.): Umgang mit Wissen. Recherchen zur Empirie des Pädagogischen. Bd. 2: Pädagogisches Wissen. Opladen & Farmington Hills, S. 267-293.

Kade, J./Seitter, W. (Hrsg.) (2007a): Umgang mit Wissen. Recherchen zur Empirie des Pädagogischen. 2 Bde. Bd. 1: Pädagogische Kommunikation. Bd. 2: Pädagogisches Wissen. Opladen & Farmington Hills.

Kade, J./Seitter, W. (2007b): Offensichtlich unsichtbar. Die Pädagogisierung des Umgangs mit Wissen im Kontext des lebenslangen Lernens. In: Zeitschrift für Erziehungswissenschaft 10, H. 2, S. 181-198.

Seitter, W. (2004): Gegenläufige Innovationspraktiken. Zur Pädagogik des Unternehmens und zum Wissensmanagement von Sozialarbeit. In: Zeitschrift für Erziehungswissenschaft 7, H. 1, S. 71-84.

Stichweh, R. (2005): Wissen und die Professionen in einer Organisationsgesellschaft. In: Klatetzki, Th./Tacke, V. (Hrsg.): Organisation und Profession. Wiesbaden, S. 31-44.

Stichweh, R (2006): Transfer in Sozialsystemen: Theoretische Überlegungen. In: Duss, V./Linder, N./Kastl, K./Börner, Ch./Hirt, F./Züsli, F. (Hrsg.): Rechtstransfer in der Geschichte. München, S. 1-6.

III. Empirie

Vermittlung zwischen Wissen und Erfahrung. Ein Beispiel zur Transformation von individuellem und organisationalem Wissen im Zuge der Professionalisierung der Erwachsenenbildung

Detlef Behrmann

Organisationspädagogik befasst sich sowohl mit pädagogischen Implikationen von Organisation und Organisationen als auch mit organisatorischen und organisationalen Aspekten von Pädagogik und Bildung (vgl. Göhlich et al. 2005; Böttcher/Terhart 2004).

Beide Perspektiven integrierend wird im vorliegenden Beitrag der pädagogisch zu arrangierenden Transformation von organisationsrelevantem Wissen nachgegangen. Fokussiert wird dabei die Vermittlung zwischen reflexiv distanziertem und erfahrungsorientiertem Lernen in einem institutionenübergreifenden Kontext, in dem es um die Bearbeitung organisationaler Problemstellungen von Bildungseinrichtungen im Zuge gemeinsamer Professionalisierungsprozesse von aktiven und künftigen Erwachsenenbildnern geht.

1 Präliminarien

Bezüglich der gleichermaßen wissens- und erfahrungsbasierten Professionalität des Personals sowie der professionellen Gestaltung von Organisationen sind im gewählten Fokus zunächst begriffliche Klärungen zu *Wissen*, *Erfahrung* und *Professionalität* erforderlich.

Wissen lässt sich allgemein und im Hinblick auf pädagogische Professionalität wie folgt fassen (vgl. Oelkers/Tenorth 1991): Wissen bezeichnet symbolisch repräsentierbare Sinnstrukturen, die lebensweltliche Zusammenhänge jeder Art implizit oder explizit organisieren und dabei eine zeitliche, sachliche und soziale Schematisierung lebensweltlicher Verhältnisse erzeugen. Zudem erweisen sich die Sinnstrukturen und Schematisierungen als beobachtbar und beschreibbar und sind damit alltagstheoretisch und/oder wissenschaftlich fassbar sowie dokumentierbar und reflexiv bearbeitbar.

Bezüglich der organisationspädagogisch nicht zu umgehenden Differenzierung *individuellen* und *organisationalen* Wissens lässt sich feststellen: *Individuelles Wissen* basiert auf dem Bewusstsein psychischer Systeme (vgl. Luhmann 1994) und bezeichnet personenabhängige Wirklichkeitskonstruktionen und -deutungen (vgl. Arnold 1996). *Organisationales Wissen* basiert auf der Kommunikation sozialer Systeme (vgl. Luhmann 1994) und bezeichnet personenunabhängige Wissensbausteine und ihre Verknüpfungsmuster (vgl. Willke 2000). Individuelles und organisationales Wissen unterscheiden sich hinsichtlich ihrer je spezifischen Konstitutivität, kennzeichnen sich allerdings auch durch ihre Reziprozität bzw. ihren Bezug auf die jeweils andere Wissensdomäne.

Im Vergleich zum Wissen bezeichnet *Erfahrung* bewegtes Erleben und entsteht in Konfrontation mit lebensweltlichen Ereignissen. Sie ist subjektiv und sinnlich fassbar – sowohl als latente Erfahrung, die momentane Betroffenheit angesichts eines Ereignisses erzeugt, als auch als manifeste Erfahrung, die als Erlebtes biographisch reproduziert wird. Ferner ist Erfahrung intersubjektiv und sprachlich teilbar – sowohl als gemeinsam empfundenes Ereignis als auch über einen verbalisierten Austausch über Erlebtes (vgl. Prange 1989).

Jenseits historischer und systematischer Rekonstruktionen des Verhältnisses von Wissen und Erfahrung aus pädagogischer Sicht (vgl. Meyer-Drawe 2003) soll an dieser Stelle in gebotener Kürze zum Ausdruck gebracht werden: Wissen und Erfahrung stehen in einem rekursiven Verhältnis und lösen wechselseitige, pädagogisch zu berücksichtigende Evokationen aus (vgl. Prange 1989). Das heißt, Wissen kann ohne Erfahrung angeeignet werden, darüber hinaus jedoch dazu führen, dass ein Erfahrungskontext aufgesucht wird, der Wissen über Erfahrung nachzeichnet oder beides miteinander koppelt. Erfahrung wiederum kann ohne Wissen gemacht werden, darüber hinaus jedoch dazu führen, einem Wissen nachzugehen, welches die Erfahrung symbolisch repräsentiert bzw. erklärt oder verstehen lässt.

Der Zusammenhang von Wissen und Erfahrung ist für Professionalisierungsvorgänge von besonderer Bedeutung, da – gerade auch pädagogische – Professionalität auf dem systematischen Abgleich eines abstrahierten Wissens- und Wertekodex' mit einer konkreten Fallerfahrung basiert (vgl. Dobischat/Husemann 1998; Gieseke 1988; 1994).

Vor dem Hintergrund dieser Präliminarien lassen sich die Interferenz von Wissen und Erfahrung sowie die Transformation von Wissen in einer individuellen und organisationalen Dimension erläutern und auf ein hierzu förderliches pädagogisches Arrangement zur Professionalisierung der Erwachsenenbildung beziehen.

2 Erfahrungslernen und Wissenstransformation

Aus der Konzeption des *Experiential Learning* (vgl. Kolb 1984) lassen sich folgende Wissensarten extrahieren, die aus dem Erfahrungslernen hervorgehen (vgl. Geißler 1994; Behrmann 2007):

- Konzeptwissen – entsteht durch Orientierung an Theorien,
- Planungswissen – entsteht durch gedankliche Anwendung auf vorstellbare Situationen,
- Handlungswissen – entsteht bei aktiver Umsetzung in kontextspezifisches Handeln,
- Erfahrungswissen – entsteht im unmittelbaren Erleben von Phänomenen im sachlichen und sozialen Umfeld.

Diese Wissensarten stehen nicht isoliert nebeneinander, sondern gehen ineinander über, was sich anhand folgender Transformationstypen beschreiben lässt (vgl. Nonaka 1995; Götz 2000; Behrmann 2007):

- Externalisierung – Implizites Wissen wird in explizites Wissen umgewandelt sowie transparent und reflexiv bearbeitbar gemacht,
- Konstruktion – Explizite Wissensbestände bzw. -elemente werden aufeinander bezogen sowie neu kombiniert und miteinander abgestimmt,
- Internalisierung – Explizites Wissen wird in implizites Wissen umgewandelt und interiorisiert,
- Exploitation – Implizites Wissen wird genutzt und wechselseitig übernommen.

Die aus dem Erfahrungslernen hervorgehenden Wissensarten und Transformationstypen individuellen Wissens weisen Parallelen in einer organisationalen Dimension auf. Hier wird organisationales Modell-, Gestaltungs-, Realisierungs- und Routinewissen über folgende Transformationstypen umgewandelt (vgl. Pawlowsky 2000):

- Wissensidentifikation – Organisationales Wissen wird im Hinblick auf Bestände, Defizite, Potenziale bzw. faktische organisationale Problemstellungen eruiert,
- Wissensgenerierung – Organisationale Wissensstrukturen werden modellhaft und angesichts faktischer Problemstellungen entwickelt und umgestaltet bzw. erneuert,

- Wissenstransfer – Erneuertes Wissen wird in organisationale Strukturen, Prozesse, Regeln usw. übertragen,
- Wissensintegration – Wissen wird in organisationalen Routinen verdichtet.

Angesichts dieser Modellvorstellungen (vgl. Abb. 1) stellt sich nun die Frage, wie für diese Zusammenhänge in pädagogischen Arrangements bzw. Settings sensibilisiert werden kann.

Zur Beantwortung dieser Frage wird auf ein Projekt Bezug genommen, in dem organisationsrelevante Problemstellungen in einer institutionenübergreifenden (verschiedene Erwachsenenbildungseinrichtungen und eine Hochschule erfassenden) sowie unterschiedliche Personengruppen (aktive und künftige Erwachsenenbildner sowie Hochschullehrende) beteiligenden Weise sowohl erfahrungsorientiert als auch wissensbasiert bearbeitet wurden.

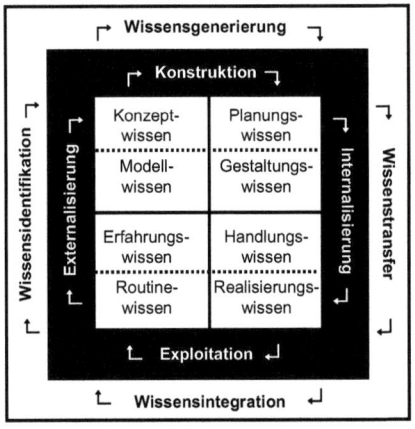

Abb. 1: Reflexive und erfahrungsorientierte Transformation von individuellen und organisationalen Wissensarten

3 Transformation von Wissen in einem institutionenübergreifenden und professionalisierungsfördernden Lernkontext

In Erwachsenen-/Weiterbildungsgesetzen bzw. -verordnungen der Bundesländer sind zumeist so genannte Beiräte, Kuratorien o.ä. auf regionaler und auf Landesebene vorgesehen, die vor allem dem Informationsaustausch und der Kooperation zwischen verschiedenen Bildungseinrichtungen/-anbietern sowie Bildungsverbänden/-trägern dienen.

Der rheinland-pfälzische Beirat für Weiterbildung Landau/Südliche Weinstraße hat im Zuge des regionalen Informationsaustauschs und der örtlichen Kooperation 1999 festgestellt, dass viele Einrichtungen mit gleichen oder ähnlichen Herausforderungen konfrontiert waren und an vergleichbaren Problemstellungen arbeiteten. Herausforderungen machten sich u.a. an der Bearbeitung von Themen wie „Bildungsmanagement und -marketing", „Implementierung von Qualitätsmanagementsystemen", „Demographischer Wandel" und „Neue bzw. selbst gesteuerte Lernformen" sowie „Multimediale Lernformen" fest.

Der Beirat, dem auch Mitglieder der örtlichen Universität angehörten, entschloss sich daraufhin, die Zusammenarbeit dahingehend zu intensivieren, sich in einem gemeinsamen Lernforum mit den alle Einrichtungen betreffenden Herausforderungen und Problemstellungen aktiv und gestaltend auseinander zu setzen. Die Besonderheit des Lernforums kennzeichnete sich dadurch, dass das Forum von aktiven Erwachsenenbildnern bzw. Leiterinnen und Leitern regionaler Bildungseinrichtungen mit Projektseminaren von künftigen Erwachsenenbildnern bzw. Studierenden der ortsansässigen Universität gekoppelt wurde.

Der Verlauf des zwischen Wissen und Erfahrung vermittelnden Lernens sowie der damit in Verbindung stehende Transformationsprozess von individuellem und organisationalem Wissen lässt sich wie folgt skizzieren (vgl. Abb. 2):

Zunächst bestand eine Aufgabe für die aktiven Erwachsenenbildner darin, organisationsrelevante Problemstellungen zu eruieren und zu definieren. Hierbei ging es in einer problemorientierten Sichtweise darum, Erfahrungswissen zu externalisieren sowie organisationales Routinewissen zu identifizieren. Parallel eigneten sich die künftigen Erwachsenenbildner organisational relevantes Konzeptwissen aus einer abstrakten und systematischen Perspektive an.

Im nächsten Schritt ging es den aktiven und künftigen Erwachsenenbildnern im gemeinsamen Lernprozess und wechselseitigen Austausch darum, in reflexiver Distanzierung angeeignetes Konzeptwissen anhand identifizierter organisationaler Problemstellungen planungsorientiert zu rekonstruieren bzw. abstrakt verfügbares Modellwissen weiter zu erschließen und dabei Lösungen für identifizierte organisationale Problemstellungen gestaltungsorientiert zu generieren.

In der darauf folgenden Phase bestand die Aufgabe der aktiven und künftigen Erwachsenenbildner darin, das gedanklich konstruierte Planungswissen in den konkreten Erfahrungskontext einfließen zu lassen bzw. abstrakt generiertes Gestaltungswissen in reale organisationale Zusammenhänge zu übertragen. Mithin ging es um die Internalisierung und den Transfer reflexiv angeeigneten und abstrakt bearbeiteten, individuell wie organisational relevanten Wissens in operationales, erfahrungsorientiertes und ereignisbezogenes sowie implizit und funktional zu arrangierendes Handlungs- und Realisierungswissen. In dieser Phase bestand eine besondere Herausforderung darin, dass neben den bis dahin gemeinsam lernenden aktiven und künftigen Erwachsenenbildnern auch Mitarbeiterinnen und Mitarbeiter der Erwachsenenbildungseinrichtungen in den Umsetzungs- bzw. Übertragungsprozess des Wissens einbezogen wurden.

In Folge ging es um die Verdichtung des Handlungs- und Realisierungswissens in individuelle und soziale Erfahrungsräume sowie organisationale Routinen mittels der impliziten Ausschöpfung und Nutzung von Wissen bzw. der Integration von Wissen in heuristisch verstetigte oder automatisierte organisationale Abläufe. Hieran waren im Wesentlichen die aktiven Erwachsenenbildner und die MitarbeiterInnen ihrer Einrichtungen beteiligt. In einigen Fällen konnten künftige Erwachsenenbildner über Praktika an der Verdichtung/Verstetigung des Wissens in den organisationalen Erfahrungszusammenhängen beteiligt werden.

Die erfahrbaren Resultate des bisher beschriebenen Zyklus' wurden in gleicher Vorgehensweise in die Initiierung eines neuen Zyklus' eingespeist.

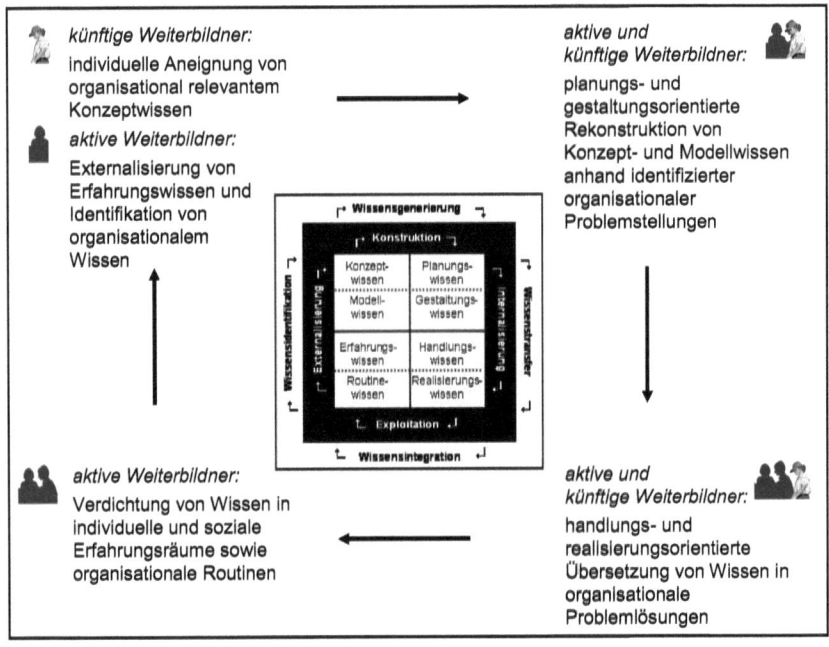

Abb. 2: Transformation individuellen und organisationalen Wissens in Kooperation aktiver und künftiger Erwachsenenbildner

Feedbackrunden im Anschluss an einzelne Phasen des Lernzyklus', halbstandardisierte Befragungen der Beteiligten am Ende des Lernzyklus' sowie Protokolle von Sitzungen in den Einrichtungen ergeben folgendes Bild, welches einerseits auf einer explorativen Studie zum genannten Setting beruht (vgl. Behrmann 2002), andererseits aber auch auf ähnlich organisierte Modellprojekte zur Professionalisierung der Erwachsenenbildung zurück zu führen ist (vgl. Behrmann et al. 2004; Schwarz/Behrmann 2006):

Aktive Weiterbildner haben Bestätigung für funktionale und zudem irritierende Impulse im Hinblick auf dysfunktionale organisationale Routinen erhalten. Sie haben Erfahrungen mit organisationalen Problemstellungen systematisch aufgearbeitet, mit neuem Wissen angereichert sowie erneuertes Wissen auf den organisationalen Kontext übertragen. Ferner haben sie individuelle Arbeits-/Lernhaltungen in Zusammenarbeit mit künftigen Erwachsenenbildnern verändert. Sie haben vor allem den Nutzen einer reflexiven Bearbeitung von erfahrbaren organisationalen Problemstellungen betont und schließlich haben sie die Veränderung von individuellem Handlungs- und Erfahrungswissen vornehmlich in der Zusammenarbeit mit künftigen Erwachsenenbildnern erlebt.

Künftige Weiterbildner haben Planungs- und Gestaltungs- sowie Handlungs- und Realisierungswirksamkeit reflexiven Wissens erkannt. Sie haben professionelles Handeln als Angleichungshandeln zwischen Wissen und Erfahrung erlebt und berufliche Verhaltensstandards in Zusammenarbeit mit aktiven Erwachsenenbildnern sowie in organisationalen Kontexten erfahren. Ferner haben sie vor allem den Nutzen einer erfahrbaren Übertragung reflexiven Wissens auf organisationale Kontexte betont und schließlich haben sie die konstruktive Bearbeitung individuellen Konzept- und Planungswissens im Hinblick auf die Übertragung in Handlungs- und Erfahrungswissen vornehmlich in Zusammenarbeit mit aktiven Erwachsenenbildnern erlebt.

4 Resümee und Perspektiven

Im beschriebenen Setting ging es angesichts der konzeptionellen Fundierung und im Zuge der Durchführung darum,

- Lernprozesse von Erwachsenenbildnern in einer zwischen Wissen und Erfahrung vermittelnden Form zu arrangieren,
- die für professionelles Denken und Handeln unerlässliche Reziprozität von reflexiver Distanzierung und konkretem Fallbezug erfahrbar und konstruktiv nutzbar werden zu lassen,

- aktuelle Problemstellungen von Erwachsenenbildungsorganisationen gleichermaßen wissenschafts- wie anwendungsorientiert zu bearbeiten,
- die Transformation von individuellem und organisationalem Wissen in einem möglichst vollständigen Zyklus zu ermöglichen,
- personen- und institutionenübergreifende Professionalisierungsprozesse der Erwachsenenbildung in einem regionalen Kontext zu fördern.

Resümierend lässt sich zunächst konstatieren, dass das gewählte Setting vermochte, wechselseitige Evokationen von Wissen und Erfahrung auszulösen, für ein rekursives Verhältnis von Wissen und Erfahrung zu sensibilisieren und ein entsprechendes Angleichungshandeln zu initiieren. Das Setting legte Professionalisierungsprozesse zwischen Arbeiten und Lernen an, balancierte zwischen Wissenschafts- und Anwendungsorientierung aus und organisierte in Verbindung von akademischer Ausbildung und wissenschaftlicher Weiterbildung. Zyklische Transformationsvorgänge von individuellem und organisationalem Wissen wurden gefördert, eine professionalisierungsrelevante Wissenstransformation zwischen reflexiver Distanzierung und konkretem Fallbezug ermöglicht sowie entsprechende Prozesse produktiv gestaltet. Schließlich erlaubte es das gewählte Setting, institutionelle Kooperationen lernförderlich zu gestalten, intermediäre Lern- bzw. miteinander kombinierte Wissens- und Erfahrungsräume zu erschließen und Synergien zwischen Lernenden mit unterschiedlich bedingten Zugangsweisen zur lernenden Bearbeitung von organisationalen Problemstellungen der Erwachsenenbildung zu ermöglichen.

Ebenso lässt sich resümierend feststellen, dass anfangs divergierende, entweder auf Erfahrung aktiver oder auf Wissen künftiger Erwachsenenbildner basierende Zugänge zu organisationsrelevanten Problemstellungen in konvergierende Bearbeitungs- und Übertragungsperspektiven zur Lösung entsprechender Problemstellungen umgewandelt werden konnten und überdies zur wechselseitigen Aktualisierung und Modellierung von professionellen Denk- und Handlungsmustern beigetragen haben.

Es wurde allerdings auch deutlich, dass organisationsrelevante Problemstellungen, die von aktiven und künftigen Erwachsenenbildnern bzw. Leiterinnen und Leitern von Erwachsenenbildungseinrichtungen und Studierenden der Erwachsenenbildung reflexiv und konstruktiv bearbeitet wurden, dann im Hinblick auf die Übertragung in den Einrichtungskontext problematisch wurden, wenn zusätzliche Personen bzw. Mitarbeiter/Innen beteiligt wurden, die an dem bis dahin vollzogenen Lernprozess nicht aktiv beteiligt waren.

Nicht zuletzt ist zu erwähnen, dass eine trennscharfe Differenzierung zwischen der Transformation von individuellem und organisationalem Wissen nicht durchgängig aufrecht erhalten werden konnte.

Perspektivische Konsequenzen bestehen angesichts dessen darin, weiterhin auf eine dialektisch zu verstehende und in diesem Sinne produktiv zwischen Wissen und Erfahrung vermittelnde Professionalisierung zu setzen, da dadurch Anschlussmöglichkeiten zwischen Wissen und Erfahrung sowie zwischen individuellem und organisationalem Wissen geschaffen werden. Weiterhin gilt es Lernkontexte zur Bearbeitung organisationaler Problemstellungen in der Erwachsenenbildung weiter auszudifferenzieren, damit umfassende, d.h. multiperspektivische und mehrdimensionale Inspirationen und Partizipationen ermöglichende sowie Arbeiten und Lernen in stärkerem Maße integrierende Professionalisierungsprozesse arrangiert werden können. Schließlich besteht eine Perspektive darin, diagnostische sowie formative und summative Evaluationsinstrumentarien zu entwickeln, die eine gezielte (organisations-)pädagogische Begleitung von Prozessen zwischen Personal- und Organisationsentwicklung bzw. zwischen individuellem und organisationalem Lernen ermöglichen.

Perspektivisch zielt die hier beschriebene Konstellation einer Kopplung von Lernforen aktiver Erwachsenenbildner mit Projektseminaren künftiger Erwachsenenbildner in einem personen- und institutionenübergreifenden, der Transformation von individuellem und organisationalem sowie professionsrelevantem Wissen dienenden Kontext nicht zuletzt auch darauf, europäische Initiativen zur berufsqualifizierenden akademischen Ausbildung und zur wissenschaftlichen Weiterbildung sowie zur stärkeren Verzahnung von Bildung und Beruf bzw. von Lernen und Arbeit institutionell zu arrangieren.

Literatur

Arnold, R. (1996): Weiterbildung. München.

Behrmann, D. (2002): Verzahnung von akademischer Ausbildung und wissenschaftlicher Weiterbildung zur Entwicklung von Professionswissen in der Erwachsenenbildung. In: Dewe, B./Wiesner, G./Wittpoth, J. (Hrsg.): Professionswissen und erwachsenenpädagogisches Handeln. Bielefeld, S. 125-139.

Behrmann, D. (2007): Wissensmanagement und wissenschaftliche Weiterbildung von Weiterbildenden. Entwicklung von Professionswissen in regionalen Professionalisierungsnetzwerken und im systemischen Kontext der Weiterbildung. In: Klaus, J./Vogt, H. (Hrsg.): Wissensmanagement und wissenschaftliche Weiterbildung. Hamburg, S. 121-130.

Behrmann, D./Schwarz, B./Götz, K. (Hrsg.) (2004): Professionalisierung und Organisationsentwicklung. Bielefeld.

Böttcher, W./Terhart, E. (Hrsg.) (2004): Organisationstheorie in pädagogischen Feldern. Wiesbaden.

Dobischat, R./Husemann, R. (1998): Professionalisierung der Weiterbildungsorganisation. In: Faulstich, P./Bayer, M./Krohn, M. (Hrsg.): Zukunftskonzepte der Weiterbildung. Weinheim & München, S. 187-197.

Geißler, H. (1994): Grundlagen des Organisationslernens. Weinheim.

Gieseke, W. (1988): Durch berufliche Sozialisation zur Professionalität? In: Ders. (Hrsg.): Professionalität und Professionalisierung. Bad Heilbrunn, S. 11-27.

Gieseke, W. (1994): Professionalisierung in der Erwachsenenbildung/Weiterbildung. In: Tippelt, R. (Hrsg.): Handbuch der Erwachsenenbildung/Weiterbildung. Opladen, S. 372-383.

Göhlich, M./Hopf, C./Sausele, I. (Hrsg.) (2005): Pädagogische Organisationsforschung. Wiesbaden.

Götz, K. (Hrsg.) (2000): Wissensmanagement. Zwischen Wissen und Nichtwissen. 2. Aufl. München.

Kolb, D. A. (1984): Experiential Learning. Experience as the Source of Learning and Development. Eaglewood Cliffs.

Luhmann, N. (1994): Soziale Systeme. Grundriss einer allgemeinen Theorie. 5. Aufl. Frankfurt/M.

Meyer-Drawe, K. (2003): Lernen als Erfahrung. In: Zeitschrift für Erziehungswissenschaft, 6. Jahrg., H. 4, S. 505-514.

Nonaka, I. (1995): The Knowledge Creating Company. New York.

Oelkers, J./Tenorth, H.-E. (1991): Pädagogisches Wissen als Orientierung und als Problem. In: Zeitschrift für Pädagogik 27. Beiheft, S. 13-35.

Pawlowsky, P. (2000): Wozu Wissensmanagement? In: Götz, K. (Hrsg.): Wissensmanagement. Zwischen Wissen und Nichtwissen. 2. Aufl. München, S. 113-129.

Prange, K. (1989): Latente Erfahrung. Erziehung zwischen Instruktion und Motivation. In: Ders.: Pädagogische Erfahrung. Weinheim, S. 175-185.

Schwarz, B./Behrmann, D. (Hrsg.) (2006): Integratives Qualitätsmanagement. Bielefeld.

Willke, H. (2000): Nagelprobe des Wissensmanagements: Zum Zusammenspiel von personalem und organisationalem Wissen. In: Götz, K. (Hrsg.): Wissensmanagement. Zwischen Wissen und Nichtwissen. 2. Aufl. München, S. 15-31.

Employability als Erfahrungsprozess im Unternehmen

Nils Bernhardsson

1 Zum Begriff der Employability

Der Beitrag versucht einen Ansatz aufzuzeigen, der Pädagogen dabei hilft, das Thema der Employability mit Bezug auf die Erfahrungskontexte im Betrieb auszudifferenzieren. Zunächst (2) werden die organisationstheoretischen Voraussetzungen für Erfahrungsprozesse benannt. Anschließend (3) wird ein pädagogischer Ansatz für die Initiierung von Erfahrungsprozessen in Organisationen vorgestellt. Daraufhin (4) wird beschrieben, wie in zwei Unternehmen mit der Methode eines Forschungsworkshops gearbeitet wurde und es werden exemplarisch erste Ergebnisse vorgestellt. Abschließend (5) erfolgt eine Zusammenfassung der Ergebnisse und ein Ausblick.

Der Begriff der Employability (Beschäftigungsfähigkeit) prägt seit einigen Jahren die Diskussionen um Arbeitsmarkt und Personalwirtschaft sowie die Agenda der EU-Sozialpolitik (vgl. Jacobsson 2004). Employability wird u.a. vor Hintergründen wie dem demographischen Wandel, der Globalisierung und der Arbeitslosigkeit konzipiert. Insbesondere betriebliche Personalentwicklungsabteilungen sind aufgerufen, Employability als eine überindividuelle Verbindlichkeit zur Sprache zu bringen und zu vermitteln. Betriebe stehen jedoch vor dem Problem, dass Employability ein umfassendes, strategisches und sehr allgemein gefasstes Konzept ist.

Die Verwendungsweisen des Begriffs der Employability hat Kraus (2006) ausführlich beschrieben. Die Autorin unterscheidet zwischen einem „Mainstream-Verständnis" und einer Minderheitenposition. In Politik und Ökonomie hat sich ein „Mainstream-Verständnis" von Employability etabliert. Beschäftigungsfähigkeit wird hier als eine Eigenschaft von Individuen betrachtet, die es ihnen ermöglicht, auf dem Arbeitsmarkt Arbeit zu erlangen und zu behalten. Die Individuen werden als Träger ihrer Beschäftigungsfähigkeit angesehen und für deren Erhalt verantwortlich gemacht. In diesem Sinne definieren z.B. die Vertreter der OECD, McKenzie und Wurzburg, Employability als „the capacity to be productive and to hold rewarding jobs" (McKenzie/Wurzburg 1998, 13). Die „Employability Skills",„motivation, communication, problem solving, positive

159

attitudes and behaviours, adaptability and working with others" (IES 2005, zit. n. Newton et al. 2005, 20) sollen orientierend wirken.

Davon unterscheidet Kraus eine Minderheitenposition. Sie liefert die „notwendige Ergänzung der Mainstream-Definition von Beschäftigungsfähigkeit" (Kraus 2006, 135). Im Gegensatz zum „Mainstream-Verständnis" rückt die Minderheitenposition strukturelle Aspekte der Arbeitsorganisation in den Blick. Vertreter/innen dieser Position richten ihre Aufmerksamkeit auf volkswirtschaftliche und betriebliche Strukturen, in denen Individuen ihre Erfahrungen sammeln.

Besonders pädagogische Autoren betonen, dass die strukturelle Seite von Employability die „vernachlässigte" Seite sei (vgl. Nuissl 2003). Svensson (2004) zeigt am Beispiel skandinavischer Betriebe, dass viele Unternehmen sich dem Diskurs öffnen und „starke" (ebd., 83) Ambitionen zeigen, ein umfassendes Lernen für die Beschäftigungsfähigkeit zu fördern. Demgegenüber steht jedoch nur eine „schwache" (ebd.) Praxis, die den Handlungskontexten, Problemen und Erfahrungen der Arbeitnehmenden nicht Rechnung trägt. Der Autor beklagt, dass es im Hinblick auf das Lernen der Employability zu einer Engführung des Begriffs kommt. Laut Svensson wird in den Betrieben die „learning logic" durch eine „production logic" (ebd., 87ff.) dominiert, mit der Folge, dass die strukturellen Erfahrungskontexte der Lernenden vernachlässigt werden.

Eine Bestimmung von Employability über individuelle Faktoren im Sinne der „Mainstream-Position" führt zu einem spezifischen Konzept von Erwachsenenbildung. Es werden Programme entwickelt, um die Fähigkeiten und Kompetenzen der Individuen zu steigern, die es ihnen ermöglichen, Arbeit zu bekommen, zu erhalten und wieder zu erlangen (vgl. Knauth 2006). Erwachsenenbildner handeln oft aus gutem Grund mit Hilfe eines programmatischen Ansatzes. Ein programmatischer Ansatz ist gerechtfertigt, wenn gesichertes Wissen über das Lernthema und dessen methodische Erarbeitung vorhanden ist. Dazu sollte den professionellen Erwachsenenbildnern die Definition des Kontextes und der passenden Lernmethoden zugeschrieben werden können. Aber gerade diese Voraussetzungen sind im Fall des Lernthemas Employability nicht gegeben. Aus diesem Grund empfiehlt Bollérot (2001, 81) den Unternehmen, die sich in der Politik der Employability engagieren wollen, eine eigene konzeptionelle Beschreibung des Begriffs vorzunehmen. Diese müssen dann einen Weg finden, wie sie mit der „puzzling contradiction of lifelong learning and employability" (Svensson 2004, 83) umgehen.

Aufgrund dieser Situation wird im Folgenden davon ausgegangen, dass es angemessener ist, den Betrieben und ihren Mitarbeiter/innen dabei zu helfen, über ihre eigene Praxis zu reflektieren, als die richtige Praxis zu lehren.

2   Employability im Kontext der Organisationstheorie

Employability ist zunächst ein Thema des gesellschaftlichen Diskurses, welches gewissermaßen von außen an die Unternehmen herangetragen wird. Dies geschieht z.b. in Form der beschäftigungspolitischen Leitlinien der EU (vgl. Land BW/EU Europäischer Sozialfonds 2000).

Nehmen die Unternehmen das Thema der Employability an, stehen sie vor der Frage, wie sie es in die Organisationskommunikation überführen können. Anhaltspunkte dafür liefern die Theorie des „Sensemaking" (vgl. Weick 1995) und die Theorie der „Selbstbeschreibung" (vgl. Luhmann 2000). Beide Theorien führen in den Verlauf und die Funktionsweise von Erfahrungsprozessen in Organisationen ein und zeigen, auf welchen Ebenen (pädagogische) Interventionen zum Thema der Employability ansetzen könnten:

▪   Für die Initiierung von Erfahrungsprozessen zum Thema der Employability müssen gesonderte Prozesse der Selbstreflexion („Sensemaking", „Selbstbeschreibung") arrangiert werden. In Prozessen der Selbstreflexion geht es „um die Umwandlung einer unbekannten in eine bekannte Welt" (Luhmann 2000, 425).
▪   In den Prozessen der Selbstreflexion sollten Texte und/oder Bilder („Selbstbeschreibungen") entstehen.
▪   Die Texte und Bilder können für die weitere Begleitung des Erfahrungsprozesses im Unternehmen genutzt werden. Sie dienen als Stichworte („Cues", vgl. Weick 1995) und als Gedächtnismaterial (vgl. Luhmann 2000), um für die Kontinuität des Themas Employability im Unternehmen zu sorgen. Dazu müssen die Texte und Bilder in den Kommunikationsprozess der Unternehmen zurück gespielt werden (vgl. auch Miebach 2007, 106).

3   Employability im Rahmen der operativen Pädagogik

Mit Hilfe von organisationstheoretischen Modellen wurde versucht, die kommunikative Situation zu beschreiben, in der Themen wie das der Employability in die Organisationskommunikation überführt werden. Nun soll das Thema der Employability in einen (organisations-)pädagogischen Kontext eingeordnet und die kommunikative Situation als eine pädagogische Situation qualifiziert werden. Es soll ein pädagogischer Ansatz vorgestellt werden, der sich mit dem Problem auseinander setzt, dass kein gesichertes Wissen über das Lernthema Employability und dessen methodische Erarbeitung vorhanden ist.

Auch wenn es kein gesichertes Wissen über das Lernthema und dessen Kontexte gibt, ist es nicht ausgeschlossen, Employability im Rahmen pädagogischer Interventionen zu behandeln. Mit Hilfe von Pranges (2005) operativer Pädagogik kann der Unterricht als konstitutive Bedingung für die Erarbeitung eines organisationspädagogischen Ansatzes zur Förderung der Beschäftigungsfähigkeit ausgewiesen werden.

Pädagogen, die das Thema der Employability in Unternehmen vermitteln wollen, versuchen es in Form eines Lernthemas dauerhaft in der Unternehmenskommunikation zu verankern. Dazu muss das Konzept der Employability in spezifische Lernprobleme transformiert werden, die auf den Erfahrungen und Kontexten des Personals aufbauen. In Pranges operativer Pädagogik findet auch die Ausdifferenzierung von Lernthemen, die Themengenese, im Unterricht statt.

Prange beschreibt im Rahmen seiner operativen Pädagogik folgende drei operative Modi, in denen Unterricht artikuliert werden kann:

1. „Unterricht als Belehrung zur Vermittlung positiven Wissens mit dem Kern des Lerngesprächs,
2. Unterricht als Übung mit dem Kern des Arbeitsgesprächs
3. und schließlich Unterricht als Beratungsdiskurs, der in der Aussprache seine operative Mitte hat" (Prange 1995, 109; Hervorhebung durch Aufzählung, N.B.).

Wie bereits oben beschrieben, ist das Thema der Employability (noch) nicht konkret genug gefasst, um es im ersten Modus des Lerngespräches zu vermitteln oder gar im zweiten Modus des Arbeitsgesprächs einzuüben. Im Modus des Beratungsdiskurses ist es jedoch realisierbar, Erlebnisse[1] zum Thema zu ermöglichen und eine Aussprache zu organisieren.

Das Ziel der Themengenese kann demnach im Modell des Beratungsdiskurses angebahnt werden. Dazu sind explizit die Beziehungen der Lernenden zum Lerngegenstand zu thematisieren (vgl. Prange 1983, 72). Prange schlägt vor, entsprechende pädagogische Veranstaltungen von der Seite der Lernenden her zu planen und zu artikulieren. Dabei treten die Selbsterfahrungen und Erfahrungsräume der Lernenden in den Vordergrund. Das Erleben der Lernenden und deren

---

1 Prange hatte den Modus des Beratungsdiskurses in den „Bauformen des Unterrichts" von 1983 noch als Erlebnismodell beschrieben (vgl. Prange 1983, 72ff.). Später hat er in „Die Zeit der Schule" (vgl. Prange 1995, 83ff.) das Erlebnismodell erweitert und es als Beratungsdiskurs gefasst. Hinzu kam die Emphase, dass einzelne Stellungnahmen und Befindlichkeiten unbedingt mit der Lage anderer Unterrichtsteilnehmer und deren Befindlichkeiten zu verbinden sind. „Der Ausgang von der Einstimmung als Thematisierung der Befindlichkeit [*des Erlebens und der Erfahrungen; N.B.*]" (ebd., 100) bleibt jedoch weiterhin maßgebend für das Modell.

Betroffenheit sind so zu thematisieren, dass ihre Stellungnahmen und Befindlichkeiten das Thema in einen neuen Blick rücken und es zur Aussprache über das Thema kommt. Gefragt wird, ob ein Thema wie das der Employability umstandslos auf andere Fälle und Erfahrungskontexte übertragen werden darf (vgl. Prange 1995, 102). Dadurch wird der personale Aspekt des Lernens thematisiert, dies ist gewissermaßen die ethische Dimension des Lernens (vgl. ebd., 99). Die ethische Dimension wird weder beim Lernen von Sachwissen (Modus 1) noch beim Erlernen von Verfahrenswissen (Modus 2) aufgerufen. Mit dem Modell des Beratungsdiskurses schafft die operative Pädagogik die Voraussetzungen für ein ethisches Lernen zum Thema der Employability. In der Organisationspädagogik wird das ethische Lernen als notwendige Bedingung für ein Lernen in und von Organisationen beschrieben. Geißler (2000, 50ff.) weist das „normative Identitätslernen" als Kernbestandteil eines reflexiven Organisationslernens aus und für Arnold (1995, 32) ist betriebliches Qualifikationslernen immer identisch mit Identitätslernen.

Mit Hilfe des ethischen Lernens können Wertvorstellungen und Orientierungen aufgedeckt werden. Wertvorstellungen und Orientierungen sind Grundlagen, auf denen die organisationspädagogische Arbeit zum Thema der Employability aufbauen kann. Mit einem so verstandenen operativen Vorgehen schafft sich die Organisationspädagogik eigene „Cues" und eigenes „Gedächtnismaterial" (vgl. 2.). Diese können eingesetzt werden, um den weiteren betrieblichen Erfahrungsprozess zu einem Lernthema vorzustrukturieren.

4 Anlage der Studie und der Forschungsworkshops

Die nachfolgend skizzierte Untersuchung wurde in zwei größeren mittelständischen Unternehmen der Metall- und Elektronikindustrie durchgeführt. Beide Unternehmen weisen hinsichtlich der technologischen Orientierung, der Betriebsgröße und der Internationalisierung von Produktion und Vertrieb ähnliche Strukturen auf. Die Betriebe sind an Daten über die Beschäftigungsfähigkeit ihrer Mitarbeiter/innen und an Hilfen für die Entwicklung einer unternehmensbezogenen Beschäftigungsfähigkeitspolitik interessiert.

In Orientierung an dem soeben aufgezeigten Modell des Beratungsdiskurses wurden in den Betrieben Bedingungen geschaffen, die es ermöglichten, dass sowohl die Unternehmen als auch die Mitarbeiter/innen Erfahrungen mit dem Thema der Employability sammeln konnten. In Anlehnung an das Konzept der „Forschenden Lernwerkstatt" (vgl. Faulstich/Grell 2004) wurden Forschungsworkshops durchgeführt. In den Workshops wurden die Teilnehmenden aufgefordert, ihre eigenen Vorstellungen und Visionen zur Beschäftigungsfähigkeit zu entfalten. An jedem Workshop nahmen sechs bis acht Mitarbeiter/innen getrennt nach folgenden Berufsgruppen teil: Führungskräfte, Mitarbeiter/innen des Vertriebs und Marketings, Produktionsmitarbeiter/innen und Entwicklungsingenieure. Die Zusammenstellung der Gruppen orientierte sich an einem ähnlichen Erfahrungshintergrund der Teilnehmenden, dem „konjunktiven Erfahrungsraum" (Mannheim 1980, 219ff.). Hierarchische und soziale Machtgefälle sollten dadurch vermieden werden. Die Workshops verliefen folgendermaßen:

- Die Workshopgruppe wurde in zwei Kleingruppen mit jeweils drei bis vier Personen geteilt. Jede Kleingruppe bekam die Aufgabe, „Landkarten" zu malen. In den „Landkarten" sollten die Kleingruppen ihre subjektiven Sichtweisen auf Beschäftigungsfähigkeit in ihrem Betrieb abbilden (zur Landkartenmethode vgl. Klare/van Swaaij 1999).
- Jede Kleingruppe präsentierte ihre Landkarten der anderen Kleingruppe.
- Die Teilnehmenden bekamen die Aufgabe, ihre Ergebnisse anschließend an die Präsentationen in der Workshopgruppe zu diskutieren.

Auf diese Weise entstanden zwei Datensorten: gemalte Landkarten und Audioaufnahmen der Gruppendiskussionen (Präsentation und Diskussion der „Landkarten" in der Workshopgruppe).

Sowohl die Erhebung als auch die Auswertung beider Datenformen erfolgen in Anlehnung an die Grundprinzipien der rekonstruktiven Sozialforschung (vgl. Bohnsack 2003). Rekonstruiert werden sollen kollektive Orientierungsmuster, die von den Gruppenmitgliedern geteilt werden. Die Muster erscheinen durch die Rekonstruktion des „Wie", also der Art und Weise, in der eine Gruppe Themen wie das der Employability abhandelt (vgl. ebd., 135). Mit Bohnsack werden die kollektiven Orientierungsmuster als „Prozessstrukturen" gefasst (vgl. ebd., 63). Die Muster sind vom „Phänomen der Gruppe, d.h. deren unmittelbarer Interaktion" (ebd.) zu trennen, da sie vor dem Hintergrund des konjunktiven Erfahrungsraums der Gruppe rekonstruiert werden. Konjunktive Erfahrungsräume können z.B. unterschiedliche Milieu- und Generationszusammenhänge sein, die von einer Gruppe geteilt werden (vgl. ebd.). Im vorliegenden Fall sind dies die unterschiedlichen Berufs- und Tätigkeitszusammenhänge bzw. Hintergründe der Teilnehmenden.

Sowohl die Landkarten als auch die Gruppendiskussionen werden als kollektive Aussagen zum Thema der Beschäftigungsfähigkeit verstanden. Aufgrund der Tatsache, dass die Landkarten in den Gruppendiskussionen durch die Teilnehmenden selbst interpretiert wurden, ist die Rekonstruktion der kollektiven Orientierungsmuster vorrangig auf die Datensorte der Gruppendiskussionen ausgerichtet. Die Landkarten werden hauptsächlich dazu benutzt, die erhaltenen

Orientierungsmuster zu veranschaulichen. Darüber hinaus werden die Karten für die weitere beratende Arbeit in den Betrieben genutzt.

5 Exemplarische Auswertung und Ergebnisdarstellung

Im Folgenden werden die Ergebnisse zweier Workshops skizziert. Die Workshops wurden mit Entwicklungsingenieuren des gleichen Unternehmens durchgeführt. Die Ergebnisse des ersten Workshops werden exemplarisch für das Vorgehen im Projekt dargestellt. Im Anschluss daran werden die Ergebnisse des zweiten Workshops skizziert. Die Ergebnisse sind als vorläufig zu betrachten, da der Fallvergleich mit anderen Berufgruppen, deren Workshops derzeit noch ausgewertet werden, die Konturen der Ergebnisse noch verändern kann.

Die Ergebnisdarstellung folgt dem Ablauf der Workshops (vgl. 4.). Zuerst werden die Landkarten beschrieben und daraufhin wird die Interpretation der Gruppendiskussionen vorgestellt.

Das Erkenntnisinteresse ist von der folgenden Frage geleitet: Welche (kollektiven) Orientierungen zeigen Arbeitnehmende unterschiedlicher Berufsgruppen in Bezug zum Thema „Beschäftigungsfähigkeit für ein erfülltes Erwerbsleben"?

Im ersten Workshop hat die Kleingruppe I ihr Bild der Beschäftigungsfähigkeit auf zwei Landkarten dargestellt. Auf der ersten Landkarte sind globale Entwicklungen und Herausforderungen eingezeichnet. In der Mitte befindet sich „Good Old Germany", das vom demografischen Wandel bedroht ist. Deutschland schwimmt als eine Insel im Meer und wird zunehmend von anderen Ländern, der japanischen und chinesischen Konkurrenz, unter Druck gesetzt. Mit dieser Landkarte verbindet die Kleingruppe I eine zweite Landkarte, auf der sie einen „individuellen Lebensweg" eingezeichnet hat. Laut der Kleingruppe I ist jeder persönliche Lebensweg ein „verschlungener Pfad", auf dem man unterschiedliche Richtungen einschlagen kann und auch mal auf dem „Holzweg" landet. Jede(r) ist aufgefordert, ständig zu entscheiden, in welche Richtung sie/er geht. So setzen sich die meisten Entwicklungsingenieure z.B. mit der Frage auseinander, ob sie die Selbstständigkeit wählen oder als Angestellte in einem Unternehmen arbeiten. Durch die Verbindung beider Landkarten zeigt die Gruppe, dass jede(r) aufgefordert ist, sich mit dem persönlichen Lebensweg in Relation zu äußeren globalen Entwicklungen zu bringen.

Die Kleingruppe II zeichnete eine Landkarte mit einem Berg, von dem aus man die Arbeitswelt im Zentrum der Karte überblicken kann. Der Blick auf die Arbeitswelt wird durch einen Leuchtturm der Werte geleitet, der zum Unternehmen gehört. Er gibt den Ingenieuren Orientierung und zeigt Perspektiven auf.

Zusammenfassend lassen sich die Landkarten beider Kleingruppen so interpretieren, dass jede(r) für den Erhalt der eigenen Beschäftigungsfähigkeit dauerhaft auf der Suche nach einer Relation zwischen dem eigenen Selbst und dem Arbeitsleben ist.

Dieses Muster wird in der Gruppendiskussion weiter elaboriert. Hier dokumentiert sich an der Art und Weise des Vorgehens der gesamten Workshopgruppe (dem „Wie") eine gewisse Sprachlosigkeit. Es zeigt sich das Muster, dass der Gruppe die Sprache fehlt, um ein eigenes Ideal zum Thema der Beschäftigungsfähigkeit zu entwickeln. Dies wird vor allem dadurch deutlich, dass die Gruppe keine positiven Orientierungshorizonte findet, um das Thema abzuhandeln. Der Diskurs ist ausschließlich über negative Gegenhorizonte organisiert. Die Teilnehmenden grenzen sich von anderen Berufsgruppen und Tätigkeiten ab. Sie diskutieren die Beispiele eines dreißigjährigen Angestellten in mentaler Rente, einer Klofrau, eines Produktionsarbeiters und eines Sozialarbeiters. Anhand dieser Negativhorizonte bringen die Teilnehmenden zum Ausdruck, dass für den Erhalt der Beschäftigungsfähigkeit die Wertvorstellung einer positiven Relation von Selbst und Arbeit geteilt werden muss. Die Wertvorstellung dokumentiert sich anhand gradueller Unterschiede der Negativhorizonte. Während es der Klofrau, dem Produktionsarbeiter und dem Sozialarbeiter gelingt, sich beschäftigungsfähig zu halten, ist dies für den Mentalrentner unmöglich, da er die nötige Wertvorstellung nicht teilt. Die Wertvorstellung einer positiven Relation von Selbst und Arbeit lässt sich daher als zentrale Dimension für den Erhalt der Beschäftigungsfähigkeit identifizieren. Auf dieser Dimension bauen weitere auf, diese sind: Verdienst, Spaß an der Arbeit und Struktur im Leben durch Arbeit. Die Klofrau, der Produktionsarbeiter und der Sozialarbeiter sind zwar in Bezug auf die drei Dimensionen nicht optimal aufgestellt, sind aber aufgrund ihrer positiven Einstellung zur Arbeit in der Lage, Missverhältnisse beim Verdienst, beim Spaß und bei der Struktur auszugleichen.

Am Beispiel des Sozialarbeiters versucht die Gruppe einen positiven Orientierungshorizont aufzubauen, was ihr jedoch nicht gelingt. Der Sozialarbeiter, in karitativen Einrichtungen tätig, hat die ideale Einstellung zur Arbeit. Er geht zur Arbeit um der Befriedigung in der Arbeit willen. Der Sozialarbeiter dient der Gruppe aber letztendlich auch nur zur negativen Abgrenzung, denn er hat ein zu geringes Einkommen, von dem er im Grunde nicht leben kann. Hier zeigt sich, dass die Gruppe dem Modell „Arbeiten, um zu konsumieren" verhaftet bleibt. Im weiteren Verlauf der Diskussion dokumentiert sich dies auch an der geäußerten Auffassung von Anerkennung. Anerkennung ist für die Gruppe letztendlich eine Frage des Geldes und keine der Belobigung oder des Zuspruchs.

Das Muster der Sprachlosigkeit zeigt sich an der Differenz zwischen einem Ideal der Arbeit und der Realität der Arbeit. In der Idealvorstellung bringen die Teilnehmenden das eigene Selbst und ihre Arbeit dadurch in Relation, dass sie um der Befriedigung in der Arbeit willen arbeiten. In der Realität relationieren sie jedoch Arbeit und Selbst, indem sie arbeiten, um zu konsumieren. Die Gruppe bleibt dieser Realität verhaftet. Aufgrund der Diskursorganisation ist die Gruppe nicht in der Lage, ihr eigenes Ideal zu erreichen. Die Teilnehmenden grenzen sich nur von anderen ab, sprechen aber nicht über persönliche Belange und Beispiele. Dadurch nehmen sie sich die Möglichkeit, ihr eigenes Ideal zu entwickeln und inhaltlich auszugestalten. So bleibt die Workshopgruppe bezüglich ihres Ideals der Beschäftigungsfähigkeit sprachlos.

Das Muster der Sprachlosigkeit für das Thema der Employability zeigt sich auch im zweiten Workshop. Die Teilnehmenden sprechen hier ebenfalls nicht über sich selbst. Auch sie elaborieren ihr Konzept der Beschäftigungsfähigkeit nur in Abgrenzung zu anderen Berufen. Ein Idealbild, das ihnen entspricht, scheinen auch sie nicht entwickeln und inhaltlich füllen zu können. Eine mögliche Interpretation dieses Befunds wäre, dass dies darin begründet sein kann, dass sie sonst eingestehen müssten, dass sie unter ihrer hohen Arbeitsbelastung leiden, Teilzeitarbeit oder ein beamtetes Beschäftigungsverhältnis bessere Modelle wären o.ä. Dadurch würden sie sich ein Problem der Selbstidentifikation schaffen. Im Betrieb werden sie über ihre Führungskraft als Mitarbeiter der Entwicklungsabteilung identifiziert. Die Führungskraft ist bekannt dafür, hart zu sich selbst zu sein und fordert dies auch von den eigenen Mitarbeitern ein. Würde die Gruppe offen eingestehen, dass sie unter der hohen Arbeitsbelastung leidet, würde sie sich selbst ihre Identitätsgewissheit und ihren Status als harte Entwicklermannschaft nehmen. Vermutlich ist es der Gruppe deshalb nicht möglich, das Beispiel eines Beamten zu einem positiven Orientierungshorizont weiter zu entwickeln. Die Beständigkeit, die ein Beamter im Arbeitsleben vorfindet, ist zwar aus Sicht dieser Gruppe beispielhaft, der gesellschaftliche Status scheint aber für sie zu gering und nicht annehmbar zu sein. Als Folge dokumentiert sich auch in diesem Workshop eine gewisse Sprachlosigkeit in Bezug auf das Ideal der Beschäftigungsfähigkeit.

6   Zusammenfassung und Ausblick

Die Analyse zeigt, dass ein Bedarf besteht, Employability vor dem Hintergrund der Erfahrungskontexte der Lernenden zu rekonstruieren. Die empirischen Erkenntnisse weisen auf Probleme hin, die bei dem Versuch entstehen, den Diskurs um Employability im betrieblichen Rahmen weiter zu führen. Die Teilnehmenden der Workshops, die dies versuchen, zeigen eine gewisse Sprachlosigkeit in Bezug auf ihr Bild der Employability. Dem Text lässt sich zwar ein Ideal der Beschäftigungsfähigkeit entnehmen, es erscheint jedoch (noch) weit entfernt zu sein. Das Ideal einer persönlichen Erfüllung in und durch Arbeit zeigt sich im Text nur in Umrissen. In der technisch-ökonomisch dominierten Umwelt der Teilnehmenden scheint kein Platz für persönliche Erfüllung zu sein. Im untersuchten Betrieb wird der Finanzdiskurs scheinbar so energisch geführt, dass er sich auch in den Diskussionen um Employability widerspiegelt. Daher erscheint das Reden über Employability in den Workshops als ein Reden über etwas, was eigentlich nicht das Thema der Mitarbeiter/innen ist. Es kann somit davon ausgegangen werden, dass die Diskursmöglichkeiten im Betrieb u.a. aufgrund der Ausrichtung auf ökonomische Sachverhalte beschränkt werden. Den Teilnehmenden fällt es daher schwer, über sich selbst zu sprechen und bestimmte Dinge, die gefühlt werden, in Sprache zu gießen. Das führt dazu, dass die Teilnehmenden in der Orientierung an monetären Bedingungen verhaftet bleiben und Schwierigkeiten haben, ein positives Idealbild ihrer Beschäftigungsfähigkeit zu entwickeln. Employability existiert für die Teilnehmenden deshalb nur in der negativen Abgrenzung. Angesichts der fehlenden Sprache der Employability ist es dringend notwendig, betriebsinterne Diskurse zum Thema Beschäftigungsfähigkeit zu initiieren. Aufgabe dieser Diskurse wird sein, den Employability-Diskurs mit dem Bedarf, der Sprache und den Erfahrungen der Mitarbeiter/innen zu verbinden. Es hat sich herausgestellt, dass die vorgestellte Methode der Forschungsworkshops sehr gut dazu geeignet ist, solche internen Diskurse anzuregen.

Literatur

Arnold, R. (1995): Betriebliche Weiterbildung. Hohengehren.

Bohnsack, R. (2003): Rekonstruktive Sozialforschung. Einführung in qualitative Methoden. 5. Aufl. Opladen.

Bollérot, P. (2001): Arbeitnehmer und Arbeitgeber: Zwei Akteure der Beschäftigungsfähigkeit. In: Weinert, P. (Hrsg.): Beschäftigungsfähigkeit: Von der Theorie zur Praxis. Bern, S. 81-132.

Faulstich, P./Grell, P. (2004): Lernwiderstände beim „Selbstbestimmten Lernen". In: Bender, W./Groß, M./Heglmeier, H. (Hrsg.): Lernen und Handeln. Eine Grundfrage der Erwachsenenbildung. Schwalbach, S. 107-123.

Geißler, H. (2000): Organisationspädagogik. Umrisse einer neuen Herausforderung. München.

Jacobsson, K. (2004): An European Politics for Employability: The Political Discourse on Employability of the EU and the OECD. In: Garsten, Ch./Jacobsson, K. (eds.): Learning to be Employable. New Agendas on Work, Responsibility and Learning in a Globalizing World. New York, S. 42-62.

Klare, J./van Swaaij, L. (1999): Atlas der Erlebniswelten. Frankfurt/M.

Knauth, P. (2006): Betriebliche Maßnahmen zur Förderung der Arbeitsfähigkeit und Gesundheit einer alternden Belegschaft. In: Wirtschaftsministerium Baden-Württemberg (Hrsg.): Kongress des Wirtschaftsministeriums Baden-Württemberg am 18.01.2006. Stuttgart, S. 43-49. Online unter: http://www.wm.baden-wuerttemberg.de [18.02.2009].

Kraus, K. (2006): Vom Beruf zur Employability? Zur Theorie einer Pädagogik des Erwerbs. Wiesbaden.

Land BW/EU Europäischer Sozialfonds (2000): Gemeinsamer Leitfaden des Sozialministeriums, des Wirtschaftsministeriums, des Kultusministeriums, des Ministeriums Ländlicher Raum und des Wissenschaftsministeriums für die Förderung aus dem Europäischen Sozialfonds – Ziel 3 – in der Förderperiode 2000 bis 2006. Stand 13.06.2000.

Luhmann, N. (2000): Organisation und Entscheidung. Opladen & Wiesbaden.

Mannheim, K. (1980): Strukturen des Denkens. Frankfurt/M.

McKenzie, P./Wurzburg, G. (1998): Lifelong Learning and Employability. In: The OECD Observer 209, S. 13-17.

Miebach, B. (2007): Organisationstheorie. Problemstellung – Modelle – Entwicklung. Wiesbaden.

Newton, B./Hurstfield, J./Miller, L./Page, R./Akroyd, K. (2005): What Employers Look for when Recruiting the Unemployed and Inactive: Skills, Characteristics, Qualifications. DWP Research Report 295.

Nuissl, E. (2003): Beschäftigungsfähigkeit in der Region. In: Bredow, A./Dobischat, R./Rottmann, J. (Hrsg.): Berufs- und Wirtschaftspädagogik von A-Z. Grundlagen, Kernfragen und Perspektiven. Baltmannsweiler, S. 391-398.

Prange, K. (1983): Bauformen des Unterrichts. Eine Didaktik für Lehrer. Bad Heilbrunn.

Prange, K. (1995): Die Zeit der Schule. Bad Heilbrunn.

Prange, K. (2005): Die Zeigestruktur der Erziehung. Grundriss der operativen Pädagogik. Paderborn.

Svensson, L. (2004): Lifelong Learning: A Clash between a Production and a Learning Logic. In: Garsten, Ch./Jacobsson, K. (Hrsg.): Learning to be Employable. New Agendas on Work, Responsibility and Learning in a Globalizing World. New York, S. 83-106.

Weick, K. E. (1995): Sensemaking in Organizations. Thousand Oaks u.a.

Die lernende Weiterbildungsorganisation. Verständnis organisationalen Lernens aus einer innerorganisationalen und einer außerorganisationalen Perspektive

Timm C. Feld

In den letzten Jahren gewann der vor dem Hintergrund gesellschaftlicher Transformations- und Modernisierungsprozesse entstandene Ansatz der lernenden Organisation (vgl. Argyris/Schön 2002; Senge 1990) auch im Bereich der Erziehungswissenschaft und speziell der Erwachsenenbildung an Bedeutung. Schäffter (1995) geht sogar davon aus, dass die lernende Organisation die quasi strukturelle Antwort auf das sich in Beschleunigung befindliche Weiterbildungssystem ist und spricht ebenfalls davon, dass sich nach einer „realistischen", „reflexiven" und „qualifikatorischen" Wende in der Erwachsenenbildung gegenwärtig so etwas wie eine „organisationsbezogene Wende" andeutet (vgl. Schäffter 2003, 59).

Ausgehend von dem Bedeutungszuwachs organisationaler Lernprozesse für die Entwicklungsfähigkeit werden im Folgenden Teilergebnisse einer qualitativ-empirischen Studie zum organisationalen Lernen von Weiterbildungseinrichtungen vorgestellt (vgl. Feld 2007). Bei der Untersuchung wurde durch die Befragung von Einrichtungsleitungen sowie von Experten aus Wissenschaft und Beratung, die sich einschlägig mit Themen des Organisationswandels in der Weiterbildung beschäftigen, bedeutsames *Erfahrungswissen* erhoben, welches ermöglicht, sowohl eine innerorganisationale als auch eine außerorganisationale Perspektive auf die Entstehungsvoraussetzungen und Bedingungen einer lernenden Weiterbildungsorganisation zu eröffnen.

Die Ausführungen orientieren sich an folgender Struktur: Zum einen wird durch die Darstellung des Aufbaus und Ablaufs der Studie sowie durch Anmerkungen zur Forschungsmethodik aufgezeigt, wie sich organisatorische Erfahrung durch eine qualitativ-empirische Erhebung nachvollziehbar machen lässt (1). Zum anderen werden dann anhand der Kategorie *Verständnis organisationaler Lernfähigkeit von Weiterbildungseinrichtungen* die Differenzen in den Realitätskonstruktionen der inner- und außerorganisationalen Perspektive aufgrund einer unterschiedlichen Erfahrungs- und Wahrnehmungsbasis dargestellt (2). Im Abschlusskapitel (3) werden dann die dargestellten Ergebnisse abschließend kommentiert, wobei insbesondere der Frage nach einem *pädagogischen Proprium organisationalen Lernens* nachgegangen wird.

1 Aufbau der Studie und Anmerkungen zur Forschungsmethodik

Die Forschungsarbeit richtete sich darauf, empirisch zu klären, durch welche konkrete Organisationsgestaltung öffentliche Weiterbildungseinrichtungen ihre organisationale Lernfähigkeit erhalten bzw. ausbauen könnten. Ziel der Arbeit war die Entwicklung eines auf die Organisation bezogenen Anforderungsprofils mit einer dezidierten Charakterisierung von Anforderungsdimensionen und -merkmalen. Um dies zu erreichen, wurde durch die Integration einer theoretischen, empirischen sowie einer entwicklungsorientierten Perspektive ein *methodischer Dreischritt* vollzogen. In einem ersten Forschungsschritt wurden durch Darstellung zentraler Aussagen ausgewählter theoretischer Ansätze organisationalen Lernens erste Hinweise auf ansatzübergreifende Anforderungen und Merkmale lernender Organisationen generiert.[1] In einem zweiten Forschungsschritt wurden 24 Experteninterviews durchgeführt. Der Kreis der Befragten, mit denen Interviews durchgeführt wurden, umfasste zwei unterschiedliche Expertengruppen. Zum einen waren die Interviewpartner in einer für die konkrete Organisationsgestaltung wichtigen Position Mitglieder einer öffentlichen Weiterbildungseinrichtung (in der Regel die Leitungen von Volkshochschulen) und somit Repräsentanten einer *innerorganisationalen Perspektive*. Zum anderen wurden Gespräche mit Personen geführt, die keiner Weiterbildungseinrichtung angehörten, sich aber auf wissenschaftlicher und/oder beraterischer Ebene einschlägig mit Themen des Organisationswandels in der Weiterbildung beschäftigten und so als Experten einer *außerorganisationalen Perspektive* angesehen werden konnten. Ziel einer solchen perspektivischen Zweiteilung ist die Generierung von Unterschiedlichkeiten bzw. Gemeinsamkeiten bezüglich Ausprägungsgrad und Ausgestaltung einer lernenden Weiterbildungsorganisation. Die Rekonstruktion des individuellen Erfahrungswissens der Befragten erfolgt bei dieser Vorgehensweise durch die während der Interviews stattfindenden *Reflexionsleistungen* der Befragten über ihre eigenen organisatorischen Erlebnisse und Wahr-

---

[1] Ausgewertet wurden fünf verschiedene Ansätze organisationalen Lernens, die jeweils eine lernende Organisation aus einer anderen Perspektive beschreiben. Herangezogen wurden die Ansätze von March/Olsen (1975, entscheidungsorientierte Perspektive), Nonaka/Takeuchi (1995, kognitive und Wissensperspektive), Argyris/Schön (2002, Action-Learning-Perspektive), Schein (2003, Kulturperspektive) und Senge (2003, systemtheoretische und eklektische Perspektive).

nehmungen. Ausgewertet wurde das erhobene Datenmaterial durch eine *mehrstufige qualitative Inhaltsanalyse* der vollständig transkribierten Interviews. Hierbei wurde sowohl für die inner- als auch für die außerorganisationale Perspektive ein eigenes Kategoriensystem erstellt, auf dessen Basis dann eine übergreifende Verdichtung (Kollektivierung) und Ergebnisinterpretation vorgenommen wurde. In einem dritten Schritt wurde durch die Zusammenführung der Ergebnisse der ersten beiden Forschungsabschnitte ein idealtypisches Anforderungsprofil einer lernenden Weiterbildungsorganisation abgeleitet.

Die Begründung für die Wahl der Forschungsmethodik liegt in der zugrunde gelegten Auffassung, dass Organisationen sich nicht als objektives Faktum betrachten lassen, sondern als sozial konstruierte, subjektiv differierende Realitäten, die nur „in den Köpfen" relevanter Individuen (u.a. Organisationsmitglieder) existieren (vgl. Berger/Luckmann 1990). Aufgrund dieser Tatsache erschien es angemessen, die jeweiligen Realitäten aus Sicht der handelnden Subjekte zu rekonstruieren. Hier orientiert sich die Methodenwahl an zentralen Argumenten der phänomenologischen Forschungstradition, bei der soziale Wirklichkeit nicht unabgängig von Zeit und Raum als objektive Wahrheit zu begreifen ist, sondern vielmehr als Ergebnis individueller und kollektiver Wahrnehmungen und Interpretationen (vgl. Glaser/Strauss 1993, 92f., zit. n. Kühl/Strodtholz 2002, 16f.).

2 Verständnis organisationaler Lernfähigkeit von Weiterbildungseinrichtungen

In allen Interviews waren Themen bzw. Fragen wie z.B. die Verflechtung zwischen individuellem, kollektivem und organisationalem Lernen, das Bestehen etwaiger Vorteile von Bildungseinrichtungen bezüglich organisationalen Lernens gegenüber anderen Organisationstypen oder die Rolle von Organisationsentwicklung und -beratung bei der Herausbildung organisationaler Lernprozesse Schwerpunkte. Nachfolgend wird daher exemplarisch sowohl für die inner- als auch außerorganisationale Perspektive anhand von Originalzitaten aus den Interviews verdeutlicht, welches Verständnis die Befragten über das organisationale Lernen von Weiterbildungseinrichtungen äußerten.

2.1 Die innerorganisationale Sicht auf eine lernende Weiterbildungsorganisation

Das von den befragten Einrichtungsleitungen in den Interviews vertretene Verständnis darüber, was organisationales Lernen im Kontext einer Weiterbildungseinrichtung bedeutet, ist heterogen. So bildet sich organisationale Lernfähigkeit für einen Teil der Befragten insbesondere durch Profil- und Programmentwicklung, angestoßen durch eine Orientierung an internen und externen Einflüssen und Wirklichkeiten:

> „Eine Weiterbildungseinrichtung [...] überlebt nur dann, wenn sie ihr Profil und damit ihr Programm nach Möglichkeit immer auf dem Neuesten der gesellschaftlichen und individuellen Anforderungen hält und möglichst noch einen Tick davor ist. [...] Also, Volkshochschule lernt, was ihr Profil und ihre Angebote, ihr Verhältnis zur gesellschaftlichen und individuellen Wirklichkeit anlangt, ohnehin dauernd, weil sie sonst ganz schnell nicht mehr existiert, weil die Leute nicht mehr kommen, das ist ja klar. So, das ist [...] sozusagen ein externes Element. Intern sind Volkshochschulen, mindestens die großstädtischen, ebenfalls gezwungen gewesen zu lernen, haben das auch gemacht, zumindest wir, [aufgrund der] veränderten Anforderungen in Sachen Finanzen, in Sachen Organisation, also von Rechtsform bis bürokratische neue Anforderungen [...], Controlling und, und, und..." (IP 1, 110-131)

In einem anderen Fall wird eine Verbindung zur Entwicklung von Organisation und Personal gezogen: „Also, es ist richtig verstanden, positiv aufgenommen, der kontinuierliche Veränderungsprozess, wie wir ihn in der Wirtschaft seit fünfzig Jahren kennen, und idealerweise ist es dann eine permanente Organisations- und Personalentwicklung." (IP 4, 62-65) In einem weiteren Beispiel zur Verdeutlichung der heterogenen Auffassung bezüglich organisationaler Lernfähigkeit wird die Bedeutung von Qualitätsentwicklung angesprochen:

> „So, es ist völlig klar, dass sich die Bildungsbedarfe, die Nachfragebedarfe, die Qualität, das kundenorientierte Verhalten nicht nur von allen Dienstleistungsbetrieben, sondern eben auch von Bildungsangebotsdienstleistern verändern muss. Das heißt also, wir müssen lernen, wir lehren nicht nur, sondern, damit wir erfolgreich lehren können, müssen wir auch selbst erstmal lernen, uns ständig wieder neu zu positionieren und ständig auf die Bedarfe hin anzupassen. Wir tun das zum einen durch eine sachgerechte Wahrnehmung des uns auferlegten Evaluationsprozesses, das heißt also, wir haben die Zertifizierung nach LQW nicht nur als ein Muss empfunden, sondern wir haben seit dem Beginn der Testierung im Jahr 2003 diesen Prozess verstetigt, indem wir seit dieser Zeit einen Qualitätsbeauftragten haben, indem wir regelmäßig ein Projektteam Qualitätsentwicklung im Einsatz haben, indem wir die Vorschläge, die Arbeit des Projektteams Qualitätsentwicklung regelmäßig in der Lenkungsgruppe, die aus den Leitungskräften des Hauses besteht, überprüfen und umsetzen und dass wir den im Jahre 2003 aufgestellten Maßnahmenkatalog, wo wir ansetzen müssen, um unsere Qualität zu verbessern, eben ständig fortschreiben und umsetzen." (IP 6, 108-123)

Eine andere befragte Einrichtungsleitung sieht die Gegebenheiten, wie sich organisationale Lernfähigkeit herausbildet und wie Lernfähigkeit definiert wird, zwischen einzelnen Organisationen variierend. So wirkt z.B. die Beteiligung der Mitarbeiter bei Entscheidungsprozessen in einem Fall als lernförderlich und in einem anderen als eher lernhinderlich. Grundsätzlich muss allerdings ein kollektiv getragenes Reflexionspotenzial (insbesondere in Bezug auf eine Zielklärung), vernetztes bzw. systemisches Denken und ein zwischen den Mitarbeitern herrschender offener und ehrlicher Umgang vorhanden sein, damit sich organisationales Lernen herausbilden kann (vgl. IP 9, 399-526).

*Abstrahiertes Verständnis organisationalen Lernens von
Weiterbildungseinrichtungen*

In einer übergeordneten Gesamtschau der Antworten der befragten Einrichtungsleitungen lassen sich zwei zentrale Verständnisrichtungen hervorheben:

- Organisationales Lernen wird verstanden als eine dauerhaft wiederkehrende, passive Reaktion und Anpassung der Gesamtorganisation oder einzelner Teilbereiche. Auslöser für die Lernprozesse sind (in der Regel negative) externe Umwelteinflüsse, zum Teil aber auch intern wirkende Einflussfaktoren.
- Organisationales Lernen wird verstanden als ein kontinuierlicher, proaktiver Veränderungs- und Entwicklungsprozess der gesamten Organisation. Auslöser für die Lernprozesse sind vornehmlich organisationsinterne Reflexionen und damit verknüpfte Annahmen über zukünftige Entwicklungen.

Beide Verständnisrichtungen gehen von einem *dauerhaften bzw. kontinuierlichen Lernentwicklungsprozess* aus. Alle relevanten Antworten der interviewten Einrichtungsleitungen zur Frage, ob der Entwicklungsprozess hin zu einer lernenden Organisation jemals abgeschlossen ist, verneinen einen nur temporären Prozess. Organisationale Lernprozesse müssen demnach also dauerhaft initiiert, gestaltet und unterstützt werden, was zwangsläufig eine beharrliche Beschäftigung mit dem Thema und einen beständigen Ressourceneinsatz erfordert. Gelingt dies nicht oder wird ein Lernentwicklungsprozess hin zu einer lernenden Weiterbildungsorganisation als vollständig abgeschlossen angesehen, so werden negative Folgen erwartet: „Nein, nein. Und wenn er abgeschlossen ist, dann heißt es in der Tat Stillstand, Rückschritt, keine Frage. Es muss immer weitergehen..." (IP 6, 942-943) Obwohl davon ausgegangen wird, dass dauerhafte organisationale Lernprozesse notwendig sind, heißt dies für die Befragten allerdings nicht, dass die Lernprozesse immer mit der gleichen Intensität verlaufen müssen: „Nein, es muss immer weiter Entwicklung stattfinden. Was allerdings auch nicht ausschließt, dass man so Phasen hat, in denen es ruhiger läuft und bei denen dann [...] quasi so ein ‚Pausengefühl' aufkommt, also Pause von Veränderung." (IP 12, 561-564)

2.2 Die außerorganisationale Sicht auf eine lernende Weiterbildungsorganisation

Anders als die recht unterschiedlichen Auffassungen darüber, was unter organisationalem Lernen von Weiterbildungseinrichtungen verstanden wird und von den Einrichtungsleitungen geäußert wurde, zeigt sich das organisationale Lernverständnis der befragten Experten aus Wissenschaft/Beratung einheitlicher. Übergreifend stechen insbesondere zwei Verständnisausprägungen aus den relevanten Antworten hervor:

Verbesserung der Handlungs- und Problemlösefähigkeit

Aus einer Akteursperspektive wird organisationales Lernen von Weiterbildungseinrichtungen verstanden als eine Verbesserung der Handlungs- und Problemlösungsfähigkeit:

> „Also, für mich [...] ist eine lernende Weiterbildungsorganisation [...] eine, die es schafft, eine kontinuierlich durchgeführte Verbesserung der Problemlösungsfähigkeit zu implementieren, also sich kontinuierlich zu verändern, zu entwickeln mit dem Ziel, die Handlungs- und Problemlösungsfähigkeit zu steigern." (AP 9, 113-118)

Insbesondere geht es darum, durch reflexiv-kritische Überprüfungen bisherige Erfahrungen und Handlungen mit zukünftig möglichen Erfahrungen und Handlungen in ein Spannungsverhältnis zu setzen, um so die eigene Problemlösungs- und Handlungsfähigkeit qualitativ zu verbessern. Herausstellen lässt sich dabei insbesondere die Schnittstelle zwischen der Selbstreflexionsfähigkeit und der Angebotsentwicklungsfähigkeit:

> „Lernfähigkeit von Weiterbildungseinrichtungen beruht, glaube ich, auf der kollektiven und individuellen Fähigkeit zu lernen, die eigenen Lernprozesse zu reflektieren und – in Verbindung mit anderen Methoden – dann auch in Angebote für Lernende umzusetzen." (AP 10, 218-221)

Bei der Fähigkeit zur Angebotsentwicklung geht es dann darum, dass die Mitarbeiter in den Einrichtungen „[...] so etwas wie Angebotsentwicklung selber als ihre Stärke und ihre Aufgabe wahrnehmen müssen und dass sie Strukturen zur Angebotsentwicklung entwickeln müssen und sich bewusst sind, wo sie eigentlich Angebotsentwicklung betreiben" (AP 7, 415-418).

Als Konsequenz bedeutet ein solches Verständnis organisationalen Lernens, dass die Einrichtungen ein „reflexives Selbststeuerungselement" (AP 7, 469) benötigen bzw. herausbilden müssen – also in der Lage sein sollten, sich über die eigenen Bedingungen bewusst werden zu können und auch über Möglichkeiten verfügen zu können, auf die eigenen Bedingungen Einfluss auszuüben. Ergebnis der Lernprozesse sind dann neu entstehende Handlungsoptionen.

Mit der reflexiven Selbststeuerung wird ein systemischer Akzent eröffnet: Es geht um das Wissen über die eigene Rolle und deren Relativierung im Kontext der Gesamtorganisation und die damit verbundene Einbettung in einen übergeordneten Sinnzusammenhang.

Die daraus resultierende Voraussetzung für die Mitarbeiter in einer lernenden Weiterbildungsorganisation zeigt sich in dem Vorhandensein der Fähigkeit zu einer *systemischen Denk- und Handlungsweise.* D.h., möglichst alle Mitarbeiter sollten bei ihren Entscheidungen systemische Überlegungen voran stellen:

> „Und ein ganz wichtiges Merkmal ist für mich dann auch so ein systemisches Denken in der Einrichtung bei den Mitarbeitern. Und zwar wirklich eigentlich bei jedem, der zur Organisation gehört. Also zentral natürlich der Führung, die muss systemisch denken, also wissen, welche Entscheidungen, welche Handlungen haben was für Auswirkungen und wo bestehen zwischen jetzigen Situationen und Handlungen und zwischen möglichen Veränderungen und zukünftigen Entwicklungen Verbindungen? Und das muss Führung, aber [das müssen] auch die Mitarbeiter beherrschen, quasi als eine Fähigkeit besitzen." (AP 12, 199-206)

Strukturelle Veränderung und Erneuerung

Auf einer Systemebene und in einem systemtheoretischen Kontext wird organisationales Lernen von Weiterbildungseinrichtungen verstanden als eine geplante, kontinuierliche und proaktive Strukturveränderung und -entwicklung:

> „[…] wenn man Lernfähigkeit in einem ganz groben und abstrakten Zugriff mal als die Fähigkeit oder das Vermögen von Organisationen ansieht, sich strukturell zu erneuern, und zwar nicht aufgrund von akuten Problemlagen, also wo es dann nicht mehr anders geht und auch nicht ungeplant" (AP 1, 166-169).

In einem solchen organisationalen Lernverständnis geht es insbesondere um den dauerhaften Erhalt der Einrichtung bzw. um das „Leitkriterium der Überlebensfähigkeit" (AP 4, 145-146), welches durch das Erfüllen zweier Konstellationen erreicht werden soll: Zum einen sollen Organisationen durch strukturelle Erneuerung befähigt werden, sich „[…] immer wieder neu ihrer Situation, in der sie stehen, anzupassen" (AP 1, 174-175), und zum anderen sollen die Strukturveränderungen und -entwicklungen es ermöglichen, die individuellen Lernergebnisse der Mitarbeiter so zu integrieren, dass sie für die Gesamtorganisation nutzbar gemacht werden können. In Bezug auf individuelle Lernergebnisse und dadurch neu gewonnenes Handlungswissen erklärt ein Befragter:

„Eine lernende Organisation wäre dann eine, wenn jetzt die Struktur auch entsprechend umgebaut würde, so dass das Handlungswissen, was die Menschen in ihren Fortbildungen erworben haben, auch praktisch werden kann und sich nicht gegen die Struktur durchsetzen muss." (AP 2, 259-262)

Allerdings reichen eine einmalige Strukturveränderung bzw. einmalige organisationale Lernergebnisse nicht aus. Eine „wirkliche" lernende Organisation erzeugt *dauerhaft strukturelle Erneuerungen* und somit auch dauerhaft Lernergebnisse:

> „Wir müssen also bei den Organisationsstrukturen ankommen und dann ist es natürlich, wenn sich die Organisationsstruktur einmal geändert hat, dann hat die Organisation gelernt, aber sie ist noch nicht eine lernende Organisation. Das ist ja ein Gerundium, das muss ja sozusagen wie lebenslanges Lernen dauerhaft sein. Das heißt, eine lernende Organisation wäre dann eine, die Strukturen implementiert hat, die dafür sorgen, dass Strukturen sich dauerhaft ändern, oder die Regeln aufgestellt hat, die dazu führen, dass Regeln kontinuierlich geändert werden können, also Metaregeln oder Metastrukturen geschaffen hat, die nichts anderes zu tun haben, als darauf zu achten, dass sich die Organisationsstruktur entsprechend der Umweltanforderungen ändert. Und wenn das implementiert worden ist, dann ist es eine lernende Organisation." (AP 2, 289-299)

Insgesamt und für beide Verständnisausprägungen geltend sehen die interviewten Personen aus Wissenschaft/Beratung – in Übereinstimmung mit den Antworten der befragten Einrichtungsleitungen – die *organisationale Lernentwicklung als einen dauerhaften Prozess* an, der trotz fester „Ankerpunkte" nie wirklich beendet ist:

> „Eine lernende Organisation ist eine, die *in sich* Strukturen [hat], die die interne Erneuerungsfähigkeit gewährleisten – und das auf Dauer. Eine lernende Organisation ist keine Organisation, die irgendwann mal zur Ruhe kommt, das ist eine Organisation, die zwar ihre festen Ankerpunkte hat und ihre Identität auch hat, die aber genau da immer wieder daran ist und sich selbst beobachtet und in sich selbst schaut: Was sind die Anforderungen, denen wir uns stellen müssen? Wo liegen unsere Kompetenzen? Was sind unsere Stärken, Schwächen? Was können wir überhaupt machen? Was sollten wir tun? Also die permanent in dieser Form der Selbstbeobachtung sich auch bewegen, ohne daran durchzudrehen, das muss man natürlich auch sagen. Und insofern ist eine lernende Organisation nie zu Ende. Und ich glaube auch, das macht den Unterschied aus." (AP 1, 1102-1111)

3 Pädagogisches Proprium organisationaler Lernprozesse – Ein Ausblick

Fasst man die Aussagen der unterschiedlichen Ausprägungen der beiden Perspektiven zusammen, so lässt sich übergreifend feststellen, dass organisationale Lernprozesse, insbesondere höherstufige, dann entstehen, wenn es kontinuierlich gelingt, die „mentalen Modelle" der Individuen, die Lernergebnisse und Lernerfahrungen der unterschiedlichen Ebenen sowie die übergreifenden Organisationsziele – unter Einbezug relevanter Umwelteinflüsse – durch systemumfassende, kollektive Reflexionsprozesse dialogisch-kommunikativ zu verbinden und aus den Resultaten dieser Reflexionsprozesse alternative (bzw. neue) Handlungsoptionen zu transformieren. Die Realisierung solcher Lernprozesse – so zeigen die Gesamtergebnisse der hier in Ansätzen vorgestellten Studie (vgl. Feld 2007, 253ff.) – setzt allerdings die Erfüllung bestimmter Anforderungen an das *organisationspädagogische Handeln* (insbesondere der Einrichtungsleitungen) voraus, die sich vornehmlich durch drei Aspekte auszeichnen:

- die *bewusste und ganzheitliche Förderungs- und Gestaltungsleistung* für optimale individuelle, kollektive und organisationale Lernprozesse,
- die *Verknüpfungsleistung* der einzeln bestehenden Lernergebnisse mit zeitgleich bestehenden Ansprüchen und Erwartungen von und an Individuen und Organisation,
- die *Transferleistung*, die gewonnenen Lernergebnisse in kontinuierliche (reagierende und proaktive) Organisationsentwicklungsprozesse zu überführen.

Durch die Realisierung organisationalen Lernens entwickelt und verbessert eine Organisation neben ihrem Problemlösungspotenzial auch ihre Selbststeuerungs- und strukturelle Selbsterneuerungsfähigkeit. Direkt bezogen auf Weiterbildungseinrichtungen trägt organisationales Lernen zu einer dauerhaften Überlebens- und Leistungsfähigkeit bei. Die qualitative Steigerung von Handlungsalternativen unterstützt die Einrichtungen bei der Erzeugung ihres spezifischen „Produkts" Bildung, also bei dem Erstellen und Bereitstellen von Wissen sowie dem Gestalten von Lehr- und Lernarrangements für Erwachsene im Kontext des Lebenslangen Lernens.

Literatur

Argyris, C./Schön, D. A. (2002): Die Lernende Organisation. Grundlagen, Methoden, Praxis. 2. Aufl. Stuttgart.
Berger, P. L./Luckmann, T. (1990): Die gesellschaftliche Konstruktion der Wirklichkeit. Eine Theorie der Wissenssoziologie. Frankfurt/M.
Feld, T. C. (2007): Volkshochschulen als „Lernende Organisationen". Hamburg.
Glaser, B./Strauss, A. L. (1993): Die Entdeckung gegenstandsbezogener Theorie. Eine Grundstrategie qualitativer Sozialforschung. In: Hopf, C./Weingarten, E. (Hrsg.): Qualitative Sozialforschung. Stuttgart, S. 91-111.
Kühl, S./Strodtholz, K. (Hrsg.) (2002): Methoden der Organisationsforschung. Reinbek.
March, J. G./Olsen, J. P. (1975): The Uncertainty of the Past: Organizational Learning under Ambiguity. In: March, J. G. (1988) (ed.): Decisions and Organizations. New York, S. 335-358.

Nonaka, I./Takeuchi, H. (1995): The Knowledge-Creating Company: How Japan's Companies Foster Creativity and Innovation for Competitive Advantage. London u.a.

Schäffter, O. (1995): Pädagogisch begleitete Organisationsentwicklung in der Erwachsenenbildung. In: von Küchler, F. (Hrsg.): Umbruch und Aufbruch. Frankfurt/M., S. 160-187.

Schäffter, O. (2003): Erwachsenenpädagogische Organisationstheorie. In: Gieseke, W. (Hrsg.): Institutionelle Innensichten der Weiterbildung. Bielefeld, S. 59-81.

Schein, E. H. (2003): Organisationskultur. Bergisch Gladbach.

Senge, P. (1990): The Fifth Discipline: The Art and Practice of the Learning Organization. New York.

Senge, P. (2003): Die fünfte Disziplin. 9. Aufl. Stuttgart.

Praktiken der alltäglichen Organisation von Wissen und Erfahrung. Teamarbeit, Reflexivität und Inferenz

Peter Cloos

Vorliegende Studien zum professionellen Handeln in der Kinder- und Jugendhilfe thematisieren Erfahrung vorwiegend im Kontext von Biographie (vgl. u.a. Thole/Küster-Schapfl 1997; Schweppe 2002). Im Mittelpunkt der Studien steht dabei die Frage, wie sich im Laufe der Biographie ein professioneller Habitus herauszubilden vermag, der eine von der Alltagswelt abgegrenzte höhersymbolische Teilsinnwelt konstituiert (vgl. Schütze 1996). Professionalität wird hier zumeist als biographisches Projekt konzeptionalisiert; Erfahrung erscheint dabei als Gegenpol zu einer anerkannten Professionalität. Professionstheoretisch wird der Anspruch erhoben, die empirisch in Professionstypen sich verdichtenden gegensätzlichen Pole von lebensweltlicher Erfahrungsbasierung und wissenschaftlicher Fundierung zugunsten eines Modells reflexiver Professionalität aufzulösen. In diesem Sinne stellen Bernd Dewe und Hans-Uwe Otto (2002, 193) fest:

> „Professionen bilden eine Institutionalisierungsform der Relationierung von Theorie und Praxis, in der wissenschaftliche Wissensbestände praktisch-kommunikativ in den Prozess der alltäglichen Organisation des Handelns und der Lösung hier auftretender Probleme fallbezogen kontextualisiert werden. Wenn man die Figur einer ‚Vermittlung‘ nicht in Anspruch nimmt und statt mit Einheit mit Differenz von Wissensformen operiert, lässt sich eine Position beziehen, von der aus das Verhältnis von wissenschaftlichem Wissen und beruflichem Können neu konzipiert werden kann.“

Die Figur reflexiven professionellen Handelns verbleibt dabei eher auf der Ebene eines professionalisierungstheoretischen Programms ohne empirische Absicherung. Neuere professionsbezogene Studien untersuchen jedoch, wie sich im professionellen Handeln eine reflexive Relationierung von Urteils- und Wissensformen beschreiben lässt (vgl. Klatetzki 1993; Schneider 2006; Heiner 2004; Cloos/Köngeter 2006). Dabei findet zunehmend Berücksichtigung, dass professionelles Handeln im Rahmen von Kinder- und Jugendhilfe zumeist als Handeln in professionellen Organisationen aufgefasst werden muss. Professionelle Organisationen werden dadurch bestimmt, dass sie sich mit nicht-routinisierbaren, unbestimmten und aktiven Arbeitsaufgaben befassen (vgl. Klatetzki 2005, 253f.).

1 Zur empirischen Untersuchung der Organisation von Wissen und Erfahrung im Rahmen von Teamarbeit

Die nachfolgenden Überlegungen basieren auf den Ergebnissen ethnographischer Studien zum professionellen Habitus in der Kinder- und Jugendhilfe und zu den Konstitutionsbedingungen der Kinder- und Jugendarbeit (vgl. Cloos 2004, 2007; Cloos et al. 2007) sowie ersten Rekonstruktionen im Rahmen eines begonnenen Forschungsprojektes zum Thema der professionellen Begleitung von Hilfe- und Bildungsprozessen durch Teamarbeit. Im Mittelpunkt steht die Rekonstruktion von Teamsitzungen insbesondere in Tageseinrichtungen für Kinder. Hier wird der These gefolgt, dass professionelles Handeln als Umgang professioneller Organisationen mit Problemen, die nicht-routinisierbar und unbestimmt sind, aufzufassen ist. Damit wird die Frage interessant, welche unterschiedlichen sozialen Praktiken (vgl. Reckwitz 2003) der Bearbeitung von Wissen und Erfahrung in der Kinder- und Jugendhilfe zu beobachten sind. Wie und durch welche Praktiken werden Erfahrungen gesammelt, sortiert, gefiltert, gelagert und ausgeschlossen, wie wird Erfahrung in Wissen überführt und schließlich, wie wird im Zuge dieses Transformationsprozesses neue Erfahrung möglich?

Damit hebt sich die Studie von solchen professionsbezogenen Studien ab, die sich auf die Rekonstruktion von Interviewmaterial konzentrieren. Folgt man der Annahme, dass die vielfach aufgeschichteten Wissensbestände der Professionellen größtenteils in routinisierte Handlungen eingebunden werden und diese folglich als latente Hintergrundfolie von den beruflichen AkteurInnen inkorporiert werden und nicht abgefragt werden können, dann erscheint es gewinnbringend, mittels ethnographischer Verfahren diese verdeckten Wissensbestände zu rekonstruieren. Ethnographische Verfahren können in Verbindung von Teilnehmender Beobachtung mit anderen Verfahren der Datenerhebung insbesondere auch den Blick auf das Verhältnis von beruflich-habituellen Orientierungen und Organisationsformen beruflichen Handelns lenken (vgl. Klatetzki 1993, 2003; Cloos et al. 2007). Zur Rekonstruktion der professionellen Bearbeitung von Wissen und Erfahrung in Organisationen bietet es sich im Rahmen ethnographischer Forschungsstrategien an, Teamsitzungen und Teamgespräche aufzuzeichnen. Teamsitzungen können als die Orte bezeichnet werden, an denen die separierten Erfahrungen der einzelnen Teammitglieder miteinander abgeglichen und in kollektive Deutungen überführt werden. Das Team ist auch der Ort, an dem die routinisierte – im Sinne von Dewey: primäre – Erfahrung unterbrochen werden kann, so dass durch die gemeinsamen Fallbearbeitungen neue Erfahrungen möglich werden. Sich auf diesen Ort innerhalb von Organisationen zu beschränken, würde jedoch eine erhebliche Einschränkung der Beobachtungsperspektive bedeuten, denn mittels Teilnehmender Beobachtungen lassen sich im Organisationsalltag informelle Schnittstellen der Erfahrungs- und Wissensbearbeitung entdecken. An diesen Schnittstellen wird dafür gesorgt, dass das Wissen über separierte Erfahrungen im Fluss bleibt und die Erfahrungen ausgehandelt, bewertet und in neues Wissen überführt werden. Zusätzlich könnte im Rahmen der Sammlung von Artefakten und Materialien, wie z.b. Sitzungsprotokollen, Berichten und Dokumentationssystemen, aufgezeigt werden, wie Erfahrungen sich in Texten verdichten und als sedimentiertes Wissen fixiert, gespeichert, weiter gereicht und bearbeitet werden. Ziel wäre es insgesamt, das Zusammenspiel der sozialen Praktiken der professionellen Bearbeitung von Wissen und Erfahrung in Kinder- und Jugendhilfeorganisationen aus vergleichender ethnographischer Perspektive zu erfassen, um die verschiedenen professionellen Handlungslogiken der Arbeitsfelder der Kinder- und Jugendhilfe rekonstruieren zu können.

2 Modi der organisationellen Transformation von Erfahrung

Im Falle der professionellen Bearbeitung von Wissen und Erfahrung ist zunächst davon auszugehen, dass die unmittelbare, primäre Erfahrung im Rahmen von Anamnese, Diagnose und Intervention und deren Evaluation eingebracht wird, diese aber im Zuge der Fallbearbeitung einem Transformationsprozess unterzogen wird. Thomas Klatetzki (1993, 174) stellt bei seiner Untersuchung einer Jugendhilfeeinrichtung fest: „Das Leben wird hier vorwärts gelebt und rückwärts verstanden." Teamsitzungen seien der institutionalisierte Ort, um nach involviertem Handeln rückwärts verstehen zu können. In diesem Sinne kann Teamarbeit als eine soziale Praxis der Transformation von Erfahrung verstanden werden. Dies wird nach Klatetzki (1993) durch die Erfahrung des Transzendierens möglich. Die unmittelbare Erfahrung kann überschritten werden, indem andere Wirklichkeiten in der gegenwärtigen Wirklichkeit appräsentiert werden.

Ohne Anspruch auf Vollständigkeit werden hier zunächst vier Ebenen der Transformation von Erfahrung im Rahmen eines Teamgesprächs in einer Kindertageseinrichtung empirisch rekonstruiert. Im Rahmen der Teamsitzung, an der Ida Winter (IW), Hatice Gül (HG) und Natalie Breddemann (NB) teilnehmen, thematisiert Ida Winter den Konflikt zwischen Moritz und seinen beiden Freunden. Moritz wird in anderthalb Wochen die Kindertageseinrichtung verlassen.[1]

---

1   Folgende Transkriptionsregeln gelten: [...] = Auslassung; [uv] = unverständlich; jede Sekunde Pause wird mit einem Punkt markiert, Hintergrundgeräusche werden in eckigen Klammern notiert. Die Personennamen wurden anonymisiert.

IW: ich kann et nich mehr ich kann nich anderthalb Wochn jetzt hier noch hier sone miese Stimmung haben […] wat also ich hab jetzt mal ne Woche Ruhe gehabt und dann is man ja auch ganz entspannt heute […] hab ich gemerkt dass ich total zickich werde auch nachmittags und…

HG: das kann keiner

IW: guck ma wie oft wir schon versucht ham und das klappt nich nächste Woche wirds au nich klappen […] ich finds nur den Hammer irgendwie der geht mir am meisten auf en Keks […] aber für den [Moritz] tuts mir am meisten leid weil er ja derjenige ist der nur die beiden Jungen hat und deswegen fänd ichs schön wenn er diese zwei Wochen seine Freunde noch genießen könnte aber es is ja nich so…

HG: dafür sind die ja aber die anderen Neuen [bald da]

NB: dass ma vielleicht öfter jetzt raus geht zum Spielplatz

IW: ja oder das ja

HG: das machen wir ja

NB: die letzten Tage mit denen war ja kein Spielplatz

HG: genau ja hatte ich auch gedacht

IW: find ich gut ne

Ida Winter, die Leiterin einer Kindertageseinrichtung, thematisiert hier: „Ich kann et nich mehr." Detaillierend berichtet sie von den Hintergründen für ihre momentane Stimmung – „mal ne Woche Ruhe gehabt" – und ihren eher intuitiven Reaktionen: „gemerkt, dass ich total zickich werde". Hinzu kommt, dass sich die Erzieherin wenig hoffnungsvoll zeigt, in dieser Situation etwas erfolgreich unternehmen zu können („nächste Woche wirds au nich klappen"). Sie benennt die gescheiterten Versuche zur Auflösung eines hier noch nicht genau beschriebenen Problems („guck ma wie oft wir schon versucht ham"). Der Kontext der Geschichte wird zunächst nicht erläutert. Erst mit der Ergänzung „aber für den [Moritz] tuts mir am meisten leid" wird deutlich, dass es nicht nur allein um Ida Winter geht.

Zunächst lässt sich festhalten, dass mit der Thematisierung einer separiert und individuell gemachten Erfahrung („ich kann et nich mehr") diese zur Bearbeitung und Reflexion in einen kollektiven Erfahrungsraum eingespeist wird. Dass dieser Erfahrungsraum kollektiv geteilt wird, zeigt sich an der Bestätigung von der Erzieherin Hatice Gül („das kann keiner") und an dem Ausbleiben einer näheren Erörterung des vorliegenden Problems. Jedoch bedarf es hier im Zuge der Fallvorstellung und -bearbeitung einer Zusammenführung der unmittelbaren Erfahrung mit anderen Erfahrungen. Die Erfahrung, nicht mehr zu können, „sone miese Stimmung" zu erleben, wird im Rahmen der Suche nach Lösungsmöglichkeiten zum einen retrospektiv an Erfahrungen des Scheiterns („wie oft wir schon versucht ham") und zum anderen prospektiv an Vorausblicke auf zukünftiges Handeln gekoppelt („nächste Woche wirds au nich klappen"). Dabei sind auch Momente zu entdecken, die auf eine reflexive Bearbeitung hindeuten. Sie deuten sich nicht nur durch die Appräsentation der unmittelbaren Erfahrung in anderen Erfahrungen, sondern auch durch das Einbringen einer weiteren Perspektive auf den Fall an („für den [Moritz] tuts mir am meisten leid"). Eine ausführliche Relationierung der Fallperspektiven bleibt jedoch aus (vgl. Cloos/Köngeter 2006). Nach der Explikation des Problemhorizonts („ich kann et nich mehr") wird ohne nähere Diskussion der Frage, was denn hier der Fall ist, und ohne eine abgesicherte Diagnose vorzunehmen von Natalie Breddemann zügig ein Interventionsvorschlag unterbreitet: „dass ma vielleicht öfter jetzt raus geht zum Spielplatz". Moritz und seine Freunde werden also kaum zum Fall der Teamsitzung gemacht, obwohl die Lösung des Konflikts augenscheinlich dessen Reflexion erfordert. Nun kann einerseits eingebracht werden, dass der Konflikt mit den Jungen den Teammitgliedern so präsent ist, dass es aus ihrer Sicht nicht nötig erscheint, die Hintergründe des Falles in der Teamsitzung noch einmal zu explizieren oder die unterschiedlichen Perspektiven zu relationieren. Einzubringen ist aber auch, dass gerade diese Praxis der Explikation von geteilten Wissensbeständen durch die spezifischen Traditionen der Einrichtung nicht vorgesehen ist. Eine Kultur der Einzelfallbesprechung ist nicht institutionalisiert. Mit anderen Worten: Durch den zügigen Interventionsvorschlag wird eine reflexive Relationierung der Fallperspektiven unterbunden.

Deutlich zeigt sich hier, dass an den Fall spezifische Fragen angelegt, andere Fragen jedoch nicht gestellt, d. h. spezifische Fallkonstruktionen vorgenommen werden. Gefragt wird hier weder, warum der Konflikt mit Moritz besteht, noch wie Ida Winter im Umgang mit Moritz auf den Konflikt reagiert. Die zentrale Frage lautet: Wie handeln wir angesichts des Problems, dass das „Leben" in der Kindertageseinrichtung durch den Übergang von Moritz in die Schule in die Krise gerät? Die zentrale Perspektive auf den Fall ist also das Funktionieren der Arena der Kindertageseinrichtung. Dominant ist in dieser Fallperspektive nicht die Krise des Jungen, sondern die Bewahrung der Handlungsfähigkeit der Mitarbeiterinnen in der Kindertageseinrichtung. Dies ist eine interessante Umkehrung der oben genannten Ergebnisse von Thomas Klatetzki (vgl. 1993, 174). In der Teamsitzung der Spielkiste wird die Frage nicht bearbeitet, wie tatsächlich die Gesamtheit des Falles zu deuten ist. Im Zentrum der Teamsitzungen geht es darum, vorwärts zu denken und das Handeln zu planen. Mit anderen Worten: An den jeweiligen Fall werden pragmatische Filter angelegt (vgl. Granosik 2000, 106),[2] die bestimmen, in welche Richtung die Fallkonstruktion vorgenommen, wie der Fall gedeutet und welcher Interventionsvorschlag unterbreitet wird.[3]

---

2   Diese Filter dienen dazu, spezifische Fallperspektiven anzulegen, die mit den Aufgaben und Zielen des jeweiligen Arbeitsfeldes und der jeweiligen Organisation eng verbunden sind (vgl. Cloos 2007).

3   Bedanken möchte ich mich bei Stefan Köngeter für die ergänzenden Hinweise bei der Rekonstruktion der Teamsitzung.

Nun verdeutlicht der hier präsentierte Fall zunächst die These, dass im Rahmen der Fallbearbeitung innerhalb professioneller Organisationen soziale Praktiken der Transformation von unmittelbarer Erfahrung beobachtet werden können. Es zeigt sich aber auch, dass die hier zu beobachtende Transformation von Erfahrung im Rahmen der Fallbesprechung kaum professionalisierungstheoretischen Ansprüchen Genüge leisten kann, wie sie z.B. von Ulrich Oevermann (1996, 2002) im Rahmen des hermeneutischen Fallverstehens thematisiert werden.[4] Dies ließe sich insbesondere dadurch begründen, dass eine ausführliche Fallanamnese, eine Relationierung der Fallperspektiven, eine deutliche Orientierung am „Klientenwohl" und eine der Interventionsplanung vorgeschaltete Diagnose weitgehend ausbleiben.

Fasst man professionelle Arbeit als Handeln in professionellen Organisationen vor dem Hintergrund der Probleme von Ungewissheit und Inferenz (vgl. Klatetzki 2005), dann zeigt sich, dass die Beziehung zwischen Anamnese, Diagnose und Behandlung bzw. Intervention[5] mehrdeutig ist und dass es besonderer Arten des schlussfolgernden Denkens bedarf, um diese Beziehung zu bearbeiten. Das Merkmal der Inferenz, die hypothetische Konstruktion eines grundsätzlich mehrdeutigen Zusammenhangs zwischen Diagnose und Behandlung (vgl. Klatetzki 2005, 267; Abbott 1988), wird als ein entscheidendes Differenzkriterium bei der Unterscheidung von Berufen und Professionen herausgestellt. In diesem Sinne stünde die hier aufgeführte Szene einer Teamsitzung eher der alltäglichen Bearbeitung von Erfahrung als dem professionellen Fallverstehen näher.

Problematisch an dieser Schlussfolgerung ist jedoch, dass sie eher auf idealtypischen Beschreibungen professionellen Handelns und weniger auf der empirischen Analyse von Berufsvollzügen beruht. Um die These unterfüttern und für die Praxis der Kinder- und Jugendhilfe beschreiben zu können, bedarf es einer empirischen Aufklärung der Frage, wie berufliche Akteure in der Kinder- und Jugendhilfe mit dem Inferenzproblem umgehen. Angesichts des Inferenzproblems kommt es im Rahmen von Teamarbeit zu einer Relationierung unterschiedlichster Wissensformen und Erfahrungen, die im Rahmen von Anamnese, Diagnose und Intervention (Behandlung) aufeinander bezogen werden. Welche Wissensformen wie miteinander kombiniert werden, hängt wesentlich davon ab, welche „Fälle" typischerweise in den jeweiligen Handlungsfeldern konstruiert

---

4   Hinzu kommt, dass aus klassischer professionstheoretischer Sicht das Handlungsfeld „Kindertageseinrichtungen" kaum den Merkmalen eines professionellen Handlungsfeldes entspricht (vgl. Cloos 2007).

5   Im Gegensatz zu Abbott (1988) gehe ich davon aus, dass Inferenz als die Herstellung eines hypothetischen Zusammenhangs im Kontext einer mehrdeutigen Beziehung nicht nur für die Beziehung zwischen Diagnose und Behandlung, sondern insbesondere auch für das Verhältnis von Anamnese und Diagnose bedeutsam ist.

werden und welche professionellen Praktiken der Fallbearbeitung organisationell verankert sind und somit den Fall mitkonstituieren.

Deutlich wird anhand des empirischen Beispiels, dass Praktiken der Transformation von Erfahrung möglicherweise nicht genau dann als professionell zu gelten haben, wenn der Fall ausschließlich reflexiv, retrospektiv oder prospektiv, kollektiv und gefiltert bearbeitet wird. Zwar lässt sich die These aufstellen, dass hier Differenzkriterien für die Unterscheidung vom alltäglichen und professionellen Umgang mit Erfahrung vorliegen, jedoch kann auch geschlussfolgert werden, dass hier die Fallbearbeitung zwischen diesen Modi der organisationellen Transformation von Erfahrung schwankt. So weist Thomas Klatetzki (2005) auch darauf hin, dass zu viel Inferenz für Professionen schädlich sein kann. Professionelle haben ihre Handlungsfähigkeit auch dadurch unter Beweis zu stellen, dass sie Fälle intuitiv und routinisiert mit großer Gewissheit bearbeiten können. Die Überlegungen zu einer Theorie sozialer Praktiken legen außerdem nahe, dass auch ein großer Teil der Handlungen in Organisationen eben nicht reflexiv bearbeitet wird (vgl. Reckwitz 2003). Weil diese Praktiken vorwiegend routinisiert vollzogen werden, basieren sie auf implizitem Durchführungswissen (vgl. auch Breidenstein 2006, 16f.). Davon auszugehen, das Handeln der Professionellen würde sich stets durch eine höhere kognitive Rationalität auszeichnen, unterstreicht einen hohen normativen Anspruch, kann aber keine empirische Evidenz für sich in Anspruch nehmen.

3 Organisationskulturelle Praktiken des Umgangs mit Wissen und Erfahrung

In der Jugendwerkstatt Goldstraße findet jede Woche ein Teamgespräch statt. Hier wird in einem vorher festgelegten Turnus über eine Auswahl von Jugendlichen gesprochen. In dem nachfolgenden Auszug wird Mike zum Thema:[6]

> ER: okee Mike . . ähm . . der sag ich mal . wenn er fit is arbeitet er mit . ziemlich langsam aber er macht gut mit aber er ist sehr häufig müde . dass ich denke der hat so die halbe Nacht nicht gepennt also [uv]
> PM: war er wieder im Garten arbeiten
> ER: war er wieder im Garten arbeiten . ähm . die Betreuerin aus seiner Wohngruppe war ja auch hier zum Gespräch . . mmh also die kriegen ihn wohl auch nicht so richtig zu packen weil . die haben den selben Eindruck ihm geht es für ne Zeit und dann ähm stürzt der wieder total ab keiner weiß woran es liegt . . die wollen da im Team bei sich auch noch mal drüber sprechen ähm also der hat erzählt der Carolin erzählt mir auch schon

---

6   An der Teamsitzung nehmen u. a. die Ökotrophologin Evelyn Rühl (ER), die Lehrerin Petra Mildes (PM), die Sozialpädagogin Anja Schell (AS), der Leiter der Jugendwerkstatt Paul Fröhlich (PF) sowie der Werkanleiter Hannes Klein (HK) teil.

häufiger erzählt er geht jeden Abend zum nem Freund arbeitet da im Garten [Gemurmel im Hintergrund]
AS: Gartenhaus [uv]
ER: ne . so bis zehn elf ähm mhm . bekommt Geld . ziemlich häufig Geld dafür . . was die die Betreuerin auch sehr gewundert hat ne

Die für Mike zuständige Werkanleiterin Evelyn Rühl (ER) eröffnet die Fallbesprechung und nimmt eine knappe Charakterisierung vor: Mike arbeite, wenn er
„fit" sei, mit, wenn auch langsam. Er sei jedoch häufig sehr müde. Evelyn Rühl
vermutet, er schlafe nachts nur wenig. Die Lehrerin Petra Mildes (PM) unter-
bricht den Bericht und fragt nach, ob Mike wieder im Gartenhaus gewesen sei.
Auf den kurzen Tatsachenbericht folgen also zeitnah zwei Vermutungen zur
Deutung des Verhaltens des Jugendlichen. Evelyn Rühl greift die Vermutung
von Petra Mildes auf, fährt in ihrem Bericht jedoch fort, weitere Informationen
zu liefern. Sie berichtet, dass die Betreuerin der Wohngruppe von Mike einen
ähnlichen Eindruck wie sie gewonnen habe. Beide hätten festgestellt, Mike wäre
„nicht so richtig zu packen". Außerdem wären bei diesem Jugendlichen immer
wieder wechselhafte Phasen festgestellt worden, in denen er abstürze. In Opposi-
tion zu der vorschnellen Fixierung auf den Garten als Ursache für die Müdigkeit
berichtet sie, dass die MitarbeiterInnen in der Wohngruppe auch nicht wüssten,
wodurch das wechselhafte Verhalten begründet werden könne. Evelyn Rühl
liefert somit einen kurzen, viele Informationen enthaltenen Bericht. Diesen stützt
sie auf Informationen aus unterschiedlichen Quellen: auf die eigenen Beobachtungen, auf Angaben der Sozialpädagogin Carolin Weber und einer Mitarbeiterin
der Wohngruppe, in der Mike lebt. Auch Auskünfte des Jugendlichen werden
eingebracht.

3.1 Anamnese

Ein großer Teil der in Teamgesprächen der Kinder- und Jugendhilfe bislang
beobachteten Praktiken dient dazu, das Ungewissheitsproblem zu bearbeiten.
Ungewissheit besteht z.B. darin, dass – wie Fritz Schütze (1996, 2000) beschreibt – kaum abgesicherte Prognosen über die weitere Fallentwicklung gelie-
fert werden können. Hinzu kommt, dass die Professionellen immer nur einen
begrenzten Zugriff auf die Lebenswelt der Kinder und Jugendlichen haben, weil
sie diese vorwiegend als Organisationsmitglieder beobachten können, die lebensweltlichen Kontexte – Familie, Schule, Peers etc. – aber nicht nur ganz andere Rollen nahe legen, sondern zumeist nur mittelbar erfahren werden können.
Für die Fallbearbeitung sind die Professionellen jedoch darauf angewiesen, dass
ihnen Informationen „aus der Organisationsumwelt" zur Verfügung stehen. Hin-

zu kommt, dass die Teammitglieder an verschiedenen Orten und in verschiedenen Situationen ganz unterschiedliche Erfahrungen in der Interaktion mit den AdressatInnen sammeln können. Im Rahmen dieser und anderer Teamsitzungen geht es darum, möglichst viele Informationen über die AdressatInnen und ihre Lebenswelt, aber auch über die eigenen Erfahrungen in der Interaktion mit den AdressatInnen zu sammeln. Nina Geis (2005) hat diesen Prozess am Beispiel der Teamsitzung einer Einrichtung der Kinder- und Jugendarbeit als „Update" beschrieben. Dies verweist darauf, dass der Anamneseprozess prinzipiell immer als unabgeschlossen anzusehen ist.

Zusammengefasst lassen sich im Rahmen der hier beobachteten Anamneseprozesse verschiedene Bündel an Praktiken identifizieren:

- Die Festlegung einer wöchentlichen Fallbesprechung dient u.a. dazu, den Erfahrungs- und Informationsfluss in Gang zu halten bzw. zu erhöhen. Evelyn Rühl trägt unmittelbar dazu bei, den Anamneseprozess aufrecht zu erhalten und eine vorschnelle Beurteilung des Falles („war er wieder im Garten arbeiten") zu verhindern.
- Anamnese im Rahmen von professioneller Fallbesprechung beinhaltet auch die Einbringung von verschiedenen Perspektiven auf den Fall im Sinne einer Perspektivenkontrastierung. So berichtet Evelyn Rühl von den Erfahrungen, die die Betreuerin aus der Wohngruppe Mikes eingebracht hat.
- Um diese verschiedenen Fallperspektiven überhaupt vortragen zu können, bedarf es Techniken der Ermittlung von Wissen und der Narration von Erfahrung, auch von solchen, die nicht nur in der Interaktion mit den AdressatInnen, sondern auch außerhalb des unmittelbaren Erfahrungsraumes der Einrichtung gewonnen werden konnten.
- Im Sinne der *pragmatischen Filterung* und im Rahmen der *Fallfokussierung* wird jedoch stets entschieden, was bezogen auf den Fall überhaupt vorgebracht, welches Wissen, welche Informationen und welche Erfahrungen eingebracht werden und welche für die Fallkonstruktion überhaupt interessant erscheinen. Die Rekonstruktion der Fallbesprechung macht deutlich, dass durch die pragmatische Filterung die Arbeitsfähigkeit und durch die Fallfokussierung die Müdigkeit des Jugendlichen zum Thema wird. Pragmatische Filterung und Fallfokussierung dienen schließlich der Komplexitätsreduzierung und der Bestätigung von Handlungssicherheit.
- Im Zuge der Anamnese werden das präsentierte Wissen und die vorgebrachten Erfahrungen *Bewertungen* unterzogen, ohne dass hier bereits von Diagnoseprozessen gesprochen werden könnte. So lässt sich z.B. am Anfang der Fallbesprechung eine *knappe Fallcharakterisierung* durch Evelyn Rühl finden, wenn sie vorbringt: „wenn er fit is arbeitet er mit".

- Ergänzt werden muss, dass in der Teamsitzung die zentralen Aspekte immer auch schriftlich fixiert werden. Im Rahmen der Protokollierung lassen sich also auch Praktiken der Transformation von Erfahrung in Form von Speicherung beobachten.

3.2 Diagnose

Zu beobachten ist, dass unter der Bedingung der pragmatischen Filterung Anamnese- und Diagnoseprozesse im Interaktionsverlauf ineinander übergreifen, sich diese also auch nicht immer präzise unterscheiden lassen. Während auf Basis der bisherigen Rekonstruktionen unter Anamnese vorwiegend die sortierte Sammlung von Wissen und Erfahrung verstanden werden kann, beinhaltet die Diagnose, dass aus den primären Erfahrungen auch weitere, auf den Fall bezogene Erfahrungen gewonnen werden können und es schließlich zu einer Entscheidung kommt, welcher Fall hier nun vorliegt (vgl. Müller 2006). Im Laufe der Teamsitzung wird der Anamneseprozess weiter geführt, es kommt jedoch immer häufiger zu Aussagen darüber, wie der Fall zu bewerten ist und wie die Fallentwicklung erklärt werden kann.

```
HK:  was macht der denn da
AS:  also ich ähm denke [uv, da viele gleichzeitig]
?:   [uv, da viele gleichzeitig]
AS:  hört sich eher nach Prostitution an
ER:  ja klar ja sicher das haben wir ja als äh
AS:  [uv] ganz klar
ER:  hätt ich jetzt gleich auch noch erzählt das hat sie dann auch angenommen . das wollten
     die im Team besprechen . ähm und da sind wohl auch die da sind zwei Vorfälle gewesen
     einer war . während ner Ferienfreizeit . von der Wohngruppe da ist der Mike wohl auch
     aufgefallen durch so sexuelle Praktiken die er da an sich vollführt hat ähm . . die die
     Betreuerin ich weiß jetzt gar nicht mehr den Namen doch Frau Tertilt also die meinte dat
     könnte schon in die Richtung gehen die wollen . da jetzt auch gucken dass se was unter-
     nehmen
```

Erneut wird das Thema Garten ins Zentrum der Aufmerksamkeit gerückt, indem Hannes Klein nachfragt: „was macht der denn da". Bevor Evelyn Rühl antworten kann, stellt Anja Schell eine weitere Vermutung an, die jedoch nicht zu verstehen ist, weil plötzlich mehrere MitarbeiterInnen gleichzeitig sprechen. Das Durcheinander lässt vermuten, in dem Garten passiere etwas, was im Team besondere Aufmerksamkeit erregt. Als Anja Schell vorbringt, es handle sich hier um Prostitution, vollzieht sie eine erste Diagnose des Falles, diese wird jedoch auf schwankendem empirischem Boden eingebracht (vgl. Schütze 1996). Auch wenn Evelyn Rühl die Diagnose zunächst bestätigt („ja klar ja sicher"), wird diese im direkten Anschluss durch einen weiteren Bericht über die ihr vorliegenden Beobachtungen in die Schranken verwiesen. Evelyn Rühl unterstreicht die Notwendigkeit, weitere Informationen zu beschaffen („was unternehmen"). Sie teilt hierdurch mit, dass hier Prostitution der Fall sein kann, aber die Diagnose noch nicht ausreichend begründet werden kann.

Im konkreten Fall wird eine abschließende Diagnose nicht vorgenommen. Evelyn Rühl schließt und sichert ihren Bericht ein paar Minuten und Transkriptionsseiten später durch die Schlussfolgerung „gut muss man halt dann dran bleiben" und „müssen wa halt abwarten". Die Vermutungen der KollegInnen sind zu unsicher, als dass bereits weitere Interventionen geplant werden könnten, zumal die MitarbeiterInnen der Wohngruppe intensiver mit Erkundigungen zur Fallproblematik beschäftigt sind. Über weitere Fälle zu erhärten wäre, dass also Diagnoseprozesse in der Kinder- und Jugendhilfe nicht in ein abschließendes Urteil münden und eine prägnante Begrifflichkeit erzeugen – wie es in der Regel im Rahmen medizinischer Diagnose zu beobachten ist. Vielmehr wird

- durch Praktiken des Erfahrungsabgleichs im interprofessionellen Austausch („also die meinte dat könnte schon in die Richtung gehen"),
- durch die relationierende Abwägung und Bewertung von Fallperspektiven („hätt ich jetzt gleich auch noch erzählt"),
- durch einen zirkulären Prozess der Rückspeisung in den Anamneseprozess („muss man halt dann dran bleiben"),
- durch argumentierende (und gegenseitige) Absicherung oder das Verwerfen von Deutungen des Falles,
- aber auch durch Praktiken der Komplexitätsreduzierung und der schnellen Typisierung („hört sich eher nach Prostitution an")

unter der Bedingung pragmatischer Filterung und unter Einbezug von Wissen und Erfahrung aus unterschiedlichen Quellen wie in einem Puzzlespiel das Bild vom jeweiligen Fall zusammengesetzt. Um die Diagnose vorläufig abschließen und Interventionen anschließen zu können, scheint ein mehr oder weniger stimmiges Bild vorliegen zu müssen.

4 Ausblick – Reflexive Praktiken der Inferenzbearbeitung

Folgt man den Überlegungen bis hierhin, müsste eine professionelle Praxis sich insbesondere reflexiv dem Problem von Unbestimmtheit und Inferenz stellen und Lösungen anbieten, wie bisherige unmittelbare Erfahrungs- und Deutungsräume aufgebrochen werden, damit neue Erfahrungen möglich werden. In den bisherigen Rekonstruktionen deuten sich solche reflexive Praktiken der Fallbearbeitung an, insbesondere durch die Relationierung von Fallperspektiven, die Rückbindung des bisher Erörterten in den Anamneseprozess, den interprofessionellen Erfahrungs- und Wissensabgleich und die Versicherung der schwankenden empirischen Basis der Falldeutungen. Die aufgezeigten Modi der organisationellen Transformation von Erfahrung zeigen jedoch ebenso auf, dass professionelle Fallbearbeitung immer auch auf Basis von Routine und mit nur geringer „Befremdung" des Falles Gewissheit und Handlungssicherheit erzeugen muss. Inwieweit sich gerade in diesen routinisierten, erfahrungsbasierten Entscheidungen Charakteristika von professionellen Inferenzbearbeitungen zeigen, wird Thema nachfolgender Rekonstruktionen.

Literatur

Abbott, A. (1988): The Systems of Professions. An Essay on the Division of Labor. Chicago.

Breidenstein, G. (2006): Teilnahme am Unterricht. Ethnographische Studien zum Schülerjob. Wiesbaden.

Cloos, P. (2004): Biografie und Habitus. Ethnografie sozialpädagogischer Organisationskulturen. Kassel.

Cloos, P. (2007): Die Inszenierung von Gemeinsamkeit. Eine vergleichende Studie zu Biografie, Organisationskultur und beruflichem Habitus von Teams in der Kinder- und Jugendhilfe. Weinheim.

Cloos, P./Köngeter, S. (2006): Zur Relationierung der Fall- und Interventionsperspektive in der Kinder- und Jugendarbeit. In: Sozialer Sinn, 7. Jg., H. 1, S. 35-60.

Cloos, P./Köngeter, S./Müller, B./Thole, W. (2007): Die Pädagogik der Kinder- und Jugendarbeit. Wiesbaden.

Dewe, B./Otto, H.-U. (2002): Reflexive Sozialpädagogik. Grundstrukturen eines Typs dienstleistungsorientierten Professionshandelns. In: Thole, W. (Hrsg.): Grundriss Soziale Arbeit. Ein einführendes Handbuch. Opladen, S. 179-198.

Geis, N. (2005): „Also wir hätten heute eh Teamsitzung gemacht". Beschreibung und Interpretation einer Teamsitzung. Unveröffentlichte Studienarbeit Kassel.

Granosik, M. (2000): Professionalität und Handlungsschemata der Sozialarbeit am Beispiel Polens. In: ZBBS, 1. Jg., H. 1, S. 97-130.

Heiner, M. (2004): Professionalität in der Sozialen Arbeit. Theoretische Konzepte, Modelle und empirische Perspektiven. Stuttgart.

Klatetzki, T. (1993): Wissen, was man tut. Professionalität als organisationsstrukturelles System. Eine ethnographische Interpretation. Bielefeld.

Klatetzki, T. (2003): Skripts in Organisationen. Ein praxistheoretischer Bezugsrahmen für die Artikulation des kulturellen Repertoires sozialer Einrichtungen. In: Schweppe, C. (Hrsg.): Qualitative Forschung in der Sozialen Arbeit. Opladen, S. 93-118.

Klatetzki, T. (2005): Professionelle Arbeit und kollegiale Organisation. Eine symbolisch interpretative Perspektive. In: Klatetzki, T./Tacke, V. (Hrsg.): Organisation und Profession. Wiesbaden, S. 253-283.

Müller, B. (2006): Sozialpädagogisches Können. Ein Lehrbuch zur multiperspektivischen Fallarbeit. 4. vollst. neu überarb. Aufl. Freiburg.

Oevermann, U. (1996): Theoretische Skizze einer revidierten Theorie professionalisierten Handelns. In: Combe, A./Helsper, W. (Hrsg.): Pädagogische Professionalität. Frankfurt/M., S. 70-182.

Oevermann, U. (2002): Professionalisierungsbedürftigkeit und Professionalisiertheit pädagogischen Handelns. In: Kraul, M./Marotzki, W./Schweppe, C. (Hrsg.): Biographie und Profession. Bad Heilbrunn, S. 19-63.

Reckwitz, A. (2003): Grundelemente einer Theorie sozialer Praktiken. Eine sozialtheoretische Perspektive. In: Zeitschrift für Soziologie, 32. Jg., H. 4, S. 282-301.

Schneider, S. (2006): Sozialpädagogische Beratung. Praxisrekonstruktionen und Theoriediskurse. Tübingen.

Schütze, F. (1996): Organisationszwänge und hoheitsstaatliche Rahmenbedingungen im Sozialwesen. Ihre Auswirkungen auf die Paradoxien des professionellen Handelns. In: Combe, A./ Helsper, W. (Hrsg.): Pädagogische Professionalität. Untersuchungen zum Typus pädagogischen Handelns. Frankfurt/M., S. 183-275.

Schütze, F. (2000): Schwierigkeiten bei der Arbeit und Paradoxien des professionellen Handelns. Ein grundlagentheoretischer Aufriss. In: ZBBS, 1. Jg., H. 1, S. 49-96.

Schweppe, C. (2002): Biographie, Studium und Professionalisierung. Das Beispiel Sozialpädagogik. In: Kraul, M./Marotzki, W./Schweppe, C. (Hrsg.): Biographie und Profession. Bad Heilbrunn, S. 197-224.

Thole, W./Küster-Schapfl, E.-U. (1997): Sozialpädagogische Profis. Beruflicher Habitus, Wissen und Können von PädagogInnen in der außerschulischen Kinder- und Jugendarbeit. Opladen.

Führen und Lernen aus Erfahrung

Chokri Guellali

1 Einführung

Bei der Besetzung von Führungspositionen haben Organisationen die Wahl zwischen der Einstellung ausgewiesener Manager oder der Beförderung eigener Mitarbeiter. Bei einer internen Rekrutierung werden in der Regel die Arbeitsleistungen bei den Fachaufgaben an erster Stelle berücksichtigt. So kann ein erfolgreicher Ingenieur dank seiner Leistungen zum Manager aufsteigen. Eine Erfolgsgarantie in der Führungstätigkeit ist allerdings in diesem Fall nicht gegeben. Wenn man nicht mehr nur für die eigene Leistung verantwortlich ist, muss ein Umlernprozess die Transformation der beruflichen Identität begleiten. Ziele festzulegen, Mitarbeiter zu motivieren oder Konflikte zu lösen ist bei weitem komplizierter als eine reine Fachaufgabe. Führungspositionen bringen mit sich nicht nur einen Zuwachs an Autorität und Freiheit; sie können auch die Abhängigkeit von anderen Personen innerhalb und außerhalb der Organisation verstärken, was neue Herausforderungen mit sich bringt. Differenziert man zwischen Charisma und Führung, kommt man zu dem Schluss, dass Führungsqualitäten erlernbar sind (vgl. z.b. Hill 2004).

Mehrere Untersuchungen belegen, dass das Lernen von Beschäftigten größtenteils informell und außerhalb der formalen Weiterbildung stattfindet (vgl. Day 1998). Insbesondere Führungskompetenz wird auf informelle Weise erlernt. Die Untersuchung von Enos et al. (2003) hat z.B. gezeigt, dass die Gesamtheit von 20 identifizierten Führungskernkompetenzen in einem Großunternehmen überwiegend durch informelles Lernen erworben worden ist, obwohl ein breites Angebot an Weiterbildung zur Verfügung steht.

Der Aufbau von talentierten Führungskräften ist mit Abstand die wichtigste Herausforderung im Hinblick auf die Entwicklung einer qualifizierten Belegschaft. Dies behaupten 75% der Befragten in einer weltweit durchgeführten IBM-Studie (vgl. IBM Global Human Capital Study 2008, 22).

Das in der Aus- und Weiterbildung erworbene Wissen stellt eine gute Basis für die Entwicklung der Führungskompetenz dar, reicht aber nicht aus, um eine gute Führungskraft zu werden. Da, wo die klassische formale Bildung an ihre Grenzen stößt, können Führungskräfte durch Reflexion des eigenen Arbeitshandelns ihre Aufgaben besser bewältigen. Eine Führungskraft kann in einem Seminar lernen, wie man Mitarbeiter *im Allgemeinen* motivieren kann. Wie die eigenen Mitarbeiter *im Einzelnen* zu motivieren sind, wird nur informell aus Erfahrung und durch Reflexion gelernt. Das Lernen aus Erfahrung enthält also ein enormes Potential, insbesondere wenn im Anschluss mit neuen Denk- und Verhaltensweisen experimentiert wird. Daraus ist ein großer Nutzen zu erwarten.

Für diesen Beitrag liegt der Fokus beim Lernen auf individueller Ebene. Dennoch gilt es zu erörtern, inwiefern Organisationen die erfahrungsbasierten Lernprozesse fördern, gestalten und daraus einen Nutzen ziehen können. Es wird der Versuch unternommen, Formen des Lernens als Modell darzustellen sowie Thesen in Bezug auf das Lernen aus Erfahrung aufzustellen.

2 Verlauf der (selbstgesteuerten) erfahrungsbasierten Lernprozesse

Es kann zwischen zwei Konzepten der Selbststeuerung von erfahrungsbasierten Lernprozessen unterschieden werden, je nachdem, wie auf Erfahrung Bezug genommen wird (vgl. Tab. 1). Im ersten Konzept geht es um ein krisenbeladenes Lernen. Eine unangenehme Erfahrung wird als Anlass zum Lernen genommen. Der Gegenstand der Reflexion beschränkt sich hier auf die Deutung dieser Erfahrung. Dazu wird das Experimentierfeld eingeengt. Ziel ist es, dass sich die als Krise erlebte Erfahrung nicht wiederholt. Im zweiten Konzept geht es um ein entwicklungsorientiertes Lernen. Dabei findet basierend auf den gesamten Erfahrungen eine umfassende Reflexion über das Selbst statt und anschließend wird Neues ausprobiert.

	Krisenbeladenes Lernen	Entwicklungsorientiertes Lernen
Lernstrategie	Reaktiv	Proaktiv
Auslöser	Unzufriedenheit/Unbehagen	Intrinsische Motivation
Erfahrungsbezug	Direkt/bewusst	Indirekt/teils unbewusst
Ziel	Problemlösung/ Fehlervermeidung	Leistungsverbesserung/ Persönlichkeitsentwicklung
Reichweite	Begrenzt	Umfassend

Tab. 1: Vergleich krisenbeladenes Lernen/entwicklungsorientiertes Lernen

2.1 Das krisenbeladene Lernen

Das krisenbeladene Lernen findet eine theoretische Fundierung u.a. in der Theorie des transformativen Lernens von Mezirow (vgl. Elkins 2003; Mezirow 1997). Das transformative Lernen involviert einen kognitiven Prozess, der mentale Erfahrungen und die Entwicklung einer neuen Bedeutung dieser Erfahrungen durch kritische Reflexion über das Verhalten erfasst (vgl. Elkins 2003, 351). Nach Mezirow verfügen Erwachsene über Referenzrahmen (Vorstellungen, Konzepte, Werte, Gefühle und konditionierte Antworten), die ihre Lebenswelt bestimmen und zur Bildung von Annahmen führen, die eine Bedeutung für Erfahrungen geben. Diese Referenzrahmen beschränken die Perspektiven der Deutung und begrenzen dementsprechend die Handlungsalternativen. Erst durch ihre Veränderung findet ein transformatives Lernen statt (vgl. Mezirow 1997, 5).

Das transformative Lernen kann in fünf Schritte gegliedert werden (vgl. Elkins 2003, 352):

1. Auslöser: Es geht um eine Krise, die durch die Anwendung bisheriger Problemlösestrategien nicht gelöst werden kann;
2. Bewertung: Eine Erkenntnis über die eigene Inkompetenz in einem neuen Kontext findet statt;
3. Exploration: Neue Erklärungsmöglichkeiten für die unangenehme Erfahrung werden geprüft;
4. Alternativen: Es wird mit neuen Rollen, Verhaltensweisen und Problemlösemethoden experimentiert;
5. Integration: Das Erprobte wird in Verhalten und Tätigkeiten des Alltags integriert.

Der dem transformativen Lernen zugrunde liegende Denkansatz kann m.E. als restriktiv bewertet werden. Die Annahme, dass Lernen und Transformationen erst durch Krisen ausgelöst werden, missachtet den Veränderungswillen aus rein intrinsischen Motiven in der Perspektive der Persönlichkeitsentwicklung. Antizipation und Vermeidung von Krisen werden hier nicht ausreichend berücksichtigt.

2.2 Das entwicklungsorientierte Lernen

Entwicklungsorientiertes Lernen ist dadurch gekennzeichnet, dass die Führungskraft willig ist, ohne negative Erfahrung als Anlass zu lernen. Der Wunsch nach Veränderung kann unbewusst sein. Es braucht in diesem Fall allerdings auch bestimmte Ereignisse, um selbstgesteuerte Lernprozesse zu initiieren. Die Reflexion hat als Ziel zukünftige Handlungsmöglichkeiten.

Dieses Konzept des erfahrungsbasierten Lernens wurde mit der Theorie der intentionalen Veränderung (*Intentional change theory* – ICT) von Boyatzis (2006) am besten erfasst.

ICT stellt fest, dass erstrebenswerte und nachhaltige Veränderungen diskontinuierlich sind und nicht reibungslos verlaufen. Sie sind nicht-linear und erscheinen manchmal als katastrophal. Die Erfahrung von Veränderungen geschieht in der Form von Entdeckungen. Mit Selbstbewusstsein und Aufmerksamkeit wird es möglich, die Diskontinuität zu reduzieren und einen reibungslosen Übergang zu initiieren (vgl. Boyatzis 2006, 609).

Nach ICT enthält der Veränderungsprozess fünf Entdeckungen, die wie ein iterativer Zyklus funktionieren (vgl. ebd., 613ff.; Seal et al. 2006): (1) das ideale Selbst, (2) das reale Selbst, (3) die Lernagenda, (4) das Experimentieren/Praktizieren und (5) vertrauensvolle Beziehungen.

1. Die Entdeckung des idealen Selbst bedeutet zu wissen, was man werden möchte. Dies impliziert eine Vorstellung einer gewünschten Zukunft, die Hoffnung, sie zu erreichen und bestimmte Identitätsaspekte, wie etwa die dafür notwendigen dauerhaften Stärken. Die klare Formulierung oder Artikulierung des idealen Selbst ist nicht immer selbstverständlich, selbst wenn ihre Wichtigkeit in Veränderungs- und Lernprozessen anerkannt wird.

2. Das reale Selbst entspricht der Person, so wie sie ist. Durch eine Selbstevaluation können die Stärken und Grenzen identifiziert werden. Die Stärken liegen da, wo das reale und ideale Selbst identisch sind. Umgekehrt liegen die Grenzen da, wo das reale und ideale Selbst auseinander klaffen.

3. Die Lernagenda ist entwicklungs- und zukunftsorientiert. Sie beschäftigt sich mit den Mitteln zum Erreichen des idealen Selbst. Sie ist individuell und nicht normativ. Dies impliziert einen Handlungsplan, der auf die vorhandenen Stärken aufbaut und die Grenzen reduziert.

4. Das Experimentieren betrifft neue Verhaltensweisen, Gedanken, Wahrnehmungen und Gefühle. Durch das Praktizieren in Form eines kontinuierlichen Verbesserungsprozesses gelingen die Schaffung neuer neuronaler Pfade und die Beherrschung gewünschter Gewohnheiten. Das Experimentieren baut auf vorhandenen Erfahrungen auf. Dies kann geschehen, indem man etwas in einem geläufigen Milieu anders macht oder indem man etwas aus einem Milieu in ein anderes transferiert, z.B. vom ehrenamtlichen in das berufliche Umfeld. Experimentieren und Praktizieren fallen natürlich leichter und werden effektiver in einer vertrauten Umgebung, in der die betreffende

Person sich sicher fühlt und keine ernsthaften Konsequenzen für einen möglichen Misserfolg erwarten muss.

5. Vertrauensvolle Beziehungen stellen eine Unterstützung dar und können als Referenzgruppe betrachtet werden. Sie können sowohl zur Bildung eines idealen Selbst beitragen als auch ein Feedback über das reale Selbst und die Fortschritte im Veränderungs- und Lernprozess geben. Eine Erweiterung und Diversifizierung der Referenzgruppe kann oft vorteilhaft für die Initiierung von Veränderungsprozessen sein.

Bei genauer Betrachtung der verschiedenen „Entdeckungen" in ICT kann festgestellt werden, dass diejenige des realen Selbst nicht immer selbstverständlich ist. Die richtige Selbsteinschätzung von Führungskräften ist keine leichte Aufgabe. Vor allem die Identifizierung der eigenen Schwächen sowie der entsprechenden Lernbedürfnisse fällt manchen Führungskräften schwer. Andererseits, ohne das ideale Selbst ändern zu müssen, ist es durchaus möglich, sich, zumindest für eine bestimmte Zeit, bewusst mit bestimmten Schwächen abzufinden, wenn sie nicht behoben werden können. Sinnvoll wäre, sich auf andere zu verlassen, wo die Führungskraft die eigenen Grenzen erkennt. Die Vorstellung einer absolut vollkommenen Führungskraft ist utopisch, auch mit Hilfe von kontinuierlichen Verbesserungsprozessen ist sie nicht zu erreichen (vgl. Ancona et al. 2007).

2.3 Nutzen aus organisationspädagogischer Sicht

Beide dargestellten Konzepte des Lernens aus Erfahrung sowie die entsprechenden Theorien haben einen gemeinsamen Nenner: die Intentionalität von Veränderungsprozessen durch selbstgesteuerte Lernprozesse. Nun gilt es zu erörtern, inwiefern Organisationen sich diese Konzepte zunutze machen können.

Die Theorie des transformativen Lernens richtet sich an erster Stelle an die Gestaltung formaler Erwachsenenbildung. Der Fokus liegt bei der Befähigung der Teilnehmer zur kritischen Reflexion und zum autonomen Denken. Dazu gehören eine einschlägige Qualifizierung der Erwachsenenbildner sowie der Einsatz geeigneter Methoden (Rollenspiele, Fallstudien etc.) im Unterricht. In ihrer Rolle als Helfer und Provokateure müssen die Erwachsenenbildner die Lernziele der Teilnehmer erkennen und sie bei der Hinterfragung eigener und fremder Annahmen unterstützen. Bei der Behandlung lebensweltbezogener Themen können die Teilnehmer bei gemeinsamen Problemlösungen voneinander lernen. Die Kommunikation miteinander trägt in großem Umfang zur Verbesserung der Urteilsfähigkeit bei (vgl. Mezirow 1997; 1998).

Die in dieser Theorie hervorgehobenen Schlüsselkompetenzen sind dennoch für Organisationen von großer Bedeutung. Die kritische Reflexion über Annahmen und die Fähigkeit, mit anderen darüber zu diskutieren, um neue Einsichten zu gewinnen, sind Kompetenzen, die es bei den Verantwortungsträgern in Transformationsprozessen zu entwickeln gilt. Allerdings werden die Wechselwirkungen zwischen Rationalität und Emotionalität in dieser Theorie nicht thematisiert. Emotionen und ihre Rolle in einer Entscheidungsbildung, insbesondere bei der Bestimmung des Gegenstands kritischer Reflexion, werden gar nicht beachtet.

Im Gegensatz dazu spielen Emotionen in ICT eine zentrale Rolle. Der Nutzen für Organisationen ist konkreter. Die Theorie basiert explizit auf einem Kompetenzmodell für Führungskräfte: ESI (emotionale und soziale Intelligenz). Das Modell enthält 18 Kompetenzen, die in vier Kategorien eingeordnet werden (vgl. Seal et al. 2006, 195): Selbstbewusstsein, Selbstmanagement (emotionale Intelligenz), soziales Bewusstsein und Beziehungsmanagement (soziale Intelligenz). Als erstes wird dafür plädiert, diese Kompetenzen in der Ausbildung von Managern auch unter Einsatz von Methoden wie Fallstudien und Rollenspielen zu entwickeln (vgl. ebd., 201f.).

In der Praxis wird ICT mit Hilfe von Training und intensivem Coaching in Organisationen umgesetzt. Außerdem stehen *best practice*-Beispiele sowie Leitfäden zur Verfügung. Die Entwicklung der emotionalen und sozialen Intelligenz wird in diesem Zusammenhang als Quelle von ökonomischem Nutzen dargestellt (vgl. ebd., 204), allerdings ohne einen Kausalitätseffekt aufzeigen zu können.

Kritisch zu betrachten ist die enge Verbindung zwischen ICT und dem ESI-Kompetenzmodell. Letztendlich existieren in diesem Modell Überschneidungen mit weiteren Kompetenzmodellen, die für die Aus- und Weiterbildung von Führungskräften entwickelt worden sind (vgl. Sternberg 2003, 2007; Luthans 2002). Der Innovationsaspekt von ICT ist in diesem Zusammenhang umstritten. Die Behauptung, dass ESI eine Quelle von Leistungsverbesserung auf Organisationsebene sei, erscheint zweifelhaft. Wenn die Trainingsmaßnahmen so breit gefächert sind und auch Aspekte wie Marketing oder Finanzen enthalten (vgl. Boyatzis/van Oosten 2003, 2), dann wird eine Abgrenzung des Nutzens von ESI unmöglich gemacht. Die Grenzen zu anderen Konzepten der Personal- und Organisationsentwicklung sind also nicht mehr zu erkennen. Wenn ein Prozess mit Visionen über das ideale Selbst in Umsatzsteigerung oder Ersparnisse für die Organisation mündet (vgl. ebd.), dann ist eine Kluft zwischen Theorie und Praxis festzustellen. Die Rationalität behält die obere Hand, auch wenn behauptet wird, die Emotionen seien wichtig.

3   Thesen zum Lernen aus Erfahrung

Zwei Untersuchungen von McCall sind wegweisend für die Besonderheiten des Lernens aus Erfahrung. Gegenstand der ersten Untersuchung (vgl. McCall 1988) war die Identifizierung von Kategorien bildender Erfahrungen sowie daraus resultierender Lerninhalte. Ziel war, daraus Schlussfolgerungen für das Karrieremanagement von Führungskräften zu ziehen. Dabei wurden 616 Beschreibungen von Erfahrungen, die von 191 erfolgreichen Führungskräften aus sechs Großunternehmen als bildend betrachtet wurden, analysiert. Als Ergebnis wurden 34 Führungsqualitäten (eingeordnet in fünf Kategorien) identifiziert, die aus 16 Schlüsselereignissen (eingeordnet in vier Kategorien von bildenden Erfahrungen) erlernt werden können. Die Auswahl der „erfolgreichen" Führungskräfte und die Frage, ob diese repräsentativ ist, werden jedoch nicht näher erläutert. Da die Untersuchung aber auf Großunternehmen begrenzt ist, steht die Verallgemeinerung der Ergebnisse auf weitere Organisationsarten in Frage.

In einer späteren Untersuchung wurde die Frage nach der Fähigkeit zum Lernen aus Erfahrung aufgegriffen (vgl. McCall 1994). Basierend auf der Annahme, dass Führungsqualitäten im Laufe der Karriere durch Erfahrung erworben werden können, wurden 46 erfahrene Manager aus vier amerikanischen Großunternehmen sowie einige Experten interviewt, die bei der Früherkennung und Förderung von internationalen Nachwuchsführungskräften einbezogen waren (vgl. ebd., 52). Die aus den Interviews erhobenen Daten beziehen sich jedoch nicht nur auf die Fähigkeit zum Lernen aus Erfahrung, sondern generell auf die bestimmenden Eigenschaften bei der Identifizierung der Mitarbeiter mit Führungspotential (vgl. ebd., 53). Die entstandenen Kategorien wurden vom Forscherteam mit Fokussierung auf das Lernen aus Erfahrung überarbeitet und mit weiteren Experten diskutiert. Dem am Ende entwickelten Konzept zur Fähigkeit zum Lernen aus Erfahrung fehlt eine empirische Validierung. Außerdem mag es willkürlich erscheinen (vgl. 3.2). Darüber hinaus wurde kein Anspruch auf Repräsentativität des Samples erhoben. Was den Kontext der Untersuchung betrifft, stellt der internationale Aspekt der Führungstätigkeit ein Problem dar. Ohne die länderspezifischen Lernstile oder Besonderheiten in Frage zu stellen, behauptet McCall eine Universalität in Bezug auf die Fähigkeit von Führungskräften zum Lernen aus Erfahrung, allerdings ebenfalls ohne empirische Beweise. Die Ergebnisse der Untersuchung können also nicht ohne weiteres verallgemeinert werden.

Als weitere Grenze für die Verallgemeinerung der Ergebnisse beider Untersuchungen ist die Größe und Profitorientierung der untersuchten Organisationen zu erwähnen. Dennoch können basierend auf den erreichten Ergebnissen folgende Thesen aufgestellt werden, die in erweiterten Kontexten weiter diskutiert und empirisch validiert werden müssen:

3.1 Erste These: Nicht alle Arten von Erfahrung sind lernhaltig

Zunächst einmal ist festzuhalten, dass es nicht möglich ist, aus allen Arten von Erfahrungen zu lernen. Nur bestimmte Kategorien können als bildend betrachtet werden. Als erstes sind herausfordernde Aufgaben wie eine Unternehmensgründung, ein völlig neues Unternehmenskonzept oder eine erhebliche Zunahme an Verantwortung zu nennen. Dann handelt es sich um die sozialen Kontakte zu anderen Menschen, insbesondere zu außergewöhnlichen Vorgesetzten oder zu inkompetenten und widerstehenden Untergebenen. Die Herausforderung ist umso größer, wenn es um die Führung ehemaliger Kollegen, Vorgesetzter oder erfahrenerer Menschen geht. Harte Umstände wie Fehler oder Entlassung können ebenfalls zum Lernen aus Erfahrung zwingen, ebenso wie persönliche Ereignisse außerhalb der Arbeit. Das aus diesen Kategorien von Erfahrung resultierende Lernen hängt allerdings mit den bisherigen Erfahrungen, dem vorhandenen Wissen, dem Kontext der Erfahrung und seiner Lernförderlichkeit zusammen (vgl. McCall 1988; 2004).

3.2 Zweite These: Lernen aus Erfahrung ist individuell geprägt

Das Lernen aus Erfahrung geschieht nicht automatisch. Eine Erfahrung mag für den einen relevant erscheinen, für den anderen redundant. Einige Menschen lernen mehr oder schneller als andere aus Erfahrungen. Manche lernen nur einen Teil von dem, was sie lernen könnten. Manche lernen die falschen Dinge. Andere lehnen es sogar ab, irgendetwas zu lernen. In Bezug auf die Voraussetzungen für das Lernen aus Erfahrung kann also festgestellt werden, dass dieses stark individuell geprägt ist. Dies zeigt, dass Lernen aus Erfahrung von bestimmten Fähigkeiten abhängig ist.

Nach McCall verfügen Menschen, die aus Erfahrung am besten lernen können, über folgende Eigenschaften (vgl. McCall 1994, 56ff.):

- Neugierde über Funktionieren der Dinge, das Verhalten anderer Menschen und die Wirkungen des eigenen Verhaltens auf andere,
- Sinn für Abenteuer, gezeigt durch Erproben von Neuem und Annahme von Herausforderungen,
- Bereitwilligkeit/Widerstandsfähigkeit, die die Aufnahme von Kritik und das Lernen aus Fehlern erlauben, um immer besser zu werden,
- Handlungsorientierung durch Mobilisierung von Ressourcen bei der Suche nach Problemlösungen,

- Verantwortung für das eigene Lernen und die eigenen Veränderungen, auch unter Einbeziehung von Kollegen oder Vorgesetzten,
- Respekt der Verschiedenheiten, gezeigt durch Aufgeschlossenheit für andere Perspektiven und gute Beziehungen, auch zu Andersdenkenden,
- Aktive Suche und Anwendung von Feedback innerhalb einer ehrlichen sozialen Umgebung,
- Stetige Entwicklung dank Lernwilligkeit und -fähigkeit.

3.3 Dritte These: Organisationen können erfahrungsbasierte Lernprozesse fördern

Mitarbeiter, die am besten aus Erfahrung lernen können, sind Menschen, die für bildende Erfahrungen Risiken eingehen, dabei die Verantwortung für ihre eigenen Lernprozesse übernehmen und über die Zeit Nutzen aus ihrer Entwicklung ziehen. Dabei hat das Zusammenspiel zwischen Individuum und Organisation eine große Bedeutung. Die Organisation bestimmt den Zugang zu den Erfahrungsmöglichkeiten, die Herausforderungen in den Arbeitsaufgaben, die Feedbackmechanismen und nicht zuletzt die Belohnung erfolgter Entwicklung, im Gegensatz zur Belohnung unmittelbarer Leistungen.

Aus der Sicht von Organisationen besteht ein Dilemma bei der Auswahl von Führungskräften für herausfordernde Aufgaben: Soll die Aufgabe derjenige bekommen, der sie am besten bewältigen kann oder derjenige, der am meisten daraus lernen kann? Hier spielt die Perspektive eine entscheidende Rolle. Geht es um die Erreichung kurzfristiger Leistungen, werden erfahrene Menschen ausgewählt. Geht es um die langfristige Entwicklung des Humankapitals, kann sich die Organisation überschaubare Risiken erlauben und Führungskräften mit Potential Möglichkeiten zum Lernen aus Erfahrung anbieten (vgl. McCall 2004, 128).

Eine Steuerungsmöglichkeit besteht also darin, Nachwuchsführungskräften auch Aufgaben anzuvertrauen, für die sie nicht vollständig reif bzw. qualifiziert sind. Eine erfahrene Person würde in aller Wahrscheinlichkeit die Aufgabe besser bewältigen, aber daraus sicherlich weniger lernen. Eine erfolgreiche Umsetzung solcher Maßnahmen setzt allerdings Mechanismen zur Identifizierung sowohl der Hoffnungsträger als auch der Stellen mit bildendem Potential voraus. Eine Balance zwischen Entwicklung der Führungskräfte und Geschäftsinteressen ist dabei zu berücksichtigen.

Eine weitere Möglichkeit besteht darin, Risiken und die daraus resultierenden Fehler zu tolerieren, solange sie nicht wiederholt werden und ohne die betreffende Person von ihrer Verantwortung zu entlasten (vgl. McCall 1988, 8ff.). Dafür ist allerdings eine Kultur der Offenheit erforderlich, in der Selbstkritik und das Eingeständnis eigener Fehler und Lernschwierigkeiten keine negativen Konsequenzen für die Karriere erwarten lassen. McCall betont, dass formale Systeme zur Entwicklung von Führungskräften wie rigide Karrierelaufbahnen, obligatorische Teilnahmen an Coaching- und Mentoringprogrammen oder auch Trainingsmaßnahmen kontraproduktiv sein können. Er plädiert für eine Individualisierung der Förderungsprozesse innerhalb einer klaren Strategie. Dabei ist auch der Beitrag von Managern zur Entwicklung der Nachwuchsführungskräfte anzuerkennen und zu belohnen (vgl. ebd., 8ff.).

Literatur

Ancona, D./Malone, T. W./Orlikowski, W. J./Senge, P. M. (2007): In Praise of the Incomplete Leader. In: Harvard Business Review, February, S. 92-100.

Boyatzis, R. E. (2006): An Overview of Intentional Change from a Complexity Perspective. In: Journal of Management Development, Vol. 25, No. 7, S. 607-623.

Boyatzis, R. E./van Oosten, E. (2003): A Leadership Imperative: Building the Emotionally Intelligent Organization. In: Ivey Business Journal, January/February, S. 1-5.

Day, N. (1998): Informal Learning. In: Workforce, Vol. 77, Issue 6, S. 30-34.

Elkins, S. L. (2003): Transformational Learning in Leadership and Management. In: Human Resource Development Quarterly, Vol. 14, No. 3, S. 351-358.

Enos, M. D./Kehrhahn, M. T./Bell, A. (2003): Informal Learning and the Transfer of Learning: How Managers Develop Proficiency. In: Human Resource Development Quarterly, Vol. 14, No. 4, S. 369-387.

Hill, L. A. (2004): New Manager Development for the 21st Century. In: Academy of Management Executive, Vol. 18, No. 3, S. 121-126.

IBM Global Human Capital Study 2008: Die wandlungsfähige Belegschaft. Entschlüsselung ihrer DNA. Online unter: http://www-935.ibm.com/services/de/bcs/html/hcstudy.html [24.02.2009].

Luthans, F. (2002): Positive Organizational Behaviour: Developing and Managing Psychological Strengths. In: Academy of Management Executive, Vol. 16, No. 1, S. 57-72.

McCall, M. W. (1988): Developing Executives through Work Experiences. In: Human Resource Planning, Vol. 11, No. 1, S. 1-11.

McCall, M. W. (1994): Identifying Leadership Potential in Future International Executives: Developing a Concept. In: Consulting Psychology Journal, Winter, S. 49-63.

McCall, M. W. (2004): Leadership Development through Experience. In: Academy of Management Executive, Vol. 18, No. 3, S. 127-130.

Mezirow, J. (1997): Transformative Learning: Theory to Practice. In: New Directions for Adult and Continuing Education, No. 74, S. 5-12.

Mezirow, J. (1998): On Critical Reflection. In: Adult Education Quarterly, Vol. 48, Issue 3, S. 185-198.

Seal C. R./Boyatzis, R. E./Bailey, J. R. (2006): Fostering Emotional and Social Intelligence in Organizations. In: Organization Management Journal, Vol. 3, No. 3, S. 190-209.

Sternberg, R. J. (2003): WICS: A Model of Leadership in Organizations. In: Academy of Management Learning and Education, Vol. 2, No. 4, S. 386-401.

Sternberg, R. J. (2007): A Systems Model of Leadership. WICS. In: American Psychologist, Vol. 62, No. 1, S. 34-42.

Professionalisierung von Organisationsberatung durch Reflexion

Charlotte Heidsiek

Professionalisierung von Organisationsberatung etabliert sich als zentrales Forschungs- und Handlungsfeld der Organisationspädagogik. Fragen nach der theoretischen Fundierung, der Rolle von Macht in Beratungsprojekten und der Weiterentwicklung von Beratungsansätzen stehen im Mittelpunkt (vgl. Göhlich 2007; König 2007; Luchte 2007). Bisher weniger fokussiert wurde eine Professionalisierungsstrategie, die in Beratungsansätzen und -konzeptionen, insbesondere in der systemischen Beratung und der Prozessberatung, bereits an Bedeutung gewonnen hat: professionelle Organisationsberatung durch Reflexion innerhalb des Beratersystems. Erst Reflexionsprozesse ermöglichen es, die gesammelten Erfahrungen in Beratungsprojekten zu strukturieren und aus ihnen zu lernen.

Im Mittelpunkt dieses Beitrags steht eine kritische Analyse der bisherigen Diskussion von Reflexion in der Organisationsberatung. Dazu wird im ersten Schritt der aktuelle Stellenwert von Reflexion in der Organisationsberatung fokussiert (1). Auf dieser Basis kristallisiert sich organisationspädagogischer Forschungs- und Handlungsbedarf heraus, der sich in der Forderung nach Bildung als Impuls zur Professionalisierung von Organisationsberatung konkretisiert (2). Es schließt sich die Frage an, ob überhaupt und wenn ja, *wie* Bildung ermöglicht werden kann. Hierzu wird das aus der Sozialphilosophie bekannte Paradigma der Anerkennung bildungstheoretisch interpretiert (3). Für Bildungsprozesse ergibt sich aus anerkennungstheoretischer Perspektive der Anspruch, eine „Kultur der Anerkennung" im Beratungssystem zu etablieren. Diese „Kultur der Anerkennung" wird exemplarisch an dem Reflexionsprozess einer Organisationsberaterin rekonstruiert (4).

1 Reflexion und Organisationsberatung

Die Aufgabe von Organisationsberatung kann mit Buchinger/Klinkhammer (2007, 9) als die „hoch differenzierte und komplexe Methode professioneller Selbstreflexion" von Organisationen beschrieben werden. Ein erster Professionalisierungsschub war in den 1990er Jahren zu verzeichnen, mit dem eine zunehmend theoretische Fundierung von Interventionen einher ging. Insbesondere die systemische Beratung hat sich hier verdient gemacht, die sich u.a. auf die soziologische Systemtheorie oder den Radikalen Konstruktivismus bezieht. Kühl/Bohn (2004) betrachten allerdings die bisherige Professionalisierung der Organisationsberatung als gescheitert. Von Professionalisierung könne erst dann gesprochen werden, wenn Organisationsberater ihre verantwortungsvolle Aufgabe gegenüber Personen wahrnehmen und nicht nur Organisationen als Adressaten ihrer Interventionen anerkennen (vgl. ebd., 75). Mit dieser Kritik am aktuellen Entwicklungsstand von Organisationsberatung geht die Forderung von Kühl einher, nach der die „professionelle Selbstreflexion" nicht nur auf Seiten des Klienten, sondern auch auf Seiten der Berater durchgeführt werden sollte, und zwar „im Sinne einer Anwendung einer Anwendung auf sich selbst" (Kühl 2006, 5).

Die Aufforderung, nach der Organisationsberater sich selbst reflektieren sollten, ist allerdings nicht neu. Nach Fuchs/Mahler ist Organisationsberatung längst reflexiv geworden, und zwar „durch eigens dafür installierte Beraterberatungen" (Fuchs/Mahler 2000, 349). Systemische Organisationsberatung (vgl. Wimmer 1995), systemisch-integrative Beratung (vgl. Königswieser et al. 2005), reflexive Beratung (vgl. Moldaschl 2005) und Prozessberatung (vgl. Schein 2003) heben die Reflexion des Beratersystems sowohl auf individueller als auch auf Teamebene explizit hervor. Untersucht man allerdings dazugehörige Fallstudien, zeigt sich, dass der in den Beratungsansätzen formulierte Selbstanspruch zur Reflexion in der Praxis trotz konzeptioneller Verankerung nicht eingehalten werden kann. Hier sind Phänomene wie Rollenunsicherheit, Konkurrenz, Macht und Interessen, Selbstverblendung, geringe Wertschätzung usw. innerhalb des Beraterteams erkennbar (vgl. Königswieser et al. 2005; Iding 2000; Muhr 2004; Schein 2003; Faust 1998; Mingers 1996). Es ist also eine Kluft zwischen Selbstanspruch und Praxis von Reflexion in der Organisationsberatung zu identifizieren.

Aus organisationspädagogischer Perspektive ist der bisherige Grad der Professionalisierung von Organisationsberatung durch Reflexion als zu gering einzustufen. Macht man sich nun auf die Suche nach Gründen, fällt auf, dass die bisher zugrunde gelegte normative Vorstellung von Reflexion in den Beratungsansätzen wenig Orientierung für die Praxis bietet. Diesem Anspruch kann eine organisationspädagogische Betrachtung von Reflexion nachkommen, denn nach Geißler ist es deren Ziel, „ethisch reflektierte Kriterien zu entwickeln, an denen sich die Praxis [...] orientieren kann" (Geißler 2000, 7).

2 Bildung als (organisationspädagogischer) Impuls zur Professionalisierung von Organisationsberatung

Die Organisationspädagogik als neue, sich etablierende Organisationswissenschaft befasst sich nach Geißler mit der Optimierung und Legitimierung von Organisationslernen, wobei das „Lernen in Organisationen [...] immer ein Lernen für die jeweilige Organisation ist" (Geißler 2000, 45). Maßgebliche Impulse für die Organisationspädagogik und ihre Interpretation von Organisationslernen sieht Geißler in der pädagogischen Leitkategorie der Bildung, deren grundsätzlicher Anspruch darin besteht, „dem Lernen der Menschen einen begründeten normativen Bezugspunkt zu geben" (ebd., 7). Ziel von Bildung nach Geißler ist es, „die Freiheit und Eigenständigkeit des Einzelnen und der Gemeinschaft zu fördern" (ebd., 50). Damit erweist sich als Kernstück der Professionalisierung von Organisationsberatung die Ermöglichung von Bildung.

Wie lässt sich nun Bildung organisationspädagogisch konkretisieren? Hierzu seien die drei Stufen organisationalen Lernens nach Geißler (2000) angeführt: operatives Anpassungslernen, strategisches Erschließungslernen und normatives Identitätslernen. Für Bildungsprozesse ist normatives Identitätslernen von besonderer Bedeutung. Geißler verdeutlicht dessen hervorgehobene Stellung im Anschluss an Meueler (1993), der zwischen „funktionaler Selbstreflexion" und „emanzipatorischer Selbstreflexion" des Subjekts unterscheidet. Funktionale Selbstreflexion ist Basis jeder Alltagsbewältigung. Sie ist gekennzeichnet durch „Gewißheiten, Alltagswissen, Kenntnisse, Theorien und Einstellungen" und durch die Einstellung, „das richtige zu wollen und zu tun" (ebd., 92). Die Steigerung funktionaler Selbstreflexion stellt emanzipatorische Selbstreflexion dar. Sie zielt auf *„vollständiges Begreifen von Handlungen und Interaktionssystemen"* (ebd., 93). Durch emanzipatorische Selbstreflexion wird das Subjekt in seinem Handeln kompetenter und Interaktionssysteme werden transparenter, da Regeln durchschaubar und somit aktiv beeinflussbar werden (vgl. ebd.).

Operatives Anpassungslernen und strategisches Erschließungslernen stellen Formen funktionaler Selbstreflexion dar. Bildung setzt Geißler (2000, 242) mit normativem Identitätslernen gleich, dessen Ziel die emanzipatorische Selbstreflexion ist. In Erweiterung zu Meueler, der sich nur auf Subjekte bezieht, präsentiert sich Bildung nach Geißler als dreifache Rationalisierungssteigerung des Einzelnen, der Gruppe und der Organisation und Gesellschaft. Dabei sind operatives Anpassungslernen und strategisches Erschließungslernen auf zweckrationaler Ebene und normatives Identitätslernen auf wertrationaler Ebene angesiedelt. Beide Ebenen bedingen einander, da ohne Zweckrationalität kein konkretes Handeln und ohne Wertrationalität keine Handlungsbasis möglich ist (vgl. ebd., 52ff.). Vor dem Hintergrund dieses Verständnisses erscheint die Praxis von Bil-

dung als ein „Sich-Bewegen in einem ‚Zwischen-Raum', als ein ständiges ‚Da-rüber-Hinausgehen' über das aktuell Wahrgenommene und Erlebte" (Stojanov 2006, 160).
Mit der hier dargestellten organisationspädagogischen Vorstellung von Re-flexion zeigt sich, dass professionelle Organisationsberatung durch Bildungspro-zesse im Sinne emanzipatorischer Selbstreflexion charakterisiert ist. Damit ist ein erster Orientierungsanker für Reflexion in der Organisationsberatung gege-ben. Mit Blick auf den anerkennungstheoretischen Diskurs soll im Folgenden ausgelotet werden, wie und ob Bildung in der Organisationsberatung ermöglicht werden kann.

3 Ermöglichung von Bildung durch Anerkennung

Das seit den 1990er Jahren diskutierte „anerkennungstheoretische Paradigma" ist von der Annahme getragen, dass die individuelle Bestrebung nach Anerkennung durch Andere die zentrale Quelle der normativen Integration in der (spät-)modernen Gesellschaft ist und zugleich die zentrale Triebkraft der Selbst-entwicklung darstellt (vgl. ebd., 107). Der Sozialphilosoph Honneth (1994) un-terscheidet drei Formen von Anerkennung: Liebe, Recht und soziale Wertschät-zung. Für den Kontext der Organisationsberatung ist die dritte Form der Aner-kennung von Relevanz: soziale Wertschätzung. In der sozialen Wertschätzung werden individuelle Eigenschaften – als der individuelle Arbeitsbeitrag – aner-kannt, und zwar auf der Basis intersubjektiv geteilter, gesellschaftlich anerkann-ter Normen und Werte (vgl. ebd., 196f.). Soziale Wertschätzung ist demnach erst erfahrbar, wenn ein gemeinsamer gesellschaftlicher Werthorizont vorliegt. Denn nur wenn eine Leistung auf der Basis der kulturell definierten Werte beurteilt wird, kann sie als „wertvoll" deklariert werden. Damit avanciert die „Kultur der Anerkennung" einer Gesellschaft zur Orientierungsmarke sozialer Wertschät-zung (vgl. ebd., 198). Gerade in der zentralen Bedeutung der gesellschaftlichen Werte- und Normvorstellungen für Anerkennung kristallisiert sich aus bildungs-theoretischer Perspektive die Herausforderung heraus, die bei der Ermöglichung von Bildung zu bedenken ist. Denn der gesellschaftliche Diskurs über Werte ist von der Dynamik individueller Ansprüche an Anerkennung – dem „Kampf um Anerkennung" – geprägt. Kultur wird so zur „geschichtlich variablen Größe", die als „kultureller Dauerkonflikt" interpretiert werden kann (ebd., 205).
Wie kann sich der Einzelne an diesem Wertediskurs beteiligen, um Aner-kennung zu erfahren und um seinen Bildungsprozess voran zu treiben? In An-lehnung an Stojanov (2006) ist für Bildungsprozesse der Umgang des Einzelnen mit seiner eigenen kulturellen Zugehörigkeit und dem kulturellen Horizont ent-

scheidend. Dabei erweist sich die Hervorbringung und Artikulation neuer Selbst-Eigenschaften als äußerst voraussetzungsvoll. Es lassen sich zwei zentrale Dimensionen zur Ermöglichung von Bildung herausfiltern: die Fähigkeit zur Selbst-Artikulation und zur Selbst-Dezentralisierung auf der einen Seite und das Schaffen einer Projektionsfläche zur Selbst-Artikulation, in der die eigene kulturelle Zugehörigkeit Würdigung durch Andere findet, auf der anderen Seite.

Erst einmal muss der Einzelne über die Fähigkeit verfügen, sich selbst mit seinen (Werte-)Vorstellungen in den aktuellen Wertediskurs einzubringen. Damit einher geht die Herausforderung der Selbst-Dezentralisierung, womit gemeint ist, die Wertevorstellungen der Anderen bzw. der Welt zu rekonstruieren, um einen Abgleich leisten zu können. Erst in der Dezentralisierung ist es möglich, die Partikularität des eigenen kulturellen Kontextes zu überwinden (vgl. Stojanov 2006, 181). Damit Selbst-Artikulation und Selbst-Dezentralisierung überhaupt möglich sind, muss eine Projektionsfläche für die individuellen Wertevorstellungen vorliegen. Auf dieser Projektionsfläche können die kulturellen Bezüge und die Kulturhaftigkeit des Einzelnen zum Ausdruck kommen und im Modus der Anerkennung wahrgenommen werden (vgl. ebd., 177). Bildung ist also möglich, indem der individuelle kulturelle Hintergrund im jeweiligen Diskurs Raum zur Entfaltung erhält. Zum anderen erfordert Bildung aber auch die Fähigkeit, sich selbst in einer neuen Kultur zu artikulieren.

Bildung – anerkennungstheoretisch interpretiert – erweist sich also als ausgesprochen voraussetzungsvoll. Neben den individuellen sind auch organisationale und gesellschaftliche Kontextbedingungen im Sinne einer „Kultur der Anerkennung" erforderlich. Wie voraussetzungsvoll sich eine „Kultur der Anerkennung" in der Praxis von Organisationsberatung darstellen kann, soll an einem Reflexionsprozess demonstriert werden. Es handelt sich um einen rekonstruierten Reflexionsprozess einer Organisationsberaterin im Rahmen eines Beratungsprojekts.[1]

---

[1]   Es sei betont, dass die Prozessberaterin und die Verfasserin dieses Artikels dieselbe Person sind. Aus forschungsmethodologischer Perspektive handelt es sich hierbei also um eine spannende Konstellation. Das gewählte Forschungsdesign kommt so der von Schäffter (2007) geforderten, lernförderlichen Forschungspraxis nach, die Forschen, Beraten und Gestalten integriert. Schäffter (2007, 356) geht davon aus, eine Distanznahme sei auf der Ebene der Forschung überhaupt erst auf der Grundlage „von alltagspraktischem Engagement" denkbar. Aus Platzgründen wird an dieser Stelle nicht weiter auf die methodologischen Konsequenzen für die Verbindung von Theorie und Empirie eingegangen. Eine vertiefende Diskussion findet sich bei Schäffter (2007) und in der zur Zeit im Druck befindlichen Dissertation „Reflexion und Organisationsberatung" der Verfasserin.

4 Anerkennungstheoretische Rekonstruktion des Reflexionsprozesses einer Organisationsberaterin

Bei dem hier rekonstruierten Fallbeispiel handelt es sich um ein Beratungsprojekt in einer Weiterbildungsorganisation, dessen ursprünglicher Auftrag in der wissenschaftlichen Entwicklung und Implementierung einer didaktischen Konzeption zur Realisierung einer virtuellen Studienplattform bestand. Während der Beratungsbedarf zunächst auf didaktisch-methodischer Ebene im Sinne einer Expertenberatung wahrgenommen war, kristallisierte sich nach ca. einem Jahr heraus, dass die Veränderungen zu umfangreich für die Organisation werden sollten und eine Begleitung in Form von Prozessberatung notwendig wurde. So erweiterte sich das bisher aus zwei Personen bestehende Beraterteam um die Prozessberaterin Frau Schneider.[2] Mit der Kombination von Experten- und Prozessberatung handelt es sich um einen integrativen Beratungsansatz, dessen Erfolg maßgeblich von wechselseitiger Akzeptanz und Wertschätzung bestimmt ist (vgl. Königswieser et al. 2005, 91).

Die anerkennungstheoretische Interpretation des rekonstruierten Reflexionsprozesses, den Frau Schneider von Beginn an begleitend zum Projekt in Form von Coaching durchführte, deckt Problemfelder innerhalb des Beratungsteams auf, die eine erfolgreiche Umsetzung des integrativen Beratungsansatzes erschwerten.[3] Insbesondere bei der Umsetzung integrativer Beratung kommt der von Honneth beschriebene „Kampf um Anerkennung" in all seinen Facetten zum Tragen.

Im Rahmen des Coaching-Prozesses stellt sich für Frau Schneider die Frage, wie sie ihre Kollegen für Prozessberatung gewinnen und sensibilisieren können.[4] Der zur Beantwortung dieser Frage folgende Reflexionsprozess kann in vier Lernphasen unterteilt werden. Die *erste Lernphase* des Coachings ist davon geprägt, dass Frau Schneider die Problemsituation aus ihrer Sicht schildert. Ihr Ziel sei es, eine Balance beider Beratungsansätze herzustellen bzw. „zwei unterschiedliche Interessen und von unterschiedlicher Interaktion geprägte Welten

---

2   Alle Namen der Fallrekonstruktion sind geändert.

3   Aufgrund des begrenzten Umfangs wird an dieser Stelle auf eine methodologische Diskussion der Fallrekonstruktion verzichtet. Es sei betont, mit rekonstruktiven Verfahren werden in der empirischen Sozialforschung keine repräsentativen Aussagen angestrebt. Vielmehr geht es um eine Rekonstruktion von Erkenntnis- und Orientierungsprozessen eines Individuums oder einer Gruppe (vgl. Bohnsack 2000, 10). Datengrundlage für die Fallrekonstruktion stellen Transkripte der Sitzungen zum Präsenzcoaching und die Dokumente des virtuellen Selbstcoachings (vgl. auch http://www.virtuelles-coaching.com) dar.

4   Die hier vorgenommene Fallrekonstruktion bezieht sich nur auf die Dokumente des virtuellen Selbstcoachings.

zusammenzubringen".[5] Die Spannung zwischen Prozessberatung und Expertenberatung umschreibt sie metaphorisch:

> „In Bezug auf das abgelaufene Beratungsprojekt würde ich ein heraufziehendes Gewitter am
> Horizont wählen. In diesem Bild stellt das Gewitter, von dem man noch nicht weiß, wie es sich
> auswirken und wie stark es sein wird, die Prozessberatung in der (bisher friedlichen) Land-
> schaft der Expertenberater dar. Prozessberatung stellt eine nicht einschätzbare Bedrohung für
> Expertenberater dar, so dass sie erst einmal zurückhaltend sind."

An dieser von Frau Schneider als Bedrohungsszenario beschriebenen Situation
im Beratungsprojekt lassen sich zwei zentrale Aspekte für den Reflexionsprozess
erkennen: Zum einen polarisiert sie sehr stark zwischen sich als Prozessberaterin
und ihren Kollegen, den Expertenberatern, und zum anderen wird deutlich, dass
die Situation in der Darstellung von Frau Schneider vor allem auf das Verhalten
der Anderen zurückzuführen ist. Anstatt also zu der von ihr gewünschten Integration beizutragen, polarisiert Frau Schneider und verlangt dementsprechend
auch, dass die Anderen sensibler für Prozessberatung zu sein haben; Frau
Schneider sieht sich deutlich in der „Opferrolle" und schiebt die Verantwortung
den Anderen zu.

In der *zweiten Lernphase* kommt es zu einer überraschenden Wendung. Der
vom Coach vorgeschlagene Perspektivwechsel (der „Rat eines Weisen") führt
dazu, dass Frau Schneider ihre eigene Rolle in Frage stellt und zu dem Schluss
kommt, sie selbst sei in ihrer Rolle unsicher. Ihr wird bewusst, dass der Bedarf
an Lernbereitschaft und „Sensibilisierung" nun nicht mehr nur auf Seiten ihrer
Kollegen liegt, sondern auch bei ihr. Anstatt Andere von ihren Vorstellungen zu
überzeugen, nimmt sie sich vor, zukünftig mehr Verständnis für die Positionen
der Kollegen zu entwickeln und diese zu berücksichtigen. Aus anerkennungstheoretischer Perspektive kann im Hinblick auf die „Kultur der Anerkennung" gedeutet werden, dass Frau Schneider sich nun in Selbst-Dezentralisierung übt,
indem sie als Rekonstrukteurin und nicht mehr als Kämpferin für Prozessberatung auftritt.

Die *dritte Lernphase* fokussiert die spannungsgeladene Beziehung zwischen
Frau Schneider und ihrem Projektleiter. In ihrer Darstellung ist die schwierige
Umsetzung des integrativen Beratungsansatzes vor allem auf ihren Projektleiter
und dessen Auffassung von Prozessberatung zurückzuführen. Prozessberatung
sei ihm zwar wichtig, allerdings betrachte er diese eher als „Teilaspekt" und
nicht als Grundlage für die Beratung, so wie sie Frau Schneider versteht. Prozessberatung in der Vorstellung von Frau Schneider stelle für ihn eine Bedro-
hung dar, so dass „er befürchtet, die Macht und den Status, die er sich aufgrund

---

5   Alle in Abschnitt 4 in Anführungszeichen aufgeführten Sätze sind den VSC-Dokumenten
     entnommen und daher ohne Seitenzahlen versehen.

seiner bisherigen Tätigkeit in der Akademie aufgebaut hat, zu verlieren". Eine weiter gehende Auseinandersetzung über den gemeinsamen Beratungsansatz führt Frau Schneider allem Anschein nach allerdings nicht mit ihrem Projektleiter.

Im Nachhinein geht Frau Schneider davon aus, sie habe sich „eine große Chance" genommen, indem sie eine weiter gehende Auseinandersetzung mit ihrem Projektleiter vermied. Der Grund für ihren Rückzug lag im Verhalten ihres Projektleiters, das sie als „autoritär" empfand: „Meines Erachtens nach ist der Projektleiter gleich zu Beginn des Projekts derart autoritär geworden, so dass mir und meinem Kollegen keine andere Wahl blieb, als seine Vorstellungen umzusetzen." An dieser Stelle nimmt Frau Schneider, wie schon in Lernphase 1, die Rolle des Opfers ein, das aufgrund des Verhaltens der Anderen nicht so kann, wie es gerne will. Zwar bedauert sie, keine weitere Auseinandersetzung mit ihrem Projektleiter gesucht zu haben; indem sie sich allerdings als Opfer interpretiert, nimmt sie sich jegliche Handlungsmöglichkeit.

Erst in *Lernphase 4* ist es Frau Schneider möglich, ihre Opferrolle zu erkennen. Zwar beschreibt sie nach wie vor, dass ihr Projektleiter aufgrund seines Misstrauens maßgeblich für die Situation im Projekt verantwortlich sei, allerdings erkennt sie auch, dass ihr Misstrauen gegenüber ihrem Projektleiter zur Situation beitrage – damit lägen „schlechte Voraussetzungen zu Kommunikation und Kooperation" vor. Diese Selbsterkenntnis führt dazu, dass sie ihren Beitrag zur problematischen Umsetzung integrativer Beratung reflektiert und – entgegen der Eingangsfrage, Andere für Prozessberatung zu sensibilisieren – sich selbst für die Vorgehensweise der Anderen sensibilisiert, um darauf aufbauend eine gemeinsame Beratungsstrategie zu planen. Dass es sich hierbei für Frau Schneider in der Praxis um eine große Herausforderung handeln wird, hat der hier rekonstruierte Ausschnitt aus dem Reflexionsprozess gezeigt.

Aus anerkennungstheoretischer Perspektive lässt sich Folgendes festhalten: Sowohl die Fähigkeit zur individuellen Selbst-Artikulation als auch zur Selbst-Dezentralisierung ist bei Frau Schneider zu Beginn des Projekts eher schwach ausgeprägt. Es gelingt ihr nicht, ihre Kollegen von ihren Vorstellungen zur Prozessberatung zu überzeugen und die beraterischen Vorstellungen der Anderen zu rekonstruieren. Zudem scheint es in dem Team der Expertenberater, wahrscheinlich aufgrund deren geringer Kenntnisse und Erfahrungen mit Prozessberatung, kaum eine organisationale „Projektionsfläche" gegeben zu haben. In einer solchen „Kultur der Anerkennung" erscheint der dringend erforderliche konzeptionelle Austausch zur integrativen Beratung zu Beginn des Projekts nicht ausreichend möglich.

5   Reflexion in der Organisationsberatung – Eine (illusionslose) Zusammenfassung

Reflexion innerhalb des Beratungsteams avanciert zum zentralen Merkmal professioneller Organisationsberatung. Allerdings hat sich Reflexion – als Bildung verstanden – sowohl auf theoretischer Ebene als auch in der Fallrekonstruktion als anspruchsvoller Prozess erwiesen. Bildung erfordert eine „Kultur der Anerkennung", die sowohl auf individueller als auch auf organisationaler Ebene die Fähigkeit zur Selbst-Artikulation, Selbst-Dezentralisierung und eine Projektionsfläche erfordert.

Im Kontext dieses Beitrags noch nicht fokussiert sind die gesellschaftliche Ebene und deren Einfluss auf die „Kultur der Anerkennung" in der Organisationsberatung. Hier ist insbesondere die Frage interessant, inwiefern gerade die Professionalisierung von Organisationsberatung in Form von Reflexion und Bildung in einer Gesellschaft möglich ist, deren „Kultur der Anerkennung" maßgeblich durch den ökonomischen Diskurs geprägt ist. Es deutet sich an, dass Reflexion in der Organisationsberatung, so wie sie hier diskutiert wurde, nicht nur einen Wandel auf individueller und organisationaler, sondern auch auf gesellschaftlicher Ebene erforderlich macht, um zur Professionalisierung beizutragen. Hier ist die Organisationspädagogik gefragt!

Literatur

Bohnsack, R. (2000): Rekonstruktive Sozialforschung. Einführung in die Methodologie und Praxis qualitativer Forschung. 4. Aufl. Opladen.

Buchinger, K./Klinkhammer, M. (2007): Beratungskompetenz. Supervision, Coaching, Organisationsberatung. Stuttgart.

Faust, M. (1998): Die Selbstverständlichkeit der Unternehmensberatung. In: Howaldt, J./Kopp, R. (Hrsg.): Sozialwissenschaftliche Organisationsberatung. Auf der Suche nach einem spezifischen Beratungsverständnis. Berlin, S. 147-182.

Fuchs, P./Mahler, E. (2000): Form und Funktion von Beratung. In: Soziale Systeme, H. 2, S. 349-368.

Geißler, H. (2000): Organisationspädagogik. München.

Göhlich, M. (2007): „Gute Organisationen"? Organisationsinterne Beratung zwischen Exzellenz und Ethik. In: Göhlich, M./König, E./Schwarzer, Ch. (Hrsg.): Beratung, Macht und organisationales Lernen. Wiesbaden, S. 23-38.

Honneth, A. (1994): Kampf um Anerkennung. Zur moralischen Grammatik sozialer Konflikte. Frankfurt/M.

Iding, H. (2000): Hinter den Kulissen der Organisationsberatung. Opladen.

König, E. (2007): Die Macht der Berater. Komplementarität im Rahmen von Organisationsberatung. In: Göhlich, M./König, E./Schwarzer, Ch. (Hrsg.): Beratung, Macht und organisationales Lernen. Wiesbaden, S. 39-48.

Königswieser, R./Sonuc, E./Gebhardt, J. (2005): Integrierte Fach- und Prozessberatung. In: Mohe, M. (Hrsg.): Innovative Beratungskonzepte – Ansätze, Fallbeispiele, Reflexionen. Leonberg, S. 71-92.

Kühl, St. (2006): Die Professionalisierung der Professionalisierer. Das Scharlatanerieproblem im Coaching und der Supervision und die Konflikte um die Professionsbildung. Working Paper 4/2006.

Kühl, St./Bohn, U. (2004): Beratung, Organisation und Profession – Die gescheiterte Professionalisierung in der Organisationsentwicklung, systemischen Beratung und Managementberatung. In: Schützeichel, R./Brüsemeister, Th. (Hrsg.): Die beratene Gesellschaft. Zur gesellschaftlichen Bedeutung von Beratung. Opladen, S. 57-78.

Luchte, K. (2007): Implementierung pädagogischer Konzepte in Organisationen im Spannungsfeld von Macht. In: Göhlich, M./König, E./Schwarzer, Ch. (Hrsg.): Beratung, Macht und organisationales Lernen. Wiesbaden, S. 147-161.

Mingers, S. (1996): Systemische Organisationsberatung. Eine Konfrontation von Theorie und Praxis. Frankfurt/M.

Moldaschl, M. (2005): Reflexive Beratung. In: Mohe, M. (Hrsg.): Innovative Beratungskonzepte. Leonberg, S. 43-68.

Muhr, Th. (2004): Beratung und Macht. Bielefeld. Online unter: http://deposit.ddb.de/cgi-bin/dokserv?idn=975390678 [05.08.2007].

Schäffter, O. (2007): Erwachsenenpädagogische Institutionsanalyse. Begründungen für eine lernförderliche Forschungspraxis. In: Heuer, U./Siebers, R. (Hrsg.): Weiterbildung am Beginn des 21. Jahrhunderts. Münster, S. 354-370.

Schein, E. H. (2003): Prozessberatung für die Organisation der Zukunft. Der Aufbau einer helfenden Beziehung. Köln.

Stojanov, K. (2006): Bildung durch Anerkennung. Soziale Voraussetzungen von Selbst-Entwicklung und Welt-Erschließung. Wiesbaden.

Wimmer, R. (1995): Was kann Beratung leisten? Zum Interventionsrepertoire und Interventionsverständnis der systemischen Organisationsberatung. In: Ders. (Hrsg.): Organisationsberatung – Neue Wege und Konzepte. Wiesbaden, S. 59-111.

Internetquelle

http://www.virtuelles-coaching.com [03.03.2009].

Sensemaking durch Outputorientierung. Erfahrungen mit der Nutzung von Lernstandserhebungen in Schulen

Viola Hartung-Beck/Tobias Diemer

1 Einleitung

In den deutschen Bildungssystemen findet gegenwärtig eine Reihe von Reformen statt, die insgesamt eine Umorientierung weg von einem input- hin zu einem outputorientierten Steuerungsparadigma beinhalten. Eine in diesem Zusammenhang stehende Reformmaßnahme stellt die Durchführung zentraler, landesweiter Lernstandserhebungen in verschiedenen Jahrgangsstufen und Fächern dar. Durch die Rückmeldung der Ergebnisse solcher Tests erhalten Lehrer und Schulen in Form standardisierter und vergleichender Leistungsdaten Informationen über den fachleistungsbezogenen „Output" ihrer Klassen und ihrer Schule. Damit stehen Lehrern und Schulen nicht nur neue, sondern auch neuartige Informationen zur Verfügung, die neuartige Erfahrungen konstituieren und dadurch die bisherigen Grundlagen rationalen Steuerungshandelns erweitern und auch qualitativ verändern können. Entscheidend hierbei ist, ob und wie die Adressaten die durch Lernstandserhebungen bereit gestellten Informationen nutzen, d.h. ob und wie sie ihnen praktisch Sinn verleihen – individuell, als einzelne Lehrerpersonen, sowie kollektiv, im Rahmen geteilter Verantwortungsbereiche auf Klassen- und Jahrgangs-, auf Fachschafts- und auf Schulleitungsebene. Der vorliegende Beitrag beleuchtet diese Frage zum einen theoretisch im Hinblick auf die allgemeine (Abschnitt 2) sowie die professions- und organisationsbezogene Nutzbarkeit (Abschnitt 3) von Lernstandserhebungen in Schulen. Zum anderen präsentiert er eine empirisch gewonnene Typologie ihrer organisationalen Nutzung (Abschnitt 4) sowie einen kurzen Ausblick auf eine Perspektive der weiteren prozessbezogenen empirischen Untersuchung ihrer innerschulischen Nutzung (Abschnitt 5).

2 Zum Begriff der Nutzung von Lernstandserhebungen

Sinn, Bedeutung und Relevanz der auf die Ergebnisrückmeldung folgenden Nutzung von Lernstandserhebungen in Schulen ergeben sich im Wesentlichen aus dem funktionslogischen Zusammenhang, in dem Instrument und Nutzung zueinander stehen. Für sich betrachtet stellen Lernstandserhebungen zunächst ein Testinstrument zur Erhebung von Schülerleistungen dar. Zum Steuerungsinstrument werden sie erst, indem die durch sie erhobenen Ergebnisse an Schulen zurückgemeldet und dort zu Steuerungszwecken im Bereich des Interaktionssystems der Lehr- und Lern-Prozesse und des Organisationssystems der umgebenden und bedingenden Strukturen genutzt werden. Als Steuerungsinstrument betrachtet bestehen Lernstandserhebungen demnach notwendig aus zwei Elementen, die beide in unterschiedlicher Weise, aber mit der gleichen Notwendigkeit zur Steuerungsfunktion und damit der Wirkung und Wirklichkeit des Instruments beitragen: einerseits der Konzeption der Tests und der Ergebnisrückmeldung als schulextern verantworteter Teil sowie andererseits der Rezeption und Nutzung der erzeugten und zurückgemeldeten Informationen in der Schule.

Die Ableitung von Konsequenzen, oder allgemeiner, die Nutzung der rückgemeldeten Informationen liegt weitestgehend in der Hand der Schulen selbst. Die hier stattfindenden Nutzungsprozesse können einem Modell Helmkes und Hosenfelds folgend (vgl. Helmke 2004; Helmke/Hosenfeld 2005) analytisch in folgende vier Phasen unterteilt werden: erstens eine Phase der Rezeption, die im Kern die kognitive Verarbeitung des semantischen Gehalts der zurückgemeldeten Informationen (Ergebnisse) umfasst, zweitens eine Phase der Reflexion, deren Sinn und Zweck darin besteht, Erklärungen im Sinne der Identifikation von Gründen und Ursachen für das Zustandekommen der Ergebnisse zu finden, drittens eine als „Aktion" bezeichnete Phase der Ableitung von Maßnahmen, die geeignet erscheinen, die erreichten Ergebnisse zu sichern oder zu verbessern, schließlich viertens eine Phase der Evaluation, bei der die Wirkungen der abgeleiteten Maßnahmen thematisiert und begutachtet werden. Insgesamt kann dieses Modell als heuristischer Rahmen aufgefasst werden, mittels dessen es möglich ist, rezeptive, reflexive, aktionsbezogene und evaluative Aspekte der individuellen und kollektiven Nutzung analytisch zu unterscheiden und geordnet zu beschreiben. Im Inneren des Rahmens bzw. der verschiedenen Abteilungen lassen sich so Phänomene oder Teile von Phänomenen sammeln, die durch den quer zu den Unterscheidungen des Modells verlaufenden, von Weick und anderen (vgl. Weick 1995; Weick et al. 2005) geprägten Begriff des „sensemaking" adressiert werden. Entsprechend dieser Begriffsbestimmungen gehören hierzu u.a. Phänomene der Identitätsbildung („identity construction"), der sozialen Interaktion und Kommunikation („social interaction", „communication"), der Schaffung und Veränderung organisationaler Umgebungen („enactment of sensible environments") , der Verarbeitung von Gefühlen („emotions") usw.

3 Professions- und organisationsbezogene Nutzungsaspekte

Dieses Konzept des sensemaking dient im Folgenden als theoretisches Rahmen-modell zur Analyse individueller sowie kollektiver Sinngebungsprozesse von Lehrkräften. Präsentiert werden in diesem Rahmen Ergebnisse einer qualitativen Interviewstudie (vgl. Hartung 2008) zu den Erfahrungen von Lehrern mit der Nutzung von Ergebnisrückmeldungen auf der Ebene der Organisation und auf der Ebene geteilter professioneller Überzeugungen. Auf der Ebene der Profession gründet sich die Untersuchung vor allem auf strukturtheoretische Professi-onsmodelle wie etwa das Rüschemeyers (vgl. Rüschemeyer 1972; 1980). Auf der Ebene der Organisation wird besonders auf bürokratietheoretische und neo-institutionalistische Organisationstheorien Bezug genommen (vgl. Mayntz 1971; Meyer/Rowan 1977; Scott 1992; Meyer/Scott 1992). Insgesamt werden diese unterschiedlichen Perspektiven unter einem systemtheoretischen Rahmen be-trachtet (vgl. Luhmann 2000).

Ausgehend von Überlegungen Mintzbergs (1979; 1983) kann zunächst ein-mal konstatiert werden, dass es sich bei Schulen um Organisationen von Profes-sionellen handelt. Außerdem kann davon ausgegangen werden, dass Schulen sich durch lose gekoppelte Organisationselemente auszeichnen (vgl. Weick 1976). Vor diesem Hintergrund erscheint eine getrennte Betrachtung der Ebenen der Profession und der Organisation sinnvoll, um relevante Einflussgrößen auf die Sinngebungsprozesse identifizieren zu können. In der nachfolgenden Grafik sind diese theoretischen Fundierungen zur Erstellung eines heuristischen Analyse-rahmens zusammengefasst:

Abb. 1: Rahmenkonzept zur kollektiven Erfahrungsbildung durch Lernstandserhebungen

217

Die Abbildung veranschaulicht die grundlegende Hypothese, dass mit Lernstandserhebungen ein Instrument in den Schulen bereitgestellt wird, das als organisatorische Ressource der Reflexion professioneller Arbeit dienen kann. Daran schließt sich zum einen die Frage an, wie mit dem Instrument der Lernstandserhebungen als organisatorische Ressource umgegangen wird und wie die Rückmeldungen in die schulischen Organisationsstrukturen integriert bzw. wie diese unter Umständen durch die Nutzung verändert werden. Zum anderen stellt sich die Frage, wie gleichzeitig im Wechselspiel mit der Ebene der Organisation individuelle und kollektive Erfahrungsprozesse auf der Ebene der Profession wirksam werden. Gerade der Realisierung kollektiver Erfahrungsprozesse kommt hierbei eine besonders bedeutsame Rolle zu. Bleibt die Verarbeitung von Lernstandserhebungen bei individuellen Erfahrungsprozessen stehen, bleiben Profession und Organisation entkoppelt. Die Nutzung von Lernstandserhebungen als organisationaler Ressourcen bedarf deshalb der informellen oder formellen Kommunikation als Medium der Transformation individueller in kollektive Erfahrungen.

Von der Grundlage des skizzierten Rahmenkonzepts kann des Weiteren ein heuristischer Analyserahmen abgeleitet werden, auf dessen Basis innerhalb der Interviewstudie insgesamt 23 problemzentrierte Interviews an zwei nordrhein-westfälischen Gesamtschulen durchgeführt und ausgewertet worden sind. Dieser heuristische Analyserahmen spiegelt die eben skizzierten theoretischen Überlegungen wider.

	Professionsanalyse		Organisationsanalyse	
Entscheidung & Kommunikation (Sensemaking)	Komponenten professioneller Arbeit/ Korpus professionellen Wissens und Handelns		Komponenten der Organisationsstruktur	
	Dimension A **Struktur des Wissenskorpus**	Dimension B **Deutung des Zentralwerts**	Dimension C **Kontrolle** (intern & extern)	Dimension D **Koordination** (schulintern)
Aussagen der Lehrkräfte				

Abb. 2: Heuristischer Analyserahmen zur Erfassung und Auswertung der Datennutzung

Bei der Professionsanalyse wurden im Rahmen der Studie zwei Komponenten professioneller Arbeit und professionellen Wissens ermittelt, die durch die Rückmeldungen berührt werden. Zum einen handelt es sich um die *Struktur des Wissenskorpus*. In dieser Dimension wird der Frage nachgegangen, welche Struktur in den Daten von den Lehrkräften gesehen wird. Zum anderen handelt es sich um die *Deutung des Zentralwerts*. In dieser Dimension wird der Frage nachgegangen, wie Lehrkräfte mit der Problemstellung umgehen, die mit der Lernstandserhebung verbunden ist, d.h. was mit den Lernstandserhebungen ihrer Ansicht nach eigentlich gemessen wird.

Bei der Organisationsanalyse wurden ebenfalls zwei Komponenten der Organisationsstruktur herausgearbeitet, die von der Einführung der Lernstandserhebungen angesprochen werden und den organisatorischen Kontext professioneller Arbeit in Schulen beschreiben. Hier werden die Überzeugungen der Lehrkräfte in Bezug auf die schulorganisatorische Nutzung der Rückmeldungen untersucht. Diese zwei Komponenten der Organisationsstruktur beinhalten zum einen die Dimension der *intern und extern erfahrenen Kontrolle* der eigenen Arbeit durch die Rückmeldung der Schülerleistungen. Diese Dimension beschreibt, welchen Einfluss die Lehrkräfte durch die Nutzung der Rückmeldungen auf ihre bisherigen Kontrollpraktiken (wie etwa die bisher üblichen Klassenarbeiten) sehen. Zum anderen beschreibt die zweite Dimension der *schulintern praktizierten Koordination* der Arbeit im Rahmen des Umgangs mit Lernstandserhebungen, wie Lehrkräfte dieses „neue Wissen" aus Lernstandserhebungen in die schulischen Entscheidungsprozesse integrieren.

4   Empirische organisationale Nutzungstypen

Bei der Auswertung des empirischen Materials, d.h. der 23 problemzentrierten Interviews zur Datennutzung, wurde auf Grundlage der vorangestellten theoretischen Überlegungen nach dem qualitativen Verfahren der Typenbildung (vgl. Kluge 2000) für die beiden Bereiche der Profession und der Organisation jeweils ein Merkmalsraum entwickelt, wie er im Folgenden für die im Rahmen der Studie identifizierten „Organisationstypen" dargestellt wird. Zu beachten ist, dass der Begriff „Organisationstyp" hierbei eine vereinfachende Redeweise darstellt. Im eigentlichen Sinne handelt es sich um Nutzungstypen auf der Basis organisationaler Überzeugungen der Lehrkräfte. Außerdem ist zu beachten, dass die beiden Merkmalsräume erst durch die abschließenden Auswertungen der Interviews ihre endgültige Ausgestaltung erhielten. So weist der Merkmalsraum der Organisationstypen in jeder Dimension zwei Pole auf, die aus den Interviewaussagen entwickelt und denen die Aussagen der Interviewpartner eindeutig zugewiesen wurden.

Merkmalsraum der „Organisationstypen"		Dimension 2a: interne & externe Kontrolle	
		Pol 5: heteronom	Pol 6: autonom
Dimension 2b: schulinterne Koordination	Pol 7: individuell		
	Pol 8: kollektiv		

Abb. 3: Merkmalsraum zur Erfassung organisationaler Überzeugungen der Lehrkräfte

Insgesamt sind aus den Zuordnungen der Interviewpassagen vier „Organisationstypen" entstanden, wie sie in der nachfolgenden Grafik über die Dimensionen als Achsen und deren Ausprägungen abgebildet sind.

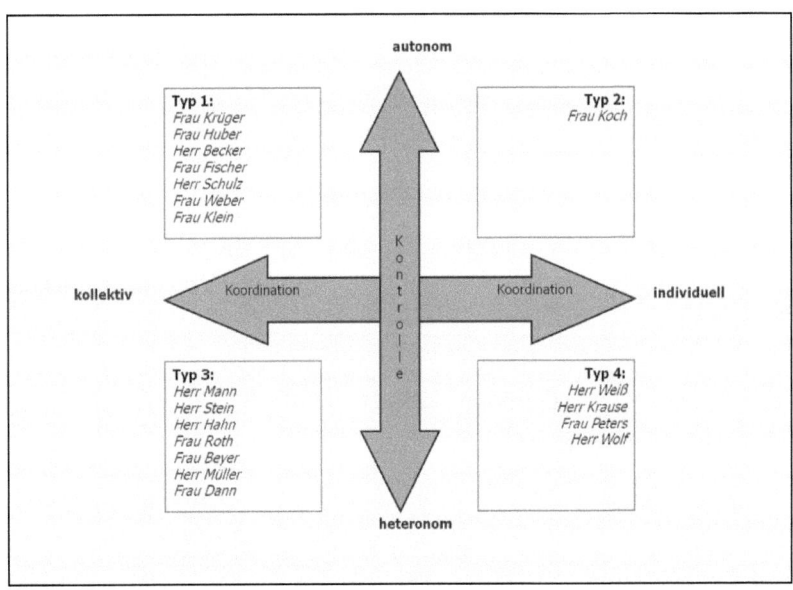

Abb. 4: Nutzungstypen auf der Basis organisationaler Überzeugungen der Lehrkräfte

Innerhalb der Dimension *interne und externe Kontrolle professioneller Arbeit* (2a) wird die Integration der statistischen Daten in bisherige Kontrollpraktiken angesprochen, d.h. hier wurden Aussagen aufgegriffen, die sich auf handlungsleitende Überzeugungen beziehen, wie Lernstandserhebungen individuelle (z.B. Klassenarbeiten, Unterrichtsanalysen) und kollegiale (z.B. Absprachen, Fachkonferenzbeschlüsse) sowie externe (z.B. Gespräche mit Eltern) Kontrollpraktiken beeinflussen und verändern. Innerhalb der zweiten Dimension der *(schulinternen) Koordination* (2b) wird die schulorganisatorische Einbindung der Ergebnisse in die Arbeit von Fach-/Schulkonferenzen, Dienstbesprechungen und Arbeitsgruppen für Schul- und Unterrichtentwicklungsprozesse thematisiert. Damit wird beschrieben, wie die Lehrkräfte die rückgemeldeten Ergebnisse in Entscheidungsabläufe der Schule integrieren.

Die empirisch identifizierten Polausprägungen für alle „Organisationstypen" können mit den Begriffen „autonom vs. heteronom" sowie „kollektiv vs. individuell" beschrieben werden. Bei den *autonomen* Überzeugungen der Lehrkräfte auf organisationaler Ebene werden die Lernstandserhebungen als informative Unterstützung für autonome Mechanismen professioneller Kontrolle aufgefasst, d.h. sie werden von den Lehrkräften als Option wahrgenommen, ihre bisherigen Kontrollinstrumente der Schülerleistungen (z.B. Klassenarbeiten) mit den rückgemeldeten Ergebnissen in Beziehung zu setzen und zu ergänzen. Insgesamt entsteht hierbei Affirmation. Demgegenüber wird bei den *heteronomen* Überzeugungen deutlich, dass die Lehrkräfte Lernstandserhebungen als ein Kontrollinstrument heteronomer Eingriffe einer außerprofessionellen Instanz erfahren, d.h. als fremdbestimmte Kontrolle. Diese Überzeugungen können somit (fast) gar nicht in individuelle und/oder kollektive Beurteilungen und Bewertungen eigener Handlungspraktiken integriert werden. Insgesamt entsteht hierbei Widerstand.

Bei den *kollektiven* Überzeugungen der Lehrkräfte werden die Rückmeldungen vor allem für einen gemeinsamen Entscheidungsprozess im Kollegium genutzt, d.h. die Bedeutung der Daten wird vor allem im Kontext der allgemeinen Schulentwicklung gesehen. Wohingegen bei den *individuellen* Überzeugungen der Lehrkräfte die Rückmeldungen hauptsächlich auf den eigenen Unterricht bezogen und die rückgemeldeten Ergebnisse vor allem für Einzelschülerdiagnosen genutzt werden, d.h. Entscheidungen werden eher eigenständig als durch gemeinsame Absprachen getroffen.

Aus dieser Heuristik sind im Rahmen der Interviewstudie des Weiteren vier so genannte „Organisationstypen" entstanden.

„Organisationstyp 1" (autonom/kollektiv): „Dinge, auf die wir eine Antwort finden müssen. Aber eine, die uns gemäß ist. Sinnvoll können das Einzelne nicht bewältigen"	„Organisationstyp 2" (autonom/individuell): „Trifft das für mich zu, dann muss ich gucken, dass ich irgendwas mache und wenn nicht, dann muss ich mich darum auch nicht weiter kümmern. Das macht jeder mit sich aus"
„Organisationstyp 3" (heteronom/kollektiv): „Das kommt nicht von unten, sondern das ist von oben gekommen. Aber die Arbeit muss auf Fachkonferenzebene einsetzen"	„Organisationstyp 4" (heteronom/individuell): „Es ist ein Einschnitt in jeder Hinsicht, es nimmt mir was aus der Hand. Und ansonsten arbeitet nach wie vor jeder für sich"

Abb. 5: Beschreibung der vier Nutzungstypen auf der Basis organisationaler Überzeugungen

Beim ersten „Organisationstyp" (*autonom/kollektiv*) wird deutlich, dass hier eine Nutzungsvariante auf schulorganisatorischer Ebene vorliegt, bei der aus den Rückmeldungen eine schulorganisatorische Ressource etabliert werden soll. An diesem Typus kann gezeigt werden, dass die Intention outputorientierter Steuerungsinstrumente, wie sie auch in den hier vorgestellten Lernstandserhebungen enthalten ist, in den Schulen gesehen und umgesetzt wird. Allerdings existiert auch ein Nutzungstyp, wie er innerhalb der vorangegangenen Abbildung mit dem vierten „Organisationstyp" (*heteronom/individuell*) vorliegt, der dem ersten „Organisationstyp" konträr gegenüber steht. Bei diesem Typus wird deutlich, dass hier die Rückmeldungen als wenig nützlich für die eigene Arbeit empfunden und als externes Rechenschaftslegungsinstrument abgelehnt werden.

Zu beachten ist des Weiteren, dass nicht nur diese beiden – vielleicht zu erwartenden Umgangsweisen – auf schulorganisatorischer Ebene identifiziert werden konnten, sondern dass auch zwei weitere Nutzungstypen bestehen, die auf ihre ganz eigene Weise mit den Lernstandserhebungen umgehen und nur zum Teil den mit den Lernstandserhebungen verbundenen Erwartungen entsprechen. Bei dem zweiten „Organisationstyp" (*autonom/individuell*) handelt es sich um eine Nutzungsform, die zwar sehr selbständig eine Integration der Rückmeldungen verfolgt, dies aber hauptsächlich für den eigenen Unterricht realisiert und keine Notwendigkeit oder Möglichkeit der Nutzung der Rückmeldungen auf schulorganisatorischer Ebene sieht. Beim dritten „Organisationstyp" (*heteronom/kollektiv*) handelt es sich dagegen um eine Nutzungsform, die zwar auf schulorganisatorischer Ebene von einer Nutzung spricht, bei der aber letztlich die Entscheidungen aufgrund der Rückmeldungen als heteronom wahrgenommen werden. Die damit verbundenen Gremienentscheidungen werden entsprechend als wenig bindend ausgelegt. Hier entsteht im Sinne des neo-institutionalistischen Ansatzes ein „Mythos" auf der schulorganisatorischen Ebene. Der Mythos beinhaltet, dass die Daten effektiv genutzt würden, doch spiegelt sich dies weder im individuellen Handeln noch in den gemeinsamen Sinngebungsprozessen wider. Vielmehr spielen hier eigene individuelle professionelle Entscheidungen eine übergeordnete Rolle.

5   Fazit und Ausblick

Grundsätzlich wird die Nutzung von Ergebnisrückmeldungen auf die vorangegangene Weise als Ergebnis konstruktiver kognitiver Verarbeitungsprozesse erfasst. Diese Perspektive entspricht in Grundzügen einer Reihe neuerer, internationaler Forschungsansätze, die das Phänomen der Nutzung von Ergebnisrückmeldungen in den alltäglichen Kontexten schulinterner Kommunikation im Hinblick auf die ablaufenden Verarbeitungsprozeduren untersuchen (vgl. Spillane 2000; Coburn 2001; Spillane et al. 2002; Darling Hammond 2004; Ingram et al. 2004; Seashore Louis et al. 2005). Gleichwohl wird bei der Identifikation von Nutzungstypen von der Prozessualität der Prozesse abstrahiert. Insofern bedarf es darüber hinaus prozessorientierter Beschreibungen und Analysen, die auf größere Zeitspannen umfassenden Untersuchungen basieren. Das heißt, es bedarf zusätzlich zu einer auf Konfigurationen von Kategorien (Nutzungstypen) ausgerichteten Perspektive eines prozessorientierten Zugangs, der den Blick auf die Verarbeitungsprozeduren in ihrer strukturellen und temporalen Ausgedehntheit richtet und ihre interne Funktionslogik im Hinblick auf rationale Zusammenhänge und Brüche beschreibt. In diesem Sinn lassen sich gegenwärtig zwei Forschungsdesiderata feststellen. Das eine formulieren Kühle und Peek (2007, 445) knapp so: „Dringend notwendig sind [...] qualitativ orientierte Forschungen im Sinne von ,good practice', anhand deren die Projektverantwortlichen und Schulen praxisnah und breit kommunizierbar Strategien zum sinnvollen Umgang mit Lernstandsergebnissen nachverfolgen können." Davon ausgehend besteht ein zweites Desideratum darin, zusätzlich zur Identifizierung von Typen der Nutzung die kognitiven sowie professions- und organisationsbezogenen Funktionslogiken stattfindender Nutzungsprozesse zu beschreiben.

Literatur

Coburn, C. E. (2001): Collective Sensemaking about Reading: How Teachers Mediate Reading Policy in Their Professional Communities. In: Educational Evaluation and Policy Analysis, Jg. 23, H. 2, S. 145-170.

Darling Hammond, L. (2004): Standards, Accountability and School Reform. In: Teachers College Record, Jg. 106, H. 6, S. 1047-1085.

Hartung, V. (2008): Folgen zentraler Lernstandserhebungen für die schulische Organisationsentwicklung und die Profession der Lehrkräfte. Eine professions- und organisationssoziologische Analyse anhand von qualitativen Fallstudien an zwei nordrhein-westfälischen Gesamtschulen. Noch nicht veröffentlichte Dissertationsschrift, eingereicht an der Bergischen Universität Wuppertal.

Helmke, A. (2004): Von der Evaluation zur Innovation: Pädagogische Nutzbarmachung von Vergleichsarbeiten in der Grundschule. In: Das Seminar, Jg. 2, S. 90-112.

Helmke, A./Hosenfeld, I. (2005): Standardbezogene Unterrichtsevaluation. In: Brägger, G./Bucher, B./Landwehr, N. (Hrsg.): Schlüsselfragen zur externen Schulevaluation. Bern, S. 121-151.

Ingram, D./Seashore Louis, K./Schroeder, R. G. (2004): Accountability Policies and Teacher Decision Making: Barriers to the Use of Data to Improve Practice. In: Teachers College Record, Jg. 106, H. 6, S. 1258-1287.

Kluge, S. (2000): Empirisch begründete Typenbildung in der qualitativen Sozialforschung. In: Forum Qualitative Sozialforschung, 1 (1). Online unter: http://www.qualitative-research.net/index.php/fqs/article/view/1124/2498 [September 2008].

Kühle, B./Peek, R. (2007): Lernstandserhebungen in Nordrhein-Westfalen. Evaluationsbefunde zur Rezeption und zum Umgang mit Ergebnisrückmeldungen in Schulen. In: Empirische Pädagogik, Jg. 21, H. 4, S. 428-447.

Luhmann, N. (2000): Organisation und Entscheidung. Opladen.

Mayntz, R. (1971): Max Webers Idealtypus der Bürokratie und Organisationssoziologie. In: Ders. (Hrsg.): Bürokratische Organisation. Neue Wissenschaftliche Bibliothek, Bd. 27, 2. Aufl. Köln, S. 27-35.

Meyer, J. W./Rowan, B. (1977): Institutionalized Organizations: Formal Structure as Myth and Ceremony. In: The American Journal of Sociology, 83 (2), S. 340-363.

Meyer, J. W./Scott, W. R. (eds.) (1992): Organizational Environments. Newbury Park/London/New Delhi.

Mintzberg, H. (1979): The Structuring of Organizations. Englewood Cliffs.

Mintzberg, H. (1983): Structure in Fives: Designing Effective Organizations. Englewood Cliffs.

Rüschemeyer, D. (1972): Doctors and Lawyers: A Comment on the Theory of the Professions. In: Pavalko, R. (ed.): Sociological Perspectives on Occupations. Itasca, S. 26-38.

Rüschemeyer, D. (1980): Professionalisierung. Theoretische Probleme für die vergleichende Geschichtsforschung. In: Geschichte und Gesellschaft, 6 (1), S. 311-463.

Scott, W. R. (1992): Introduction: From Technology to Environment. In: Meyer, J. W./Scott, W. R. (eds.): Organizational Environments. Ritual and Rationality. Newbury Park/London/New Delhi, S. 13-17.

Seashore Louis, K./Febey, K./Schroeder, R. (2005): State-Mandated Accountability in High Schools: Teachers' Interpretations of a New Era. In: Educational Evaluation and Policy Analysis, Jg. 27, H. 2.

Spillane, J. P. (2000): Cognition and Policy Implementation: District Policymakers and the Reform of Mathematics Education. In: Cognition and Instruction, Jg. 18, H. 2, S. 141-179.

Spillane, J. P./Reiser, B. J./Reimer, T. (2002): Policy Implementation and Cognition: Reframing and Refocusing Implementation Research. Standards-Based Reforms and Accountability. In: Review of Educational Research, Jg. 72, H. 3, S. 387-431.

Weick, K. E. (1976): Educational Organizations as Loosely Coupled Systems. In: Administrative Science Quarterly, 21 (1), S. 1-19.

Weick, K. E. (1995): Sensemaking in Organizations. Thousand Oaks/London/New Delhi.

Weick, K. E./Sutcliffe, K. M./Obstfeld, D. (2005): Organizing and the Process of Sensemaking. In: Organization Science, 16 (4), S. 409-421.

Lernen und Erfahrung in interorganisationalen Netzwerken

Claudia Strobel/Andrea Reupold

1 Netzwerke: Grundlagen und Definitionen

Interorganisationale Netzwerke entstehen durch die Verknüpfung eigenständiger Einheiten und sind durch die Zusammenarbeit unterschiedlicher Disziplinen, Institutionen und Personen als Organisationsform in vielen Bereichen von großer Bedeutung.

Sie gelten als hybride Koordinierungsform zur Steuerung menschlichen Verhaltens und sind durch Erfahrung und Wissen gekennzeichnet. So stellen sie neben Markt und Hierarchie eine Steuerungsart dar, die „weder einseitig durch das Medium Macht (Hierarchie) noch durch das Medium Geld (Markt) bestimmt wird" (Berkemeyer et al. 2008, 20). Zentrale Grundlage sozialer Netzwerke ist die Kooperation der Akteure, die auf bestimmte Problemlösungen zielt und häufig in Projekten umgesetzt wird (vgl. Schaffer/Thieme 1999). Allerdings sind auch Netzwerke nicht frei von Konkurrenz, so dass beide Strategien – Kooperation und Konkurrenz – nebeneinander und gleichzeitig vorkommen, ohne dass sie unbedingt gegensätzlich wirken (vgl. Aderhold/Wetzel 2004). Kooperation und Netzwerk sind allerdings nicht identisch, sondern bedingen einander. Kooperationen fördern die Entstehung von Netzwerken durch die Bildung von Strukturen, durch Netzwerke hingegen können Voraussetzungen geschaffen werden, um interorganisationale Kooperationen zu ermöglichen (vgl. Dresselhaus 2006). Netzwerke sind somit als Pool potenzieller Kooperationen zu sehen, die dann real werden, wenn es einen Kooperationsanlass gibt und aktive Zusammenarbeit stattfindet. Bereits bestehende interorganisationale Kooperationen, die sich z.b. auf die Durchführung eines bestimmten Projektes bezogen haben, bilden bestimmte Zusammenhänge und Strukturen aus, die auch nach Beendigung des Projekts weiter bestehen können und wiederum für weitere potenzielle Kooperationen und andere Aktivitäten zur Verfügung stehen.

„Kooperationen bieten im Unterschied zu Netzwerken über einen längeren Zeitraum Sicherheit durch klare Grenzen, indem sie durch die Definition von Ansprechpartnern und Verantwortlichkeiten klare Strukturen vorgeben." (ebd., 31) Die Strukturen in Netzwerken sind sehr unterschiedlich und können locker zusammengebunden, aber ebenso vertraglich verfestigt und institutionalisiert sein. Auch wenn Selbstständigkeit und Unabhängigkeit der am Netzwerk beteiligten Akteure gewährleistet werden müssen, so sollen unbedingt gemeinsam festgelegte Ziele verfolgt und die Aktivitäten koordiniert werden. Netzwerke sind durch verschiedene Merkmale gekennzeichnet (vgl. Berkemeyer et al. 2008; Neugebauer/Beywl 2006; Endres 2001; Tippelt 2005):

- Die Akteure verfolgen ein einheitliches übergeordnetes Ziel, haben eine gemeinsame Basisintention und Netzwerkvision. Sie streben danach, die gemeinsam festgelegten Ziele zu erreichen.
- Die Akteure bringen die Bereitschaft mit, sich auf etwas Neues einzulassen und ihre vorhandenen, zum Teil eingefahrenen Perspektiven zu wechseln.
- Die Teilnahme bzw. Mitwirkung am Netzwerk erfolgt freiwillig. Das Interesse aller beteiligten Akteure ist nötig.
- Es besteht eine wechselseitige Abhängigkeit der Akteure.
- Der Grad der Komplementarität richtet sich nach der Homogenität bzw. Heterogenität der Netzwerkpartner. Während erstere zur Addition der Leistungen und Effekte führt, kann letztere durch die Ergänzung der Akteure zur Multiplikation der Gesamtleistung beitragen.
- Die Zusammenarbeit im Netzwerk basiert auf gegenseitigem Vertrauen. Dies ist auch Grundlage für den Austausch und die Entwicklung von Ideen.
- Bei der gemeinsamen Netzwerkarbeit muss der Nutzen für alle Akteure vorhanden sein, so dass die Beteiligung für die Akteure und die Arbeit im Netzwerk für alle eine Wirkung bzw. einen Mehrwert erkennen lässt.
- Wichtig ist auch die Interaktionsdichte und -frequenz, die durch Kommunikationsintensität und -häufigkeit beschrieben wird. Es ist von zentraler Bedeutung, dass eine gemeinsame Kommunikation vorhanden ist und regelmäßige Kontaktpflege angestrebt wird.
- Das Netzwerk soll in Abstimmung mit den Akteuren gesteuert bzw. koordiniert werden, wobei einer Person oder einer Stelle die Verantwortung dafür übertragen wird.
- Die Struktur in Netzwerken ist horizontal heterarchisch, d.h. die Interaktion erfolgt in nebengeordneten Strukturen, in gleichberechtigter Kooperation und mit ausgeglichenen Machtverhältnissen (vgl. Reupold et al. 2009).
- Hinsichtlich der Form können Netzwerke unterschieden werden, die formal bestehen und den einzelnen Akteuren nicht als Netzwerk gegenwärtig sind und solche, die für alle Akteure eindeutig erkennbar sind und von den Akteuren auch derartig benannt werden.

Durch die Zusammenarbeit im Netzwerk entstehen einerseits Produkte und Dienstleistungen, die für einzelne Akteure nicht realisierbar wären, und andererseits sind damit auch spezifische (Kooperations-)Erfahrungen verknüpft, die Organisationen z.b. durch bilaterale Kooperationen im Markt noch nicht erreichen. In diesem Zusammenhang stehen die Aspekte Vertrauen, Wissen, Kompetenzen, Ressourcen und Engagement als Stärken im Zentrum (vgl. Tippelt et al. 2009b; Bretschneider/Nuissl 2003).

2 Interorganisationale Netzwerke in der Bildung

Im Sinne des Lebenslangen Lernens bietet die Arbeit in interorganisationalen Netzwerken sowohl für die einzelnen Akteure (Organisationen und Individuen) spezifische Erfahrungen als auch Synergieeffekte für das Kollektiv (das Netzwerk). Aufgrund der Heterogenität der Akteure im Netzwerk bewegt sich die Netzwerkentwicklung im Spannungsfeld zwischen einem möglichst großen Kompetenzgewinn für den Einzelnen und gemeinsamer Identitätsbildung im Kollektiv.

Netzwerke stellen also mit Blick auf innovative Lösungen und die Generierung von sozialem Kapital neuartige Lerninstrumente dar. Sie sind neue, übergreifende Systeme und Institutionen, wenn die Vernetzung von Akteuren aus unterschiedlichen Bereichen, insbesondere der Bildung und Weiterbildung, ermöglicht wird. Vernetzung gilt dabei als professionelle Handlungsstrategie, die durch die regionale Verankerung gekennzeichnet ist. Region ist in diesem Kontext das strukturierende Element.

3 Erfahrungsraum Netzwerk

Der Erfahrungsraum innerhalb eines Netzwerks wird bereits durch die Zusammensetzung der Akteure maßgeblich beeinflusst, denn die Netzwerkmitglieder haben je nach Zielsetzung und Funktion des Netzwerks eigene Erfahrungshintergründe und damit verbunden auch eigene Handlungslogiken. Die Maßstäbe, die dadurch an das Handeln und Verhalten der je anderen Netzwerkakteure gestellt werden, bemessen sich also an der spezifischen Sinnlogik, die der Akteur mitbringt. Diese kann sich an politischen, administrativen, wissenschaftlichen, pädagogisch-praktischen oder wirtschaftlichen Bewertungskriterien ausrichten (vgl. Kussau/Brüsemeister 2007).

Solche Akteurkonstellationen sind damit Muster sozialer Ordnungsbildung, welche wiederum die Erwartungen, Austausch- und Handlungsoptionen sowie

-kapazitäten, aber auch die neu auszuhandelnden Normen und Kommunikations-regeln mitbestimmen. Die so gebildeten Strukturen beeinflussen und verändern das Handeln der Akteure (vgl. Kussau/Brüsemeister 2007). Diese neue struktu-relle soziale Ordnung in Form eines Netzwerks stiftet somit eine eigene Identität und Kultur, zielt aber nicht zuletzt auf die Auswahl und Nutzung von Ressour-cen, die aus der Re-Kombination von organisationalen Einzelpotenzialen in ei-nen neu entstandenen Pool von Ressourcen münden. Die zunächst angestrebte Erweiterung von Handlungsmöglichkeiten und -kapazitäten für jede einzelne Organisation birgt aber auch die Gefahr von Verhaltensrestriktionen durch wech-selseitige Abhängigkeiten und daraus resultierende Erwartungshaltungen. Da-rüber hinaus zielt das bundesweite Programm „Lernende Regionen – Förderung von Netzwerken" darauf ab, durch Vernetzung relevanter regionaler Akteure einen übergeordneten Nutzenüberschuss für den bildungsgeografischen Raum zu erbringen, d.h. mehr und passgenauere Bildungsoptionen sowie eine Erhöhung der Bildungsbeteiligung der ansässigen Bevölkerung herbei zu führen (vgl. Tip-pelt et al. 2009a).

In den Netzwerken der Lernenden Regionen haben sich in den vergangenen Jahren Politik, Wirtschaft, Bildungsinstitutionen, Verbände und auch zivilgesell-schaftliche Akteure zielgerichtet zusammengeschlossen, um regional spezifische Probleme im Bildungsbereich zu lösen. Die Zusammensetzung der Akteure vari-iert von Region zu Region, denn die jeweiligen Problemlagen, die in den Netz-werken in den Fokus genommen werden, bedürfen des Engagements unter-schiedlicher institutioneller Akteure. So ergibt zum Beispiel die Verbesserung des Übergangs vom Kindergarten in die Grundschule eine strukturell notwendige Kooperation zwischen diesen beiden Institutionen, bestenfalls aber auch zwi-schen den jeweils zuständigen Stellen der örtlichen Kommune(n), und die über-geordnete Koordination und Moderation aller eingebundenen Organisationen obliegt oftmals einem zentralen Netzwerkmanagement.

Die Fokussierung auf Bildungsberatung bedingt dagegen die Kooperation unterschiedlicher Weiterbildungseinrichtungen, wie z.B. von Volkshochschulen, Kammern und privaten Anbietern einer Region für eine gemeinsame trägerüber-greifende Bildungsberatung. Dabei können die am Netzwerk beteiligten Akteure nicht nur die Strukturen der anderen Partner kennenlernen, sondern auch einen je spezifischen Nutzen durch gegenseitigen Wissens- und Erfahrungsaustausch erwarten.

Die heterogene Zusammensetzung der Akteure bedingt also eine Erhöhung der Komplexität im Netzwerk, die sich etwa auf den Planungs- und Zeithorizont (z.B. Beamte auf Lebenszeit, Legislaturperioden von Politikern, das Schuljahr aus Lehrersicht), die je spezifischen Sinn- und Handlungslogiken (z.B. wirt-schaftliche, politische, administrative, pädagogische) und die unterschiedlichen

Anlässe (z.b. pro-aktives Nutzen von Optionen oder Reagieren auf Problemlagen) und die daraus jeweils resultierenden Bewertungskriterien für eigenes und fremdes Handeln bezieht. Diese akteursbedingten Einflüsse in Netzwerken stellen besondere Voraussetzungen für soziale Interaktion dar und generieren eine spezifische Erfahrungsumwelt. „Es existieren verschiedene Relevanzkriterien und Informationsanforderungen, innerhalb derer die Akteure auf unterschiedliche Weise Informationen und Wissen generieren, ausdeuten, gewichten und verteilen." (Kussau/Brüsemeister 2007, 33)

Dieser Erfahrungsraum wurde in den Netzwerken der Lernenden Regionen zwischen den Akteuren über Jahre mit Hilfe einer/-s Netzwerkmanagers/-in gestaltet. Die Vernetzung entwickelte sich damit zu einer anspruchsvollen Zugangsform zu den organisationalen Wissensbasen und Erfahrungsräumen der involvierten Institutionen, denn den Akteuren ist es vielerorts gelungen, das Vertrauen untereinander stark genug werden zu lassen, um Wissen und Erfahrung über Wettbewerbsgrenzen hinweg austauschen zu wollen. Über den organisierten Wissensaustausch hinaus, der häufig über online-basierte Datenbanken oder interne Diskussionsplattformen stattfindet und sich auf explizites Wissen bezieht, bietet der in den Netzwerken etablierte, vertrauensvolle face-to-face-Austausch in unterschiedlich formal organisierten Gremien die Möglichkeit, auch implizites Erfahrungswissen auszutauschen. Diese Erfahrungswerte sind für die beteiligten Personen und Institutionen oftmals besonders relevant, denn auf ihrer Basis kann im Sinne von sich komplementär ergänzenden Einsichten die eigene Perspektive bereichert werden, um so gemeinsame Entwicklung zu gestalten.

4 Steuerung und Organisation

Um regional Bildung und Bildungsangebote entsprechend dem aktuellen und zukünftigen Bedarf ausrichten zu können, übernehmen die Netzwerke Aufgaben der regionalen Organisation und Steuerung im Bildungsbereich (vgl. Tippelt et al. 2009c).

Die Art der Netzwerkorganisation und die inhaltliche Ausrichtung sind in den Lernenden Regionen oftmals durch Verhandlungen zwischen den beteiligten Partnern entstanden. Die Umsetzung und Durchsetzung der gemeinsam beschlossenen Normen und Verhaltensregeln wurde in vielen Netzwerken zum großen Teil an die Netzwerkmanager/-innen delegiert. Ihnen kommt daher eine besondere Rolle zu. Den Aussagen der Interviewten konnten fünf zentrale Kriterien entnommen werden, die die Netzwerkmanager/-innen erfüllen sollten (vgl. Strobel et al. 2009):

1. Seine/ihre Rolle wurde als die der/s „Kümmerers/-in" beschrieben, er/sie bringt Moderations- und Motivationskompetenz ins Netzwerk ein.
2. Seine/ihre Akzeptanz war am höchsten, wenn er/sie möglichst sowohl eine personale als auch eine institutionale Neutralität aufweisen konnte.
3. Er/sie sollte in der Region bekannt und anerkannt sein sowie persönliche Kontakte zu den handelnden Akteuren pflegen.
4. Er/sie sollte ein klares Organisations- und Wissensmanagement inkl. Generierung, Speicherung, Kommunikation und Transfer umsetzen, das den jeweiligen Interessen und Bedarfslagen der beteiligten Akteure entspricht.
5. Das vom Netzwerkmanagement umgesetzte Projektmanagement sollte systematisch und autoritativ sein, so dass den Beteiligungs- und Einflusschancen der Netzwerkmitglieder ausgeglichen und adäquat entsprochen werden kann. Dies bedingt einerseits eine ausgeprägte Kooperationskompetenz und andererseits auch eine situativ durchaus notwendige Entscheidungskompetenz.

Zu dem Einfluss, den die Netzwerkmanager/-innen auf der Mikroebene auf das Netzwerk und den Erfahrungsraum haben, kommen noch weitere Faktoren und Ebenen, auf denen ebenfalls Entscheidungen und Bedingungen definiert werden, die das Netzwerk und seine Akteure in ihren Handlungsoptionen beschränken oder sie ausweiten.

Diese Ebenen sind z.b. über den sozialökologischen Ansatz Bronfenbrenners (1981) zu beschreiben (vgl. Abb. 1).

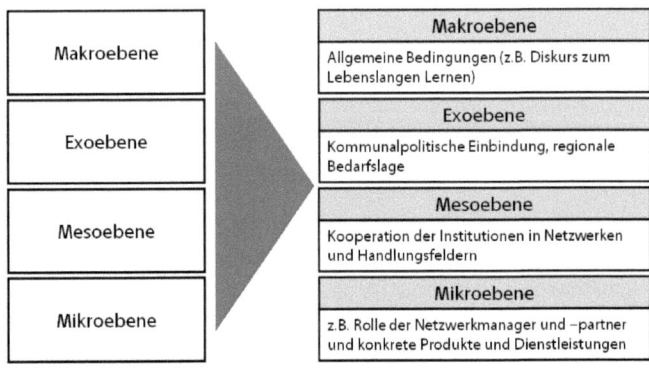

Abb. 1: Handlungs- und Steuerungsebenen in Netzwerken (Tippelt et al. 2009b, 57; vgl. auch Bronfenbrenner 1981)

Die Makroebene umfasst in diesem Modell allgemeine Bedingungen des Lebenslangen Lernens und bildungspolitische Diskurse. Auf der Exoebene wird die Region oder Kommune angesprochen, wobei ihre Einstellung zum Konzept des Lebenslangen Lernens für die gemeinsame Netzwerkarbeit wichtig ist.

Auf der Mesoebene geht es schließlich um das Netzwerk an sich, die handelnden Akteure und ihre Kooperationsbeziehungen sowie die im Netzwerk entstehenden Produkte, Konzepte und Dienstleistungen.

Aus den qualitativen Ergebnissen der Evaluation von Lernenden Regionen können Erfahrungswerte für gelingende Netzwerkarbeit abgeleitet werden (vgl. Strobel et al. 2009): eine gleichwertige Stellung aller Partner im Netzwerk; die Zusammenarbeit zwischen den „Big Playern" einer Region; die persönliche Einstellung und die Arbeit der handelnden Akteure, die sich in Engagement, Motivation und Nutzen zeigt; kurze Wege zwischen den Akteuren, denn „man kennt sich in der Region"; die Vorstellung der Netzwerkmitgliedschaft als „Privileg"; eine positive vorhandene Kooperationskultur; formelle Partnerschaften mit Kooperationsverträgen, aber auch informelle Partnerschaften ohne Verbindlichkeiten.

In den Lernenden Regionen konnten darüber hinaus auch folgende, auf gemeinsame Erfahrungsbildung hemmend wirkende Faktoren identifiziert werden (vgl. ebd.): Konkurrenznetzwerke und Subnetzwerke innerhalb einer Region; die thematische Verengung im Netzwerk, so dass Partner ausgeschlossen werden; eine Vernetzung, die nur auf der Ebene der Leitungen stattfindet und die Mitarbeiter kaum einbezieht; die hohe Fluktuation bei Mitarbeitern des Netzwerks und Partnern, die den Aufbau von Kommunikationsstrukturen und Vertrauen erschwert; Konkurrenzsituationen.

5   Fazit und Ausblick

Aus den vorhergehenden Betrachtungen über Netzwerke, Akteurskonstellationen und die hieraus resultierenden je spezifischen Erfahrungsräume, die durch die Evaluation der Lernenden Regionen inspiriert wurden, ergeben sich in der Zusammenschau zwei Aspekte.

Erstens eignen sich interorganisationale Netzwerke besser als isolierte Organisationen (innerorganisational), um zu lernen und Erfahrungen zu erwerben, da die Kontakte zwischen Akteuren in Netzwerken, im Gegensatz zu den sachorientierten Austauschbeziehungen in Organisationen oder am Markt, zumeist eher beziehungsorientiert sind. Durch diese Beziehungsorientierung bieten Netzwerkinteraktionen mehr Sicherheit für Lernerfahrungen und schaffen über langfristige Austauschbeziehungen eine vertrauensbasierte Lernkultur.

Zweitens wirken sich Netzwerke auf die Qualität der Erfahrungen aus. Organisationen machen normalerweise Erfahrungen als Einzelakteure im Markt oder kooperieren auf bilateraler Ebene. So machen sie spezifische, darüber hinaus reichende Erfahrungen, wenn sie in vertikalen oder horizontalen Kooperationen in komplexen Beziehungsnetzen von interorganisationalen Netzwerken agieren. Aus Sicht eines Netzwerkakteurs lässt sich der mit den Netzwerkerfahrungen verbundene Nutzen in folgenden zwei Sätzen zusammenfassen:

> „Der Gewinn des Netzwerkes wird auch darin zu sehen sein, dass wir, egal was wir machen, von den Erfahrungen profitieren können, also ich werde auch Partner kennen, mit denen ich gerne zusammen arbeite, ich werde Partner kennen, die ich lieber vermeide. Ich werde mit diesen positiven und negativen Erfahrungen einfach besser arbeiten können." (Aus einem anonymisierten Interview 2007 im Rahmen der Evaluierung des Programms „Lernende Regionen – Förderung von Netzwerken")

Die Entstehung und Entwicklung von Netzwerken ist nicht nur ein immer wichtiger werdender gesellschaftlicher Prozess (vgl. Castells 2001), um Informationen und Wissen auszutauschen, sondern zu allererst ein sozialer Prozess, der für die involvierten Individuen und damit auch für die Organisationen, denen sie angehören, Erfahrungsgewinne bereit hält. Hierbei lernen die Netzwerkakteure, dass die Kontakte untereinander Zugänge zu wertvollem Wissen und Kompetenzen darstellen. Um diese Ressourcen nutzen zu können, müssen positive Erfahrungen gemacht werden, die das gegenseitige Vertrauen zwischen zum Teil konkurrierenden Organisationen und ihren Angehörigen stärken. Die Zusammenarbeit in interorganisationalen Netzwerken befähigt die Akteure dazu, Lernerfahrungen zu machen, die über das hinaus gehen, was innerhalb von einzelnen Organisationen gelernt wird, da die Kooperation in Netzwerken häufig stark beziehungsorientiert (im Gegensatz zur Sachorientierung) ist und daher im Sinne einer Lernkultur mehr Sicherheit für neue Lernerfahrungen bietet.

Literatur

Aderhold, J./Wetzel, R. (2004): Kopierfehler beim Beobachten – Die „Organifizierung" des Netzwerks als Problem. In: OrganisationsEntwicklung, H. 3/2004, S. 22-29.

Berkemeyer, N./Bos, W./Manitius, V./Müthing, K. (2008): „Schulen im Team": Einblicken in netzwerkbasierte Unterrichtsentwicklung. In: Dies. (Hrsg.): Unterrichtsentwicklung in Netzwerken. Konzeptionen, Befunde, Perspektiven. Münster u.a., S. 19-70.

Bretschneider, M./Nuissl, E. (2003): „Lernende Region" aus Sicht der Erwachsenenbildung. In: Matthiesen, U./Reutter, G. (Hrsg.): Lernende Region – Mythos oder lebendige Praxis? Bielefeld, S. 35-55.

Bronfenbrenner, U. (1981): Die Ökologie der menschlichen Entwicklung. Natürliche und geplante Experimente. Stuttgart.

Castells, M. (2001): Das Informationszeitalter. Die Netzwerkgesellschaft, Bd. 1. Opladen.

Dresselhaus, G. (2006): Netzwerkarbeit und neue Lernkultur. Theoretische Grundlagen und praktische Hinweise für eine zukunftsfähige Bildungsregion. Münster u.a.

Endres, E. (2001): Erfolgsfaktoren des Managements von Netzwerken. In: Howaldt, J./Kopp, R./Flocken, P. (Hrsg.): Kooperationsverbünde und regionale Modernisierung. Theorie und Praxis der Netzwerkarbeit. Wiesbaden, S. 103-117.

Kussau, J./Brüsemeister, T. (2007): Educational Governance: Zur Analyse der Handlungskoordination im Mehrebenensystem der Schule. In: Altrichter, H./Brüsemeister, T./Wissinger, J. (Hrsg.): Educational Governance. Wiesbaden, S. 15-54.

Neugebauer, U./Beywl, W. (2006): Methoden zur Netzwerkanalyse. In: Zeitschrift für Evaluation, H. 2, S. 249-286.

Reupold, A./Strobel, C./Tippelt, R. (2009): Vernetzung in der Weiterbildung: Lernende Regionen. In: von Hippel, A./Tippelt, R. (Hrsg.): Handbuch Erwachsenenbildung/Weiterbildung. 3. Auflage. Wiesbaden. In Druck.

Schaffer, F./Thieme, K. (1999): Lernende Regionen. Organisation – Management – Umsetzung. Schriften zur Raumordnung und Landesplanung. Band 5. Universität Augsburg.

Strobel, C./Kuwan, H./Reupold, A. (2009): Erfolge, Erfolgsbedingungen und Hindernisse. In: Tippelt, R./Reupold, A./Strobel, C./Kuwan, H. (Hrsg.): Lernende Regionen – Netzwerke gestalten. Bielefeld, S. 132-150.

Tippelt, R. (2005): Pädagogische Netzwerkarbeit und interorganisationales Kompetenzmanagement – Anmerkungen zur innovativen Praxis am Beispiel lernender Regionen und Metropolen. In: Göhlich, M./Hopf, C./Sausele, I. (Hrsg.): Pädagogische Organisationsforschung. Wiesbaden, S. 233-244.

Tippelt, R./Reupold, A./Strobel, C. (2009a): Einleitung. In: Tippelt, R./Reupold, A./Strobel, C./Kuwan, H. (Hrsg.): Lernende Regionen – Netzwerke gestalten. Bielefeld, S. 20-23.

Tippelt, R./Reupold, A./Strobel, C./Kuwan, H. (Hrsg.) (2009b): Lernende Regionen – Netzwerke gestalten. Bielefeld.

Tippelt, R./Reupold, A./Strobel, C./Niedlich, S./Emminghaus, C. (2009c): Die Netzwerke der Lernenden Regionen – Ein Ansatz zur Typologie ihrer Organisation und Steuerung. In: Schrader, J./Hartz, S. (Hrsg.): Steuerung und Organisation in der Weiterbildung. Bad Heilbrunn. In Druck.

235

IV. Organisation*pädagogik* und *Organisations*pädagogik

Das Pädagogische der Organisationspädagogik

Harald Geißler

1 Die Ausgangslage: Organisationspädagogik als neue erziehungswissenschaftliche Fachrichtung

Für die Erziehungswissenschaft war es immer selbstverständlich, sich mit dem Aspekt des Organisationalen zu befassen, und zwar als Rahmenbedingungen dessen, was als Mittelpunkt pädagogischer Praxis betrachtet wurde: die Interaktion pädagogischer Professionals mit ihrer Klientel. Aus diesem Grunde kamen nur pädagogische Organisationen ins Blickfeld, also Schulen, sozialpädagogische Einrichtungen und Träger der Erwachsenenbildung. Diese Selbstverständlichkeit ist nach konzeptionellen Vorbereitungen (vgl. Geißler 2000; Göhlich 2001) mit der 2007 im Rahmen der Deutschen Gesellschaft für Erziehungswissenschaft vollzogenen Gründung der Arbeitsgruppe „Organisationspädagogik" und ihrem Anspruch in Frage gestellt worden, den Aspekt des Organisationalen nicht als Rahmenbedingung des Pädagogischen zu betrachten, sondern ihn in ihren Mittelpunkt zu stellen und sich dabei nicht nur auf pädagogische, sondern auch auf nicht-pädagogische Organisationen zu beziehen. Diese Initiative provoziert die Frage nach dem *Pädagogischen der Organisationspraxis*. Denn mit Ausnahme des quasi insularen Bereichs staatlich regulierter Berufsbildung, die das Referenzobjekt der Berufs- und Wirtschaftspädagogik ist (vgl. z.B. Huisinga/Lisop 1999), wurde die Praxis in Wirtschaftsunternehmen und Institutionen der öffentlichen Verwaltung traditionell als eine Praxis wahrgenommen, die als nicht-pädagogisch bewertet und deshalb nicht als Gegenstand erziehungswissenschaftlicher Forschung in den Blick genommen wurde. Wichtigster Grund für diese Grenzziehung war der – mit Blick auf die positive Entwicklung ihrer Klientel und eine sich so verwirklichende Humanisierung der Gesellschaft *verantwortungsethisch* begründete – *Steuerungsanspruch* der traditionellen Pädagogik, Praxis verantwortlich zu gestalten, was seinerseits ein Mindestmaß an Gestaltungsfähigkeit voraussetzt. Aus diesem Grunde war es wichtig, dass pädagogische Professionals – Lehrer, Erzieher, Aus- und Weiterbildner – ein hinreichendes Maß an Durchsetzungsmacht über die *Rahmenbedingungen* pädagogischer Prozesse haben, wohlwissend, dass Lernen und Bildung sich nur selbstorganisiert entwickeln können (vgl. Benner 1996). Als pädagogisch konnte deshalb nur eine Praxis bezeichnet werden, in der es möglich erschien, diese so begründete Verantwortung aufgrund vorliegender Durchsetzungs- bzw. Steuerungskompetenzen mit Aussicht auf Erfolg wahrzunehmen. Diese Voraussetzung erschien in der Familie und in allen Institutionen gesichert, die diese Verantwortung selbst als ihren obersten Sinn und Zweck ausdrücklich anerkannten. Aus diesem Grunde meinte man, die Praxis in Kindergärten, Schulen, sozialpädagogischen Einrichtungen und staatlichen/gemeinnützigen Weiterbildungsorganisationen a priori als pädagogische bezeichnen zu können und diejenige in Wirtschaftsunternehmen und Organisationen der öffentlichen Verwaltung, deren oberste Organisationszwecke in eine deutlich andere Richtung weisen, als nichtpädagogische Praxis ausgrenzen zu müssen (vgl. Kade 1983; Meueler 1993).

Dieses Selbstverständnis pädagogischer Praxis und erziehungswissenschaftlicher Theorie, in dem sich die Philosophie der *Aufklärung*, der sich auch heute noch große Teile der Disziplin mit unterschiedlichen Akzentsetzungen und (Re-)Interpretationen verpflichtet fühlen, widerspiegelt, wird seit einigen Jahren durch tief greifende Veränderungen sowohl in der Praxis als auch in der Theoriebildung in Frage gestellt. Denn seit mehr als zwei Jahrzehnten wird erkennbar, dass Wirtschaftsunternehmen ebenso wie Organisationen der öffentlichen Verwaltung und auch Bildungsorganisationen, d.h. Schulen und Weiterbildungsorganisationen, aufgrund wachsender Komplexität und Dynamik ihrer Kontexte sich permanent hinsichtlich ihrer Arbeitsabläufe, Aufbaustruktur, strategischen Ausrichtung und, last but not least, ihrer Organisationskultur weiter entwickeln müssen und dass dieses nicht ohne eine systematische Verzahnung von Arbeiten und Lernen sowie Führung und Personalentwicklung möglich ist. Dieses Praxisphänomen wird unter dem Stichwort der *Entgrenzung des Pädagogischen* (vgl. Baethge/Schiersmann 1998) diskutiert und korrespondiert – unter dem Einfluss der modernen *Systemtheorie* und des *radikalen Konstruktivismus* – mit Umorientierungen der Theoriebildung, die das Verantwortlichkeitskonzept der traditionellen Pädagogik mit seinem impliziten Dominanz- und Steuerungsanspruch als Machbarkeitsillusion bzw. -ideologie kritisieren (vgl. Arnold/Siebert 1995).

Diese Entwicklung scheint es notwendig zu machen, das erziehungswissenschaftliche Konzept des Pädagogischen zu revidieren, d.h. Abschied zu nehmen von der traditionellen Vorstellung, dass das Pädagogische eine nicht nur empirisch-deskriptiv zu erfassende, sondern immer auch eine präskriptiv zu bestimmende Größe sei und dass die Differenz zwischen pädagogisch begründet Wünschenswertem und empirisch Vorgefundenem zum Anlass für die theoretisch reflektierte Entwicklung und Erprobung differenzmindernder praktischer Interventionen werden müsse. Eine solche normative Ausrichtung erscheint mit Blick auf die Systemtheorie und den Konstruktivismus als obsolet und der Preis für die Entgrenzung des Pädagogischen scheint der Verzicht auf den Bezugspunkt pädagogischer Normativität sein zu müssen.

Folgt man einer so verstandenen Entgrenzung des Pädagogischen, erscheint die Gründung einer Organisationspädagogik als neue erziehungswissenschaftliche Fachrichtung auf den ersten Blick *schlüssig*, auf den zweiten Blick jedoch als fraglich, weil die Organisationspädagogik einen wissenschaftlichen Gegenstandsbereich wählt, der schon längst von einer anderen Disziplin, nämlich der Organisationspsychologie, bearbeitet wird. Insofern erheben sich Zweifel, ob diese Neugründung nicht im Grunde *überflüssig* ist.

Diese kritische Rückfrage ist Anlass für die folgenden Gedanken: Sie schließen an die Vorarbeiten der Organisationspsychologie zum Organisationslernen an, um sie bildungstheoretisch zu reflektieren und zu zeigen, dass eine sich *bildungstheoretisch auf Organisationslernen fokussierte Organisationspädagogik* die vorliegende Wissenschaftssystematik sinnvoll erweitern kann, weil sie in der Lage ist, spezifische Reflexionslücken der traditionell sich mit Organisationen befassenden Wissenschaften, aber auch der Erziehungswissenschaft zu schließen.

2 Organisationslernen als zentraler Gegenstand der Organisationspädagogik

Nimmt man die Anregung der *Gestalttheorie* auf, zwischen *Gestalt*, d.h. einer im Vordergrund des Bewusstseins stehenden Thematik, und ihrem *Hintergrund* zu unterscheiden, ist für die traditionelle Pädagogik charakteristisch, das Organisationale als Hintergrund zu konzipieren, während die seit den 1970er Jahren entstandenen organisationspsychologischen Theorien des Organisationslernens genau umgekehrt verfahren und das Lernen des Einzelnen konzeptionell als Hintergrund organisationaler Problemlösungsgemeinschaften betrachten, die als „communities of inquiry" (Argyris/Schön 1999, 47ff.) sich den zentralen Herausforderungen der Organisation lernend zuwenden. Hier lassen sich zwei große Themenbereiche unterscheiden, nämlich zum einen die Vorstellungen, die die verschiedenen Organisationsmitglieder von ihrem Handeln im Kontext ihrer Organisation haben (vgl. auch Friedman 2003), und zum anderen die Überprüfung der vorliegenden formalen und informellen Regeln der Organisation (vgl. Kieser et al. 2003). Diese Thematisierung wird als ein bewusster, intentionaler Prozess einer auf Selbstaufklärung zielenden bzw. fußenden Organisationsentwicklung konzipiert, die Argyris/Schön (1978; 1999) handlungstheoretisch mit Bezug auf *single-loop learning* und *double-loop learning* rekonstruieren und anzuleiten versuchen. Neben dieser Form *expliziten*, d.h. bewussten, intendierten Organisationslernens gibt es aber noch eine zweite Form, nämlich *implizites* Organisationslernen. Sein Gegenstand ist die – inkrementale, d.h. unter der Bewusstseinsschwelle liegende – Veränderung der informellen psycho-sozialen Regeln der Organisationskultur (vgl. Schein 1985), die nicht zuletzt auch die Praxis der Problemlösungsgemeinschaften bestimmt, deren Anspruch die Optimierung expliziten Organisationslernens ist. Explizites und implizites Organisationslernen spiegeln damit das wider, was auf der individuellen Ebene als intentionales, d.h. pädagogisch explizit geplantes und informelles (Erfahrungs-)Lernen (vgl. z.B. Dehnbostel 2007) bezeichnet wird.

Betrachtet man die zunächst ganz im Schoße der Organisationspsychologie entwickelten Gedanken von einem spezifisch pädagogischen Standpunkt aus – und dabei durchaus auch mit dem Interesse, die Begründung der Organisationspädagogik als neue erziehungswissenschaftliche Fachrichtung zu rechtfertigen –, fällt nicht nur die gestalttheoretisch interpretierbare Umkehrung des Verhältnisses von pädagogischer Interaktion und organisationalem Kontext auf, sondern es erhebt sich auch die bildungstheoretisch motivierte Frage eines *ethisch reflektierten Bezugspunkts*. Aber auch hier scheint die Organisationspsychologie mit dem von Edgar Schein (2000) entwickelten Konzept der *helfenden Beziehung* eine Antwort zu haben, die die Begründung einer Organisationspädagogik als neue erziehungswissenschaftliche Fachrichtung überflüssig zu machen scheint.

Schein verdichtet sein Konzept der helfenden Beziehung auf zehn Prinzipien, von denen das erste und grundlegendste lautet: *„Versuche stets zu helfen"* (ebd., 24). Es fordert dazu auf, sich gegenüber Hilfesuchenden so zu verhalten, dass sie die Erfahrung machen, dass ihnen geholfen wird. D.h. allein die Absicht, helfen zu wollen, reicht nicht aus; Menschen helfen zu wollen, die keine Hilfe wollen, wird als ethisch illegitim zurückgewiesen. Die Grundlage für diese Hilfe muss – so das zweite Prinzip (ebd., 25) – ein *enger Bezug zur aktuellen Realität* sein. Schein vertritt dabei einen konstruktivistischen Standpunkt. Das bedeutet zweierlei, nämlich zunächst, dass die Wirklichkeit, die für den Hilfesuchenden relevant ist, einzig und allein die von ihm konstruierte Wirklichkeit ist. Diese Wirklichkeit muss vom Helfer im Beratungsprozess rekonstruiert und in seiner Konstruktivität selbstkritisch reflektiert werden. So wichtig der selbstkritische Dialog mit sich selbst ist, so unerlässlich ist für Selbstkritik auch der Dialog mit anderen. Dieser Gedanke führt zum dritten Prinzip: *„Setze dein Nichtwissen ein"* (ebd., 30). Es fordert den Helfenden auf, sich als Hilfsbedürftiger zu erkennen zu geben und denjenigen, dem er helfen will, um Mithilfe zu bitten, die Validität und Grenzen seines im Beratungsprozess entwickelten Wissens über die Wirklichkeit des Hilfe Suchenden kritisch zu prüfen und ihm durch Fragen zu zeigen, hinsichtlich welchen Wissens er noch unsicher ist und was er noch nicht weiß, aber für wissenswert hält. Für die Ethik der helfenden Beziehung ist entscheidend, dass die Bitte des Helfers an den Hilfesuchenden, ihn bei seiner Arbeit zu unterstützen, einen dialektischen Charakter hat, erstens weil die mit ihr verbundene Umkehrung des Gebens und Nehmens von Hilfe die Beziehung zwischen Helfer und Hilfenehmendem tendenziell symmetrisch macht und zweitens weil der Helfer, der den Hilfesuchenden um Mithilfe bittet, Letzterem ein Modell anbietet, wie er sich selbst helfen kann. Diese Überlegung leitet über zum vierten Prinzip: *„Alles, was du tust, ist eine Intervention"* (Schein 2000, 37). Es ist im Lichte des ersten Prinzips zu sehen und fordert dazu auf, sich für die zu erwartenden und faktisch erzeugten Wirkungen des eigenen Verhaltens auf den anderen zu sensibilisieren und sie unter der Frage zu reflektieren, ob sie beim Hilfesuchenden zu der Erfahrung geführt haben, dass ihm geholfen wird. Das fünfte Prinzip schließlich – *„Das Problem und seine Lösung gehören dem Klienten"* (ebd., 39) – macht die „Besitzverhältnisse" in der helfenden Beziehung deutlich und warnt vor der Übergriffigkeit einer missbräuchlich vereinnahmenden Hilfe.

Die Theorie der helfenden Beziehung klärt, wie Organisationslernen methodisch anzuleiten ist, indem die Beziehung zwischen Organisationsberater und Klient als *lernendes System* konzipiert und *normativ* ausgerichtet wird. Das wird vor allem daran erkennbar, dass das fünfte Prinzip dazu auffordert, dass der Helfende dem Hilfesuchenden nicht sein Problem abnimmt und ihm eine Lösung anbietet, die er, der Helfende, für hilfreich hält, sondern dass er ihn anleitet, sich selbst zu helfen, und zwar durch Lernen. Helfen muss deshalb *Lernermöglichung* bzw. *-unterstützung* (vgl. Göhlich 2005, 16f.) sein, bei der der Lernunterstützer sich am dritten Prinzip orientierend selbst als ein Lernender versteht, der seinen Umgang mit dem Hilfesuchenden, d.h. dem Lerner, an den Kriterien ausrichtet, die Argyris/Schön (1978) für *double-loop learning* ausgewiesen haben:

- valide Informationsgewinnung („valid information"),
- freie inhaltlich begründete Entscheidungen („free and informed choice"),
- persönliche Verbindlichkeit der eigenen Entscheidungen („internal commitment to the choice"),
- fortwährende Beobachtung der Entscheidungsumsetzung und ihrer Wirkungen („constant monitoring of the implementation").

Die Befolgung dieser Kriterien impliziert ein hohes Selbstwirksamkeitsbewusstsein und einen intensiven Gemeinschaftssinn bzw. gegenseitigen Schutz bei der Wahrnehmung von Aufgaben und im Umgang mit Risiken (vgl. Geißler 2000; 2005, 29). Damit wird deutlich: Die Organisationspsychologie liefert nicht nur Erklärungen dafür, wie Organisationslernen funktioniert, sondern sie präsentiert auch ein psychologisch begründetes, normatives Konzept für die methodische Anleitung von Organisationslernen. Diese Auskunft verschärft die kritische Rückfrage, welche Gründe dafür sprechen, neben der Organisationspsychologie eine auf Organisationslernen konzentrierte neue erziehungswissenschaftliche Fachrichtung zu begründen.

3 Bildungstheoretische Blickwinkelerweiterung

Die Auseinandersetzung mit der gerade formulierten kritischen Rückfrage lenkt den Blick auf die zentrale Schwachstelle der organisationspsychologischen Literatur des Organisationslernens und insbesondere auch der Theorie der helfenden Beziehung von Schein. Denn die Ethik, die er ihr zugrunde legt, beruht genau betrachtet auf einer *Binnenmoral* der Beziehung zwischen Organisationsberater und Klient, d.h. sie bezieht sich nicht auf die Beziehung zwischen den Organisationsmitgliedern und auch nicht auf den Umgang der Organisation mit der Gesellschaft, also mit ihren externen Stakeholdern. Mit anderen Worten: Schein setzt sich dafür ein, dass in der Beziehung zwischen Organisationsberater und Klient bestimmte ethische Standards eingehalten werden, macht aber keine Aussagen darüber, welchen gesellschaftlich legitimierten Zielen die so gestaltete Prozessberatung dienen soll, so dass es durchaus möglich ist, mit seinem Konzept auch gesellschaftlich illegitime Organisationsziele zu unterstützen. Dieser Vorwurf trifft auch die Theorie des *double-loop learning* von Argyris/Schön. Denn auch hier beschränkt sich Moral auf den zwischenmenschlichen Umgang in den organisationalen Problemlösungsgemeinschaften und das nur vage bestimmte Ziel, Organisationslernen auf „Wachstum" auszurichten, ohne dabei dieses Ziel ethisch zu reflektieren bzw. gesellschaftstheoretisch zu legitimieren.

Damit wird deutlich: Pädagogisch betrachtet leiden die organisationspsychologischen Theorien des Organisationslernens an einem *bildungstheoretischen Reflexionsdefizit des Inhalts*, mit dem sich Organisationslernen auseinandersetzen sollte, also der Frage, welcher Umgang der Organisationsmitglieder untereinander und der Organisation mit der Gesellschaft, d.h. Kunden, Lieferanten und Stakeholdern, durch Organisationslernen pädagogisch wünschenswert gelernt werden sollte. Die Antwort auf diese Frage verlangt die Umstellung von einer Binnenmoral auf eine *universalistische Ethik*, die das Konzept der helfenden Beziehung auf den Gesamtzusammenhang folgender Subsysteme auslegt:

- Subsystem 1: Die Interaktion der Organisation mit der Gesellschaft, d.h. mit ihren Kunden, Lieferanten und Stakeholdern, also mit allen, die von den Aktivitäten und Entscheidungen der Organisation direkt und indirekt betroffen sind.
- Subsystem 2: Die Interaktion der Organisationsmitglieder innerhalb und zwischen den Funktionsbereichen und Hierarchieebenen der Organisation.

- Subsystem 3: Die Interaktion organisationsexterner Berater mit Organisationsmitgliedern, -gruppen und -einheiten.
- Subsystem 4: Die Interaktion der Wissenschaft mit organisationsexternen Beratern.

Abb. 1: Die vier Subsysteme der Organisationspädagogik

Mit Blick auf diese Rekonstruktion scheint das vierte Subsystem, d.h. die Beziehung der Organisationspädagogik zu den pädagogischen Professionals ihres Praxisfeldes, den Organisationsberatern, besonders wichtig zu sein, weil hier das Steuerungspotenzial der Organisationspädagogik am größten ist. Die wichtigste Aufgabe der Organisationspädagogik ist es deshalb, praktische *Verantwortung* für den Lern- und Entwicklungsprozess der Organisationsberater zu übernehmen, indem sie sie auf der Grundlage von Aktionsforschung forschend und selbst lernend praktisch berät und den Prozess als *Bildungsprozess* wahrnimmt und mitgestaltet, und zwar mit Bezug auf das Kriterium, eine den vorliegenden Bedingungen Rechnung tragende, authentisch von den Organisationsberatern lebbare Beratungspraxis zu entwickeln, die sich inhaltlich an der bildungstheoretisch begründeten Idee eines allseitig offenen, konstruktiv-wertschätzenden Dialogs als Entwicklungs- und Vermittlungsmedium der Identitätsentwicklung des Einzelnen, der Organisation und der Gesellschaft ausrichtet (vgl. Heidsiek 2009).

Macht man das Konzept der helfenden Beziehung in dieser Weise zum Nukleus einer universalistischen Ethik, wird es möglich, das bisher nur vage

245

formulierte Ziel für Organisationslernen, nämlich „Wachstum", mit Bezug auf ein „*normatives Identitätslernen*" (Geißler 2000, 50ff.) zu spezifizieren, das den Lern- und Entwicklungsprozessen der gesamten Organisation wie gleichermaßen der einzelnen Organisationsmitglieder und der Gesellschaft einen ethisch reflektierten, normativen Referenzpunkt vorgibt, nämlich den sich am Konzept der helfenden Beziehung orientierenden, allseitig offenen, konstruktiv-wertschätzenden Dialog.

Mit Blick auf diesen Strukturaufriss wird erkennbar, dass das *Pädagogische der Organisationspädagogik* der Gesamtzusammenhang der oben ausgewiesenen vier Subsysteme ist. Die Organisationspädagogik muss dabei zweierlei im Auge haben und mit Bezug auf die übergeordnete Leitidee *normativen Identitätslernens des Einzelnen, der Organisation und der Gesellschaft* ausbalancieren:

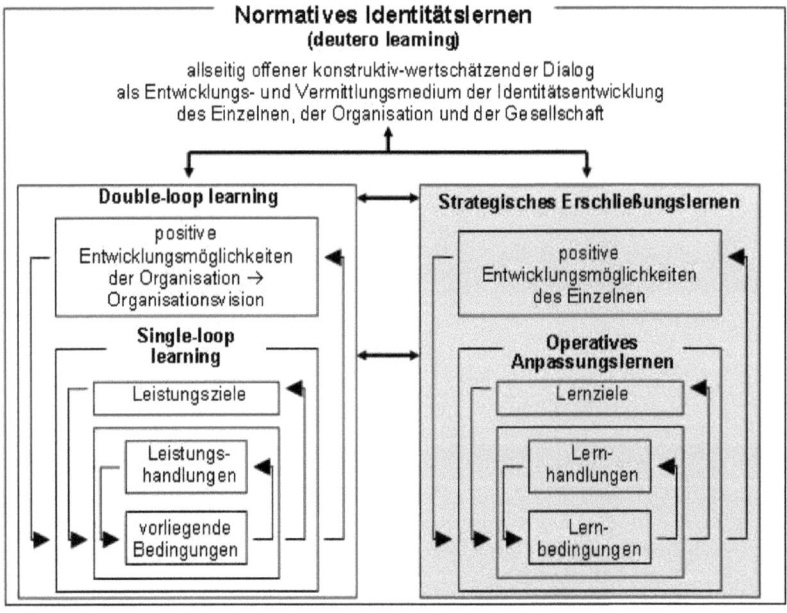

Abb. 2: Die Grundstruktur der Organisationspädagogik

- den *Vordergrund* organisationaler Prozesse, d.h. *single-loop learning*, das im Kontext von Arbeit, Kooperation und Führung der Optimierung von Leistungszielen dient, und *double-loop learning*, das darüber hinausgehend auf die Freisetzung der positiven Entwicklungspotenziale der Organisation als Ganzes zielt,
- wie auch den Hintergrund gesellschaftlich bestimmter und prägender individueller Prozesse, d.h. auf die Erreichung vorgegebener Lernziele ausgerichtetes *operatives Anpassungslernen* und *strategisches Erschließungslernen* als Ermittlung und Entfaltung der positiven Entwicklungspotenziale des Einzelnen.

Der auf den drei systemischen Ebenen von erstens *„single-loop learning* versus individuellem Anpassungslernen", zweitens *„double-loop learning* versus strategischem Erschließungslernen" und drittens „normativem Identitätslernen des Einzelnen, der Organisation und der Gesellschaft" ausgelegte Zusammenhang von vordergründig Organisationalem und hintergründig Individuellem und Gesellschaftlichem lässt sich in einer Organisationspädagogik reflektieren und prospektiv weiter entwickeln, die drei Theorieebenen unterscheidet und verbindet, nämlich:

- ideen- und/oder realgeschichtlich begründete, methodologisch und/oder interdisziplinär reflektierte Explorationen der Bedingungsmöglichkeiten organisationspädagogischer Praxis, Theoriebildung und empirischer Forschung (vgl. Geißler 1995, 2000; Göhlich 2001, 2005; Harney 1998; Petzold 2007; Schäffter 2005; von Saldern 2001);
- organisationspädagogisch reflektierte Theoriebildung und empirische Erforschung zentraler Gegenstandsbereiche bzw. Aspekte der Organisationspädagogik, wie vor allem Organisationsentwicklung (vgl. Schiersmann/Thiel 2009) und -beratung (vgl. Heidsiek 2009; König/Volmer 2000) pädagogischer und nicht-pädagogischer Organisationen, Wissensmanagement (vgl. Wiater 2007), Bildungsmanagement (vgl. Behrmann 2006) und Controlling (vgl. Kappler 2006) in pädagogischen und nicht-pädagogischen Organisationen sowie Qualitätsmanagement pädagogischer Organisationen (vgl. Bülow-Schramm 2006);
- organisationspädagogisch interpretierte Adaptionen organisationspädagogisch relevanter Ergebnisse erziehungswissenschaftlicher Nachbardisziplinen, insbesondere der Berufs- und Wirtschaftspädagogik, Erwachsenenbildung/Weiterbildung und Schulentwicklungsforschung.

Mit einer solchen Strukturierung und Profilierung kann die Organisationspädagogik sich als neue erziehungswissenschaftliche Fachrichtung legitimieren, denn sie rückt bildungstheoretisch reflektiert das in den Vordergrund, was die traditionellen erziehungswissenschaftlichen Fachrichtungen, allem voran die Vorschul-, Schul- und Sozialpädagogik sowie die Erwachsenenbildung/Weiterbildung bisher nur als Kontext bzw. Hintergrund betrachtet haben: nämlich den Aspekt der Organisation. Sie trägt dabei der Tatsache Rechnung, dass die Rahmenbedingungen für das Lernen im Prozess von Arbeit, Kooperation und Führung in nicht-pädagogischen Organisationen aufgrund ihrer andersartigen Zielausrichtung pädagogisch ungünstiger sein müssen als in pädagogischen Organisationen und zieht daraus die – sich am *Steuerungsanspruch* der traditionellen Pädagogik orientierende – Konsequenz, die Bildungsprozesse ihrer pädagogischen Professionals, der Organisationsberater, in den Mittelpunkt ihrer praktischen Gestaltungsarbeit zu stellen. Eine so handlungspraktisch selbstverpflichtete wie gleichermaßen auch gesellschaftskritisch-ethisch reflektierte Organisationspädagogik kann nicht nur der Erziehungswissenschaft wertvolle Impulse geben, sondern auch entsprechende Reflexionslücken der Organisationspsychologie und der Managementwissenschaften schließen.

Literatur

Argyris, Ch./Schön, D. A. (1978): Organizational Learning – A Theory of Action Perspective. Reading.

Argyris, Ch./Schön, D. A. (1999): Die lernende Organisation. Stuttgart.

Arnold, R./Siebert, H. (1995): Konstruktivistische Erwachsenenbildung. Hohengehren.

Baethge, M./Schiersmann, Ch. (1998): Prozessorientierte Weiterbildung – Perspektiven und Probleme eines neuen Paradigmas der Kompetenzentwicklung für die Arbeitswelt der Zukunft. In: Arbeitsgemeinschaft Qualifikations-Entwicklungs-Management Berlin. Münster u.a., S. 15-87.

Behrmann, D. (2006): Reflexives Bildungsmanagement. Frankfurt/M.

Benner, D. (1996): Allgemeine Pädagogik. 3. Aufl. Weinheim.

Bülow-Schramm, M. (2006): Qualitätsmanagement in Bildungseinrichtungen. Münster u.a.

Dehnbostel, P. (2007): Lernen im Prozess der Arbeit. Münster u.a.

Friedman, V. J. (2003): The Individual as Agent of Organizational Learning. In: Dierkes, M./Berthoin Antal, A./Child, J./Nonaka, I. (eds.): Handbook of Organizational Learning and Knowledge. Oxford, S. 398-414.

Geißler, H. (1995): Grundlagen des Organisationslernens. Weinheim.

Geißler, H. (2000): Organisationspädagogik. München.

Geißler, H. (2005): Grundlagen einer pädagogischen Theorie des Organisationslernens. In: Göhlich, M./Hopf, C./Sausele, I. (Hrsg.): Pädagogische Organisationsforschung. Wiesbaden, S. 25-42.

Göhlich, M. (2001): System, Handeln, Lernen unterstützen. Eine Theorie pädagogischer Institutionen. Weinheim & Basel.

Göhlich, M. (2005): Pädagogische Organisationsforschung. Eine Einführung. In: Göhlich, M./Hopf, C./Sausele, I. (Hrsg.): Pädagogische Organisationsforschung. Wiesbaden, S. 9-24.

Harney, K. (1998): Handlungslogik betrieblicher Weiterbildung. Stuttgart.

Heidsiek, Ch. (2009): Reflexion und Organisationsberatung. Professionalisierung aus organisationspädagogischer Perspektive. Frankfurt/M.

Huisinga, R./Lisop, I. (1999): Wirtschaftspädagogik. München.

Kade, J. (1983): Bildung oder Qualifikation? Zur Gesellschaftlichkeit beruflichen Lernens. In: Zeitschrift für Pädagogik, H. 29, S. 859-876.

Kappler, E. (2006): Controlling. Münster u.a.

Kieser, A./Beck, N./Tainio, R. (2003): Rules and Organizational Learning: The Behavioral Theory Approach. In: Dierkes, M./Berthoin Antal, A./Child, J./Nonaka, I. (eds.): Handbook of Organizational Learning and Knowledge. Oxford, S. 598-623.

König, E./Volmer, G. (2000): Systemische Organisationsberatung. 7. Aufl. Weinheim.

Meueler, E. (1993): Die Türen des Käfigs. Wege zum Subjekt in der Erwachsenenbildung. Stuttgart.

Petzold, H. (2007): Integrative Supervision, Meta-Consulting, Organisationsentwicklung. 2. Aufl. Wiesbaden.

Schäffter, O. (2005): „Pädagogische Organisation" aus institutionstheoretischer Perspektive. In: Göhlich, M./Hopf, C./Sausele, I. (Hrsg.): Pädagogische Organisationsforschung. Wiesbaden, S. 77-92.

Schein, E. (1985): Organizational Culture and Leadership. San Francisco & London.

Schein, E. (2000): Prozessberatung für die Organisation der Zukunft. Köln.

Schiersmann, Ch. /Thiel, H.-U. (2009): Organisationsentwicklung. Wiesbaden.

von Saldern, M. (2001): Beratung lernender Organisationen. In: Arnold, R./Bloh, E. (Hrsg.): Personalentwicklung im lernenden Unternehmen. Hohengehren, S. 307-328.

Wiater, W. (2007): Wissensmanagement. Wiesbaden.

Organisationspädagogik als Erfahrungslernen von Kindern

Burkhard Müller

1 Einleitung

Organisationspädagogische Forschung und Praxis bezieht sich auf die pädagogischen Seiten des Managements von Organisationen oder die „makrodidaktische" Seite von Erwachsenenbildung, nicht auf das Feld der pädagogischen Arbeit mit Kindern und Jugendlichen. Es gibt aber auch große Traditionen der Pädagogik, die sich organisationspädagogisch lesen lassen – z.B. die Rousseausche und Deweysche Tradition. Demnach ist jedes Lernen indirekt „Resultat von Interaktion zwischen dem lebendigen Geschöpf und einen bestimmten Aspekt der Welt, in der es lebt" (Dewey 1988, 57). Erziehung (Education) ist nach Dewey (1916, 76) „that reconstruction or reorganization of experience which adds to the meaning of experience and which increases ability to direct the course of subsequent experience". Jede wirkliche Erfahrung besteht, wie das Leben, „aus Geschichten, und jede Geschichte hat ihre besondere Handlung, Anfang und Ende, ihren besonderen Rhythmus" (Dewey 1988, 47f.) und eine dramatische Struktur. Ihre Einheit besteht aus „spannungsgeladenem Material und durch eine zusammenhängende Reihe von verschiedenen Ereignissen bewegt sie sich ihrem Höhepunkt zu" (ebd., 56).[1] Darstellungsformen dieser Einheit findet man nach Dewey in keinem wissenschaftlichen Zugang, „denn es gibt eine Einheit der Erfahrung, die sich nur als Erfahrung darstellen lässt" (ebd.). *„Eine* Erfahrung machen" kontrastiert aber mit der „fragmentierten Erfahrung" (Joas 1996, 206), die das Alltagsleben oft prägt.

In dieser Tradition steht das pädagogische Handlungsfeld der Offenen Kinder- und Jugendarbeit, von dem im Folgenden die Rede ist. Seine pädagogische Qualität lässt sich nur von einem organisationspädagogischen Zugang aus erschließen. Dies belegen die empirischen Ergebnisse eines DFG-Projektes (vgl. Cloos et al. 2007), aus dem hier unveröffentlichtes Material vorgestellt wird. Zu zeigen ist daran, wie Pädagogik „indirekt" im Zusammenspiel von Erwachsenen

---

1 Interessanterweise illustriert Dewey diese These mit einer organisationspädagogischen Standardsituation: einem Bewerbungsgespräch (vgl. Dewey 1988, 56).

und Kindern geschieht und welche Bedeutung Tätigkeiten und Metaphern des Organisierens dabei haben. Der Unterschied zur Organisationspädagogik im eigentlichen Sinne ist natürlich, dass diese vom Topos der „lernenden", d.h. selbstreflexiv handelnden Organisation mit selbstreflexiv handelnden Akteuren ausgeht, während Kinder auf ihre Umwelt zwar reagieren, die Interaktion mit ihr aber kaum selbstreflexiv steuern können. Wenn wir allerdings über den Begriff der *Erfahrung* von Organisation reden, dann reden wir über etwas, das der Reflexion vorangeht. Katherine Nelson (2007, 33) knüpft an Dewey, aber auch an Heidegger und Merleau-Ponty an, wenn sie beim kindlichen Lernprozess die Priorität der Erfahrung vor der Reflexion betont: „A level of organizing [experience] precedes that of reflective cognition" (ebd., 35), in Bezug auf die körperlichen und sozialen Bedingungen, in denen ein Kind lebt. Gilt das Zuerst der Erfahrung vor der Reflexion auch für die Organisationspädagogik, könnte sie auch von Kindern lernen.

2 Jugendarbeit als Erfahrungsort

Jugendarbeit, als Übersetzung des englischen *youth work* nach dem 2. Weltkrieg in den deutschen pädagogischen Sprachgebrauch übernommen, entwickelte sich in England in der Zeit von 1939-1943 als organisationspädagogisches Konzept einer *informal education* (vgl. Smith 2001) – ein Begriff Deweys. Josephine Brew, unumstrittene Pionierin des *youth work*-Konzeptes, definiert seine wesentliche Leistung organisationspädagogisch: Sie bestehe darin, das „key problem of the whole man" zu lösen, nämlich „social fellowship, recreation and education" (Brew 1946, 27) in *einer* Organisation zu bündeln. Die Merkmale des Konzeptes sind:

- Lernen durch Erfahrung persönlicher und freiwilliger statt formaler und verpflichtender Beziehungen;
- Gruppenleben, Spiel und Erholung als Erfahrungsorte gelingender Teilhabe (vgl. Liebau 2002), die von Lernprozessen nicht abzutrennen ist;
- an Stelle spezifischer Lernziele Förderung jeglichen Verhaltens, „which is whole-hearted and wholly natural [...] and not disorganized by feelings of guilt, inferiority, isolation or fear" (Barnes 1948, zit. n. Young 1999, 2);
- die Annahme, dass die demokratische Zivilgesellschaft um ihres eigenen Überlebens willen solche Orte der Erprobung von Teilhabe benötigt.

Man kann dieses Konzept gut mit dem Deweyschen Begriff von „*eine* Erfahrung machen" in Verbindung bringen: Kindern und Jugendlichen, deren Erfahrungschancen fragmentiert sind – und die deshalb auch wenig gemeinschafsfähig sind – vielfältige Szenarien anzubieten, um Erfahrungen eigener *Agency* mit Resonanz der Umwelt und Steigerungen entsprechender Steuerungsfähigkeit zu ermöglichen. Empirisch lassen sich pädagogische Tätigkeiten mit diesem Ziel als Doppelstrategie beschreiben (vgl. Cloos et al. 2007): zum einen als Gestaltung eines persönlich-professionellen Typus' von Beziehungen zu Kindern und Jugendlichen, den wir als Rolle des „Anderen unter Gleichen" (vgl. ebd., 255ff.) beschrieben haben. Lerngegenstand und Arbeitsbeziehung fallen hier, gemäß Deweys Definition von *informal education*, zusammen: „Subject matter is carried directly in the matrix of social intercourse. It is what the persons with whom an individual associates do and say." (Dewey 1916, 181) Diese „Beziehungsarbeit" findet aber andererseits nicht in besonderen Gesprächsformaten statt, sondern gleichsam *en passant* bei Gelegenheit der organisatorischen Gestaltung einer „Sozialpädagogischen Arena" und der Herstellung von Zugehörigkeit zu ihr. Die Ausstattung dieser Arena zur Befriedigung jugendlicher Freizeitbedürfnisse und die Regulierung des Umgangs damit kristallisieren sich zu pädagogischen Arrangements (Dispositiven) indirekter Steuerung: Sie verbinden pädagogische Intentionen wirksam mit der dinglichen Qualität eines Freizeitangebotes, das aber zugleich eigensinnige Arten der Nutzung ermöglicht und nicht auf bloßes Mitmachen reduziert.[2]

Zu dem Untersuchungsfeld, aus dem wir all dies für den Umgang mit Jugendlichen rekonstruiert haben, gehörten auch Einrichtungen speziell für Kinder. Anhand des unveröffentlichten ethnographischen Materials[3] aus einer solchen Einrichtung möchte ich zeigen, wie eine solche Pädagogik der Ermöglichung von Erfahrungen mit Kindern funktioniert. Es handelt sich um einen so genannten Aktivspielplatz (Aki) für Kinder in einer süddeutschen Mittelstadt. Er verfügt über die übliche Ausstattung solcher Einrichtungen, die aber hier nicht einfach nur zur Nutzung angeboten, sondern in einer übergreifenden Spielidee als Erlebnisraum bzw. als Rahmen im Sinne Goffmans inszeniert wird. Die im Folgenden zitierte Rückmeldung der Beobachter an die Einrichtung beschrieb diese Idee als *kleine Erwachsenenwelt*:

„Der Aki ist eine kleine Erwachsenenwelt." Das bedeutet, dass für die Regelung des Zusammenlebens Einrichtungen/Institutionen aus der Erwachsenenwelt übernommen und auf den Aki angewandt werden. Eine Vielzahl von Aktivitäten rankt sich um die Bereiche, die wir auch aus unserer Gesellschaft kennen:

---

2   Vgl. Cloos et al., Kap. 4: Der Begriff Dispositiv wird hier im Sinn seiner französischen Alltagsbedeutung und nicht als Foucaultscher Terminus gebraucht.

3   Die im Folgenden kursiv wiedergegebenen Szenen und Einzelformulierungen sind den Protokollen teilnehmender Beobachtung entnommen, die im Anschluss an den jeweiligen Beobachtungstag formuliert wurden.

- *Vereinswesen*: Bauanträge
- *Wirtschaft/Bürokratie*: Nägel, Bretter, Hüttenbau, Hüttenbücher, Kinderbüro
- *Kultur*: Kindercomputer, PC-Führerschein, Kinderbibliothek, Ausleihsystem
- *Politik/Demokratie*: Aki-Versammlung, Pinnwand mit Themen, Versammlungsleitung, Tagesordnung, Inputs, Briefkasten
- *Geschichtsschreibung*: Bildersammlungen, Aki-Zeitung, Fotocollagen, Reliquien aus vergangenen Aktionen etc.
- *Gesetze/Spielregeln*: Gelbe und Rote Karten, Konfliktgespräche, Regelaushänge

Diese Vielzahl von Einrichtungen und Institutionen ermöglicht den Kindern, dass sie auch autonom bestimmte Dinge regeln können, z.B. die Mitgliedschaft in bestimmten Hütten, weil sie wissen: Sie müssen einen Bauantrag stellen, mit verschiedenen Kindern sprechen und sich eine Mehrheit verschaffen, die dem Bauantrag zustimmt und mitmacht. Die Institutionen schaffen *Handlungsspielraum* für die Kinder.

Es wird zu zeigen sein, dass die Formel von der *kleinen Erwachsenenwelt* zwar für die pädagogische Intention des Arrangements zutrifft, aber zu einfach ist für das, was die Kinder daraus machen (vgl. 4.). Dennoch kann man im Sinne von Deweys Begriff der *informal education* diese Spielidee der *kleinen Erwachsengesellschaft* als Versuch verstehen, die im Alltagsleben dieser Kinder mangelnde *subject matter* (vgl. Dewey 1916) auf theatralische Weise als Erlebnis zu inszenieren und für die Kinder in einer Erfahrungsqualität zugänglich zu machen, die bloße Kompetenzvermittlung oder bloße Freizeitbeschäftigung nicht erreicht. Ich versuche dies im Folgenden an kleinen Beispielen zu rekonstruieren.

3 Im Kinderbüro

Ruth (ca. 10 Jahre) fragt Sen (Mitarbeiter), ob er mit ihr an den Computer gehe und dieser sagt: „Ja, aber nur zehn Minuten." Ich frage, ob ich zusehen darf, er sagt gleich Ja und signalisiert mir, dass das kein Problem sei. Ich quetsche mich mit in das Kinderbüro. Sen sitzt rechts am PC (auf der Höhe der Maus), Ruth in der Mitte (an der Tastatur) und ich links von ihr, auf einem weiteren bereit stehenden Stuhl. Der PC war abgestürzt und sie haben sich darüber unterhalten, dass das schon letzte Woche öfters passiert sei. Sen nimmt eine CD aus der Lade. Dann sagt er zu Ruth, dass er jetzt was macht, was man normal nicht machen darf. Er fragt das Mädchen, was es in diesem Fall machen sollte und gibt die

Antwort – „Jemanden vom Aki-Team fragen" – selbst. Währenddessen drückt er die Reset-Taste. Ruth sagt, dass ihr Vater das auch immer macht. Sen sagt schmunzelnd: „Jemanden vom Aki-Team fragen?" Ruth quittiert den Witz mit einem demonstrativ müden: „Neeiin."

Kinderbüro wird ein Raum genannt, wo Kinder, die bestimmte Bedingungen erfüllen, die aufgestellten Computer selbständig nutzen können. Die Interaktion zwischen dem Pädagogen Sen und der 10-jährigen Ruth beginnt auf Initiative des Kindes. Ruth bittet Sen, zu ihrem Computer zu kommen. Sie braucht einen technischen Fachmann, der sich damit auskennt, keinen Pädagogen. Sen jedenfalls reagiert als Experte für solche technischen Dienstleistungen; auch der Verweis auf sein knappes Zeitbudget unterstreicht das. Bei der Arbeit an der technischen Lösung kommuniziert er mit Ruth aber *als* Pädagoge über die Spielregel, die hier gilt. D.h. das, was performativ geschieht – ein Kind ruft einen Experten zu Hilfe, um eine Panne zu beheben – wird von Sen als pädagogische Regel in Erinnerung gerufen: *Jemanden vom Aki-Team fragen.* Ruth geht darauf nicht ein, sondern bringt sich ihrerseits als Beobachterin des technischen Vorgangs ins Spiel, indem sie sagt, ihr Vater mache es genau so (*Reset-Taste*). Sen nutzt Ruths Weigerung das Thema zu wechseln zu einem kleinen Scherz: Er tut so, als habe er Ruths Antwort als Bestätigung der pädagogischen Regel verstanden – womit sie ihren Vater auch zum Aki-Kind erklärt hätte. Ruth quittiert diesen Scherz, indem sie sich lustvoll als genervte Kundin inszeniert: *Neeiin.* Beide Seiten kleiden ihre faktisch reibungslose Kooperation in ein Spiel des Missverstehens. Gerade damit aber verkleiden sie den pädagogischen Charakter der Interaktion. Sie spielen: Hier findet *keine* pädagogische Steuerung eines Kindes statt; hier nutzt eine Kundin eine Expertendienstleistung. Die Spielidee funktioniert tatsächlich als *kleine Erwachsenenwelt.* In der Fortsetzung der Szene wird das noch deutlicher:

Sen erzählt mir, dass Ruth letzte Woche bereits ihre Theorieprüfung bestanden hat und reicht mir einen Blanko-Theoriebogen. Ich sehe mir die Fragen an: Es sind Multiple-Choice-Fragen, die sich sowohl allgemeinen PC-Themen widmen (wie zum Beispiel der Frage, mit welchem Mausklick man einen Dateiordner öffnet) als auch den PC-Regeln im Aki (zum Beispiel, wie viele Kinder auf einmal im Kinderbüro sein dürfen). Ich stelle ein paar der Fragen an Ruth, die immer sehr schnell antwortet. Da ich bei den Aki-Fragen nicht wissen kann, ob sie richtig sind, sehe ich immer wieder zu Sen, der dann die Richtigkeit der Antwort mit einem Nicken bestätigt. Er holt einen Bogen und legt ihn vor mich hin – dabei sagt er, dass das Ruths Test sei. Ich sehe Ruth an und frage, ob ich ihn ansehen darf. Sen antwortet: „Ja klar, die hat eh alles richtig."

Sen stellt dem Beobachter Ruth als erfolgreiche Absolventin der Theorieprüfung zum *Computerführerschein* vor. Diese Metaphorisierung der Lizenz zur selbständigen PC-Nutzung *als Führerschein* impliziert zweierlei: Sie lädt die Kinder ein, eines der wesentlichen Rituale des Erwachsenwerdens (Führerschein) spielerisch vorweg zu nehmen. Und sie lädt damit ein, das mühsame Erlernen technischer PC-Beherrschung nicht als auferlegten Zwang, sondern als Erfahrung des Wachstums eigener Kräfte und zukünftigen Gelingens zu erfahren. Die Kraft dieser Metaphorisierung zeigt sich sowohl im Verhalten Ruths als auch dem des Beobachters, der spontan zum Mitspieler wird. Er spielt Prüfer (obwohl er die Fragen selbst nur mit Hilfe beantworten kann), sie die perfekt vorbereitete Kandidatin. Das Spiel der Reinszenierung einer für Ruth bedeutsamen Könnens-Erfahrung wird durch Sen weiter geführt, indem er dem Beobachter Ruths Prüfungsbogen zur Begutachtung vorlegt. Die in Datenschutz geschulte Reaktion des Beobachters, der Ruth um Erlaubnis fragen will, passt nicht zu diesem Spiel. Sen verfügt ja gerade deshalb mit nur scheinbar autoritärer Geste über Ruths „Prüfungsakte", weil er Ruths eigene Teilhabe an ihrem stolzen Erfolg wiederholend in Szene setzt. Dies wird von Ruth stillschweigend ratifiziert.

Hüttenbücher und Bauanträge

Als „Büro" wird das Kinderbüro auch durch die dort aufgestellten *Hüttenbücher* inszeniert. Hütten werden in dieser Mini-Erwachsenengesellschaft nicht nur einfach zusammengenagelt. Die Arbeit an den Hütten begründet vielmehr auch Zugangsrechte und gespielte Besitzverhältnisse. Pädagogisches Dispositiv dafür sind die Hüttenbücher. Darin wird (laut Protokollnotiz) *alles eingetragen, was an der Hütte gebaut wird. Einen Bauantrag zu stellen bedeutet, dass das Kind bei den bisherigen Mitgliedern einer Hütte fragt, ob es mitmachen darf. Damit erwirbt es auch das Recht, in diese Hütte gehen zu dürfen.* Die Spielidee des *Bauanträge Stellens* klingt als Metapher merkwürdig. Es geht dabei nicht um Baurechte, sondern um Mitnutzung von Hütten durch andere Kinder. Dies *Bauantrag* zu nennen, bringt aber das Mitmachen und das Mitbauen in eine enge assoziative Verbindung. *Hüttenbücher* wie *Bauanträge* machen das, was in den Hütten passiert für die Pädagogen wie auch für die Kinder ein Stück weit kontrollierbar. Sie laden die Kinder ein, sich als Inhaber von Rechten und Pflichten auch anderen Kindern gegenüber zu inszenieren. Dies strukturiert auch die Kind-Pädagoge-Beziehung.

„Darf ich aber!"

Im Hinausgehen – Ruth hat das Kinderbüro bereits verlassen – nehme ich die Hüttenbücher auf dem Board neben dem PC wahr. Ich nehme das Hüttenbuch der Gemeinschaftshütte in die Hand und frage, ob ich einen Blick hineinwerfen darf. Sen sagt Ja. Ich blättere ein bisschen herum, Sen stellt sich neben mich und erklärt mir, dass da immer alles eingetragen wird, was an der Hütte gebaut wird. Ruth kommt wieder zurück und nimmt sich ebenfalls ein Buch vom Board. Sie blättert kurz darin und macht es dann wieder zu. Dann sieht sie Sen an und sagt: „Gell, man darf nicht einfach in fremde Bücher reinschauen." Sen bestätigt das, woraufhin sie demonstrativ das Buch aufklappt und mit den Augen immer noch abwechselnd Sen und mich fixiert. Schließlich beginnt sie zu grinsen und sagt laut und betont: „Darf ich aber! Ist nämlich meines!" Sie zeigt uns ihren Namen auf der ersten Seite.

Die öffentliche Aufstellung der Bücher im Kinderbüro dokumentiert für alle sichtbar die rechtliche Ordnung. Sie quasi im Grundbuchamt einsehen zu dürfen ist ebenso geregelt wie die Hüttennutzung selbst. Die Szene mit der zurückgekehrten Ruth zeigt, wie sie sich diese Regel im Mitspielen aneignet, nicht ohne die Erwachsenen performativ unter Rechtfertigungsdruck zu setzen, wenn diese die Regeln selbst verletzen. Als Ruth zurück kommt, sieht sie, dass der Pädagoge und der Beobachter etwas tun, was den Kindern verboten ist: Sie blättern ohne zu fragen in fremden Büchern. Ruth kritisiert das nicht, sondern inszeniert ein raffiniertes Spiel, in welchem sie zunächst so tut, als begehe sie dieselbe Regelverletzung. Sie übernimmt die Pädagogenrolle, explizit zu markieren, was hier die geltende Regel ist (*man darf nicht einfach...*) und fordert den Pädagogen auf, dies zu bestätigen. Zu erwarten wäre, dass sie im nächsten Redezug die Pädagogen als Regelverletzer vorführt. Aber die Pointe ihres Spiels ist anders: Nicht die Einhaltung der Regel erweist sich als ihr Thema, sondern die stolze Inszenierung ihres durch die Regel konstituierten Verfügungsrechtes: *Ist nämlich meines!*

4 Kinder unter sich: Der Prozess des Organisierens

Die bisherigen Beispiele zeigen, wie Kinder in direkter Kommunikation mit Pädagogen nicht nur als eigenständige Partner (statt als bloß Mitmachende) im Rahmen eines pädagogischen Dispositivs auftreten können. Sie vermögen auch ihre dabei gemachten Erfahrungen expressiv und szenisch darzustellen. Die folgenden Protokollausschnitte zeigen, wie die Kinder ohne die Anwesenheit von Pädagogen den zur Verfügung gestellten Rahmen transformieren.

Der Mädchen-Geheim-Club

Ich gehe trotzdem nach unten in Richtung der Hütten. Bereits am Morgen war
von der Gründung eines Mädchenclubs die Rede gewesen. Nun heißt es plötzlich,
dass es oben, im ersten Stock der Gemeinschaftshütte, eine Versammlung geben
soll. Ich setze mich in die Tür der gegenüber liegenden Hütte. Es sind mindestens
dabei: Linda, Laurenta, Leonie, Ronja, Jenny, Aron, ... Sie stehen alle oben und
eine ruft: „Wir nehmen keine Jungs auf!" Ein anderes Mädchen ruft: „Außer
Ugur!" Alle rufen: „Ja!" Der unten zwischen den Hütten stehende Ugur fordert
sie daraufhin in der Manier eines Animateurs auf, immer wieder im Chor „Ja"
zu brüllen, dass er mitmachen soll, während er in die Hütte geht und nach oben
zu den Mädchen und Aron klettert [...]. Immer wieder betonen die Mädchen,
dass die nach der Mittagspause selbst geflochtenen Bänder, die sie alle um das
Handgelenk tragen, Geheimbänder seien, die ihre Zugehörigkeit zum Geheim-
club demonstrieren (während am Vormittag noch die Rede von einem Mädchen-
club war, fällt nun immer häufiger der Begriff „Geheimclub").

Das Wort *trotzdem* bezieht sich auf den vorangehenden Abschnitt, worin
der Beobachter berichtet, wie er von Kindern als Dienstleister in Anspruch genommen wird – genau wie der Mitarbeiter Sen – und wie er sich explizit verwei-
gern muss, um auf seinen Beobachtungsposten zu gelangen. Angelockt wurde er
offenbar vom Gerücht der Gründung eines *Mädchenclubs*. Unter den Augen des
sich abseits setzenden Beobachters scheint diese mit einer *Versammlung* in der
Gemeinschaftshütte gerade zu beginnen. Die vagen Formulierungen: *heißt es*,
soll eine Versammlung geben deuten an, dass der Beobachter nicht genau mitbe-
kommt, wer hier was beschließt. Es kann aber auch bedeuten, dass das auch die
Kinder nicht so genau mitkriegen bzw. bewusst steuern, sondern eine dramatische Logik das Geschehen bestimmt, die niemand steuert, weil alle zugleich
aktiv Handelnde und passiv Erlebende sind (vgl. Dewey 1988, 57). Ganz deutlich ist aber: Die Kinder sind spontan und tief in ein improvisiertes Spiel involviert, bei dem sie den pädagogisch vorgegebenen Spielrahmen der *kleinen Er-*
wachsenen-Gesellschaft nutzen; sie machen ihn, wie Bernfeld (1974, 223) es
nennt, zur „Affektstätte", zum Ort der ganzheitlichen Erfahrung. Dabei wird der
vorgegebene Spielrahmen nicht ausgefüllt, sondern in einen anderen Rahmen
transformiert, d.h. die einzelnen Metaphern des Spielrahmens wie *Eigentümer-*
versammlung, Bauanträge, Hüttenbücher etc. verschwinden als Bezugspunkte
der kindlichen Aktivitäten. An deren Stelle tritt eine eigene Metaphorik der Kinder: *Mädchenclub, Aufnahme, Geheimclub, Geheimbänder* sind jetzt die magi-
schen Worte. Damit verschieben die Kinder den Sinn des Spiels.

Die zugleich manifeste und konzeptuelle Metaphorik (vgl. Buchholz/von
Kleist 1997, 53ff.) der pädagogisch induzierten Spielidee lässt sich als Einladung

zur theatralischen Inszenierung anthropologisch elementarer Erfahrungen lesen: sich eigenen Raum zu schaffen, etwas zu bauen, das eigene Werk genießen zu können, zusammen zu arbeiten, Rechte anderer zu respektieren. Es sind lauter Tätigkeiten bzw. Erfahrungen, die für die Welt kindlichen Erlebens genauso bedeutsam sind wie für ihr zukünftiges Leben als Erwachsene und die eben daraus ihre ästhetische Evidenz beziehen. Genau dasselbe kann man aber auch über den transformierten Spielrahmen der Kinder sagen, nur dass jetzt andere, ebenso elementare Metaphern die Spielerfahrung strukturieren: Zugehörigkeit, Geschlecht, Geheimnis. Bezieht man diese Metaphoriken auf das Thema des vorliegenden Bandes, so könnte man die These wagen: Die pädagogische Metaphorik verweist auf Tätigkeiten, Regeln und Produkte organisierter Zusammenarbeit, die der transformierten Spielidee der Kinder dagegen auf die organisatorischen Tätigkeiten inhärente Dynamik und damit auf den emotionalen Kern von Organisations*erfahrung* – wer gehört dazu und wer nicht? Wer ist oben, wer ist unten? Was haben Frauen gemeinsam (*Geheimbänder*)? Wer leitet den Chor? Wer hat Zugang zum Geheimen?

Wer darf mitmachen?

Es kommen noch mehr Mädchen zum Eingang der Hütte, die auch mitmachen wollen: Vicky, Filena und die kleine Schwester von Exina [XY, war auch am Hüttenstadttag da]. Vicky und Filena kommen gemeinsam und es scheint allgemein klar zu sein, dass Vicky mitmachen wird. Diese weist dann gleich darauf hin, dass auch Filena gut mitmachen könne, weil sie auch schon so ein Geheimbändchen habe. Als dritte betritt XY die Hütte. An ihrer Person entzündet sich nun ein Disput. Jenny und Ronja gehen schnell nach oben und als nach und nach Mädchen nach oben kommen, sagt Jenny einzeln zu einigen, dass sie es blöd findet, wenn noch jemand mitmacht und dass sie auf jeden Fall dagegen stimmen wird. Als schließlich alle oben im ersten Stock sind, zählt ein Mädchen (wohl Ronja oder Jenny) die bisherigen Clubmitglieder auf und sagt, dass man dann schon zu elft wäre, wenn man sie auch noch mitmachen lassen würde, „dann kann ja gleich der ganze Aki mitmachen". Jenny und Ronja sagen außerdem: „Dann können wir ja auch alle unsere Freundinnen bringen." Die beiden sagen (glaube ich), dass sie nicht mehr mitmachen und verlassen die Hütte in Richtung Kletterbaum. Auch die anderen Mädchen und Aron verlassen daraufhin grüppchenweise die Hütte, bis am Ende nur noch Ugur übrig bleibt. Zu diesem Zeitpunkt sitzt Barbara (Pädagogin) bereits mit mir im Hüttendorf und kommentiert, dass sie jetzt da drüben weiterreden würden.

Das Spiel bekommt jetzt die Dynamik eines klassischen Problemfalls der Organisationsentwicklung: Was passiert, wenn eine Organisationsidee zu erfolgreich ist? Die Idee des *Geheimclubs* zündet dermaßen, dass immer mehr Mädchen sich im Hütteneingang drängen und *mitmachen wollen*. Im Fall Filena scheint das unproblematisch – sie hat ja schon den Zugehörigkeitsausweis, das *Geheimbändchen*. Aber das namentlich unbekannte kleine Mädchen XY (das folgende Protokoll zeigt, dass es zum ersten Mal auf dem Spielplatz ist) wird zum kritischen Grenzfall. Denn ein *Geheimclub* führt sich notwendig selbst ad absurdum ohne jemanden, der *nicht* dazu gehört. Jenny und Ronja, offenbar die zentralen Protagonistinnen der Clubidee, suchen zunächst eine Lösung durch performative Veränderung des Settings. Sie ziehen sich zur Beratung in den Oberstock zurück. Aber dieser Versuch, den *geheimen Club* durch eine geheime Leitung zu retten, scheitert. Alle anderen drängen nach und der *Disput* geht weiter. Das zentrale Argument bleibt: Zu einem Geheimclub können nicht *alle* gehören. Aber das organisationspädagogische Paradox bleibt auch: Wie kann die Idee einer Organisation umgesetzt werden, die nur attraktiv bleiben kann, wenn *nicht* alle mitmachen können, solange alle dabei mitreden? Jenny und Ronja reagieren auf die durch dieses Paradox entstandene Sackgasse mit der Erklärung, nicht mehr mitmachen zu wollen und verlassen den Kristallisationsort der Clubidee, die Gemeinschaftshütte, in Richtung Kletterbaum. Ob das als Resignation oder als strategischer Coup von zwei Führungskräften zu sehen ist, ist unklar. Für das zweite spricht die Beobachtung der Pädagogin Barbara, dass die scheinbare, *grüppchenweise* erfolgende Auflösung keineswegs das Ende ist, sondern das Spiel *da drüben* weitergeht.

Und alles ohne Lehrer

Tatsächlich stehen sie nun alle unter dem Kletterbaum und debattieren heftig. Ich frage Ugur, was denn jetzt los sei. Er sagt, dass er glaubt, dass die bald wieder kommen, räumt aber ein, dass er auch nicht versteht, was gerade los ist. Ich stelle mich dann etwas abseits dazu und höre mit, was nicht sehr schwer fällt, weil die Mädchen sehr aufgeregt und laut reden. Es werden noch mal Argumente für und wider XYs Aufnahme in den Club diskutiert, die ebenfalls dabei steht. Eine Gruppe um Linda und Laurenta ist dafür und betont, dass XY heute das erste Mal im Aki sei und deswegen die Chance zum Mitmachen erhalten solle. Ronja erwidert: „Ich bin heute auch das erste Mal im Aki" und möchte das deswegen nicht als Argument gelten lassen. Die Befürworterinnen XYs sagen außerdem, dass sie ja noch so jung sei, erst sechs. Sie schlagen vor, dass sie ja mal auf Probe dabei sein könne, solange, bis sie einen Fehler mache. Zwischen-

durch steht auch die Möglichkeit im Raum, dass XY zwar mitspielen dürfe, ohne aber Mitglied im Club zu sein. Es geht ein bisschen hin und her. Auch Ugur geht irgendwann zu den Mädchen und steht etwas dabei, bis er sagt: „So, jetzt kommen mal alle, die mitmachen, zu meiner Hütte." Er geht in Richtung der Gemeinschaftshütte. Ein Mädchen wiederholt seine letzten Worte: „Zu meiner Hütte." Sie gehen nun alle zurück zur Hütte – auch XY – und treffen sich oben. Es sieht so aus, als ob sie sich auf ein Mitmachen auf Probe geeinigt hätten. Linda steht oben auf der Hütte und sagt in Richtung Barbara und mir: „Wir haben es geschafft – und alles ohne Lehrer!"

Mit offenbar nicht nachlassendem Engagement suchen die Mädchen nun am anderen Ort doch wieder argumentierend (statt per Handstreich) nach einer Lösung. Der Ortswechsel zum Kletterbaum erleichtert dies insofern, als ein Scheitern mit Argumenten hier nicht bedeutet, den Platz verlassen zu müssen. Gesucht wird jetzt eine Lösung für *dort* – in der Hüttengemeinschaft – nicht aber für *hier*, in der Diskussionsrunde. Der veränderte Ort gibt ein Stück Reflexionsdistanz. Spontan haben die Kinder gleichsam ein zentrales Instrument der Organisationspädagogik erfunden: den „dritten Ort". Darüber hatte sich, als es der Beobachter geschafft hatte, wieder in Hörweite zu kommen, der Fokus der Debatte verändert. In der Gemeinschaftshütte waren die Kinder ja mit dem organisationspsychologischen Kernproblem konfrontiert, das in der Literatur über *in-group-* und *out-group*-Beziehungen als Tajfel-Dilemma bekannt ist (vgl. Tajfel 1982), nämlich das Dilemma, dass sich kein Wir-Gefühl bilden kann, ohne andere auszuschließen und die Herstellung einer positiven Gruppenidentität über Vergleichsprozesse läuft, die zur empfundenen Abwertung der Anderen führt.

Die Strategie der Kinder, diesem Dilemma zu entkommen, enthält Elemente, die man durchaus als organisationspädagogisch empfehlenswerten Lösungsweg lesen kann. Sie verzichten darauf, das Grundsatzproblem weiter zu diskutieren, dass nicht *alle* mitmachen können, wenn der Kern der Clubidee erhalten bleiben soll. Sie diskutieren stattdessen Kriterien der Zulassung am Einzelfall. Dies verändert die Perspektiven. So wird zwar das fürsorgliche Argument, XY müsse eine Chance bekommen mitzumachen, weil sie *das erste Mal* auf dem Aki sei, von der Wortführerin Ronja mit dem Argument bestritten, das treffe auf sie selbst auch zu und könne deshalb kein Kriterium sein. Eben damit aber ist nicht nur eine wichtige Gemeinsamkeit zwischen der Wortführerin und der vom Ausschluss Bedrohten festgestellt – beide sind „Neue" –, es ist damit auch klar, dass „neu" sein kein Grund für Ausschluss sein kann. Das zweite fürsorgliche Argument, XY sei noch *so jung* (und deshalb des Schutzes der Gemeinschaft bedürftig), liefert gleichzeitig den entscheidenden Ansatzpunkt für eine Kompromiss-Lösung: XY kann, da sie noch so jung ist, ohne Kränkung eine volle Mitgliedschaft in der Gemeinschaft verweigert werden, ohne sie deshalb auszuschließen.

Sie kann auf Bewährung aufgenommen werden oder auch die Erlaubnis bekommen, *mitzuspielen ohne Mitglied* zu sein. Eine geradezu salomonische Lösung: Das Problem, die notwendige Abgrenzung eines „wir" von „den Anderen" mit Fürsorglichkeit und zugleich mit einer Öffnung für neue Zugehörigkeit zu verbinden, wird so von den Kindern praktisch gelöst.

Aber noch nicht ganz: Gruppen, die eine Lösung gefunden haben, können bekanntlich immer noch daran scheitern, dass sie genau das selbst nicht erkennen. Ugur bewährt sich hier wieder als Chorleiter, der das Ergebnis des *Disputs*, das mangels reflexiver Distanz nicht formulierbar ist, erspürt und in einem äußerlich autoritären, zugleich aber sehr sensiblen Akt umsetzt. Er lädt *alle, die mitmachen* (d.h. implizit: alle, die das wollen) zum Vollzug des Clublebens in die Gemeinschaftshütte ein, die er als *meine Hütte* bezeichnet. Dies wird aber nicht als Inbesitznahme wahrgenommen, wie das Echo eines Mädchens *zu meiner Hütte* andeutet. Das Mein des Gemeinschaftsortes ist ein kollektives geworden, der Gegensatz von Mein und Dein im Moment des Erlebens aufgehoben.

Nun könnte man glauben, die Pädagogen und ihre Spielvorgaben hätten mit dem geschilderten Organisationsprozess nichts mehr zu tun. Dass dies ein Irrtum wäre, zeigt die Schlussszene. Linda ruft den Erwachsenen von oben zu: *Wir haben es geschafft – und alles ohne Lehrer!* Dies zeigt zunächt, dass die Pädagogen und ihre wohlwollend beobachtende Präsenz – jedenfalls für Linda und wohl auch für die anderen Kinder – keineswegs unwichtig waren. Linda metaphorisiert das, was die Kinder gespielt haben, als erfolgreiche Arbeit (*geschafft*); sie bewertet damit das Spiel aus implizit pädagogischer Perspektive und schließt es mit der Spielidee der *kleinen Erwachsenenwelt* wieder zusammen. Erfolgreiche Selbsttätigkeit ohne Hilfe ist Fluchtpunkt aller Pädagogik: Es nur mit, statt ohne Lehrer zu schaffen, wäre weniger. Wie sich die Spielidee und die Eigenaktivitäten der Kinder (*Geheimclub*) zu den Vorgaben der Pädagogen (*Hüttenregeln*) verhalten, wird damit weiter präzisiert. Die Kinder schienen sich für die vorgegebenen Regeln zunächt überhaupt nicht zu interessieren. Das Spielen mit den Hütten war für sie vielmehr Anlass zu einem eigenen Spiel, in welchem sie performativ elementare emotionale Probleme der Gruppenbildung bearbeiteten. Bions (1971) *basic assumptions* der unbewussten Dynamik von Gruppen, Kampf, Flucht und Paarbildung,[4] lassen sich im Beschriebenen in schöner Klarheit wieder finden. Im dem Moment aber, in dem das Oberhand gewinnt, was Bion „work" nennt, Arbeit an produktiven Lösungen, rücken auch für die Kinder die Fragen von Regeln und Anwendungskriterien in den Mittelpunkt: Wer hat das Recht dabei zu sein? Wie kann man sich einigen? Wem kann was zugemutet werden? Die Dispositive der Pädagogen (*Hüttenbücher* etc.) zielten ja gerade

---

4   Die Tendenz der Abhängigkeit ist weniger sichtbar.

darauf, den Kindern ein Instrumentarium in die Hand zu geben, solche Fragen im Rahmen ihrer Möglichkeiten rational bearbeiten zu können. Vermutlich haben die Vorgaben diese Funktion zunächst auch erfüllt, dann aber etwas ausgelöst, was darüber hinaus führte. Die Kinder warfen gleichsam die pädagogischen Krücken weg, nicht aber die darin implizierte emotionale Rückversicherung, dass ihre Arbeit auch in den Augen der Erwachsenen Wertschätzung genießt. Jedenfalls leisteten sie weit mehr, als die Spielidee der Pädagogen brav nachzuvollziehen. Sie spielten sich vielmehr in eine dramatische Situation hinein, die ihnen abverlangte, neue Fähigkeiten der Steuerung selbst zu erfinden. Nichts anderes beschreibt Dewey mit seiner Idee einer ganzheitlichen, zugleich emotionalen, praktischen und intellektuellen Erfahrung (vgl. Dewey 1988, 49). Solche Erfahrungen zu ermöglichen ist, wenn Dewey Recht hat, der eigentlich pädagogisch bedeutsame Vorgang – weit mehr als alle Lernergebnisse, die sich daraus abstrahieren lassen.

Literatur

Bernfeld, S. (1974): Der soziale Ort und seine Bedeutung für Neurose, Verwahrlosung und Pädagogik. In: Ders.: Anitautoritäre Erziehung und Psychoanalyse. Bd. 2. Frankfurt/M., S. 209-224.
Bion, W. R. (1971): Erfahrungen in Gruppen. Stuttgart.
Brew, J. M. (1946): Informal Education. London.
Buchholz, M./von Kleist, C. (1997): Szenarien des Kontakts. Gießen.
Cloos, P./Köngeter, St./Müller, B./Thole, W. (2007): Die Pädagogik der Kinder- und Jugendarbeit. Wiesbaden.
Dewey, J. (1916): Democracy and Education. New York & London.
Dewey, J. (1988): Kunst als Erfahrung. Frankfurt/M.
Joas, H. (1996): Die Kreativität des Handelns. Frankfurt/M.
Liebau, E. (2002): Jugendhilfe, Bildung, Teilhabe. In: Münchmeier, R./Otto, H. U./Rabe-Kleberg, U. (Hrsg.): Bildung und Lebenskompetenz. Opladen, S. 19-32.
Nelson, K. (2007): Young Minds in Social Worlds. Cambridge.
Smith, M. K. (2001): Young People, Information and Association. In: The Encyclopedia of Informal Education. Online unter: http://www.infed.org/thinkers [04.03.2009].
Tajfel, H. (1982): Gruppenkonflikt und Vorurteil. Bern.
Young, K. (1999): The Art of Youth Work. Dorset.

Verzeichnis der Autorinnen und Autoren

Behrmann, Detlef, Prof. Dr. phil. habil., Professur für Erziehungswissenschaft, Weiterbildung und Erwachsenenbildung am Institut für Bildung, Beruf und Technik, Fach: Erwachsenen- und Weiterbildung der Pädagogischen Hochschule Schwäbisch Gmünd.
Kontakt: Institut für Bildung, Beruf und Technik, Pädagogische Hochschule Schwäbisch Gmünd, Oberbettringer Str. 200, D-73525 Schwäbisch Gmünd; E-Mail: detlef.behrmann@ph-gmuend.de; Telefon: +49 7171 983-469.

Berhardsson, Nils, Dipl.-Päd., Doktorand am Institut Erziehungswissenschaft II, Fach: Erwachsenenbildung/Weiterbildung der Pädagogischen Hochschule Freiburg; die Promotion wird durch ein Begabtenstipendium der Hanns-Seidel-Stiftung aus Mitteln des Bundesministeriums für Bildung und Forschung unterstützt.
Kontakt: Nils Bernhardsson, Zasiusstr. 71, D-79102 Freiburg. E-Mail: bernhardsson@gmx.de; Telefon: +49 761 70-77-695.

Cloos, Peter, Prof. Dr., Institut für Erziehungswissenschaft, Abteilung Allgemeine Erziehungswissenschaft an der Stiftung Universität Hildesheim.
Kontakt: Institut für Erziehungswissenschaft, Abteilung Allgemeine Erziehungswissenschaft, Marienburger Platz 22, D-31141 Hildesheim. E-Mail: cloosp@uni-hildesheim.de; Telefon: +49 5121-883-425.

Diemer, Tobias, Wissenschaftlicher Mitarbeiter im Fachbereich Erziehungswissenschaften und Psychologie, Arbeitsbereich Weiterbildung und Bildungsmanagement an der Freien Universität Berlin.
Kontakt: Freie Universität Berlin, AB Weiterbildung und Bildungsmanagement, Arnimallee 12, D-14195 Berlin. E-Mail: tobias.diemer@fu-berlin.de; Telefon: +49 30 838-549 64.

Dimbath, Oliver, Dr., Akademischer Rat am Lehrstuhl für Soziologie der Universität Augsburg.
Kontakt: Universität Augsburg, Philosophisch-Sozialwissenschaftliche Fakultät, Lehrstuhl für Soziologie, Universitätsstraße 6, D-86159 Augsburg. E-Mail: oliver.dimbath@phil.uni-augsburg.de; Telefon: +49 821 598-4068.

Fahrenwald, Claudia, Wissenschaftliche Mitarbeiterin am Lehrstuhl für Pädagogik mit Berücksichtigung der Erwachsenenbildung und außerschulischen Jugendbildung an der Universität Augsburg.
Kontakt: Universität Augsburg, Philosophisch-Sozialwissenschaftliche Fakultät, Lehrstuhl für Pädagogik, Universitätsstraße 10, D-86159 Augsburg. E-Mail: claudia.fahrenwald@phil.uni-augsburg.de; Telefon: +49 821 598-5656.

Feld, Timm C., Dr., Wissenschaftlicher Mitarbeiter mit einer Kooperationsstelle des Deutschen Instituts für Erwachsenenbildung in Bonn und dem Institut für Erziehungswissenschaft (Abteilung Erwachsenenbildung) der Philipps-Universität Marburg.
Kontakt: Institut für Erziehungswissenschaft der Philipps-Universität Marburg, Wilhelm-Röpke-Str. 6B, D-35032 Marburg. E-Mail: timm.feld@staff.uni-marburg.de; Telefon: +49 6421 28 23588.

Geißler, Harald, Prof. Dr., Professur für Allgemeine Pädagogik unter besonderer Berücksichtigung der Berufs- und Betriebspädagogik an der Helmut Schmidt-Universität / Universität der Bundeswehr Hamburg.
Kontakt: Helmut Schmidt-Universität / Universität der Bundeswehr Hamburg, Fakultät für Geistes- und Sozialwissenschaften, Holstenhofweg 85, D-22043 Hamburg. E-Mail: harald.geissler@hsu-hh.de.

Göhlich, Michael, Prof. Dr. phil., Inhaber des Lehrstuhls für Pädagogik I am Institut für Pädagogik der Friedrich-Alexander-Universität Erlangen-Nürnberg.
Kontakt: Institut für Pädagogik, Friedrich-Alexander-Universität Erlangen-Nürnberg, Bismarckstr. 1, D-91054 Erlangen. E-Mail: michael.goehlich@rzmail.uni-erlangen.de; Telefon: +49 9131 85-22337.

Guellali, Chokri, Dr. phil., Wissenschaftlicher Mitarbeiter an der Professur für Erwachsenenbildung/Berufliche Weiterbildung einschl. beruflicher Bildung und Weiterbildung in Entwicklungsländern an der Technischen Universität Dresden.
Kontakt: Technische Universität Dresden, Fakultät Erziehungswissenschaften, D-01062 Dresden. E-Mail: Chokri.Guellali@tu-dresden.de; Telefon: +49 351 463-33194.

Hartung-Beck, Viola, Dr. phil., Wissenschaftliche Mitarbeiterin bei PädQUIS gGmbH, Kooperationsinstitut der Freien Universität Berlin.
Kontakt: PädQUIS® gGmbH, Freie Universität Berlin, Fachbereich Erziehungswissenschaften und Psychologie, Habelschwerdter Allee 45, D-14195 Berlin. E-Mail: v.hartung-beck@paedquis.de; Telefon: +49 30 83 85 59 96.

Heidsiek, Charlotte, Dr., Fakultät für Geistes- und Sozialwissenschaften, Allgemeine Pädagogik unter Berücksichtigung der Berufs- und Betriebspädagogik an der Helmut Schmidt-Universität / Universität der Bundeswehr Hamburg.
Kontakt: Helmut Schmidt-Universität / Universität der Bundeswehr Hamburg, Fakultät für Geistes- und Sozialwissenschaften, Holstenhofweg 85, D-22043 Hamburg. E-Mail: Charlotte.Heidsiek@hsu-hh.de; Telefon: +49 40 6541 3363.

Kade, Jochen, Prof. Dr., Universitätsprofessor im Fachbereich Erziehungswissenschaften, Institut für Sozialpädagogik und Erwachsenenbildung an der Johann Wolfgang Goethe-Universität Frankfurt am Main.
Kontakt: Johann Wolfgang Goethe-Universität, Fachbereich Erziehungswissenschaften, Institut für Sozialpädagogik und Erwachsenenbildung, Fach 123, Robert-Mayer-Str. 1, D-60054 Frankfurt/M. E-Mail: kade@em.uni-frankfurt.de; Telefon: +49 69 798-22930.

Kuper, Harm, Prof. Dr., Fachbereich Erziehungswissenschaften und Psychologie, Arbeitsbereich Weiterbildung und Bildungsmanagement an der Freien Universität Berlin.
Kontakt: Freie Universität Berlin, Arbeitsbereich Weiterbildung und Bildungsmanagement, Arnimallee 12, D-14195 Berlin. E-Mail: harm.kuper@fu-berlin.de; Telefon: +49 30 838-546 53.

Miethe, Ingrid, Prof. Dr., Professorin für Allgemeine Pädagogik, Fachbereich Sozialarbeit/Sozialpädagogik an der Evangelischen Fachhochschule Darmstadt.
Kontakt: Evangelische Fachhochschule Darmstadt, Fachbereich Sozialarbeit/Sozialpädagogik, Zweifalltorweg 12, D-64293 Darmstadt. Kontakt: miethe@efh-darmstadt.de; Telefon: +49 6151 879877.

Müller, Burkhard, Prof. Dr., Lehrbeauftragter am Institut für Sozial- und Organisationspädagogik der Stiftung Universität Hildesheim.
Kontakt: Stiftung Universität Hildesheim, Institut für Sozial- und Organisationspädagogik, Matterhornstr. 74a, D-14129 Berlin. E-Mail: bmueller@uni-hildesheim.de; Telefon: +49 30-80490122.

Nittel, Dieter, Prof. Dr., Universitätsprofessor im Fachbereich Erziehungswissenschaften, Institut für Sozialpädagogik und Erwachsenenbildung an der Johann Wolfgang Goethe-Universität Frankfurt am Main.
Kontakt: Johann Wolfgang Goethe-Universität, Fachbereich Erziehungswissenschaften, Institut für Sozialpädagogik und Erwachsenenbildung, Fach 123, Robert-Mayer-Str. 1, D-60054 Frankfurt/M. E-Mail: nittel@em.uni-frankfurt.de; Telefon: +49 69 798-22211.

Reupold, Andrea, M.A., Mitarbeiterin am Lehrstuhl für Allgemeine Pädagogik und Bildungsforschung der Ludwig-Maximilians-Universität München.
Kontakt: Ludwig-Maximilians-Universität München, Lehrstuhl für Allgemeine Pädagogik und Bildungsforschung, Martiusstr. 4, D-80802 München. E-Mail: reupold@lmu.de; Telefon: +49 89 2180-4822.

Schäffter, Ortfried, Prof. Dr., Institut für Erziehungswissenschaften, Abteilung Erwachsenenbildung/Weiterbildung an der Humboldt-Universität zu Berlin.
Kontakt: Humboldt-Universität zu Berlin, Philosophische Fakultät IV, Institut für Erziehungswissenschaften, Abteilung Erwachsenenbildung/Weiterbildung, Geschwister-Scholl-Str. 7, D-10099 Berlin. E-Mail: ortfried.schaeffter@cms.hu-berlin.de; Telefon: +49 30 2093-4139.

Schicke, Hildegard, Dipl.-Päd., Forschung zu Bildungsorganisationen und Beratung von Bildungsorganisationen, Coach in der kompetenzorientierten Laufbahnberatung der Koordinierungs- und Beratungsstelle KOBRA in Berlin.
Kontakt: Organisationsberatung Schicke, An den Zingerwiesen 5, D-13156 Berlin. E-Mail: info@organisationsberatung-schicke.de; Telefon: +49 30 48620990.

Schiebel, Martina, Dr., Institut für Kulturwissenschaft der Universität Bremen.
Kontakt: Universität Bremen, Fachbereich 9, Institut für Kulturwissenschaft, Postfach 330440, D-28334 Bremen. E-Mail: schiebel@uni-bremen.de; Telefon: +49 421-21867651.

Seitter, Wolfgang, Prof. Dr., Professur für Erwachsenenbildung/Weiterbildung im Fachbereich Erziehungswissenschaften der Philipps-Universität Marburg.
Kontakt: Philipps-Universität Marburg, FB 21 – Erziehungswissenschaften, Institut für Erziehungswissenschaft, Wilhelm-Röpke-Str. 6B, D-35032 Marburg. E-Mail: seitter@staff.uni-marburg.de; Telefon: +49 6421-28-23022.

Strobel, Claudia, M.A., Wissenschaftliche Mitarbeiterin am Lehrstuhl für Allgemeine Pädagogik und Bildungsforschung der Ludwig-Maximilians-Universität München.
Kontakt: Ludwig-Maximilians-Universität München, Lehrstuhl für Allgemeine Pädagogik und Bildungsforschung, Leopoldstr. 13, D-80802 München. E-Mail: C.Strobel@lrz.uni-muenchen.de; Telefon: +49 89 2180-4823.

Tippelt, Rudolf, Prof. Dr., Lehrstuhlinhaber des Lehrstuhls für Allgemeine Pädagogik und Bildungsforschung der Ludwig-Maximilians-Universität München.
Kontakt: Ludwig-Maximilians-Universität München, Lehrstuhl für Allgemeine Pädagogik und Bildungsforschung, Leopoldstr. 13, D-80802 München. E-Mail: tippelt@edu.lmu.de; Telefon: +49 89 2180-5137.

Weber, Susanne Maria, Prof. Dr. phil. habil., Dipl.-Päd., Professur Methoden/Sozialmanagement/Netzwerke im Fachbereich Sozialwesen der Hochschule Fulda.
Kontakt: Hochschule Fulda, Marquardstr. 35, D-36039 Fulda. E-Mail: susanne.weber@sw.hs-fulda.de; Telefon: +49 661 9640-224.
Ab 10/2009 Professur Gesellschaftliche, politische und kulturelle Rahmenbedingungen von Bildung und Erziehung am FB Erziehungswissenschaften der Philipps-Universität Marburg.

Wolff, Stephan, Prof. Dr., M.A., Professor am Institut für Sozial- und Organisationspädagogik der Stiftung Universität Hildesheim.
Kontakt: Stiftung Universität Hildesheim, Institut für Sozial- und Organisationspädagogik, Marienburger Platz 22, D-31141 Hildesheim. E-Mail: wolff.s@t-online.de; Telefon: +49 5121-883558.

MIX
Papier aus verantwortungsvollen Quellen
Paper from responsible sources
FSC® C105338

If you have any concerns about our products,
you can contact us on
ProductSafety@springernature.com

In case Publisher is established outside the EU,
the EU authorized representative is:
Springer Nature Customer Service Center GmbH
Europaplatz 3, 69115 Heidelberg, Germany

Printed by Libri Plureos GmbH
in Hamburg, Germany